El Cronómetro
Manual de preparación del DELE
Nivel C1

Alejandro Bech Tormo
Ana Isabel Blanco Picado
Carlos Salvador García
María de los Ángeles Villegas Galán

Edi
numen

Los exámenes para obtener el DELE, como cualquier examen, sufren cambios. El Instituto Cervantes actualiza constantemente los contenidos de los exámenes en relación con dos documentos: *Marco común europeo de referencia* y el *Plan curricular del Instituto Cervantes*.

El Cronómetro, a través de la página web de Edinumen, te permite seguir actualizado. En la ELEteca, vas a encontrar información y materiales sobre los nuevos DELE.

© Editorial Edinumen, 2012
© Autores de este manual:
  Alejandro Bech Tormo,
  Ana Isabel Blanco Picado, Carlos Salvador
  García, María de los Ángeles Villegas Galán.
  Coordinador: Iñaki Tarrés Chamorro

ISBN: 978-84-9848-412-0
Depósito Legal: M-3032-2016
Impreso en España

Primera impresión 2012
Primera reimpresión 2013
Reimpresiones: 2014, 2016

Edición:
  David Isa

Ilustraciones:
  Carlos Yllana y Archivo Edinumen

Maquetación:
  Lola García y Ana María Gil

Fotografía:
  Archivo Edinumen

Agradecimientos:
  Małgorzata Judkiewicz, Varsovia
  Christina Storch, Berlín
  Cristina Fusconi, Roma
  Melanie Derba, Roma

Agradecimiento especial a Nessim
  Behar-Kremmer, Berlín, sin cuyo apoyo este
  libro no habría llegado a su buen fin.

Impresión:
  Gráficas Glodami. Coslada (Madrid)

Editorial Edinumen
José Celestino Mutis, 4. 28028 - Madrid
Teléfono: 91 308 51 42
Fax: 91 319 93 09
e-mail: edinumen@edinumen.es
www.edinumen.es

Extensión digital de *El Cronómetro, nivel C1*: consulta nuestra **ELEteca**, en la que puedes encontrar, con descarga gratuita, materiales que complementan este método.

La Extensión digital para el **alumno** contiene los siguientes materiales:

- Actividades del modelo de examen n.º 4.
- Transcripciones de las audiciones con la respuesta correcta marcada en cada caso.
- Actividades extras de gramática de nivel C1 para el examen.
- Opciones de la tarea 3 de la prueba oral con imágenes en color.
- Audiciones en formato mp3.
- Listado de vocabulario de referencia.
- Más materiales para la Prueba Oral.

Recursos del alumno:

Código de acceso

98484120

www.edinumen.es/eleteca

La Extensión digital para el **profesor** contiene los siguientes materiales:

- ☐ Guía del profesor.
- ☐ Actividades del modelo de examen n.º 4.
- ☐ Transcripciones de las audiciones con la respuesta correcta marcada en cada caso.

Recursos del profesor:

Código de acceso

Rellena el formulario de solicitud de acceso a los recursos del profesor en
www.edinumen. es/eleteca/solicitudes

En el futuro, podrás encontrar nuevas actividades. **Visita la ELEteca**

Introducción para candidatos y profesores

1. Este libro está dedicado a la preparación del examen para obtener el *Diploma de Español como Lengua Extranjera (Nivel C1)*, el título que da el Instituto Cervantes en nombre del Ministerio de Educación de España, y que certifica tu nivel de español.

2. Para la elaboración del manual, el equipo de autores ha hecho un análisis exhaustivo de las características de los **exámenes reales** y de los ejemplos ofrecidos por el propio Instituto Cervantes, análisis que ha permitido no solo conocer a fondo el examen, sino también establecer con claridad las dificultades que plantea al candidato. En este manual encontrarás referencias a esos análisis así como **ejemplos de tareas** extraídas de los mismos exámenes. Están señalados con el símbolo ➥ *Instituto Cervantes*.

3. Los **modelos de examen** que aparecen en el manual se diseñan respetando escrupulosamente las características de los exámenes DELE: contenidos, tipología textual y tipo de tareas y, dentro de lo posible, en su aspecto gráfico, de manera que el candidato se vaya acostumbrando al examen.

4. Los autores de la colección son o han sido **profesores del Instituto Cervantes**, e intervienen habitualmente en los exámenes como examinadores acreditados.

5. El manual desarrolla criterios metodológicos acordes con el tipo de examen que es el DELE y con las especificaciones establecidas por el propio IC. Dado que el objetivo es **demostrar** que se posee un nivel determinado, en este caso el C1, el manual prepara al candidato justamente para demostrar que tiene ese nivel. El Cronómetro se centra tanto en las **dificultades** que plantea el examen en sus distintas pruebas y tareas como en el desarrollo de **habilidades** para superar dichas tareas.

6. Para ese fin, el manual se centra en cuatro puntos básicos: **información** actualizada y pertinente del examen, dosificada a lo largo de todo el manual; **práctica con modelos** de examen diseñados para el manual; **desarrollo de habilidades** a través de **actividades** centradas en aspectos concretos; y un gran aporte de **comentarios y consejos** fundamentados en parte en el análisis de los exámenes, en parte en la experiencia como examinadores y como profesores de español de los autores.

7. El manual plantea la preparación como una actividad individual, y ofrece todas las herramientas necesarias para que el candidato pueda prepararse de manera **autónoma**, destacando dos: las que permiten desarrollar el **control del tiempo**, y una **herramienta de seguimiento** del proceso de preparación, que permite al candidato saber siempre en qué punto de la preparación está.

8. El manual se presta igualmente a su uso en **cursos** de preparación, para lo cual existe una guía dirigida al profesor, disponible en la página web de la **editorial Edinumen**.

9. El manual se completa con unos **apéndices** que incluyen más información sobre el examen, como un resumen de los contenidos del Plan Curricular del Instituto Cervantes, y un listado de vocabulario centrado en expresiones coloquiales. El banco de recursos **ELEteca** de la editorial Edinumen ofrece de manera gratuita recursos que complementan los del propio manual en su versión en papel.

10. Un último **consejo**. El examen tiene unos **límites de tiempo**. Es muy importante saber el tiempo que cada candidato necesita para hacer cada parte del examen. Habituarte a controlar este factor es importantísimo. El Cronómetro te ayuda a hacerlo. Antes de empezar tu preparación, **busca un reloj o mejor un cronómetro**, lo necesitas en todas las tareas que llevan este icono:

Índice

Las pruebas del examen

El examen suele empezar a las **9:00** en la mayoría de los **centros de examen**.

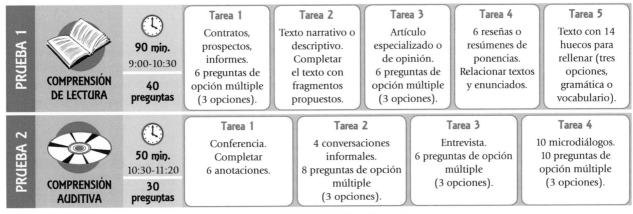

PRUEBA 1 — **COMPRENSIÓN DE LECTURA** — 🕐 **90 min.** 9:00-10:30 — **40 preguntas**

Tarea 1
Contratos, prospectos, informes.
6 preguntas de opción múltiple (3 opciones).

Tarea 2
Texto narrativo o descriptivo. Completar el texto con fragmentos propuestos.

Tarea 3
Artículo especializado o de opinión.
6 preguntas de opción múltiple (3 opciones).

Tarea 4
6 reseñas o resúmenes de ponencias. Relacionar textos y enunciados.

Tarea 5
Texto con 14 huecos para rellenar (tres opciones, gramática o vocabulario).

PRUEBA 2 — **COMPRENSIÓN AUDITIVA** — 🕐 **50 min.** 10:30-11:20 — **30 preguntas**

Tarea 1
Conferencia. Completar 6 anotaciones.

Tarea 2
4 conversaciones informales.
8 preguntas de opción múltiple (3 opciones).

Tarea 3
Entrevista.
6 preguntas de opción múltiple (3 opciones).

Tarea 4
10 microdiálogos.
10 preguntas de opción múltiple (3 opciones).

PAUSA DE 30 MINUTOS (11:20-11:50)

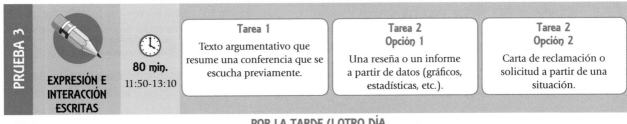

PRUEBA 3 — **EXPRESIÓN E INTERACCIÓN ESCRITAS** — 🕐 **80 min.** 11:50-13:10

Tarea 1
Texto argumentativo que resume una conferencia que se escucha previamente.

Tarea 2 Opción 1
Una reseña o un informe a partir de datos (gráficos, estadísticas, etc.).

Tarea 2 Opción 2
Carta de reclamación o solicitud a partir de una situación.

POR LA TARDE U OTRO DÍA

PRUEBA 4 — **EXPRESIÓN E INTERACCIÓN ORALES** — 🕐 **20 min.***

Tarea 1
Presentación de un tema a partir de la lectura de un texto argumentativo leído y preparado previamente.

Tarea 2
Debate con el entrevistador sobre el tema presentado.

Tarea 3
Negociación sobre una situación planteada en una lámina (con apoyo gráfico).

* Más 20 minutos previos de preparación.

Puntuación de las pruebas y cálculo de la nota

PRUEBA				
PUNTUACIÓN TOTAL	25 puntos	25 puntos	25 puntos	25 puntos
MÍNIMO NECESARIO	30 puntos		30 puntos	

⚠ **¡Atención!** Es necesario obtener las dos notas mínimas.

El examen tiene **dos citas**: una para las pruebas 1, 2 y 3, normalmente un viernes o un sábado a partir de las 9:00 de la mañana, y una segunda cita para la prueba 4, que puede ser el mismo día por la tarde, u otro día diferente. El día del examen recibes un cuadernillo con los textos y las preguntas, y unas Hojas de respuestas, semejantes a las que puedes encontrar al final de este manual. La segunda cita la recibes mediante una carta en tu casa y la manda el centro de examen, indica el día y la hora a la que te tienes que presentar para la entrevista. No hay cuadernillo, sino unas hojas con los textos de la tarea 1 de la prueba. Esa prueba tiene una preparación previa. La realizas normalmente en una sala diferente a la de la entrevista. Todos los materiales son propiedad del Instituto Cervantes.

Puedes encontrar más información en: 🖥 http://www.diplomas.cervantes.es

Consejos para aprovechar este manual

Este manual está diseñado para que puedas preparar el examen DELE, nivel C1, por tu cuenta, aunque la ayuda de un profesor y de otros candidatos puede hacer la preparación más cómoda y entretenida.

■ **La idea principal**. Tienes nivel C1 de español, lo tienes que **demostrar**. Para hacerlo, el Instituto Cervantes te propone una serie de tareas. Conocerlas, y conocer las habilidades que necesitas para realizarlas con una nota suficiente (el 70% mínimo) es lo que garantiza el éxito. Este manual te ayuda justamente a eso: a prepararte para demostrar lo que sabes.

■ **La información**. El modelo 1 presenta una introducción general de cada prueba que ofrece el Instituto Cervantes, y el modelo 2 más comentarios sobre las tareas. Es una información muy importante. Haz todos los cuestionarios. Además, irás encontrando preguntas que terminan con la frase: **Anota aquí tu comentario**. No tienes que hacerlo en español, lo puedes hacer en tu idioma. Lo importante es anotar tus ideas, intuiciones y percepciones.

■ **Modelos de examen**. Vas a encontrar 4 modelos. No dejes de leer los textos breves que hay al principio de cada modelo: te explican qué se va a trabajar en el modelo. Algunos modelos están especialmente diseñados para trabajar ciertas dificultades o ciertos tipos de textos. Sigue siempre las **INSTRUCCIONES**.

■ **El Cronómetro**. El nombre de este manual tiene que ver con un aspecto muy importante del examen: el control del tiempo. No dejes pasar esta pregunta: ● ● ● ● ● 🕐 ¿Cuánto tiempo has necesitado?

■ **Actividades**. Después de cada prueba, y para los tres primeros modelos, tienes una serie de actividades. Es muy importante realizarlas porque sirve para que hagas mejor el siguiente modelo, con más seguridad y mejores resultados. Se centran en habilidades de examen. Son ejercicios que te permiten practicar **habilidades** muy útiles. En la parte superior de las páginas de actividades tienes los iconos de las pruebas para saber en qué prueba estás. Ten en cuenta además que algunas actividades se basan en exámenes reales y llevan la marca: Fuente: ╬ *Instituto Cervantes*.

▶ Actividades sobre el Modelo n.º 1

■ **Las claves de las actividades**. No solo sirven para conocer las respuestas correctas. Muchas veces hay comentarios sobre los resultados, más información o consejos útiles. Las claves son el complemento de las notas con información que aparecen en las actividades.

Comentario. de las opcione atender a las p

■ **Consejos**. En la sección de las claves puedes encontrar comentarios y consejos. No dejes de leerlos. Intenta seguir esos consejos en el siguiente modelo de examen. *Consejo.*

■ **Las tablas de progreso**. Al final de cada prueba de cada modelo vas a encontrar unas tablas para saber cómo progresa tu preparación. No olvides completarla cada vez. Al final del manual tienes un espacio, "Resumen de la preparación" (pág. 225), donde puedes poner todos los resultados de todos los modelos y tener una panorámica de tu preparación.

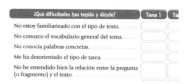

DELE C1

Modelo de examen n.° 1

 PRUEBA 1. COMPRENSIÓN DE LECTURA 90 min.

 Claves, comentarios, consejos y actividades.

 PRUEBA 2. COMPRENSIÓN AUDITIVA 50 min.

Claves, comentarios, consejos y actividades.

PRUEBA 3. EXPRESIÓN E INTERACCIÓN ESCRITAS 80 min.

Claves, comentarios, consejos y actividades.

 Claves, comentarios, consejos y actividades sobre este modelo de examen.

Con este modelo n.° 1 vas a enfrentarte por primera vez al examen sin más preparación que lo que sabes de español y la información que puedas tener del examen DELE. El objetivo es tomar contacto y conocer las dificultades del examen, tener conciencia de las habilidades que tienes para realizarlo, y descubrir los conocimientos que te faltan y las habilidades que necesitas desarrollar para aprobarlo. Los ejercicios que encontrarás en la sección de actividades, así como los comentarios en las claves, tienen como objetivo orientarte en este sentido.

 El Cronómetro, manual de preparación del DELE. Nivel C1

Prueba 1: Comprensión de lectura

● ● ● ● ● Antes de empezar la prueba de **Comprensión de lectura**.

Responde a estas preguntas con lo que sabes o piensas del examen.

1. ¿Cuántas tareas (partes) tiene esta prueba?
2. ¿Cuánto tiempo tengo para realizarlas?

Marca con una X.

		sí	no
3.	¿El examen empieza con esta prueba?	☐	☐
4.	¿Las preguntas son todas del mismo tipo?	☐	☐
5.	¿Puedo empezar la prueba por la tarea que yo decida?	☐	☐
6.	¿Todos los textos son del mismo tipo?	☐	☐
7.	¿Las instrucciones dicen cuánto tiempo tengo para cada tarea?	☐	☐
8.	Para contestar a las preguntas, ¿tengo que escribir?	☐	☐
9.	¿El número de preguntas en cada tarea es siempre el mismo?	☐	☐
10.	¿Los textos los puedo encontrar en cualquier periódico español?	☐	☐
11.	(Otra)	☐	☐

Comprueba tus respuestas. Algunas preguntas no las puedes responder hasta el final del modelo.

La prueba tiene 5 tareas. Hay que responder a 40 preguntas en total. Las respuestas no se redactan, se anotan en una hoja especial: la **Hoja de respuestas** (al final del manual hay modelos para fotocopiar). Los textos no suelen ser originales, sino que suelen estar adaptados al nivel de dificultad.

PRUEBA DE COMPRENSIÓN DE LECTURA Y USO DE LA LENGUA

90 min.

	¿Qué se evalúa?	¿En qué consiste la tarea?	¿Cómo son los textos?
TAREA 1	Que sabes comprender la idea general y determinados datos específicos de textos del ámbito público y profesional.	Responder a seis preguntas de selección múltiple con tres opciones de respuesta.	Contratos (de alquiler, de trabajo, de uso de un producto, etc.), prospectos, cláusulas o informes profesionales de entre 700 y 800 palabras.
TAREA 2	Que sabes reconocer la estructura de un texto extenso y la relación entre las ideas.	Completar seis partes de un texto eligiendo entre siete fragmentos propuestos.	Textos narrativos o descriptivos de carácter literario como obras de teatro, cuentos, fragmentos de novelas, etc. Tienen entre 600 y 700 palabras.
TAREA 3	Que sabes comprender e identificar la intención o el punto de vista del autor del texto, captando actitudes y opiniones implícitas o explícitas.	Responder a seis preguntas de selección múltiple con tres opciones de respuesta.	Textos especializados pertenecientes al ámbito académico o al profesional: trabajos académicos (como ensayos o monografías), artículos o reportajes de revistas especializadas, etc. Tienen entre 600 y 700 palabras.
TAREA 4	Que sabes localizar información específica relevante en textos breves que tratan de aspectos relacionados con el ámbito académico.	Relacionar ocho enunciados breves con seis textos.	Reseñas o resúmenes de ponencias, tesis o artículos de investigación de entre 100 y 150 palabras, en los que se explica, se describe o se expone información sobre temas del ámbito académico.

TAREA 5	Que sabes identificar las estructuras y el léxico apropiados para un texto complejo.	Rellenar catorce huecos de un texto con una de las tres opciones que se proporcionan para cada hueco.	Los textos son largos y complejos, de entre 400 y 450 palabras, y se extraen de revistas, libros de texto y periódicos especializados pertenecientes a los ámbitos profesional o académico.

Fuente: ◄╫► *Instituto Cervantes.*

¿Qué te ha sorprendido más de la descripción de esta prueba del examen? Anota aquí tu comentario.

....

....

 Comentario. Según la descripción que ofrece el ◄╫► *Instituto Cervantes* del **DELE C1**, las pruebas tienen un marcado carácter académico. Las tareas se parecen a las que se realizan en contextos universitarios o de investigación, y los textos son formales y tienen un vocabulario muy específico, a veces especializado. Es necesario estar familiarizado con ambos aspectos: tareas y textos de ámbito académico. Por otro lado, los exámenes presentan siempre una gran variedad de temas y países de origen. En las tareas de Expresión escrita no hay temas que coincidan con los de la prueba de Comprensión de lectura o con la de Comprensión auditiva. Eso significa, por ejemplo, que no se puede aprovechar el vocabulario de un texto para escribir otro. En **El Cronómetro**, *nivel C1* hemos seguido estos criterios. Aunque no se pueden abarcar todos los temas posibles, sí hemos intentado no repetir temas, y actualizar lo más posible la información sobre el examen. Para completarla dispones de más documentos en la *ELEteca* 🔄 de la editorial **Edi numen**.

CLAVES

1. 5 tareas; **2.** 90 minutos; **3.** Sí; **4.** No. Hay preguntas de opción múltiple (tareas 1, 3 y 5), fragmentos para insertar en el texto (tarea 2) y resúmenes de textos (tarea 4). Además, son preguntas específicas de examen, en los libros de texto para aprender español o en la realidad no suelen aparecer este tipo de preguntas o de tareas. Por eso es MUY IMPORTANTE preparar el examen en un curso o con un manual de preparación como **El Cronómetro**; **5.** Sí, el orden de las tareas no está establecido en las instrucciones; **6.** No, cada tarea tiene un tipo de texto diferente en cuanto a su estilo (más o menos formal), estructura (contratos, artículos) o sentido (opinión, instrucciones, etc.). El nivel de dificultad del texto está relacionada con la definición del nivel C1 y sus contenidos establecidos por el Instituto Cervantes en su *Plan curricular*; **7.** No, puedes dedicar a cada tarea tiempos diferentes, según la longitud del texto o la dificultad de las preguntas; **8.** No, todas las respuestas se marcan de una forma especial en unas hojas especiales, la Hoja de respuestas; **9.** No. Las tareas 1, 2 y 3 tienen seis preguntas cada una, la 4 tiene ocho, y la 5 tiene catorce preguntas (ítems); **10.** No, solo los de las tareas 3 y 5. El texto de la tarea 1 se redacta para usos específicos y normalmente no se publica. El de la tarea 2 suele publicarse en libros o en revistas o suplementos literarios, igual que los de la tarea 4 si son reseñas de libros, pero los resúmenes de tesis o conferencias aparecen en Internet o en los folletos de las conferencias correspondientes. Además, el origen de los textos corresponde a todo el mundo hispánico, puede haber un texto de México, otro de Colombia, otro de Argentina y otro de España.

¡Ya puedes empezar esta prueba!

Prueba 1: Comprensión de lectura

● ● ● ● ● 🕐 **Pon el reloj.**

La prueba de **Comprensión de lectura** contiene **5 tareas**. Usted tiene que responder a 40 preguntas. Duración: **90 minutos**. Marque sus opciones únicamente en la **Hoja de respuestas**.

Tarea 1

INSTRUCCIONES

A continuación leerá un texto donde se explica la condiciones de uso de un producto informático. Conteste a las preguntas (1-6). Seleccione la opción correcta (A, B o C). Marque las opciones elegidas en la Hoja de respuestas.

ENCICLOPEDIA EDUCATIVA *EDULINE 2012*. CONDICIONES DEL SERVICIO DEL PROGRAMA

1. Su relación con *Eduline*

a) El uso que haga tanto de los contenidos como del software y de los servicios *Eduline 2012*, de los que se excluyen aquellos que pueda adquirir en virtud de cualquier otro acuerdo externo, se rige por las condiciones del presente acuerdo legal general suscrito entre usted y *Eduline*.

b) Siendo estas condiciones vinculantes, el acuerdo suscrito entre usted y *Eduline* podrá incluir también las condiciones establecidas para servicios adicionales y las condiciones de cualquier aviso legal aplicable a servicios contratados con posterioridad a la aceptación del presente acuerdo, siempre y cuando consten en los anexos correspondientes.

2. Aceptación de las Condiciones

Previo al uso de los servicios que le proporciona el software de *Eduline*, deberá aceptar las condiciones especificadas en el presente acuerdo. Para ello deberá hacer clic allí donde *Eduline* pone a disposición del usuario esta opción en la interfaz de usuario del servicio en cuestión. En el caso de que inicie el uso de los servicios sin cumplir la condición antes descrita, *Eduline* asumirá que acepta las condiciones al empezar a usar el software.

3. Prestación de los Servicios por parte de *Eduline*

a) *Eduline* cuenta con entidades subsidiarias y filiales en todo el país. En ocasiones, estas empresas serán las encargadas de proporcionar servicios específicos a los clientes en nombre de *Eduline*. Por el presente acuerdo, reconoce y acepta que dichas subsidiarias y filiales están autorizadas a prestarle dichos servicios.

b) Por el presente acuerdo, reconoce y acepta que *Eduline*, sin previo aviso, pueda variar ocasionalmente el contenido y la naturaleza de los servicios que proporciona, o suspender, ya sea de forma permanente o temporal, todos o parte de los servicios, o alguna de las funciones incluidas en los mismos, para usted o para los usuarios en general. Por su parte, podrá interrumpir el uso del software en cualquier momento que lo desee. No es necesario que informe de ello a *Eduline*.

c) Por el presente acuerdo, reconoce y acepta que, si *Eduline* inhabilita el acceso a su cuenta, es posible que no pueda acceder a los servicios disponibles o incluidos en el acuerdo o a los contenidos del programa.

4. Uso del software

a) Acepta utilizar el software de *Eduline* exclusivamente con los fines estipulados tanto en las condiciones descritas en este acuerdo como en cualquier ley o regulación aplicable o en cualquiera de las prácticas o directrices aceptadas en las jurisdicciones pertinentes.

b) Asimismo, se compromete a no involucrarse en actividad ilegal o perjudicial alguna que interfiera o interrumpa los servicios o los proveedores de servicios y redes conectados a estos, y no reproducir, duplicar, copiar, vender, comercializar ni revender el software descargado para ningún fin.

c) Por el presente acuerdo, acepta que usted es el único responsable, y que *Eduline* declina toda responsabilidad hacia usted o hacia terceros, del incumplimiento de cualquiera de las obligaciones contraídas en virtud de este acuerdo, así como de las consecuencias derivadas de dicho incumplimiento.

5. Contenido de los Servicios

a) Por el presente acuerdo, reconoce que todos los contenidos accesibles mediante el programa *Enciclopedia educativa Eduline 2012,* sea cual sea el formato en que se le ofrezca, es responsabilidad exclusiva de la persona que haya creado dicho contenido y no de *Eduline*, quien declina toda responsabilidad sobre la veracidad o plagio de dicho material.

b) A menos que *Eduline* o los propietarios del contenido autoricen expresamente lo contrario en un acuerdo independiente, se compromete a no modificar, alquilar, arrendar, prestar, vender ni distribuir este contenido, ni crear trabajos derivados basados en él, ya sea en su totalidad o en parte.

6. Derechos sobre la propiedad

a) Por el presente acuerdo, acepta que *Eduline* o los autores explícitos del material son los propietarios de todos los derechos, títulos e intereses legales asociados a los servicios y contenidos del programa, incluidos todos los derechos sobre la propiedad intelectual que actúen sobre ellos, independientemente de si tales derechos están registrados o no y del país en el que existan.

b) A menos que acuerde lo contrario por escrito con *Eduline*, nada le otorga el derecho a usar los nombres, logotipos, nombres de dominio u otras características distintivas de marca *Eduline*. En caso de que se le conceda el derecho explícito a utilizar alguna de estas características a través de un acuerdo por escrito e independiente entre usted y *Eduline*, se compromete a que el uso de dichas características cumpla con el acuerdo en cuestión y con las directrices de uso de los elementos incluidos en el acuerdo, las cuales se podrán modificar periódicamente.

PREGUNTAS

1. Según el documento, las condiciones descritas en el presente acuerdo...

   a) se refieren solo a los servicios contratados a través de este acuerdo.
   b) podrán regular todos los servicios que se contraten con *Eduline* con posterioridad.
   c) incluyen automáticamente las de cualquier otro servicio contratado con la empresa.

2. Para empezar a usar el servicio, el usuario...

   a) deberá asumir el acuerdo al que llegue con *Eduline*.
   b) tendrá que ponerse en contacto con una filial.
   c) dispone de más de una opción.

3. Los servicios contratados con la empresa...

   a) no solo los puede suministrar la propia *Eduline*.
   b) pueden ser variados, sin previo aviso, por el usuario.
   c) son accesibles solo a través de una cuenta específica.

4. En relación con el software objeto del acuerdo, el usuario no podrá...

    a) hacer un uso no descrito del mismo en el acuerdo.
    b) realizar actividades ilegales con los proveedores.
    c) ser responsable de las consecuencias de un mal uso del mismo.

5. El acuerdo establece que el formato de los contenidos ofrecidos...

    a) es responsabilidad del autor de los contenidos.
    b) puede ser modificado.
    c) no puede ser establecido por el usuario.

6. Los contenidos ofrecidos por *Eduline*...

    a) están sujetos a condiciones modificables periódicamente.
    b) pueden ser utilizados por el usuario previo un acuerdo escrito.
    c) están sujetos a las leyes de propiedad intelectual incluso fuera del país de origen.

Tarea 2

INSTRUCCIONES

Lea el siguiente texto, del que se han extraído seis párrafos. A continuación lea los siete fragmentos propuestos (A-G) y decida en qué lugar del texto (7-12) hay que colocar cada uno de ellos. HAY UN FRAGMENTO QUE NO TIENE QUE ELEGIR. Marque las opciones elegidas en la **Hoja de respuestas**.

BREVE HISTORIA DE INTERNET

Ante el aluvión de datos y de siglas que nos ofrecen los diferentes autores sobre la historia de Internet, vamos a intentar destacar las fechas y acontecimientos que consideramos más importantes. **7.** _____. La primera descripción de interacciones sociales a través de una red de telecomunicaciones la realizó J.C.R. Licklieder en agosto de 1962. Se trataba de una serie de ordenadores interconectados a través de los cuales se podía tener acceso a la información desde cualquiera de ellos. Fue el mismo Licklieder el que lideró este proyecto de investigación que se llamó DARPA (*Defense Advanced Research Projects Agency*).

Según el profesor Castells, la DARPA fue creada para intentar evitar que los soviéticos interfiriesen en las comunicaciones de los Estados Unidos en caso de una guerra nuclear, en una especie de técnica de guerrilla electrónica. **8.** _____. No obstante, esta teoría no está generalmente aceptada e incluso ha sido desmentida por los propios autores responsables de la DARPA. Más tarde, en 1967 uno de los discípulos de Licklieder, Lawrence G. Roberts, desarrolló esta primera red y en 1969 creó lo que iba a ser el hermano mayor de Internet: la *Arpanet*. **9.** _____.

Fue ese mismo año cuando se lleva a cabo el primer enlace a través de una línea telefónica conmutada, el cual tuvo lugar entre las Universidades de California (Los Ángeles y Santa Bárbara), la Universidad de Utah y el Stanford Research Institut. Posteriormente, en 1972, Kahn dio a conocer en público por primera vez el Arpanet en la *International* Communication Conference (ICCC). **10.** _____. Un año más tarde, la DARPA inició un programa de investigación para conectar redes de distintas clases mediante los protocolos TCP/IP. En 1980, este protocolo se habría convertido en el estándar de comunicaciones entre ordenadores de los Estados Unidos. De este proyecto surgió el nombre de *internetting* y de ahí *Internet*.

11. _____. Ello dio lugar a que, en un momento dado, en concreto a partir de 1983, hubiera que separar la vertiente científica de la red, que se quedó como Arpanet, de la militar, que devino en *Milnet* . Arpanet siguió funcionando –lo hizo un total de 20 años– hasta que por motivos puramente técnicos hubo de ser reemplazada por la NSFNET *(National Science Foundation)*.

Por otra parte, en 1989 se creaba en Ginebra el lenguaje HTML, en un proyecto de investigación encabezado por Tim Berners-Lee, y en 1990 se crearon el primer cliente web, el *World Wide Web* (WWW) y el primer servidor. Sin embargo, poco después comenzaron las presiones comerciales y corporativas e Internet dejó de estar en manos del Gobierno para pasar, a partir de 1995, a manos de empresas privadas, con lo que se perdía el paraguas de una institución, hasta entonces el Gobierno, que la supervisara. **12.** _____. Se trata de una situación que muestra a las claras la expansión y la independencia de un medio que ha pasado de ser un instrumento de comunicación a convertirse en una herramienta de gran éxito comercial que mueve millones de euros cada año y que está en continua evolución, cuyo número de usuarios se prevé que llegue a los 2 000 millones en el 2016.

FRAGMENTOS

A. Esta fue también la primera vez que se presentó el concepto de *correo electrónico.*

B. A pesar de que en 1998 se creó una corporación norteamericana que regulara la Red (IANA/ICANN), hoy en día sigue sin haber ninguna autoridad clara que la controle.

C. Si bien hay que tener en cuenta que entre algunos de los artículos consultados se dan contradicciones, hemos procurado unificar criterios.

D. Desde un primer momento la comunidad científica estuvo apartada del uso de esta red, lo que generó algunas protestas, especialmente por parte de los técnicos de la NASA.

E. De este modo, a través de dicha red, los militares podían comunicarse sin ser controlados desde ningún centro, estando sus redes de información formadas por miles de pequeñas redes autónomas a las cuales se accedía de múltiples maneras.

F. A pesar de que se trataba de una red para el Departamento de Defensa de los EE.UU., los científicos comenzaron a utilizarla para comunicarse entre ellos profesional y personalmente.

G. Esta segunda red estaba basada en la idea de un conjunto independiente de redes de diferente arquitectura y diseño que más adelante daría lugar a lo que hoy conocemos como Internet.

*Lea el texto y responda a las preguntas (13-18). Seleccione la opción correcta (A, B o C). Marque las opciones elegidas en **Hoja de respuestas**.*

NUEVAS IDEAS PARA LA ECONOMÍA DEL FUTURO

A pesar de todo lo que se ha dicho sobre la crisis que nos acompaña desde 2008, aún desconocemos cómo se escribirá la historia con relación a los fallos de la ciencia económica que desembocaron en la situación actual. Se ha criticado mucho a los políticos por haber tomado decisiones erróneas antes y durante la crisis, pero se ha hablado muy poco de los errores de los economistas. Apuntaré en este artículo cuatro áreas donde la economía tiene que superar sus planteamientos actuales.

En política fiscal, el principal problema consiste en que estamos intentando aplicar las lecciones aprendidas en los años noventa a los problemas de una década después. Entonces algunos economistas demostraron que los ajustes fiscales podían tener efectos expansivos si lograban crear expectativas suficientemente positivas para el sector privado. Aquellas teorías fiscales funcionaban en un contexto de estabilidad financiera y tras una constante expansión del sector público. Hoy, sin embargo, hay países como España donde el crédito sigue sin fluir y es precisamente en el sector privado –familias y empresas– donde están los problemas. La teoría parece estar mucho más sujeta de lo que parece a las características propias de cada país.

En relación con la política monetaria, los criterios aplicados hasta la fecha en que se calculaba el tipo de interés en función de los objetivos de inflación, al incentivar el crédito, no han podido evitar las burbujas que se han venido produciendo cada cierto tiempo, con lo que es preciso incorporar criterios anticíclicos en dicha política. Es decir, los requisitos de reservas de capital que se exigen a los bancos deberían ser más altos cuando la economía vaya bien (es decir, ahorro en tiempos de bonanza), y relajarse cuando la actividad decaiga para que sigan haciendo su función de dar crédito a las familias y a las empresas, evitando que las recesiones se prolonguen en el tiempo.

El tercer desafío consiste en incorporar supuestos más realistas a nuestro esquema económico central. La ciencia económica se asienta sobre la presunción de que los individuos se comportan racionalmente. Tenemos que incorporar comportamientos emocionales a nuestra teoría económica, y las funciones de utilidad que asignamos a las personas deben recoger mejor tanto los comportamientos destructivos como las motivaciones altruistas. Hasta ahora, las acciones solidarias eran vistas como irracionales, o lo que es peor, como parte de un cálculo egoísta para obtener la satisfacción moral de ayudar a tus semejantes. Asimismo, debemos integrar la sostenibilidad en nuestros modelos macroeconómicos, para que crecer no solo sea aumentar las cantidades de productos, sino la calidad de los mismos, con el objetivo de avanzar hacia sociedades más prósperas. La confluencia entre la economía y la ecología es el área más prometedora de la investigación económica de los próximos años.

Finalmente, el cuarto reto es el más complicado de todos, porque consistirá en desarrollar nuevas teorías que asuman que la economía no tiende hacia el equilibrio, sino hacia los desequilibrios. Es cierto que se han incorporado las imperfecciones y las asimetrías de los mercados a nuestros modelos, pero más como excepción de la regla que como núcleo permanente del modelo central. Este debe generar predicciones que tengan en cuenta los contextos históricos e institucionales, los ciclos electorales y las preferencias ideológicas. Hay que reconocer que muchas veces la mano invisible del mercado no se ve porque no existe. Es la mano visible del Estado la que genera las garantías regulatorias para que los mercados funcionen en competencia, la que reasigna recursos para compensar sus desigualdades.

En conclusión, necesitamos nuevas ideas que tengan en cuenta que la economía no es una ciencia sino un arte que usa instrumentos científicos, y por eso es más parecida a la medicina que a la física. Usamos mediciones, pruebas, datos, pero el éxito de nuestras predicciones y nuestras terapias dependen de nuestro acierto en incorporar el entorno y la psicología de los individuos. El reto es enorme, pero merece la pena intentarlo.

(Adaptado de *El País Negocios*, España)

PREGUNTAS

13. Según el autor del texto, los economistas...

    a) han cometido en los últimos años tantos errores como los políticos.
    b) han criticado mucho los errores de los políticos.
    c) en relación con la crisis también se han equivocado.

14. El autor del texto parece estar a favor de...

    a) reinstaurar los ajustes fiscales emprendidos en los años noventa.
    b) realizar ajustes fiscales diferentes en cada país.
    c) no seguir el modelo de lo hecho en España.

15. En el texto se defiende que la política monetaria debe...

    a) desarrollar estrategias para evitar errores que se repiten periódicamente.
    b) seguir criterios adaptados a la evolución cíclica del mercado.
    c) beneficiar siempre a los bancos para que mantengan el crédito.

16. El tercer aspecto descrito por el autor defiende la idea de que...

    a) las emociones determinan la economía.
    b) es necesario integrar economía y ecología.
    c) las ideas solidarias no se tomen en cuenta en la teoría económica.

17. El autor del texto es partidario de que el Estado...

    a) siga compensando las injusticias generadas por los mercados.
    b) mantenga un papel visible en la economía mundial.
    c) intervenga solo cuando se reparten recursos de manera desigual.

18. El autor concluye diciendo que la ciencia de la economía necesita...

    a) parecerse más a ciencias como la medicina o la física.
    b) mayores aciertos en las predicciones.
    c) ideas que incorporen a las personas y sus circunstancias.

INSTRUCCIONES

A continuación leerá un folleto que incluye reseñas sobre varios libros. Tiene seis textos (A-F) y ocho enunciados (19-26). Léalos y elija el texto que corresponde a cada enunciado. *RECUERDE QUE HAY TEXTOS QUE DEBEN SER ELEGIDOS MÁS DE UNA VEZ. Marque las opciones elegidas en la* **Hoja de respuestas**.

A.
GIL ANDRÉS, CARLOS (2010): *Piedralén, historia de un campesino. De Cuba a la guerra civil.*

La biografía ha tomado un auge considerable y esta es una magnífica muestra. Con un estilo narrativo ágil a la vez que analítico y con una capacidad admirable para construir la trama de la narración, Carlos Gil Andrés reconstruye la historia de un desertor aragonés en la guerra de Cuba, y lo hace de un modo totalmente original que enseguida se vuelve apasionante. A la vez que elabora el relato biográfico, la historia principal se va trabando con el relato mismo de la operación historiográfica, mostrando la manera en que trabaja el historiador: sus dudas, hipótesis fallidas, hallazgo fortuitos; en resumidas cuentas, su pasión. Sencillo y claro, a la vez que complejo, he aquí un libro hermoso, que se lee de un tirón y que coloca a su autor en la primera línea de nuestra escritura histórica.

B.
JULIÁ, SANTOS (2010): *Hoy no es ayer. Ensayos sobre la España del siglo XX.*

Juliá reúne, en trece ensayos breves, un conjunto de visiones sobre la naturaleza y la evolución de la sociedad española a lo largo del pasado siglo. Escritos desde el compromiso del escritor, pero con un continuo ejercicio de objetividad, son otras tantas llamadas a la reflexión y a la desmitificación, sobre varias de las grandes pautas de desarrollo de nuestra historia reciente: la antítesis catolicismo-laicismo, los fracasos en la modernización durante el primer tercio del siglo, la naturaleza del franquismo, los polémicos valores de la Transición, la institucionalización de la memoria histórica, etc.

C.
INAREJOS MUÑOZ, J. A. (2010): *Intervenciones coloniales y nacionalismo español.*

A partir de la pérdida de su imperio colonial en el continente americano, España quedó reducida a una potencia de segundo orden y, consiguientemente, su política exterior perdió peso en el mundo. Sin embargo, durante la época de la Unión Liberal, sus intervenciones militares en África, Cochinchina, Santo Domingo, México, así como su postura en otros conflictos, sirvieron para reforzar el proceso de nacionalización española. En esta obra, Inarejos estudia este proceso basándose en una amplia documentación inédita, procedente en su mayor parte de los fondos diplomáticos. Se trata, pues, de una aportación muy interesante y novedosa a la historia del siglo XX español.

D.
SOREL, A. (2010): *Las guerras de Artemisa.*

Este relato discurre en la guerra librada en Cuba entre 1895 y 1898 contra el dominio español y se centra en la figura del general Valeriano Weyler. Este destacó por sus métodos: entre 1896 y 1897 dirigió un ejército de 200 000 hombres y concentró a gran parte de la población en reductos para privar de apoyo a los rebeldes, lo que comportó una gran mortandad de civiles por hambre y enfermedades. Sorel narra estos hechos sombríos a partir de cinco testimonios ficticios: el de Tula, cubana rebelde e instruida; el del propio Weyler; y el de tres de sus hombres. El relato transcurre en 1896 y el título alude al nombre de la barrera fortificada de Pinar del Río, una de las ciudades de la isla.

E.
TRILLO-FIGUEROA, J. (2010): *El Apocalipsis oculto.*

El autor, abogado, ensayista, colaborador habitual en diferentes medios de comunicación, que conoce en profundidad muchas cuestiones actuales en la sociedad española, combina en esta novela el análisis crítico de la realidad contemporánea con la intriga sobre el paradero de un códice del siglo IV, utilizando así los ingredientes literarios de las novelas de Dan Brown que tan buenos resultados han dado en algunos casos. Lo que distingue a esta de los numerosos sucedáneos de Dan Brown es el peso del pensamiento, de las ideas de fondo. *El Apocalipsis oculto* está ambientada en España, en el último trimestre del año 2009. Dos periodistas, una arqueóloga y un investigador italiano se ven envueltos en una peligrosa aventura tras descubrir un códice del siglo IV.

F. FERNÁNDEZ ÁLVAREZ, M. (2010): *España. Biografía de una nación.*

En forma de homenaje póstumo, he seleccionado esta biografía del profesor Fernández Álvarez, en la que nos lega su concepción de la forja de una nación. El libro se abre con una reflexión sobre el marco geográfico de lo que un día fue Finisterre para acabar por convertirse en puente natural entre el Viejo y el Nuevo Mundo. Esta posición geoestratégica condicionó el acontecer hispano en el transcurso de los siglos. Desde las cuevas de Altamira hasta la romanización, del descubrimiento de América al apogeo del imperio filipino, del Siglo de Oro a la Edad de Plata culturales, el historiador recorre el camino de España hacia parámetros europeos, para, al cabo, formular, en medio de los actuales debates identitarios, un deseo de esperanza futura cifrada en un proyecto político común.

(Adaptado de *La aventura de la Historia*, España)

> **PREGUNTAS**

19. En este libro se habla de una guerra que causó muchísimas muertes entre personas que no eran soldados ni oficiales.

    A)   B)   C)   D)   E)   F)

20. La reseña de este libro se redactó cuando el autor ya había muerto.

    A)   B)   C)   D)   E)   F)

21. Lo interesante de este libro es la manera en como mezcla su contenido con la manera en como fue redactado.

    A)   B)   C)   D)   E)   F)

22. La historia que narra este libro está contada a través de la reconstrucción de la voz de sus protagonistas.

    A)   B)   C)   D)   E)   F)

23. Con el objetivo de distanciarse de libros con una técnica parecida, el autor ha incorporado su visión crítica sobre la sociedad que retrata en su novela.

    A)   B)   C)   D)   E)   F)

24. Este libro, por un lado no es de ficción, y por otro aporta numerosas reflexiones sobre el periodo de la Historia al que hace referencia.

    A)   B)   C)   D)   E)   F)

25. Esta obra tiene un final que contrasta con el resto del texto por su tono esperanzador.

    A)   B)   C)   D)   E)   F)

26. El interés de esta obra reside en que se fundamenta en una investigación sobre materiales no publicados hasta la fecha.

    A)   B)   C)   D)   E)   F)

*Lea el texto y rellene los huecos (27-40) con la opción correcta (A, B o C). Marque las opciones elegidas en la **Hoja de respuestas**.*

LA IMPORTANCIA DEL 3D

La científica Susan Barry está especializada en la visión tridimensional por una buena razón: sufría una disfunción congénita que le impedía ver el mundo en relieve.

Descubrió el mundo cuando tenía 48 años. Antes pertenecía al grupo de personas, una de _____(27)_____ veinte, que no puede ver _____(28)_____ relieve. Para ellas, los ramos de flores son plantas como el cristal de una ventana, no hay nadie detrás de una persona, y la línea del horizonte lejano está pegada ahí _____(29)_____. Dan, el marido de Susan, es un astronauta famoso que ha visitado el espacio muchas veces, pero, como dice ella, "_____(30)_____ es tan hermoso como, de pronto, ver el universo en tres dimensiones".

Es curioso que los que no tenemos este defecto –o no lo hemos _____(31)_____ todavía– consideramos que la dimensión temporal es mucho más importante que la visión en 3D. No puede compararse saber y entender si algo ya ocurrió en el pasado, está sucediendo ahora o es una cuestión de futuro. Los niños menores de cuatro años, por ejemplo, nunca saben _____(32)_____ escala temporal pertenecen los Reyes Magos de quienes están hablando.

Pues bien, resulta que contemplar el mundo en tres dimensiones espaciales resulta que es _____(33)_____ o más importante. Para ello hace falta que mis dos retinas se fijen en algo ligeramente distinto; el cerebro fusiona estas dos imágenes complementarias para obtener la visión en profundidad. Hasta hace muy poco, la gente creía que la capacidad de ver estereoscópicamente se desarrollaba en la infancia. Depende.

Nadie ha explicado con la claridad de Susan el largo proceso para corregir su estrabismo de nacimiento, más común _____(34)_____ se sospecha. Si cuando eres pequeño miras simultáneamente en direcciones distintas, te va a resultar muy difícil saber dónde están las cosas. Las dos imágenes que se reciben de los dos ojos resultan demasiado _____(35)_____ como para que el cerebro las pueda conjugar.

Lo más fascinante es constatar que la visión estereoscópica no es un _____(36)_____. Resulta que para los animales depredadores es esencial la precisión que _____(37)_____ esa manera de captar el entorno. Otros mamíferos pertenecientes al lado de las víctimas –como los conejos– tienden a disfrutar de visiones panorámicas que les informan de todo cuanto pasa a su _____(38)_____.

Durante gran parte de su vida, Susan se entrenó para usar un solo ojo. Es increíble comparar el cambio _____(39)_____ tuvo que adaptarse, con 48 años. Susan tuvo que empezar de nuevo a probar, poco a poco, cómo enfocar los dos ojos hacia el mismo punto y al mismo tiempo.

Lo fascinante de esta científica es que ahora sabe disfrutar _____(40)_____ ha enseñado a su cerebro, sin olvidar nada de lo que sabía hacer hace casi cincuenta años.

(Adaptado de Eduardo Punset, en *Muy interesante*, España)

OPCIONES

27.	a) toda	b) cada	c) entre
28.	a) en	b) con	c) de
29.	a) cercano	b) ya	c) mismo
30.	a) nada	b) algo	c) algún
31.	a) contraído	b) recibido	c) dado cuenta
32.	a) a cuál	b) a qué	c) cuál
33.	a) tan	b) mucho	c) tanto
34.	a) de lo que	b) que	c) de que
35.	a) diáfanas	b) dispares	c) turbias
36.	a) deseo	b) privilegio	c) capricho
37.	a) da	b) dé	c) daría
38.	a) alrededor	b) entorno	c) ecosistema
39.	a) a lo que	b) que	c) al que
40.	a) lo que	b) de lo que	c) lo cual

• • • • • 🕐 ¿Cuánto tiempo has necesitado para completar **esta prueba**? Anótalo aquí: _____ min.

 **CLAVES**

Tarea 1. 1. b; **2.** c; **3.** a; **4.** a; **5.** b; **6.** c.

Tarea 2. 7. C; **8.** E; **9.** G; **10.** A; **11.** F; **12.** B.

Tarea 3. 13. c; **14.** b; **15.** a; **16.** b; **17.** a; **18.** c.

Tarea 4. 19. D; **20.** F; **21.** A; **22.** D; **23.** E; **24.** B; **25.** F; **26.** C.

Tarea 5. 27. b; **28.** a; **29.** c; **30.** a; **31.** a; **32.** b; **33.** c; **34.** a; **35.** b; **36.** c; **37.** a; **38.** a; **39.** c; **40.** b.

¿Qué dificultades has tenido y dónde?	Tarea 1	Tarea 2	Tarea 3	Tarea 4	Tarea 5
No estoy familiarizado con el tipo de texto.					
No conozco el vocabulario general del tema.					
No conocía palabras concretas.					
Me ha desorientado el tipo de tarea.					
No he entendido bien la relación entre la pregunta (o fragmento) y el texto.					
He perdido mucho tiempo en esta tarea.					
(Otro)					
Respuestas correctas.					
Tiempo total utilizado.					
Nivel de estrés (de 1 –mínimo– a 5 –máximo–).					

PRUEBA 1
COMPRENSIÓN DE LECTURA

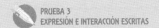 PRUEBA 2
COMPRENSIÓN AUDITIVA

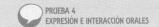 PRUEBA 3
EXPRESIÓN E INTERACCIÓN ESCRITAS

PRUEBA 4
EXPRESIÓN E INTERACCIÓN ORALES

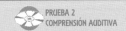 PRUEBA 1
COMPRENSIÓN DE LECTURA

 Actividades sobre el **Modelo n.º 1**

! Para realizar parte de las siguientes actividades tendrás que escribir comentarios y análisis sobre las tareas. Lo puedes hacer en español o en tu lengua (pues no forma parte del examen). Además, vamos a trabajar con un modelo de examen real, en esos casos aparece el símbolo **-¡¡-** del *Instituto Cervantes*.

Tarea 1.

a. En esta actividad vamos a ver en detalle en qué consiste la tarea que hay que realizar. Observa este ejemplo real. El texto trata de las condiciones de compra de una tienda. La opción correcta es la c). Observa las palabras relacionadas:

◗ PREGUNTA

1. Un **comprador** de un artículo de esta tienda puede...

a) pagar a plazos a través del banco que elija para la financiación.

b) obtener un precio especial por pagar al contado.

c) **exigir** un **menor precio** si lo ve en **otros estable-cimientos**.

◗ FRAGMENTO DEL TEXTO

OFIMARC le

garantiza el abono de

la diferencia de precio con respecto a

otros establecimientos

de la provincia en cualquier producto vendido en sus establecimientos, según las siguientes normas:

Fuente: **-¡¡-** *Instituto Cervantes.*

La pareja "otros establecimientos" sirve para localizar el fragmento en el texto que nos interesa, las otras para establecer la opción correcta. Fíjate que tienes que tener en cuenta una palabra del enunciado, "comprador" para ver la relación entre "exigir" y "garantizar": si la tienda garantiza algo, el comprador lo puede exigir. La palabra "diferencia" remite a una comparación, "menor precio". Observa ahora este otro fragmento. Concéntrate en la opción a) (no correcta).

◗ PREGUNTA

1. Un **comprador** de un artículo de esta tienda puede...

a) pagar a plazos a través del banco que elija para la financiación.

b) obtener un precio especial por pagar al contado.

c) exigir un menor precio si lo ve en otros establecimientos.

◗ FRAGMENTO DEL TEXTO

El pago se realizará <u>al contado</u>, en efectivo, mediante tarjeta de crédito o mediante cheque conformado. El <u>comprador</u> podrá, por <u>su elección</u>, contratar con la <u>entidad financiera</u> que presta sus servicios a OFIMARC, con las condiciones que por su parte estipule, la financiación del importe de la compra.

Fuente: **-¡¡-** *Instituto Cervantes.*

Se pueden establecer las siguientes relaciones de sentido:

comprador	- *comprador*
a plazos	- *al contado*
banco	- *entidad financiera*
que elija	- *su elección*

Hay varios elementos que impiden la elección de esta opción. Por un lado, no se habla de pagar a plazos sino de pago al contado. Por otro, aunque el verbo elegir remite al sustantivo elección, la elección a la que se refiere el texto es sobre si contratar o no con la entidad financiera, no sobre qué entidad financiera elegir, como dice en la pregunta. La entidad financiera la establece la tienda: "*la* [entidad financiera] *que presta sus servicios a OFIMARC*" (y no otra cualquiera).

¿Qué conclusiones parciales puedes sacar de estos ejemplos? Anota aquí tu comentario.

....

b. Ahora vamos a trabajar con el modelo de examen de **El Cronómetro**, *nivel C1*. Subraya en los fragmentos la parte que corresponde a la respuesta correcta y escribe debajo por qué es correcta. Puedes hacerlo en español o en tu lengua.

◯ PREGUNTA

1. Según el documento, las condiciones descritas en el presente acuerdo...
   a) se refieren solo a los servicios contratados a través de este acuerdo.
   b) podrán regular todos los servicios que se contraten con *Eduline* con posterioridad.
   c) incluyen automáticamente las de cualquier otro servicio contratado con la empresa.

Tu análisis:

....

....

2. Para empezar a usar el servicio, el usuario...
   a) deberá asumir el acuerdo al que llegue con *Eduline*.
   b) tendrá que ponerse en contacto con una filial.
   c) dispone de más de una opción.

Tu análisis:

....

....

3. Los servicios contratados con la empresa...
   a) no solo los puede suministrar la propia *Eduline*.
   b) pueden ser variados, sin previo aviso, por el usuario.
   c) son accesibles solo a través de una cuenta específica.

Tu análisis:

....

....

◯ FRAGMENTO DEL TEXTO

b) Siendo estas condiciones vinculantes, el acuerdo suscrito entre usted y *Eduline* podrá incluir también las condiciones establecidas para servicios adicionales y las condiciones de cualquier aviso legal aplicable a servicios contratados con posterioridad a la aceptación del presente acuerdo, siempre y cuando consten en los anexos correspondientes.

c) Previo al uso de los servicios que le proporciona el software de *Eduline*, deberá aceptar las condiciones especificadas en el presente acuerdo. Para ello deberá hacer clic allí donde *Eduline* pone a disposición del usuario esta opción en la interfaz de usuario del servicio en cuestión. En el caso de que inicie el uso de los servicios sin cumplir la condición antes descrita, *Eduline* asumirá que acepta las condiciones al empezar a usar el software.

a) *Eduline* cuenta con entidades subsidiarias y filiales en todo el país. En ocasiones, estas empresas serán las encargadas de proporcionar servicios específicos a los clientes en nombre de *Eduline*. Por el presente acuerdo, reconoce y acepta que dichas subsidiarias y filiales están autorizadas a prestarle dichos servicios.

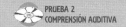 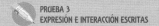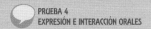
Tarea 2.

a. En esta actividad vamos a ver dos ejemplos de un examen real. Observa el primero. El texto es de tipo narrativo.

○ TEXTO

A principios de agosto de 1966, Mercedes y yo fuimos a la oficina de correos de San Ángel, en la Ciudad de México, para enviar a Buenos Aires los originales de *Cien años de soledad*. Era un paquete dirigido al director literario de la editorial Sudamericana. El empleado del correo puso el paquete en la balanza, hizo sus cálculos mentales y dijo: "Son ochenta y dos pesos". Mercedes contó los billetes y las monedas sueltas que llevaba en la cartera y me enfrentó a la realidad: "Solo tenemos cincuenta y tres". **7.** _____.

○ FRAGMENTO

B. Tan acostumbrados estábamos a estos tropiezos cotidianos después de más de un año de penurias, que no pensamos demasiado la solución. Lo abrimos, lo dividimos en dos partes iguales y mandamos solo la mitad, sin preguntarnos siquiera cómo íbamos a conseguir la plata para mandar el resto.

Fuente: ◗▬┃▬ *Instituto Cervantes.*

¿Podemos establecer parejas de palabras como en la tarea 1? Las relaciones de sentido entre el fragmento y el texto completo son más complejas. Observa este análisis.

○ ELEMENTOS DEL FRAGMENTO

Est*os* (masculino, plural)

Tropiezos, penurias

Lo (masculino, singular)

plata

○ TEXTO ORIGINAL

Los que acaba de contar en las líneas anteriores.

El hecho de no tener bastante dinero –significado de *"penuria"*– para enviar el paquete: "Solo tenemos..."

El paquete del que está hablando.

Pesos, billetes, monedas.

Es decir, ciertas palabras del fragmento remiten a palabras o ideas del texto nombrados anteriormente. Fíjate que en este ejemplo hay tres maneras de remitir a lo anterior. Anota los ejemplos correspondientes:

1. Mecanismos puramente gramaticales: ....

2. Explicaciones de ideas o hechos: ....

3. Palabras equivalentes (no solo sinónimos): ....

Observa ahora el siguiente ejemplo del mismo examen.

○ TEXTO

10. _____. En los primeros meses conservé mis mejores ingresos, pero cada vez me faltaba más tiempo para escribir como quería. Llegué a trabajar de noche hasta muy tarde para cumplir con mis compromisos pendientes, hasta que la vida se me volvió imposible. Poco a poco fui abandonando todo hasta que la realidad insobornable me obligó a escoger sin rodeos entre escribir o morir. **11.** _____.

○ FRAGMENTO

F. No tuve un minuto de sosiego en la playa. El martes, cuando regresamos a México, me senté a la máquina para escribir una frase inicial que no podía soportar dentro de mí. Desde entonces no me interrumpí un solo día, en una especie de sueño demoledor, hasta la línea final.

G. No lo dudé porque Mercedes, más que nunca, se hizo cargo de todo. Logró créditos sin esperanzas con la tendera del barrio y el carnicero de la esquina.

Fuente: ◗▬┃▬ *Instituto Cervantes.*

En este caso, las relaciones de sentido entre los fragmentos y el texto original son más sutiles. Por un lado, un fragmento es del principio del párrafo y el otro del final. Por otro, hay que tener en cuenta el tema general del relato: la escritura de una novela.

El fragmento **F** trata del inicio de esa escritura. Las relaciones son:

frase inicial, desde entonces, día - *primeros meses*

El fragmento **G** trata de las necesidades cotidianas. Se refiere a algo dicho justo antes. Las relaciones entre ideas son:

Hacerse cargo de, tendera, carnicero - *la vida* (cotidiana) / *escribir o morir*
Ingresos - *créditos*

También hay una relación entre palabras:

dudar - *escoger* / *escribir* o *morir* (cuando uno tiene que escoger puede dudar entre una cosa u otra)

Y finalmente una relación de tipo gramatical:

No lo dudé - *escribir o morir*
(el pronombre remite a la situación de tener que escoger)

Observa el orden en la forma de trabajar en estas actividades y en el examen. ¿Qué diferencia hay?, ¿qué conclusión sacas de eso? Anota aquí tu comentario.

....

b. Vamos a trabajar con el modelo de examen de **El Cronómetro**, *nivel C1*. Marca las relaciones entre palabras del texto y del fragmento y comenta qué relación hay entre los fragmentos y el texto.

◗ **TEXTO**

Ante el aluvión de datos y de siglas que nos ofrecen los diferentes autores sobre la historia de Internet, vamos a intentar destacar las fechas y acontecimientos que consideramos más importantes **7.** _____.

◗ **FRAGMENTO**

C. Si bien hay que tener en cuenta que entre algunos de los artículos consultados se dan contradicciones, hemos procurado unificar criterios.

Tu análisis:

....

....

◗ **TEXTO**

Se trataba de una red de ordenadores interconectados. Este proyecto se llamó DARPA.

Según el profesor Castells, la DARPA fue creada para intentar evitar que los soviéticos interfiriesen en las comunicaciones de los Estados Unidos en caso de una guerra nuclear, en una especie de técnica de guerrilla electrónica **8.** _____. No obstante, esta teoría no está generalmente aceptada e incluso ha sido desmentida por los propios autores responsables de la DARPA.

◗ **FRAGMENTO**

E. De este modo, a través de dicha red, los militares podían comunicarse sin ser controlados desde ningún centro, estando sus redes de información formadas por miles de pequeñas redes autónomas a las cuales se accedía de múltiples maneras.

Tu análisis:

....

....

c. ¿Cuál puede ser la dificultad principal de esta tarea? Anota tu comentario.

....

....

 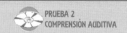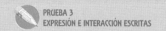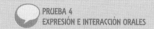
Tarea 3.

a. En esta actividad vamos a ver dos ejemplos de la tarea 3 de un examen real. La mecánica del ejercicio es similar a la de la tarea 1, enunciado con tres opciones. La correcta, en este caso, es la c).

○ PREGUNTA

13. Según el autor del texto, el uso de las **nuevas tecnologías** en **política**…

   a) está acabando con el uso de las urnas.

   b) se encuentra en un estado incipiente.

   c) debe seguir el ejemplo de la televisión.

○ FRAGMENTO DEL TEXTO

todas las semanas tenemos oportunidad de participar en <u>votaciones</u> por <u>SMS</u> o <u>Internet</u> en variados <u>programas de televisión</u>. <u>No es extraño</u>, <u>por lo tanto</u>, <u>que</u>, <u>en línea con</u> la progresiva transformación tecnológica de nuestra sociedad, hayan surgido recientemente noticias sobre diversos aspectos de <u>la aplicación de las tecnologías de la información</u> a la <u>política</u>, principalmente en lo que se refiere a la <u>automatización</u> de los procesos de <u>voto</u>.

Fuente: **⊣╂╠** *Instituto Cervantes.*

Observa que esta vez hemos seleccionado también palabras del enunciado. Las relaciones entre la pregunta y el fragmento pueden establecerse de esta manera:

    nuevas tecnologías - *tecnologías de la información, automatización, SMS, Internet*

    política - *votaciones, política, voto*

    ejemplo - *no es extraño, por lo tanto, que, en línea con*

    televisión - *programas de televisión*

¿Por qué no son correctas ni la opción a) ni la b)? Selecciona entre estas dos explicaciones la que corresponde a cada opción.

1. Aunque en la opción hay una palabra que hace referencia al tema, no se dice nada de eso en el fragmento.

2. Una palabra de la opción significa que algo ha empezado y está en un primer momento, pero en el texto no se habla del principio del uso de las tecnologías en política.

Intenta ahora localizar las palabras del texto que justifican la opción correcta (la b) para la pregunta 18.

○ PREGUNTA

18. En el texto, el término "brecha digital" alude a…

   a) la diferencia de uso de Internet en cada país.

   b) la diferencia de uso de Internet dentro de los países desarrollados.

   c) la falta de información de los potenciales usuarios de Internet. ·

○ FRAGMENTO DEL TEXTO

…el acceso generalizado a las tecnologías de la información, algo que realmente permanece como un obstáculo, puesto que la penetración de Internet en los hogares de la mayoría de los países avanzados dista de ser universal. En los últimos años se ha venido acuñando el término "brecha digital" para definir tal situación…

Fuente: **⊣╂╠** *Instituto Cervantes.*

b. Ahora vamos a trabajar con el modelo de examen de **El Cronómetro**, *nivel C1*. Subraya en el fragmento la parte que permite seleccionar la opción correcta. Escribe debajo por qué no son correctas las otras dos opciones.

◉ PREGUNTA

13. Según el autor del texto, los economistas...

   a) han cometido en los últimos años tantos errores como los políticos.

   b) han criticado mucho los errores de los políticos.

   c) **en relación con la crisis también se han equivocado.**

◉ FRAGMENTO DEL TEXTO

A pesar de todo lo que se ha dicho sobre la crisis que nos acompaña desde 2008, aún desconocemos cómo se describirá la historia con relación a los fallos de la ciencia económica que desembocaron en la situación actual. Se ha criticado mucho a los políticos por haber tomado decisiones erróneas antes y durante la crisis, pero se ha hablado muy poco de los errores de los economistas. Apuntaré en este artículo cuatro áreas donde la economía tiene que superar sus planteamientos actuales.

Tu análisis:

....

....

c. Aunque el ejercicio es similar en las tareas 1 y 3 (preguntas con tres opciones), los textos son diferentes. Compáralos marcando en esta tabla las diferencias principales.

	TAREA 1	TAREA 3
1. Es un texto más neutro, más objetivo, no hay primera persona.		
2. Tiene un vocabulario técnico, específico del tipo de texto, no solo del tema.		
3. Queda clara la postura del autor ante el tema.		
4. Este texto lo podrías encontrar en un periódico o revista.		
5. Este tipo de texto no se lee frecuentemente.		
6. Tiene un objetivo práctico para la vida cotidiana (establecer normas o condiciones).		
7. El autor intenta convencer al lector de algo o contar una experiencia.		
8. Es un texto muy dinámico, con párrafos enlazados entre sí y un ritmo marcado.		
9. Es un texto estructurado a base de párrafos independientes.		
10. El autor –que no aparece en el texto– solamente quiere establecer algo.		

¿Cuál puede ser la dificultad principal de esta tarea? Anota aquí tu comentario.

....

....

....

PRUEBA 1
COMPRENSIÓN DE LECTURA
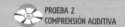

PRUEBA 2
COMPRENSIÓN AUDITIVA
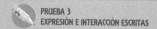

PRUEBA 3
EXPRESIÓN E INTERACCIÓN ESCRITAS

PRUEBA 4
EXPRESIÓN E INTERACCIÓN ORALES
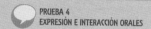

Tarea 4.

a. En esta actividad vamos a ver dos ejemplos de un examen real. Aquí tienes el primero.

● ENUNCIADO

19. En el libro se incluyen explicaciones de algunas actividades para el aula.

A)   B)   C)   **D)**   E)   F)

● TEXTO

GARAIGORDOBIL LANDAZABAL, M.; FAGOAGA AZUMENDI, J. M. (2006): *El juego cooperativo para prevenir la violencia en los centros escolares*.

Este trabajo presenta una síntesis de la colección "Programa JUEGO" y de un programa de intervención para adolescentes. Se estructura en cuatro partes principales: fundamentación teórica sobre la contribución del juego y la cooperación al desarrollo en la infancia y la adolescencia; descripción de los programas de intervención, incluyendo las fichas técnicas de algunas actividades; metodología; y, finalmente, resultados de la evaluación del programa. En el epílogo se exponen las conclusiones y las directrices de futuro. En resumen, se trata de un trabajo bastante exhaustivo sobre el juego cooperativo y su papel en la convivencia.

Fuente: ▄█▄ *Instituto Cervantes.*

Para establecer la relación entre el enunciado y el texto, tienes que fijarte no solo en la reseña, sino también en el título del libro. Observa las relaciones de palabras:

explicaciones - *fichas técnicas* (¿Sabes en qué consiste una ficha?)

actividades - *actividades*

aula - *centros escolares* **❗** ¡En el título!

Aquí tienes el segundo ejemplo. Marca las palabras que se corresponden entre enunciado y texto.

● ENUNCIADO

23. En este libro se analizan las causas del deterioro de la convivencia.

A)   B)   C)   D)   E)   **F)**

● TEXTO

JARÉS, X. R. (2006): *Pedagogía de la convivencia*.

Este volumen contiene partes bien diferenciadas que giran en torno al tema de la convivencia. En la primera parte se describen el marco y los contenidos de la pedagogía de la convivencia y se estudian los factores que contribuyen a que esta se estropee. A continuación, se exponen los resultados de una investigación sobre la convivencia en centros educativos de Secundaria. Los siguientes capítulos se dedican a propuestas y experiencias para desarrollar en el entorno familiar del alumnado. Para finalizar, se recomienda la lectura de *La clase*, novela en la que se inspiró la película francesa del mismo título. En ella, el autor narra sus experiencias como profesor en un centro de Secundaria de los suburbios e introduce al lector en un aula multicultural.

Fuente: ▄█▄ *Instituto Cervantes.*

¿Qué aspecto de la tarea es una dificultad específica en comparación con las tareas anteriores (1, 2 y 3)? Anota tu comentario.

....

....

b. Ahora vamos a trabajar con el modelo de examen de El Cronómetro, *nivel C1*. Marca en el texto las palabras relacionadas con los enunciados 19 y 22.

⦿ ENUNCIADO

19. En este libro se habla de una guerra que causó muchísimas muertes entre personas que no eran soldados ni oficiales.

    A)   B)   C)   **D)**   E)   F)

22. La historia que narra este libro está contada a través de la reconstrucción de la voz de sus protagonistas.

    A)   B)   C)   **D)**   E)   F)

⦿ TEXTO

SOREL, A. (2010): *Las guerras de Artemisa*.

Este relato discurre en la guerra librada en Cuba entre 1895 y 1898 contra el dominio español y se centra en la figura del general Valeriano Weyler. Este destacó por sus métodos: entre 1896 y 1897 dirigió un ejército de 200 000 hombres y concentró a gran parte de la población en reductos para privar de apoyo a los rebeldes, lo que comportó una gran mortandad de civiles por hambre y enfermedades. Sorel narra estos hechos sombríos a partir de cinco testimonios ficticios: el de Tula, cubana rebelde e instruida; el del propio Weyler; y el de tres de sus hombres. El relato transcurre en 1896 y el título alude al nombre de la barrera fortificada de Pinar del Río, una de las ciudades de la isla.

Tarea 5.

a. En esta actividad vamos a ver un fragmento de la tarea 5 de un examen real con cuatro huecos para completar. El texto trata de un tipo de yacimiento arqueológico propio de México. Hay dos grupos de ítems. El de arriba corresponde a los huecos de la prueba original. Las opciones correctas están marcadas.

⦿ FRAGMENTO DEL TEXTO CON HUECOS

De ___(27)___ los aproximadamente ocho mil cenotes registrados en las costas del Caribe mexicano, hasta hace una década habían sido explorados doscientos, debido ___(28)___ peligroso de la actividad. Sin embargo, desde hace nueve años, la Universidad Autónoma de Yucatán está formando antropólogos en la rama subacuática, y esto ___(29)___ al descubrimiento de unos cuantos más. Los cenotes se formaron al derrumbarse los techos de las cuevas y disolverse la roca caliza por la acción del agua de lluvia. Para los mayas eran la puerta que conducía al inframundo, ___(30)___ también representaban el lugar del nacimiento de la vida.

⦿ ÍTEMS CON 3 OPCIONES

27. **a) entre**	b) hacia	c) sobre
28. a) al	**b) a lo**	c) lo
29. a) ha originado	b) ha provocado	**c) ha conducido**
30. **a) aunque**	b) de ahí que	c) así pues

27. a) desde	b) hacia	c) _____
28. a) sector	b) clase	c) _____
29. a) muchos	b) varios	c) _____
30. a) condujera	b) conduciría	c) _____

Fuente: ╼╋╾ *Instituto Cervantes*.

¿A qué palabras del fragmento del texto crees que corresponden los ítems nuevos del segundo grupo inventados para esta actividad (hay solo dos opciones porque la tercera es la correcta)? Observa que tienen que ser palabras del mismo tipo gramatical que las opciones. Marca en el texto la palabra que correspondería a la opción c) en cada caso y cópiala en su lugar.

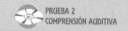 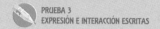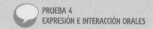
b. De la tarea 5 del modelo 1 de **El Cronómetro**, *nivel C1*, clasifica los ítems según el contenido gramatical que evalúan.

¡Atención! Hay un ítem que debe aparecer en dos columnas.

	Preposiciones	Adverbios	Relativos	Pronombres interrogativos	Tiempo verbal	Comparativos	Vocabulario
27.							
28.							
32.							
33.							
35.							
36.							
37.							
39.							
40.							

¿Es importante saber de qué trata el texto para seleccionar las opciones correctas? ¿Dónde está la dificultad de la tarea? Anota aquí tu comentario.

....

....

 **RESUMEN**

¡Atención! Vuelve ahora a la tabla "Resumen de dificultades de la prueba" y comprueba las respuestas que diste. Tenlo en cuenta para el siguiente modelo de examen.

CLAVES Y COMENTARIOS DE LAS ACTIVIDADES

Tarea 1.

a. **Comentario.** Por un lado hay que localizar el fragmento del texto al que hace referencia la pregunta o cada una de las opciones, pues pueden ser fragmentos diferentes (en esta actividad ya está localizado). Luego, hay que atender a las palabras que se corresponden entre las opciones y el fragmento (sin olvidar las del enunciado). Finalmente hay que seleccionar la opción que se ajusta completamente al texto, porque a veces hay opciones que se ajustan solo parcialmente. Todo eso hay que hacerlo rápidamente.

b. Relaciones entre las palabras de la pregunta y las del texto:

las condiciones	-	el acuerdo
podrán	-	podrá
regular	-	incluir
los servicios que se contraten	-	las condiciones establecidas para servicios
con posterioridad	-	adicionales / con posterioridad

Comentario. El a) y el c) no pueden ser porque se dice que el acuerdo podrá regular otros servicios adicionales contratados con posterioridad. Ni solo los servicios contratados en este acuerdo (a) ni automáticamente otros servicios (c), se dice "podrán regular".

○ PREGUNTA

2. Para empezar a usar el servicio, el usuario...
   a) deberá asumir el acuerdo al que llegue con *Eduline*.
   b) tendrá que ponerse en contacto con una filial.
   c) **dispone de más de una opción.**

● FRAGMENTO DEL TEXTO

2. Previo al uso de los servicios que le proporciona el software de *Eduline*, deberá aceptar las condiciones especificadas en el presente acuerdo... En el caso de que inicie el uso de los servicios sin cumplir la condición antes descrita, *Eduline* asumirá que acepta las condiciones al empezar a usar el software.

Análisis. La estructura clave para responder es *"en el caso de que inicie el uso de los servicios sin cumplir la condición antes descrita"*. Esto significa que se puede empezar a usar el servicio también sin cumplir la condición, por tanto, el usuario dispone de más de una opción (respuesta c) para hacerlo. La a) no es correcta porque el asumir el acuerdo o no, no es condición para poder empezar a usar el servicio y además quien asume es la empresa, no el usuario. La b) tampoco es correcta porque de las filiales se dice que proporcionarán servicios específicos a los clientes, pero nada más (punto 3 a).

3. Los servicios contratados con la empresa...
   a) no solo los puede suministrar la propia *Eduline*.
   b) pueden ser variados, sin previo aviso, por el usuario.
   c) son accesibles solo a través de una cuenta específica.

a) *Eduline* cuenta con entidades subsidiarias y filiales en todo el país. En ocasiones, estas empresas serán las encargadas de proporcionar servicios específicos a los clientes en nombre de *Eduline*. Por el presente acuerdo, reconoce y acepta que dichas subsidiarias y filiales están autorizadas a prestarle dichos servicios.

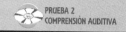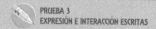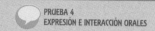
Análisis. El texto dice que hay empresas subsidiarias y filiales (no solo la propia *Eduline*) que pueden proporcionar servicios "en nombre de *Eduline*", es decir, en lugar de *Eduline*. La b) no es correcta porque pueden ser variados por Eduline, no por el usuario. La c) dice que "*si Eduline inhabilita el acceso a su cuenta, es posible que no pueda acceder a los servicios*", solamente "es posible que".

> **! Comentario.** La dificultad principal de esta tarea puede estar en el tipo de texto y en el vocabulario, ya que tiene un lenguaje muy técnico. Además, es un tipo de texto que no leemos a diario, por eso el tema también es complicado. En el siguiente modelo nos vamos a ocupar en detalle de este tipo de textos.

Tarea 2.

a. **1.** Mecanismos puramente gramaticales: "*estos*", "*lo*"; **2.** Explicaciones de ideas o hechos: *tropiezos, penurias*; **3.** Palabras equivalentes (no solo sinónimos): *plata / pesos, billetes, monedas*.

> **! Comentario/Consejo.** La diferencia básica es el orden en que hemos puesto los fragmentos. Un criterio general en la realización de pruebas de Comprensión de lectura habla de leer las preguntas antes del texto, y en muchos casos así es más rápido. En realidad depende de cada candidato. Lo importante es que pruebes distintas modalidades de lectura y encuentres la manera de realizar la tarea más rápida y eficazmente.

b. Relaciones de sentido:

aluvión de datos y de siglas	-	*artículos*
diferentes autores	-	*contradicciones* (de los artículos)
las fechas		
vamos a intentar	-	*hemos procurado*

Análisis. Por un lado, se relaciona la palabra "artículos" con "datos, siglas, autores, fechas" y la palabra "contradicciones" con "aluvión de datos", pues la palabra "aluvión" tiene un carácter negativo con un significado de mezcla, confusión, y está relacionada con "contradicciones" en su sentido negativo. Además, fíjate en que en el fragmento aparece la primera persona del plural, y en el texto también, "hemos procurado" y "vamos a intentar".

○ TEXTO

Se trataba de una red de ordenadores interconectados. Este proyecto se llamó DARPA.

Según el profesor Castells, la DARPA fue creada para intentar evitar que los soviéticos interfiriesen en las comunicaciones de los Estados Unidos en caso de una guerra nuclear, en una especie de técnica de guerrilla electrónica 8. _____.

No obstante, esta teoría no está generalmente aceptada e incluso ha sido desmentida por los propios autores responsables de la DARPA.

○ FRAGMENTO

E. De este modo, a través de dicha red los militares podían comunicarse sin ser controlados desde ningún centro, estando sus redes de información formadas por miles de pequeñas redes autónomas a las cuales se accedía de múltiples maneras.

Análisis: "*Dicha red*" se refiere a la frase del párrafo anterior "*una red de ordenadores interconectados. Este proyecto se llamó DARPA*" y también a "la DARPA", que aparece después. Además, hay relaciones de vocabulario de guerra entre el fragmento y el texto, "*los militares*" y "*guerra nuclear, guerrilla*". Por último, "*esta teoría*" se refiere a todo el párrafo anterior, a la teoría de para qué fue creada la DARPA.

c. ⚠ **Comentario.** La principal dificultad puede estar en identificar los elementos del texto a los que hace referencia el fragmento. Estas relaciones pueden ser asociaciones léxicas: militares = *guerra nuclear, guerrillas*; artículos = *datos, siglas, autores, fechas*. También puedes encontrar palabras que hacen referencias a elementos anteriores o posteriores (deícticos) como "<u>dicha</u> red"= *una red de ordenadores interconectados*, o "<u>esta</u> teoría". En los siguientes modelos veremos otros mecanismos que dan unidad al texto y ayudan a identificar el fragmento que falta en cada hueco.

Tarea 3.

a. **1.** opción a). **2.** opción b). Las palabras relacionadas en el segundo ejemplo son: *países <u>desarrollados</u> / países <u>avanzados</u>*.

b. Fragmento de texto de la opción correcta: *Se ha criticado mucho a los políticos por haber tomado decisiones erróneas antes y durante la crisis, pero se ha hablado muy poco de los errores de los economistas.*

Análisis: La a) no puede ser porque no dice nada de cuánto se han equivocado los economistas ("tanto como") y tampoco dice nada de que sean los economistas los que han criticado a los políticos, se dice "se ha criticado", impersonal (b).

c. **1.** Tarea 1; **2.** Tarea 1; **3.** Tarea 3; **4.** Tarea 3; **5.** Tarea 1; **6.** Tarea 1; **7.** Tarea 3; **8.** Tarea 3; **9.** Tarea 1; **10.** Tarea 3.

⚠ **Comentario.** Las diferencias se pueden resumir de esta manera:

–El texto 1 está escrito con una utilidad clara, mientras que el 3 expresa la opinión o la posición del autor ("apuntaré en este artículo", "es preciso", "deberían", "tenemos que") que hay que saber interpretar.
–Otra de las dificultades puede estar en el vocabulario del texto, propio de un registro formal y un tema complejo (la economía y la política fiscal).
–El de la tarea 1 tiene párrafos relacionados por el tema o el contexto, pero no se enlazan con palabras como "por un lado", "por otro", "además", "a pesar de", "es decir", "en relación con", etc., que son las expresiones que enlazan los párrafos del texto de la tarea 3. Esa estructura diferente se puede ver reflejada en las preguntas, que se refieren justamente al tipo de relación entre párrafos (causal, consecutiva, etc.).

Tarea 4.

a. Palabras relacionadas: *convivencia / convivencia; deterioro / estropearse.*

⚠ **Comentario.** La diferencia fundamental es la cantidad de textos cortos. Aunque tienen un mismo tema y son del mismo tipo (en este caso, todos son reseñas de libros), hay que localizar las palabras entre textos que, precisamente, pueden ser muy semejantes. No es posible guiarse, por ejemplo, por la estructura del texto, todos tienen más o menos la misma estructura. Tampoco hace falta leer completamente los textos. La habilidad más eficaz parece ser, en principio, primero rastrear rápidamente cada texto buscando las palabras clave, y luego compararlas para ver si puede haber un segundo texto más cercano a lo que dice el enunciado.

 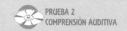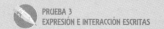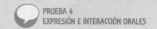
b. Relaciones entre los enunciados y partes del texto:

19. muertes entre personas que no eran soldados ni oficiales | una gran mortandad de civiles

22. La historia que narra... a través de la reconstrucción de la voz de sus protagonistas. | Este relato... Sorel narra estos hechos sombríos a partir de cinco testimonios ficticios

Comentario. Fíjate en que en el enunciado se habla de "una guerra" y en el propio título de la reseña aparece también esta palabra. No es la única reseña que tiene esta palabra en el título (la A también), pero esto te puede ayudar a dirigir la búsqueda a estos dos textos (A y D).

Tarea 5.

a. Aquí tienes el fragmento con los huecos para el segundo grupo de ítems.

○ FRAGMENTO DEL TEXTO CON HUECOS

De los aproximadamente ocho mil cenotes registrados en las costas del Caribe mexicano, ___(27)___ hace una década habían sido explorados doscientos, debido a lo peligroso de la actividad. Sin embargo, desde hace nueve años, la Universidad Autónoma de Yucatán está formando antropólogos en la ___(28)___ subacuática, y esto ha conducido al descubrimiento de unos ___(29)___ más. Los cenotes se formaron al derrumbarse los techos de las cuevas y disolverse la roca caliza por la acción del agua de lluvia. Para los mayas eran la puerta que ___(30)___ al inframundo, aunque ambién representaban el lugar del nacimiento de la vida.

○ ÍTEMS CON 3 OPCIONES

27. c) hasta (preposición)
28. c) rama (vocabulario)
29. c) cuantos (adjetivo indefinido)
30. c) conducía (tiempo verbal)

Fuente: *Instituto Cervantes.*

b. Distribución de ítems y contenidos gramaticales. Preposiciones: 28 y 40. Adverbios: 27. Relativos: 39 y 40. Pronombres interrogativos: 32. Tiempo verbal: 37. Comparativos: 33. Vocabulario: 35 y 36. El ítem que aparece en dos columnas es el 40.

Comentario. En general no es necesario entender el texto completamente, pero sí el sentido de la frase. Lo que se evalúa es el conocimiento gramatical y de vocabulario de elementos insertos en un texto (por ejemplo, si se conoce un adjetivo y qué preposición lleva, la cual suele estar en el propio texto). Para elegir la opción correcta hay que atender sobre todo a las palabras que hay antes y después del hueco. Y luego, claro, es necesario el conocimiento gramatical del nivel C1. Al final del libro, en el **apéndice gramatical** (pág. 260), tienes un resumen de los contenidos que el Instituto Cervantes ha establecido para este nivel C1.

Aviso. Las referencias al examen real presentadas en este manual corresponden a la convocatoria de noviembre de 2011. En la página web del **Instituto Cervantes** tienes a tu disposición dos documentos muy útiles: otra convocatoria de examen, y el documento "Explicación y ejemplo de examen". Te recomendamos descargarte ambos documentos. La dirección es:

http://diplomas.cervantes.es/informacion/profesores_espanol/publicaciones.html

Prueba 2: Comprensión auditiva

● ● ● ● ● **Antes de empezar la prueba de Comprensión auditiva.**

Responde a estas preguntas con lo que sabes o piensas del examen.

1. ¿Cuántas tareas (partes) tiene esta prueba?
2. ¿Cuánto tiempo dura en total la prueba?

Marca con una X.

		sí	no
3.	Las diferentes tareas de esta parte del examen, ¿tienen todas el mismo carácter?....................................	☐	☐
4.	¿Puedo empezar la prueba por la tarea que yo decida?..	☐	☐
5.	¿Todos los textos son del mismo tipo?...	☐	☐
6.	Para contestar a estas preguntas, ¿tengo que escribir las respuestas a las preguntas?..........................	☐	☐
7.	¿Tengo que anotar palabras o frases mientras oigo las audiciones?...	☐	☐
8.	¿El número de preguntas en cada tarea es siempre el mismo?..	☐	☐
9.	¿Los textos los puedo encontrar en cualquier libro de español de nivel C1?...	☐	☐
10.	¿Habla gente con distintos acentos?..	☐	☐

Comprueba tus respuestas. Algunas preguntas las podrás responder al final de este primer modelo.

 La prueba tiene 4 tareas. Hay que responder a 30 preguntas. Las respuestas no se redactan, se marcan en una hoja especial: la **Hoja de respuestas** (está al final del manual). Los textos suelen estar adaptados al nivel de dificultad del examen. Se escuchan dos veces. En la columna de la derecha tienes la duración aproximada de cada uno.

50 min.

	¿Qué se evalúa?	¿En qué consiste la tarea?	¿Cómo son los textos?	🕐
TAREA 1	Que sabes comprender los puntos principales y extraer datos específicos de un texto.	Completar, con palabras o con fragmentos de frases preseleccionados, seis notas que recogen contenidos del texto. Hay doce opciones, de las que hay que elegir seis.	Conferencias, discursos, presentaciones o noticias de extensión media en los que se exponen, argumentan, describen y/o narran ideas, teorías, experiencias o proyectos relacionados con el ámbito académico.	4/5 min.
TAREA 2	Que sabes reconocer detalles específicos, sentimientos, actitudes e intenciones en conversaciones informales breves.	Ocho preguntas de selección múltiple, dos por conversación, con tres opciones de respuesta.	Cuatro conversaciones informales de extensión media entre dos personas, cara a cara o por teléfono, en las que se realizan intercambios sobre puntos de vista, productos o servicios, o negociaciones de interés general.	1,5 min.
TAREA 3	Que sabes captar la idea esencial de lo que se dice, extraer información concreta y detallada e inferir posibles implicaciones.	Seis ítems de selección múltiple con tres opciones de respuesta.	Una entrevista o debate de extensión larga en formato radiofónico o televisivo entre dos o tres personas, en el que se expone, describe o argumenta sobre temas del ámbito público y profesional: medios de transporte, comunicación, trabajo, política, sociedad, economía...	4 min.
TAREA 4	Que sabes captar las connotaciones pragmáticas y sociolingüísticas (intención, estado de ánimo, la relación entre los hablantes, etc.) de una serie de diálogos.	Diez preguntas de selección múltiple con tres opciones de respuesta.	Diez microdiálogos contextualizados, entre dos interlocutores que tratan de temas relacionados con los ámbitos personal, público, educativo o profesional.	1 min.

PRUEBA DE COMPRENSIÓN AUDITIVA

Fuente: ┳ *Instituto Cervantes.*

¿Qué te ha sorprendido más de la descripción de esta prueba del examen? Anota aquí tu comentario.

....

¡Ya puedes empezar esta prueba!

Prueba 2: Comprensión auditiva

La prueba de **Comprensión auditiva** contiene **4 tareas**. Usted tiene que responder a **30 preguntas**. Duración: **50 minutos**. Marque sus opciones en la **Hoja de respuestas**.

1-7 Pon las pistas n.º 1 a 7. Escucha la audición completa hasta el final del examen.

Tarea 1

INSTRUCCIONES

*Usted va a escuchar una conferencia en la que se tomaron las siguientes anotaciones. Luego, deberá elegir para cada anotación (1-6) la palabra o fragmento de frase correspondiente entre las doce opciones que aparecen debajo (A-L). Escuchará la audición dos veces. Marque las opciones seleccionadas en la **Hoja de respuestas**.*

Ahora dispone de un minuto para leer las anotaciones.

1. El lenguaje, como forma de comunicación compleja, supone **1.** _____ de su adquisición desde la infancia.

2. Una de las funciones de los docentes consiste en vigilar **2.** _____ en el desarrollo del lenguaje.

3. Para evitar el fracaso en el desarrollo del lenguaje es preciso conocer bien los aspectos **3.** _____ propios de cada etapa para potenciarlos.

4. El maestro tiene que enseñar los instrumentos **4.** _____ necesarios y su manejo para que el niño se relacione sin problemas con su alrededor.

5. En el desarrollo del niño en general y de su lenguaje en particular intervienen factores ambientales, emocionales y **5.** _____ .

6. **6.** _____ del sistema auditivo, causada quizás por frecuentes resfriados del niño, puede ser el origen de un problema en el lenguaje.

OPCIONES

A.	lingüísticos	G.	evolutivos
B.	la aparición	H.	la tardanza
C.	cualquier retraso	I.	genéticos
D.	cognitivos	J.	la rareza
E.	el inicio	K.	cualquier demora
F.	cualquier disfunción	L.	técnicos

Tarea 2

INSTRUCCIONES

*Usted va a escuchar cuatro conversaciones. Escuchará cada conversación dos veces. Después debe contestar a las preguntas (7-14). Seleccione la opción correcta (A, B, C). Marque las opciones elegidas en la **Hoja de respuestas**.*

CONVERSACIÓN 1

7. A Luis le sorprende que Carmen...

a) haya tenido un niño.
b) se haya casado con Alfredo.
c) vuelva a estudiar.

8. Carmen intenta convencer a Luis de que Alfredo se ha vuelto más...

a) atento.
b) modesto.
c) desprendido.

CONVERSACIÓN 2

9. Merche y Andrés han decidido vender sus muebles a causa de...

a) la renovación de contrato de Merche.
b) el aumento de sueldo de Andrés.
c) el deterioro de los muebles actuales.

10. Ante la oferta de Carlos, Merche reacciona...

a) aceptándola de buena gana.
b) rechazándola taxativamente.
c) aplazando una respuesta definitiva.

CONVERSACIÓN 3

11. La casa que la mujer quiere alquilar...

a) es de reciente adquisición.
b) tiene problemas en el desván.
c) acaba de ser restaurada.

12. La intención de la mujer es que la agencia...

a) pague los gastos necesarios para alquilarla.
b) se encargue de amueblar la casa.
c) se haga cargo de lo necesario sin su presencia.

CONVERSACIÓN 4

13. Eduardo se sorprende de que Gloria...

a) no haya estado en la última reunión.
b) esperara que él la llamara.
c) le pregunte por Julián.

14. Gloria critica que el director...

a) tenga relación personal con la nueva empresa proveedora.
b) no la convoque a todas las reuniones.
c) haya contratado una nueva empresa proveedora.

Tarea 3

INSTRUCCIONES

*Usted va a escuchar una entrevista. Después debe contestar a las preguntas (15-20). Seleccione la opción correcta (A, B, C). Escuchará la entrevista dos veces. Marque las opciones elegidas en la **Hoja de respuestas**.*

PREGUNTAS

15. En la audición se habla de una editorial que...

a) publicaba solo libros sobre artesanía.
b) usaba métodos artesanos.
c) trabajaba solo con artesanos.

16. El entrevistado dice que su oficio...

a) es una expresión de su amor por los libros.
b) tiene que ver con los sueños de la infancia.
c) le viene de familia.

17. ¿Qué motivó el gran cambio en la vida del editor?

a) La pérdida del sentido inicial de su trabajo.
b) El irse a vivir al campo.
c) Los consejos de su mujer.

18. De la audición se deduce que el entrevistado…

a) está contento de haber realizado ese cambio.
b) se arrepiente del cambio porque supuso un gran esfuerzo.
c) volvería a hacerlo aunque tuviera que hacerlo solo.

19. La vida en el campo le ha permitido…

a) estar en estrecho contacto con el mundo.
b) mejorar su nivel de vida.
c) alcanzar la serenidad que deseaba en el trabajo.

20. Para el entrevistado publicar un libro chino del siglo XI…

a) es como reinventarse a sí mismo.
b) tiene que ver con el carácter intemporal de la literatura.
c) significa ir contra la comercialización del libro actual.

Tarea 4

INSTRUCCIONES

*Usted va a escuchar diez breves diálogos. Escuchará cada diálogo dos veces. Después debe contestar a las preguntas (21-30). Seleccione la opción correcta (A, B, C). Marque las opciones elegidas en la **Hoja de respuestas**.*

PREGUNTAS

21. A la mujer no le apetece reunirse con la familia porque…

a) quiere estar tranquila.
b) le parece aburrido.
c) no quiere que la vean.

22. Marta piensa que cuando termine el trabajo…

a) tendrá problemas con sus compañeros.
b) los invitará a comer.
c) será la única responsable.

23. María dice de su suegra que…

a) está harta de ella.
b) ha discutido con ella.
c) es incapaz de ayudarla.

24. Sobre el próximo encuentro deportivo, Sara…

a) piensa que su escuela tiene posibilidades de ganar.
b) espera que ganen, como siempre.
c) desea que ganen.

25. La ponencia a la que asistió…

a) respondió a sus expectativas.
b) fue demasiado larga.
c) no se ajustó al tema.

26. El nuevo compañero…

a) ha demostrado ser un especialista.
b) no tiene experiencia.
c) es muy rápido en su trabajo.

27. Le invitaron a una fiesta y…

a) siente no haber asistido.
b) no quiso asistir.
c) no recibió la invitación.

28. María…

a) está muy cansada.
b) está encantada.
c) se comporta de manera extraña.

29. No quiere ir a la reunión…

a) pero va por compromiso.
b) y no se deja convencer.
c) pero va con una condición.

30. La opinión del compañero es que el artículo…

a) no es lo que esperaba.
b) no está relacionado con el examen.
c) no tiene sentido.

CLAVES

● ● ● ● ● **Antes de empezar la prueba de Comprensión auditiva.**

1. 4 tareas; **2.** 50 minutos; **3.** No, hay diferencias. En las tareas 2, 3 y 4 las preguntas son de opción múltiple. En la primera, hay que seleccionar palabras para completar enunciados (notas de una conferencia); **4.** No, el orden es fijo y está controlado por la propia grabación que se escucha en la sala de examen. Ni siquiera el responsable de sala puede cambiar el orden o establecer pausas durante la audición; **5.** No, en la tarea 1 hay una conferencia, el resto son conversaciones; **6.** No, hay que seleccionar opciones de respuesta o palabras de una lista; **7.** No hay que hacerlo, pero puede ser útil para realizar la tarea; **8.** No, la 1 y la 3 tienen seis preguntas, la 2 tiene dos preguntas por cada diálogo, y la 4 tiene una pregunta por diálogo; **9.** No siempre. Algunos libros de español de nivel C1 (por ejemplo los de negocios) tienen conferencias o presentaciones de productos, pero el nivel de la conferencia del examen es más alto porque suelen ser temas más abstractos. En los manuales tampoco se suelen presentar microdiálogos. Sí pueden encontrarse entrevistas como la de la tarea 3, y sobre todo diálogos como los de la tarea 2. Igual que no hay en los libros de español textos como los del examen, tampoco suele haber actividades como las del examen. Por ello es **MUY RECOMENDABLE** prepararse el examen con un curso o con un libro como El Cronómetro, *nivel C1*. **10.** Sí. Como en el resto de los niveles del DELE, suele haber voces de distintos países de habla hispana. También pueden escucharse ruidos o música como fondo de la audición.

Tarea 1. 1. E; **2.** C; **3.** G; **4.** A; **5.** L; **6.** F.
Tarea 2. 7. c; **8.** a; **9.** b; **10.** c; **11.** a; **12.** c; **13.** b; **14.** a.
Tarea 3. 15. b; **16.** a; **17.** a; **18.** a; **19.** c; **20.** b.
Tarea 4. 21. b; **22.** c; **23.** a; **24.** c; **25.** c; **26.** a; **27.** a; **28.** b; **29.** a; **30.** c.

¿Qué dificultades has tenido y dónde?	Tarea 1	Tarea 2	Tarea 3	Tarea 4
Hay demasiada información.				
Hablan muy rápido.				
No he tenido tiempo para escuchar, leer y anotar al mismo tiempo.				
No he captado elementos importantes para seleccionar la opción correcta.				
No he entendido algunas palabras y expresiones.				
He perdido la concentración.				
No he entendido la tarea.				
(Otro)				
Respuestas correctas.				
Nivel de estrés (de 1 –mínimo– a 5 –máximo–).				

 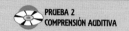 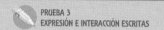 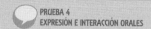

PRUEBA 1
COMPRENSIÓN DE LECTURA

PRUEBA 2
COMPRENSIÓN AUDITIVA

PRUEBA 3
EXPRESIÓN E INTERACCIÓN ESCRITAS

PRUEBA 4
EXPRESIÓN E INTERACCIÓN ORALES

 Actividades sobre el Modelo n.º 1

> Para realizar parte de las siguientes actividades tendrás que escribir **comentarios y análisis** sobre las tareas. Lo puedes hacer en español o en tu lengua, pues no forma parte del examen. Además, vamos a trabajar con un modelo de examen real. Todas las referencias a ese examen llevan el símbolo ∗ del *Instituto Cervantes*.

Tarea 1.

a. A continuación tienes las anotaciones de un examen real. Lee atentamente las frases ya completadas.

⊙ NOTAS DE LA CONFERENCIA

Con excepción del desarrollo del lenguaje, Darwin dio explicación a la mayoría de los misterios del origen humano.

Cinco millones de años atrás, una falla, que es un fenómeno geológico, fue la causante de una gran transformación en parte de África.

Muchos primates, debido al fenómeno antes mencionado, se vieron obligados a caminar erguidos.

El ser humano se ha distinguido por ser una especie capaz de recorrer grandes distancias.

Ciertos cambios físicos aumentaron la capacidad de resistencia de los humanos.

Según el conferenciante, la alimentación de los humanos comenzó siendo de tipo carroñero.

⊙ FRAGMENTOS

A. *…y entonces nos encontramos con que en la evolución de la especie humana, todo está claro menos el desarrollo del lenguaje, que de ninguna manera pudo ocurrir como señala Darwin. Todo lo demás lo sabemos…*

B. *Hace aproximadamente unos 5 millones de años, hay un fenómeno geológico que hunde, en una falla geológica inmensa, parte del planeta Tierra (…) Hay una falla que empieza más o menos en Afganistán y termina en lo que hoy es Kenia (…) Etiopía se convierte en un desierto (…)*

C. *…y entonces hay unos antecesores nuestros, es decir, unos monos en definitiva, unos primates que… lo que hicieron es bajar de los árboles y alzarse sobre las patas traseras, iban a 4 patas, como andan los chimpancés, y de repente se alzan sobre las patas traseras...*

D. *…es capaz de recorrer grandes distancias con calma, un ser humano puede andar 40 km al día...*

E. *…nosotros tenemos, gracias a habernos alzado sobre los cuartos traseros, una gran capacidad de resistencia,…*

F. *Siento hundir su autoestima, pero nosotros empezamos siendo una especie carroñera, lo siento, eh.*

¿Las anotaciones están en el mismo orden que la información de la conferencia? Anota aquí tus comentarios.

b. Marca en los fragmentos las palabras que puedes relacionar con la anotación.

c. Vuelve a escuchar la conferencia de este modelo de examen **n.º 1** de El Cronómetro, *nivel C1* y escribe a modo de dictado los fragmentos correspondientes a las anotaciones.

🔘 **Pon la pista n.º 1**. Usa el botón de ⏸ *PAUSA* si lo necesitas.
1

1. El lenguaje, como forma de comunicación compleja, supone el inicio de su adquisición desde la infancia.

....

2. Una de las funciones de los docentes consiste en vigilar cualquier retraso en el desarrollo del lenguaje.

....

3. Para evitar el fracaso en el desarrollo del lenguaje es preciso conocer bien los aspectos evolutivos propios de cada etapa para potenciarlos.

....

4. El maestro tiene que enseñar los instrumentos lingüísticos necesarios y su manejo para que el niño se relacione sin problemas con su alrededor.

....

5. En el desarrollo del niño en general y de su lenguaje en particular intervienen factores ambientales, emocionales y técnicos.

....

6. Cualquier disfunción del sistema auditivo, causada quizás por frecuentes resfriados del niño, puede ser el origen de un problema en el lenguaje.

....

Tarea 2.

a. Escucha de nuevo las cuatro conversaciones y anota en cuál se habla de los siguientes temas o se expresan las siguientes cosas (relacionado todo ello con las preguntas de examen).

🔘 **Pon las pistas n.º 2 a 5**. No uses el botón de ⏸ *PAUSA*.
2-5

TEMAS DE CONVERSACIÓN Modelo de examen n.º 1	Conversaciones			
	1	2	3	4
1. Hablan de la transformación de una persona.				
2. Comentan una forma de informar a otros sobre el tema de la conversación.				
3. El problema que se plantea tiene que ver con relaciones personales.				
4. Para tomar una decisión la persona tiene que hablar con otra persona.				

 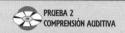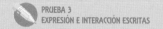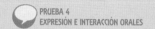
b. Anota ahora en qué conversaciones se utilizan las siguientes palabras o fragmentos de frases.

2-5 Pon las **pistas n.° 2 a 5**. No uses el botón de ❚❚ *PAUSA*.

PALABRAS O FRAGMENTOS DE FRASES Modelo de examen n.° 1	Conversaciones			
	1	2	3	4
1. *acabamos de / adquirirla*				
2. *es que / en mitad de / se ocupen de*				
3. *volver a estudiar / me he matriculado / asignaturas*				
4. *escucha / ayuda / colabora / se preocupa*				
5. *contrato / categoría / ganar*				
6. *en cuanto / primero a ti / ¿de acuerdo?*				
7. *eh / yo no tenía que / era Julián el que / en eso / quedamos*				
8. *la empresa esa / primo / amigo / director / ¿a que el director estuvo?*				

c. ¿Qué dos formas de escuchar has desarrollado en cada actividad, **a)** y **b)**? Anota aquí tu comentario.

Lee ahora el **comentario** que tienes en la página n.° 44 sobre las diferentes formas de escuchar que puedes realizar y marca después qué forma de escuchar necesitas en cada pregunta para seleccionar la respuesta correcta.

Conversación	RESPUESTA CORRECTA	FORMA DE ESCUCHA
1	17. A Luis le sorprende que Carmen vuelva a estudiar.	
	18. Carmen intenta convencer a Luis de que Alfredo se ha vuelto más atento.	
2	19. Merche y Andrés han decidido vender sus muebles a causa del aumento de sueldo de Andrés.	
	20. Ante la oferta de Carlos, Merche reacciona aplazando una respuesta definitiva.	
3	21. La casa que la mujer quiere alquilar es de reciente adquisición.	
	22. La intención de la mujer es que la agencia se haga cargo de lo necesario sin su presencia.	
4	23. Eduardo se sorprende de que Gloria esperara que él la llamara.	
	24. Gloria critica que el director tenga relación personal con la nueva empresa proveedora.	

Fuente: ✛ *Instituto Cervantes.*

Tarea 3.

a. En esta actividad vamos a ver dos ejemplos de un examen real. Observa las dos primeras preguntas y un fragmento de la entrevista. Selecciona la respuesta correcta y marca luego dónde está la información que ayuda a seleccionarla.

25. El empresario al que se entrevista…

a) es de Colombia pero reside en España.

b) está estos días promocionando sus productos.

c) tiene tiendas por toda Europa.

26. ¿Qué ventaja principal supone la compra de estos muebles?

a) Que son de mejor calidad que los de la competencia.

b) Que son más baratos que la mayoría de los que hay en el mercado.

c) Que la madera que se usa se ha obtenido de forma legal.

▶ ENTREVISTADORA: Hoy tenemos con nosotros a Luis Miguel Castro, director de una empresa colombiana de muebles que ha apostado por la madera ecológica y que tiene a Europa como principal destino de sus ventas. El señor Castro está visitando nuestro país con motivo de una feria de Biocultura, y hemos aprovechado la ocasión para traerle al programa y que nos hable sobre su negocio. Buenos días, señor Castro.

▶ ENTREVISTADO: Buen día, ¿cómo le va?

▶ ENTREVISTADORA: Bien, gracias. Señor Castro, yo estoy segura de que todo el mundo querrá saber qué ventajas tiene utilizar madera sostenible para nuestros muebles.

▶ ENTREVISTADO: Pues… el beneficio más inmediato es la garantía de que la madera que se adquiere es legal y viene de un bosque bien gestionado. Esto no le hace perder calidad, y contribuye a que, a medio y largo plazo, haya una concienciación mucho más grande por el cuidado de las riquezas naturales de nuestro entorno.

Fuente: ⧋ *Instituto Cervantes.*

b. Haz lo mismo con estas otras preguntas nuevas del modelo n.º 1. Busca primero la información en la transcripción.

25. Según la entrevistadora, Jacobo Siruela ha invertido su vida…

a) en la edición de libros.

b) en la lectura.

c) en una empresa de éxito.

26. El entrevistado opina que su tipo de profesión…

a) es una cuestión de familia.

b) depende de la infancia de uno mismo.

c) tiene que sentirse profundamente.

▶ ENTREVISTADORA: Jacobo Siruela, buenos días.

▶ ENTREVISTADO: Hola, buenos días.

▶ ENTREVISTADORA: Jacobo Siruela Martínez de Irujo, de la Casa de Alba y conde de Siruela, estudió Filosofía y Letras en la Autónoma de Madrid y ha volcado su vida en lo que más le gusta, los libros. Con 26 años fundó una modesta editorial, Siruela, que irrumpió en el sector con una sorprendente colección de libros artúricos y que con el tiempo acabó facturando unos 6 millones de euros al año. El secreto del éxito no fue otro que una apuesta por lo artesanal, por la obra bien hecha, bien editada, con un diseño gráfico excelente y una cuidada colección de obras. Jacobo, ¿de dónde le viene ese amor por la literatura y cómo decidió dedicarse profesionalmente a ella?

▶ ENTREVISTADO: Bueno, desde siempre a mí me encantaron los libros. Yo creo que un editor realmente tiene que ser vocacional, a no ser que sea un empresario de una gran empresa editorial, porque es un oficio bastante complicado y solamente si te gusta mucho pues insistes, ¿no?

Selecciona ahora la respuesta correcta de las dos preguntas siguientes escuchando la entrevista.

Pon la pista n.º 6. Usa el botón de ⏸ *PAUSA* si lo necesitas.

27. La evolución de la primera editorial tuvo en su vida un efecto…

a) inesperado.

b) calculado.

c) negativo.

28. La creación de la segunda editorial le hizo…

a) replantearse cosas que creía.

b) enfrentarse a su idea de la vida.

c) perder privilegios.

 PRUEBA 1
COMPRENSIÓN DE LECTURA

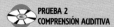 PRUEBA 2
COMPRENSIÓN AUDITIVA

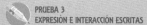 PRUEBA 3
EXPRESIÓN E INTERACCIÓN ESCRITAS

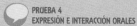 PRUEBA 4
EXPRESIÓN E INTERACCIÓN ORALES

c. ¿Qué diferencia hay entre hacer el ejercicio con la transcripción y hacerlo con la audición? Anota aquí tu comentario.

....

....

Tarea 4.

a. Aquí tienes la pregunta 21 de este modelo n.º 1 con la opción correcta y el diálogo correspondiente. Las palabras marcadas son las que permiten seleccionar la opción b.

21. A la mujer no le apetece reunirse con la familia porque…

    b) le parece aburrido.

▶ ¿Estás segura de que no te importa quedarte en casa todo el fin de semana y con los niños?

▶ Vosotros tranquilos, que así descanso, además para lo que hay que ver en esas reuniones familiares…

Vuelve a escuchar los diálogos y después de detener cada diálogo, escribe las palabras clave.

Pon la pista n.º 7. Usa el botón de ⏸ *PAUSA* si lo necesitas.

22. Marta piensa que cuando termine el trabajo…

    c) será la única responsable.

23. María dice de su suegra que…

    a) está harta de ella.

24. Sobre el próximo encuentro deportivo, Sara…

    a) piensa que su escuela tiene posibilidades de ganar.

25. La ponencia a la que asistió…

    c) no se ajustó al tema.

26. El nuevo compañero…

    a) ha demostrado ser un especialista.

27. Le invitaron a una fiesta y…

    a) siente no haber asistido.

28. María…

    b) está encantada.

29. No quiere ir a la reunión…

    a) pero va por compromiso.

30. La opinión del compañero es que el artículo…

    c) no tiene sentido.

¿En qué diálogo es necesario, para elegir la opción correcta, entender palabras y en cuál es necesario interpretar palabras? ¿Es lo mismo que en la tarea 2? Anota aquí tus comentarios.

....

....

CLAVES Y COMENTARIOS DE LAS ACTIVIDADES

Tarea 1.

a. Aquí tienes las anotaciones originales del examen. La parte marcada corresponde al hueco.

◯ NOTAS DE LA CONFERENCIA

Con excepción del desarrollo del lenguaje, Darwin dio explicación a la mayoría de los misterios del origen humano.

Cinco millones de años atrás, una falla, que es un fenómeno geológico, fue la causante de una gran transformación en parte de África.

Muchos primates, debido al fenómeno antes mencionado, se vieron obligados a caminar erguidos.

El ser humano se ha distinguido por ser una especie capaz de recorrer grandes distancias.

Ciertos cambios físicos aumentaron la capacidad de resistencia de los humanos.

Según el conferenciante, la alimentación de los humanos comenzó siendo de tipo carroñero.

> **!** **Consejo.** Normalmente las anotaciones se relacionan linealmente con la información presentada en la conferencia. En este caso las opciones presentadas tienen diferente extensión (una o más palabras) y pertenecen a categorías gramaticales diferentes (verbos, adjetivos, sustantivos). Reconocer la categoría de la palabra que falta puede ayudarte a hacer más rápidamente el ejercicio.

b. *A. (…) y entonces nos encontramos con que en la evolución de la especie humana, todo está claro menos el desarrollo del lenguaje, que de ninguna manera pudo ocurrir como señala Darwin. Todo lo demás lo sabemos (…) B. Hace aproximadamente unos 5 millones de años, hay un fenómeno geológico que hunde, en una falla geológica inmensa, parte del planeta Tierra (…) Hay una falla que empieza más o menos en Afganistán y termina en lo que hoy es Kenia (…) Etiopía se convierte en un desierto (…) C. (…) y entonces hay unos antecesores nuestros, es decir, unos monos en definitiva, unos primates que… lo que hicieron es bajar de los árboles y alzarse sobre las patas traseras, iban a 4 patas, como andan los chimpancés, y de repente se alzan sobre las patas traseras… D. (…) es capaz de recorrer grandes distancias con calma, un ser humano puede andar 40 km al día (…) E. (…) nosotros tenemos, gracias a habernos alzado sobre los cuartos traseros, una gran capacidad de resistencia (…) F. Siento hundir su autoestima, pero nosotros empezamos siendo una especie carroñera, lo siento, eh. (…).*

> **!** **Comentario.** Normalmente las notas corresponden a frases o fragmentos bien localizados en la conferencia, pero también puede suceder que una nota se relacione con la información contenida en un párrafo más amplio completo, como en la nota correspondiente al fragmento B.

c. 1. El lenguaje es sin duda la forma más compleja y principal que utiliza el ser humano para comunicarse (…) Aprender reglas gramaticales y aprender a utilizarlas y querer utilizarlas es importante pero diríamos que es imprescindible en las primeras edades (…); 2. Los profesionales de la enseñanza en estas primeras edades tienen una labor muy importante (…) vigilar y enseñar. Vigilar para evitar que se produzcan desfases en el desarrollo de los niños; 3. (…) utilizar los medios adecuados para intentar que no fracase. Y para ello es necesario conocer las etapas evolutivas (…) pues son ellas las que nos indican qué debemos potenciar; 4. Enseñar es la labor del educador, transmitir los recursos que ofrece la lengua y que nos permiten comunicarnos con el entorno; 5. El desarrollo del lenguaje depende de los mismos factores que influyen en el desarrollo general del niño: herencia, maduración, ambiente, factores emocionales y la posibilidad de ejercitarlo; 6. Es conveniente detectar problemas auditivos (…) estar atentos a aquellos signos que puedan indicar deterioro auditivo (…) vigilar a los niños que se constipan con frecuencia.

PRUEBA 1
COMPRENSIÓN DE LECTURA

PRUEBA 2
COMPRENSIÓN AUDITIVA

PRUEBA 3
EXPRESIÓN E INTERACCIÓN ESCRITAS

PRUEBA 4
EXPRESIÓN E INTERACCIÓN ORALES

Tarea 2.

a. **1.** Conversación 1; **2.** Conversación 2; **3.** Conversación 4; **4.** Conversación 3.

b. **1.** Conversación 3; **2.** Conversación 3; **3.** Conversación 1; **4.** Conversación 1; **5.** Conversación 2; **6.** Conversación 2; **7.** Conversación 4; **8.** Conversación 4.

c. Las dos **formas fundamentales de escuchar** son:

1) atendiendo al tema, motivo o intención expresadas en la conversación, y reflejadas en las preguntas con enunciados del tipo "La actitud del empleado...", "¿Qué opina...?", "De la grabación se deduce que...";

2) atendiendo a palabras concretas, de las que hay sinónimos, contrarios o palabras equivalentes en las preguntas, del tipo adquirir/adquisición, modales/ser tratado, dar por hecho/presuponer.

! **Comentario.** En el fondo todo consiste en saber identificar palabras concretas del diálogo. La diferencia está en que en la forma 2) en las preguntas aparecen equivalentes de esas palabras, que hay que entender en su contexto y significado adecuado para poder seleccionar la opción concreta (no es lo mismo "acordarse" y "acordar", o "un hecho" que "dar por hecho"), y en la forma 1) hay que interpretar el motivo o la intención a partir de esas palabras, por ejemplo, "igual" como expresión de posibilidad en frases del tipo "igual me llama", interpretación que aparece en la pregunta: "expresa probabilidad".

Preguntas y formas de escuchar: **17.** forma 2); **18.** forma 2); **19.** forma 2); **20.** forma 1); **21.** forma 2); **22.** forma 1); **23.** forma 1); **24.** forma 1).

Tarea 3.

a. **25.** b. empresa colombiana... está visitando nuestro país con motivo de una feria de Biocultura; **26.** c. el beneficio más inmediato es la garantía de que la madera que se adquiere es legal.

b. **25.** a. ha volcado su vida en lo que más le gusta, los libros. Con 26 años fundó una modesta editorial; **26.** c. tiene que ser vocacional; **27.** a; **28.** a.

c. **!** **Comentario.** Evidentemente es más fácil hacer la tarea a partir de la transcripción que escuchando la entrevista. Cada tarea de esta prueba es diferente en cuanto al tipo de texto (el tipo de preguntas son casi todas de selección múltiple), pero todas tienen algo en común: solo la escuchas dos veces. No puedes detener el texto ni escucharlo más veces. **Debes desarrollar técnicas para retener lo que escuchas, leer y seguir escuchando, todo al mismo tiempo**. Una estrategia consiste en anotar palabras clave, pero a veces son importantes también palabras secundarias que modifican su significado (no es lo mismo "poco cansado" que "un poco cansado"). Desarrollar la capacidad de escribir al dictado o de repetirte lo que acabas de escuchar, te puede ser útil. La memoria es otra facultad muy necesaria. Lo importante es que encuentres las técnicas más apropiadas para cada tarea y en función de tus habilidades y carencias. El Cronómetro, *nivel C1* está diseñado justamente para ayudarte a descubrirlas y desarrollarlas, o para potenciarlas, según sea el caso.

Tarea 4.

a. **22.** *me tocará a mí pagar el pato*; **23.** *ya no puedo con ella*; **24.** *para variar*; **25.** *si no se hubiera ido por las ramas*; **26.** *es un lince para los negocios*; **27.** *De haberlo sabido*; **28.** *Está como loca*; **29.** *conste que lo hago solo por ti*; **30.** *no tiene ni pies ni cabeza*.

! **Comentario.** Normalmente hay que atender sobre todo a la reacción del segundo interlocutor. Su reacción está expresada en general con frases de fuerte carácter coloquial: "pagar el pato" (diálogo 2), "irse por las ramas" (diálogo 5), "ser un lince" (diálogo 6), "no tener ni pies ni cabeza" (diálogo 10), expresiones que hay que conocer y reconocer para seleccionar la respuesta correcta.

! **Aviso.** Las referencias al examen real presentadas en este manual corresponden a la convocatoria de noviembre de 2011. En la página web del Instituto Cervantes tienes a tu disposición dos documentos muy útiles: una convocatoria de examen, y el documento "Explicación y ejemplo de examen":

⌂ http://diplomas.cervantes.es/sites/default/files/modelo_examen_nivel_c1_19noviembre_prueba3y4.pdf

Prueba 3: Expresión e Interacción escritas

● ● ● ● ● **Antes de empezar la prueba de Expresión e Interacción escritas.**

Responde a estas preguntas con lo que sabes o piensas del examen.

1. ¿Cuántas tareas (partes) tiene esta prueba?
2. ¿Cuánto tiempo dura en total la prueba?

Marca con una X.

	sí	no
3. ¿Los textos que hay que escribir son del mismo tipo?...	☐	☐
4. ¿Puedo escribir un borrador y luego pasarlo a limpio?...	☐	☐
5. ¿Hay un tiempo establecido para cada tarea?	☐	☐
6. ¿Hay que seguir las instrucciones?	☐	☐
7. ¿Es necesario ser muy creativo para aprobar esta prueba?	☐	☐
8. ¿Tengo que hacer algo antes de empezar a escribir?	☐	☐
9. ¿Puedo aprovechar los textos de otras pruebas para escribir los de esta?	☐	☐
10. (Otro)..	☐	☐

Comprueba tus respuestas. Algunas preguntas no las puedes responder hasta el final del modelo.

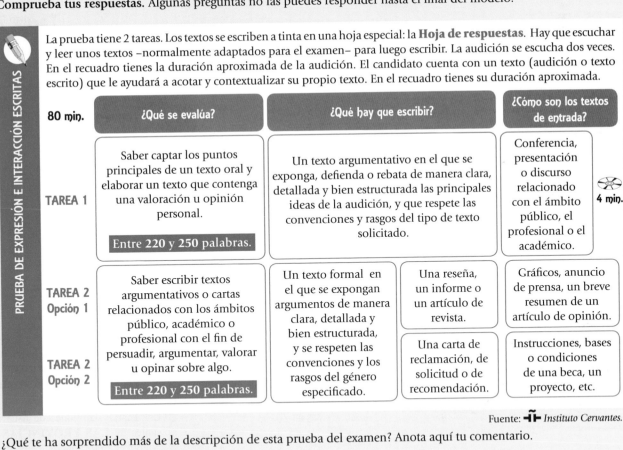

La prueba tiene 2 tareas. Los textos se escriben a tinta en una hoja especial: la **Hoja de respuestas**. Hay que escuchar y leer unos textos –normalmente adaptados para el examen– para luego escribir. La audición se escucha dos veces. En el recuadro tienes la duración aproximada de la audición. El candidato cuenta con un texto (audición o texto escrito) que le ayudará a acotar y contextualizar su propio texto. En el recuadro tienes su duración aproximada.

PRUEBA DE EXPRESIÓN E INTERACCIÓN ESCRITAS

80 min.

	¿Qué se evalúa?	¿Qué hay que escribir?	¿Cómo son los textos de entrada?
TAREA 1	Saber captar los puntos principales de un texto oral y elaborar un texto que contenga una valoración u opinión personal. **Entre 220 y 250 palabras.**	Un texto argumentativo en el que se exponga, defienda o rebata de manera clara, detallada y bien estructurada las principales ideas de la audición, y que respete las convenciones y rasgos del tipo de texto solicitado.	Conferencia, presentación o discurso relacionado con el ámbito público, el profesional o el académico. **4 min.**
TAREA 2 Opción 1 **TAREA 2 Opción 2**	Saber escribir textos argumentativos o cartas relacionados con los ámbitos público, académico o profesional con el fin de persuadir, argumentar, valorar u opinar sobre algo. **Entre 220 y 250 palabras.**	Un texto formal en el que se expongan argumentos de manera clara, detallada y bien estructurada, y se respeten las convenciones y los rasgos del género especificado.	Una reseña, un informe o un artículo de revista. / Una carta de reclamación, de solicitud o de recomendación. / Gráficos, anuncio de prensa, un breve resumen de un artículo de opinión. / Instrucciones, bases o condiciones de una beca, un proyecto, etc.

Fuente: ⫟⫠ *Instituto Cervantes.*

¿Qué te ha sorprendido más de la descripción de esta prueba del examen? Anota aquí tu comentario.

....

....

¡Ya puedes empezar esta prueba!

Prueba 3: Expresión e Interacción escritas

La prueba de **Expresión e Interacción escritas** contiene **2 tareas**. Tiene una duración de **80 minutos**.

• • • • • **Pon el reloj.**

Tarea 1

INSTRUCCIONES

A continuación escuchará una conferencia, en la que se exponen algunos puntos de vista sobre el tema "La obsesión por ganar". La escuchará dos veces. Durante la audición podrá tomar notas. Después, redactará una argumentación en la que deberá recoger los puntos principales de ambas posturas y expresar de forma justificada su punto de vista.
Número de palabras: **entre 220 y 250.**

 Escucha dos veces la pista n.º 8.

Tarea 2

INSTRUCCIONES

*Elija **solo una** de las dos opciones que se le ofrecen a continuación.*
Número de palabras: **entre 180 y 220.**

OPCIÓN 1

La revista digital "Opinión participativa" le ha pedido un artículo, desde su punto de vista de lector, sobre el futuro de la prensa digital frente a la prensa de papel. En él deberá usted:

- presentar el tema;
- hablar del desarrollo de la prensa digital frente a la de papel;
- hacer referencia a opiniones diversas sobre el tema;
- retratar al lector digital ideal;
- elaborar una conclusión, lo más matizada posible, describiendo el futuro de la prensa digital.

Si lo desea, puede apoyarse para su artículo en los siguientes titulares de noticias sobre el tema.

Prensa digital contra papel: medios que viven una revolución. Notable crecimiento de los dispositivos móviles como fuentes de acceso para la lectura de prensa *online*

Subvenciones a la prensa digital y recortes en sanidad y enseñanza
Los diarios digitales en catalán recibieron más de tres millones de euros en subvenciones en 2010.

El diario digital Lasprovincias.es **continúa liderando un mes más los gustos de los internautas valencianos.**

Los casi 1,7 millones de usuarios mensuales de **LAS PROVINCIAS** también lideran el panorama de los medios *online* valencianos y no solo de la prensa digital de información general. Los datos sitúan al diario como líder indiscutible, con casi 141 203 lectores mensuales más de ventaja sobre el siguiente clasificado.

La prensa escrita busca opciones a la imparable revolución digital

EL 32 % DE LOS INTERNAUTAS LEEN A DIARIO AL MISMO TIEMPO PRENSA DE PAPEL Y DIGITAL

OPCIÓN 2

Usted y su familia debían coger un vuelo para pasar sus vacaciones en un lugar exótico. La huelga imprevista que hicieron los empleados del aeropuerto hizo que ustedes no pudieran viajar con ninguna otra compañía por estar todos los vuelos cancelados. Escriba un correo electrónico formal de queja a la compañía aérea en la que:

- describa la situación que se vivió en el aeropuerto;
- manifieste su descontento y enfado;
- reclame una indemnización por daños y perjuicios;
- adviértales de las medidas que usted está dispuesto a tomar si es necesario.

● ● ● ● ● 🕐 ¿Cuánto tiempo has necesitado para completar **esta prueba**? Anótalo aquí: _____ min.

CLAVES

● ● ● ● ● **Antes de empezar la prueba de Expresión e Interacción escritas.**

1. Dos, la segunda tiene dos opciones; **2.** 80 minutos; **3.** No, son de tipo diferente (un resumen, un informe, una carta). Los de la tarea 1 y la opción 1 de la tarea 2 tienen en común que no suelen tener un destinatario. La opción 2 de la tarea 2, si es una carta, tiene que estar dirigida a alguien (una persona, una institución); **4.** Sí, normalmente tienes tiempo y espacio para hacerlo (en el examen te dan hojas de borrador); **5.** No, puedes organizarte como quieras. Es recomendable empezar por la tarea 1, inmediatamente después de escuchar la conferencia, y sin leer las opciones de la tarea 2; **6.** Sí, hay que seguirlas escrupulosamente, en especial lo relativo al tipo de texto: es fundamental conocer y seguir las convenciones de cada tipo de texto; **7.** No. No se evalúa tu creatividad sino tu capacidad para expresarte e interactuar por escrito. Sin embargo, una cierta dosis de creatividad siempre viene bien; **8.** Sí. En las dos tareas hay un "texto de entrada", es decir, un texto a partir del cual tienes que reaccionar, uno auditivo en la tarea 1 y otro de lectura en la tarea 2; **9.** En principio no, porque son de temas y formatos diferentes, aunque en teoría podría coincidir que, por ejemplo, el texto de la tarea 1 de la prueba 1 sea un acta de una reunión, y en la tarea 2, opción 1 te pidan escribir un acta de una reunión. También puede coincidir en cuanto a tipología (texto de opinión) el de la actividad 3 de la tarea 1 y la opción 1 de la tarea 2 de esta prueba, pero se trata de un texto muy personal, en el que lo fundamental es la estructuración de las ideas más que las ideas en sí mismas.

🚫 **¡Atención!** Esta prueba no tiene claves porque la solución depende del texto que hayas escrito.

¿Qué dificultades has tenido y dónde?	Tarea 1	Tarea 2 Opción 1	Tarea 2 Opción 2
No estoy familiarizado con el tipo de texto.			
No he entendido bien los textos de entrada.			
Me ha faltado vocabulario.			
Me han faltado ideas.			
No he organizado bien las ideas.			
No he relacionado adecuadamente las ideas.			
No he entendido las instrucciones.			
He perdido tiempo pasando el texto a limpio.			
(Otro)			
Impresión de resultado (buena, regular, mala).			
Tiempo total utilizado.			
Nivel de estrés (de 1 –mínimo– a 5 –máximo–).			

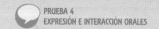 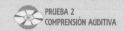 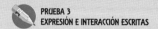

PRUEBA 1
COMPRENSIÓN DE LECTURA

PRUEBA 2
COMPRENSIÓN AUDITIVA

PRUEBA 3
EXPRESIÓN E INTERACCIÓN ESCRITAS

PRUEBA 4
EXPRESIÓN E INTERACCIÓN ORALES

Actividades sobre el Modelo n.º 1

 ¡Atención! Para realizar parte de las siguientes actividades tendrás que escribir **comentarios y análisis** sobre las tareas. Lo puedes hacer en español o en tu lengua, pues no forma parte del examen.

Tarea 1.

a. ¿Qué tienes que hacer exactamente en esta tarea? ¿Hay que copiar todo lo que se dice o hablar más o menos en general de las ideas principales del autor? ¿Se pueden hacer esquemas? ¿Tienes que poner los mismos ejemplos que da el conferenciante? ¿Tienes que utilizar todas las notas? Anota aquí tus comentarios.

....

....

b. A continuación tienes un ejemplo de redacción a partir de la conferencia de la tarea 1 de la prueba de Comprensión auditiva.

Si quieres, vuelve a escuchar la conferencia. **Pon la pista n.º 1.**

Yo creo que el conferenciante se contradiga un poco. Dice que el desarrollo del lenguaje en los niños es natural pero dice también además que haya que enseñarlo y vigilarlo. Si es natural, ¿para qué hay que enseñarlo? Lo que dice es que se aprenda de todas maneras, ¿no es así? Es verdad, como dice, que unos niños tienen problemas por entender o por hablar. El conferenciante habla de problemas para oír después de alguna maladía. También de problemas para entender instrucciones sencillas o que no está concentrado y eso no es debido a que no es motivado. Vigilar, es una de las palabras que utiliza el conferenciante. Y añade que hay que tomar mesuras antes de que hay fracaso en niños. Bueno, sí, es verdadero que a veces los niños fracasen en el aprendizaje del lenguaje, pero me pregunto yo, de qué estamos hablando realmente. Porque una cosa es aprender a hablar, y es algo que hacen todos los niños, menos los que tienen problemas neurólogos o psicológicos graves (y esos niños no suelen estar en la escuela), y otra cosa diferente es aprender a hablar como maestro, es decir, la manera de hablar en situaciones escuelares. Y aún más, aprender a escribir, porque el conferenciante no lo dice, pero yo interpreto que está hablando de modo indirecta de aprender a escribir, o a hablar como escribir. Por todo esto creo que el conferenciante se contradice un poco, pero en general estoy de acuerdo con él.

Analiza el texto con las siguientes preguntas.

	sí	no
1. ¿En general se entiende lo que quiere decir?		
2. ¿Ha recogido los puntos principales de la conferencia?		
3. ¿Ha expresado de manera justificada su punto de vista?		
4. ¿Ha separado claramente las ideas del conferenciante de las suyas propias?		
5. ¿Se ha referido claramente a las ideas del conferenciante?		
6. ¿Ha ordenado de manera clara su argumentación?		
7. ¿Hay un desarrollo lógico del texto en partes relacionadas entre sí?		
8. ¿Ha cometido muchos errores de gramática?		
9. ¿Ha cometido muchos errores de vocabulario?		
10. ¿Respeta el número de palabras?		

EXPRESIÓN ESCRITA

c. Analiza ahora tu texto con esa misma tabla. Aprovecha para ello la transcripción de la conferencia, si lo crees necesario. La puedes encontrar en la *ELEteca* .

Tarea 2, opción 1.

a. Esta prueba es la única en la que puedes elegir. Por ello, es importante que dediques un poco de tiempo a calcular qué es lo que debes hacer en cada opción y con cuál te sentirías más cómodo. Para ello, lee atentamente las dos opciones y selecciona de las siguientes tareas qué es lo que hay que hacer en la opción 1 y en la opción 2, y cuáles prefieres. Algunas frases corresponden a las dos opciones. Tres no corresponden a ninguna de las opciones

TAREAS POSIBLES	Opciones 1	2	¿Me gusta?
1. Expresar o rechazar opiniones.			
2. Persuadir al receptor.			
3. Basarse en ideas generales aceptadas por la sociedad.			
4. Narrar situaciones.			
5. Desarrollar una idea abstracta de la manera más concreta posible.			
6. Informar y difundir conocimientos.			
7. Informar al receptor para comunicar y constatar algo.			
8. Atraer la atención del receptor.			
9. Resumir.			
10. Ejemplificar tus ideas.			
11. Ser objetivo y no reflejar tus opiniones personales.			
12. Probar o rechazar científicamente una idea o una tesis.			
13. Escribir una conclusión que derive de lo anteriormente expuesto.			
14. No es importante encadenar los distintos temas.			

b. Relaciona ahora algunas de las tareas de la opción 1 con frases concretas que pueden aparecer en un texto.

1. Presentar el tema.

2. Hablar de desarrollo de la prensa digital frente a la de papel.

3. Hacer referencias a opiniones diversas sobre el tema.

4. Retratar al lector digital ideal.

5. Elaborar una conclusión describiendo el futuro de la prensa digital.

a. *Unos piensan que es rápido y barato. Otros, que no todo el mundo tiene un ordenador.*

b. *Para empezar, hay que decir que usamos tanto la prensa digital como la prensa en papel.*

c. *En definitiva, la prensa en papel desaparecerá pero ¿qué perderemos con su desaparición?*

d. *Sí, es cierto que ahora hay muchos periódicos on-line porque vivimos en una sociedad globalizada donde el uso del ordenador es muy importante.*

e. *Moderno, rápido.*

c. Corrige finalmente tu texto, si has elegido esta opción, usando el cuadro que has visto en la tarea 1.

PRUEBA 1
COMPRENSIÓN DE LECTURA

PRUEBA 2
COMPRENSIÓN AUDITIVA

PRUEBA 3
EXPRESIÓN E INTERACCIÓN ESCRITAS

PRUEBA 4
EXPRESIÓN E INTERACCIÓN ORALES

Tarea 2, opción 2.

a. Aquí tienes las ideas de un candidato para la carta. Después tienes el borrador de la carta. Hay algunas ideas que no ha utilizado y otras que han aparecido después. Identifica unas y otras.

| familia | vuelo | vacaciones | huelga | todos los vuelos cancelados | queja | carta de reclamación | aeropuerto | descontento y enfado |

| indemnización | daños y perjuicios | medidas | compañía aérea | Madagascar | viaje muy caro | 5 horas en el aeropuerto | falta de consideración | tribunales |

| abogado | deseo expresar mi desacuerdo | debido a | en definitiva | en conclusión | total que | por un lado | por otro lado |

Carta de reclamación

Lufthansa, líneas aéreas alemanas
Departamento de reclamacione
C/ Cardenal Marcelo Spinola n.º 2
E-28016 MADRID

Magdalena Nowak
Plaza real, 37
08515 Barcelona

Barcelona, 12 abril 2012

Estimadas señores:

Les escribo para quejar la compensación por los hechos sucedidos pasado 6 abril de este año presente.

Al día yo y mi familia debimos coger el avión de Madrid a Frankfurt para conectar el avión a Madagaskar donde pasamos las vacaciones, muy caras, a proposito. No pudimos permitir todos los días un viaje a Madagascar, ¿lo cree? Pero despues mucho planar, pensar, calcular y en cima ahorrar, por fin lo pudimos. Y ustedes y debido a su desorganización echaron en perder el viaje soñado. Los niños lloraban en el aeropuerto todo el día cuando nosotros esperamos su respuesta del vuelo a Frankfurt. Y al final, nada. ¡Que escándalo! ¡Que falta de consideración para nuestro problema! Ni una siquiera idea que hacer o cuando viajar. Volvíamos a casa para nada, destrozados, le digo. Y claro, perdimos igual vuelo de Frankfurt a Madagascar.

Al día siguiente llamamos a la compañía y dijo que no era su responsabilidad. Pero eso simplemente no puede ser. Si ha habido guelga y ustedes saben eso, ¿por qué no avisaron a los pasajeros y nos proponieron alternativa? ¡Qué escándalo! ¡Esto es un escándalo! Sí, escandaloso, es.

Conozco leyes y conozco que todos viajeros tiene derechos. Exijo indemnización para los problemas y para el pérdido del vuelo a Madagascar. Exijo vuelo nuevo a Madagascar y reserva en hotel.

En conclusión, soy dispuesto tomar medidas y hacer una denuncia en tribunales y asociación pasajeros de líneas aéreas, y espero que eso no será necesario porque ustedes van a contestar positivo esta carta.

Les saluda atentamente y espera su contestación.

Magdalena Nowak

Adjunto fotocopia del billete y de hoja de reclamación del aeropuerto de Barcelona y reserva de hotel en Madagascar.

b. Como has podido comprobar, la carta tiene algunos errores gramaticales y ortográficos. Identifica y corrige los errores.

c. Aquí tienes otra carta de reclamación. La situación no es exactamente la misma. ¿Qué partes de la instrucción han cambiado? Márcalos en la carta. Además, sustituye en el texto las expresiones marcadas por alguna de las del cuadro de la derecha.

Aerolíneas Argentinas   Julieta Pérez Pérez
Departamento de reclamaciones   Av. Gran Vía n.º 2
C/ Gran Vía n.º 12   Logroño
E-28567 MADRID   La Rioja

Logroño, 14 de abril de 2013

Estimados señores:

Les escribo para reclamar la compensación que corresponda por la pérdida de una maleta.

El pasado día 5 de abril, su compañía perdió mi maleta durante el vuelo 5277 Madrid-Buenos Aires. Les resumo rápidamente lo ocurrido.

Al llegar a Buenos Aires, la maleta no aparecía, así que hice una reclamación en la compañía que se ocupa de las pérdidas de equipajes. Me dijeron que buscarían la maleta y me la llevarían al hotel lo antes posible. Sin embargo, no fue así. Estuve esperando tres días, y como no tenía mis cosas, tuve que comprar algunos objetos de primera necesidad, cuyo gasto espero que me devuelvan. La empresa donde hice la reclamación me dijo que ellos la daban por perdida. Me parece una falta de seriedad que no sean capaces de encontrar la maleta en tres días.

Por otro lado, hice numerosas llamadas a sus oficinas para pedir información, y nadie sabía nada, lo cual me parece una falta de profesionalidad enorme. No es justo que dejen sin informar, y durante días y días, a los viajeros que han tenido algún problema.

Finalmente, tuve que volver a España sin mi maleta.

Según las normas de la IATA, el viajero tiene derecho a una indemnización por los trastornos sufridos por la pérdida del equipaje. Solicito, por tanto, dicha indemnización. Espero igualmente que me informen de cuándo y cómo me la van hacer efectiva.

Esperando su respuesta, le saluda atentamente:

Julieta Pérez Pérez

Adjunto fotocopia de mi DNI, del billete y de las reclamaciones que hice en el aeropuerto de Buenos Aires, así como las facturas de los artículos que compré.

por eso

con la intención de

De acuerdo con

No obstante,

Muy señores míos:

Además,

también que

algo que

de forma que

Al final,

puesto que

Quiero añadir

 PRUEBA 1
COMPRENSIÓN DE LECTURA

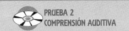 PRUEBA 2
COMPRENSIÓN AUDITIVA

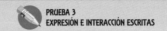 PRUEBA 3
EXPRESIÓN E INTERACCIÓN ESCRITAS

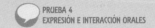 PRUEBA 4
EXPRESIÓN E INTERACCIÓN ORALES

 CLAVES Y COMENTARIOS DE LAS ACTIVIDADES

Tarea 1.

a. **Comentarios.** En esta tarea, tienes que escuchar una conferencia llena de ideas más o menos ordenadas por el conferenciante. La instrucción de la tarea te recomienda tomar notas, "podrá tomar notas", por lo que no parece obligatorio. Lo importante es poder hacer esas dos cosas: recoger los puntos principales y expresar de forma justificada tu opinión. El texto tiene que ser coherente y estar bien organizado, pero las ideas deben corresponder a la conferencia. Para ello es conveniente tomar notas.

En relación con esto, hay personas que se sienten más seguras copiando todo lo que pueden aunque, en realidad, no es necesario. Lo importante es captar los puntos principales de la misma y la visión crítica del ponente. Todo lo que te ayude a tener un visión completa de lo que se ha expuesto te puede ser útil pero luego tu escrito tendrá que ser claro y coherente. Conviene que identifiques las palabras clave porque te ayudarán a precisar el tema general y las ideas principales. Si has captado dicha idea, no es necesario que escribas los ejemplos. En general, se utilizan para que queden claros los conceptos para que una idea abstracta se entienda mejor concretándola. Si, por el contrario, no la has entendido te puede servir para descifrarla. No se trata de hacer la transcripción del conferenciante, sino de demostrar que eres capaz de entender la visión del conferenciante sobre el tema.

Si no entiendes todas las ideas, no te preocupes. En la primera escucha es normal que no consigas captarlo todo. Después de la segunda escucha tendrás una visión más clara. Aquí tienes algunas propuestas:

- La competitividad es una característica intrínseca a la especie humana.
- Aspectos positivos de la competitividad sana.
- Aspectos negativos de la competitividad insana.
- Éxito-fracaso-relativo.
- Centrarse en el esfuerzo y la estrategia.
- Hay factores externos: *perder* no significa *fracasar*, de hecho mucha gente fracasa ganando.
- El esfuerzo depende de mí.
- Vivimos en una cultura competitiva: todo para obtener el éxito.
- Competir es bueno pero competir con uno mismo.
- Educar a nuestros hijos en una competitividad sana, donde seamos capaces de premiar el esfuerzo y la estrategia, y no el resultado por encima de todo.
- En un plano educativo, no ser evaluados por la nota. Si se ve solo el resultado, animamos a conseguirlo por todos los medios, lícitos e ilícitos.
- Esto debería ser obvio.

b. 1. Sí, se entiende, aunque repite algunas ideas; 2. Más o menos sí, aunque le ha faltado alguno; 3. Sí, expresa sus ideas y las relaciona con las del conferenciante; 4. No lo hace muy claramente. El principal problema del texto es este punto. Empieza directamente expresando su opinión, y en la instrucción se especifica que hay que recoger las ideas y luego expresar el punto de vista. Lo que pasa es que en 250 palabras no se pueden recoger todas las ideas de una conferencia de más de 600 palabras, y además añadir el punto de vista y justificarlo. Por eso, hay que seleccionar mucho las ideas. En todo caso es importante separar lo que son las ideas del conferenciante de la opinión propia; 5. Sí, hay expresiones claras como "Dice que...", "El conferenciante habla de...", "Y añade que..."; 6. No del todo. Las ideas del conferenciante y las propias se confunden. No hay marcadores textuales claros, y en cambio hay marcadores orales: "¿no es así?", ¿para qué hay que...?"; 7. Más o menos. La idea principal está en la primera línea, que se desarrolla en el texto y se repite, como conclusión, al final; 8. Comete errores sobre todo de subjuntivo, lo usa innecesariamente con el estilo indirecto ("Lo que dice es que se aprenda") o de opinión ("Es verdadero que a veces los niños fracasen"), pero no lo usa en otras ocasiones ("antes de que hay fracaso en niños"). También tiene algún error de *ser/estar*: "es motivado", en lugar de "está motivado"; 9. No. Consigue decir lo que quiere decir, aunque debería usar palabras más apropiadas y cierta variedad de vocabulario, no repetirse. Pero en general consigue decir lo que quiere. Aún así, tiene errores de derivación, como "problemas escuelares" (en vez de "escolares") y otros que parecen influencia de su lengua materna, como "maladía" (enfermedad) o "mesuras" (medidas); **10.** Sí, tiene 249 palabras.

Tarea 2, opción 1.

a. **Opción 1:** Tarea 1, 3, 5, 6, 7, 8, 9, 10 y 13; **Opción 2:** Tarea 1, 2, 4, 7, 8, 9, 10 y 13.

b. **1.** b; **2.** d; **3.** a; **4.** e; **5.** c.

Tarea 2, opción 2.

a. Ideas o frases que no ha utilizado: *daños y perjuicios, carta de reclamación, descontento y enfado, todos los vuelos cancelados, 5 horas en el aeropuerto, abogado, deseo expresar mi desacuerdo, en definitiva, total que, por un lado, por otro lado*

Ideas que han aparecido después: *el avión de Madrid a Frankfurt para conectar el avión a Madagascar, No podemos permitir..., ahorrar, desorganización, echaron a perder, Al día siguiente, no avisaron a los pasajeros, Exijo vuelo nuevo a Madagascar y reserva en hotel, asociación pasajeros, Adjunto fotocopia del billete y de hoja de reclamación del aeropuerto de Barcelona.*

b. 🛈 **¡Atención!** Esta es solo una propuesta de corrección. No es la única posible.

Lufthansa, líneas aéreas alemanas
Departamento de reclamaciones
C/ Cardenal Marcelo Spinola n.º 2
E-28016 MADRID

Magdalena Nowak
Plaza Real, 37
08-515 Barcelona

Barcelona, 12 de abril de 2012

Estimados señores:

Les escribo para reclamar la compensación que corresponda por los hechos sucedidos el pasado 6 de abril del presente año.

Ese día mi familia y yo debíamos coger el avión de Madrid a Frankfurt para conectar con el avión a Madagascar donde íbamos a pasar las vacaciones, muy caras, a propósito. No podemos permitirnos todos los días un viaje a Madagascar, pero después de mucho planear, pensar, calcular y sobre todo ahorrar, por fin podíamos hacerlo. Y ustedes, debido a su desorganización, echaron a perder el viaje soñado. Los niños pasaron todo el día llorando en el aeropuerto, todo el día que estuvimos esperando su respuesta acerca del vuelo a Frankfurt, pero al final, nada. ¡Qué escándalo! ¡Qué falta de consideración hacia nuestra situación! Ni siquiera nos indicaron nada sobre qué hacer o cuándo viajar. Volvimos a casa con las manos vacías, destrozados, ya le digo. Y claro, perdimos igualmente el vuelo de Frankfurt a Madagascar.

Al día siguiente llamamos a la compañía y dijo que no era responsabilidad suya. ~~Pero eso simplemente no puede ser.~~ Me extraña su reacción. Si ha habido huelga y ustedes lo sabían, podían haber avisado a los pasajeros. Pero no lo hicieron. ~~Qué escándalo!~~ ~~¡Esto es un escándalo!~~ Me parece escandaloso.

Según las normas internacionales los pasajeros tienen sus derechos, que conozco perfectamente. Solicito una indemnización por los daños y perjuicios sufridos, en especial por la pérdida del vuelo a Madagascar. Solicito/Requiero un nuevo vuelo a Madagascar y una reserva de hotel equivalente a la perdida.

~~En conclusión,~~ Estoy dispuesta a tomar medidas y a hacer una denuncia ante los tribunales y ante la asociación de consumidores, pero espero que eso no sea necesario ya que confío en que ustedes contesten positivamente a esta carta.

Les saluda atentamente y espera su contestación.

Magdalena Nowak

Adjunto fotocopia del billete y de la hoja de reclamación del aeropuerto de Barcelona y reserva de hotel en Madagascar.

 PRUEBA 1
COMPRENSIÓN DE LECTURA

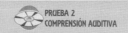 PRUEBA 2
COMPRENSIÓN AUDITIVA

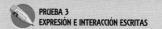 PRUEBA 3
EXPRESIÓN E INTERACCIÓN ESCRITAS

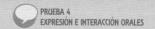 PRUEBA 4
EXPRESIÓN E INTERACCIÓN ORALES

c.

Destinatario	Aerolíneas Argentinas Departamento de reclamaciones C/ Gran Vía n.º 12 E-28567 MADRID	Julieta Pérez Pérez Av. Gran Vía n.º 2 Logroño Remitente La Rioja

Fecha

Logroño, 14 de abril de 2013

Saludo

Muy señores míos:

Motivo de la carta

Les escribo con la intención de reclamar la compensación que corresponda por la pérdida de una maleta.

Relato de lo sucedido

Queja

El pasado día 5 de abril, su compañía perdió mi maleta durante el vuelo 5277 Madrid-Buenos Aires. Les resumo rápidamente lo ocurrido.

Al llegar a Buenos Aires, la maleta no aparecía, de forma que hice una reclamación en la compañía que se ocupa de las pérdidas de equipajes. Me dijeron que buscarían la maleta y me la llevarían al hotel lo antes posible. No obstante, no fue así. Estuve esperando tres días, y puesto que no tenía mis cosas, tuve que comprar algunos objetos de primera necesidad, cuyo gasto espero que me devuelvan. La empresa donde hice la reclamación me dijo que ellos la daban por perdida. Me parece una falta de seriedad que no sean capaces de encontrar la maleta en tres días.

Además, hice numerosas llamadas a sus oficinas para pedir información, y nadie sabía nada, algo que me parece una falta de profesionalidad enorme. No es justo que dejen sin informar, y durante días y días, a los viajeros que han tenido algún problema.

Conclusión

Al final, tuve que volver a España sin mi maleta.

Argumento Solicitud

De acuerdo con las normas de la IATA, el viajero tiene derecho a una indemnización por los trastornos sufridos por la pérdida del equipaje. Solicito, por eso, dicha indemnización. Espero igualmente que me informen de cuándo y cómo me la van hacer efectiva.

Despedida

Esperando su respuesta, le saluda atentamente:

Firma

Julieta Pérez Pérez

Adjunto

Adjunto fotocopia de mi DNI, del billete y de las reclamaciones que hice en el aeropuerto de Buenos Aires, así como las facturas de los artículos que compré.

 Consejo. Te aconsejamos descargarte los documentos disponibles en la página web del Instituto Cervantes. La dirección es:

🖦 http://diplomas.cervantes.es/informacion/profesores_espanol/publicaciones.html

DELE C1
Modelo de examen n.º 2

 PRUEBA 1. COMPRENSIÓN DE LECTURA   90 min.

 Claves, comentarios, consejos y actividades.

 PRUEBA 2. COMPRENSIÓN AUDITIVA   50 min.

Claves, comentarios, consejos y actividades.

 PRUEBA 3. EXPRESIÓN E INTERACCIÓN ESCRITAS   80 min.

Claves, comentarios, consejos y actividades.

Claves, comentarios, consejos y actividades sobre este modelo de examen.

En este modelo vamos a centrarnos en las dificultades de los textos: los tipos de textos, su estructura específica, el tipo de vocabulario, etc., y vamos a ver algunas estrategias de comprensión que puedan serte útiles.

⚠ **¡Atención!** La información que vas a encontrar en este modelo sobre los exámenes procede del análisis de las últimas convocatorias de los *DELE nivel C1* realizado por el equipo de autores de **El Cronómetro**. De producirse cambios significativos en el tipo y carácter de los textos o de las tareas, se publicará información actualizada en la página web de la editorial Edinumen, *ELEteca* .

 El Cronómetro, manual de preparación del DELE. Nivel C1

Prueba 1: Comprensión de lectura

● ● ● ● ● **Antes de empezar la prueba de** Comprensión de lectura.

Vamos a hacer un resumen de lo que sabes sobre los textos que aparecen en la prueba **n.º 1**.

¿A qué tarea o tareas te parece que corresponden estas afirmaciones?

Marca con una ✗. Puedes poner más de una ✗ en cada frase. Luego busca información en los círculos de abajo para comprobar tu respuesta. Subraya, además, las frases con las que te identificas.

Tareas

	1	2	3	4	5
1. *"Bueno, vamos a empezar, a ver cómo es este texto".*	☐	☐	☐	☐	☐
2. *"No entiendo qué relación tienen estas ideas entre sí".*	☐	☐	☐	☐	☐
3. *"Uf, es la primera vez que leo un texto de este tipo".*	☐	☐	☐	☐	☐
4. *"Cuántas ideas, estoy hecho un lío, a ver si me oriento".*	☐	☐	☐	☐	☐
5. *"¡Qué frases más complicadas!".*	☐	☐	☐	☐	☐
6. *"Vaya, otro texto, estoy cansadísimo. Bueno, a ver qué hay que hacer".*	☐	☐	☐	☐	☐
7. *"Pero, ¿dónde está el verbo?".*	☐	☐	☐	☐	☐
8. *"Ahora tengo que comparar estos tres textos".*	☐	☐	☐	☐	☐
9. *"Uf, hay demasiadas palabras que no entiendo".*	☐	☐	☐	☐	☐
10. *"Qué historia tan divertida, no sabía nada de esto, pero es interesante".*	☐	☐	☐	☐	☐
11. *"Bueno, el texto no es largo, pero en realidad no importa lo que dice".*	☐	☐	☐	☐	☐
12. *"A ver, lo típico es poner la idea principal al principio, ¿no?".*	☐	☐	☐	☐	☐
13. *"Menos mal que soy economista y este tema lo conozco".*	☐	☐	☐	☐	☐
14. *"A ver qué textos hablan de este tema. Sí, en este y en este. Ya está".*	☐	☐	☐	☐	☐
15. (Otro)	☐	☐	☐	☐	☐

Textos tarea 1

▶ No son textos habituales en periódicos o en libros de español: **contratos**, **recetas** de un medicamento, **actas** de reuniones, etc.

▶ Son textos muy **objetivos**.

▶ Tienen un **vocabulario muy específico** e incluso especializado.

▶ También el **estilo** está relacionado con el tipo de texto. Los textos legales, por ejemplo, tienen frases largas y complejas.

▶ La estructura del texto está relacionada con el tipo de texto: **párrafos** muchas veces independientes, que pueden tener su propio **título** o numeración.

▶ Puede haber muchas frases relativas, aposiciones y frases sin verbo.

▶ Tienen entre **650** y **790** palabras.

Textos tarea 2

▶ Son más **personales**, subjetivos, narrativos o argumentativos, incluso literarios.

▶ No solo hay información, también hay **opinión**, ironía, protesta.

▶ Puede haber elementos **coloquiales**, americanismos y expresiones idiomáticas.

▶ Tienen un **vocabulario específico**, pero no tan especializado como en la tarea 1.

▶ El texto tiene una fuerte estructura interna gracias a **marcadores** y **organizadores**: *aunque, a pesar de, por un lado, en conclusión,* y otros mecanismos.

▶ Se pueden encontrar en **periódicos** y en libros en general, no solo de español.

▶ Tienen entre **650** y **850** palabras.

Textos tarea 3

- ▶ Son sobre todo textos **descriptivos** y de opinión. Pueden ser textos muy abstractos.

- ▶ Mezclan **lo objetivo y lo subjetivo**.

- ▶ Tienen un **tema** específico, y por tanto, un vocabulario específico, a veces especializado. Tienen muchos sustantivos.

- ▶ Son importantes las **ideas** y **conceptos** que se presentan, más que la relación entre las ideas.

- ▶ En general, son **artículos periodísticos**, que aparecen en periódicos o en Internet.

- ▶ Puede ser importante conocer un poco el tema para entender más fácilmente el texto.

- ▶ Tienen entre **660** y **700** palabras.

Textos tarea 4

- ▶ Es un **conjunto de textos** más o menos cortos, normalmente de un solo párrafo.

- ▶ Tienen el estilo de los **resúmenes**: frases cortas, pocas ideas, poco desarrolladas, poco relacionadas, en general en presente.

- ▶ Todos los textos se refieren **a un mismo tema** e incluso a un mismo evento, por ejemplo, un congreso. Cada uno puede tener su propio título.

- ▶ El **vocabulario puede ser específico** del tema, pero no muy especializado.

- ▶ Lo importante es la **información** y los datos específicos suministrados en los textos.

- ▶ En total tienen entre **630** y **830** palabras, y cada texto entre **90** y **150** palabras.

Textos tarea 5

- ▶ Los textos son en general **descriptivos** o **narrativos**. Pueden ser también de opinión, pero es poco frecuente.

- ▶ El texto muchas veces no es tan importante para realizar la tarea, no siempre es necesario entender todo lo que se dice, sino solo **la frase**, o una parte de la frase.

- ▶ Pueden tener **vocabulario específico**, pero no es tan importante para realizar la tarea.

- ▶ Es el más corto de todos, pero como se hace después de casi 75 minutos de prueba, el candidato está más **cansado** y menos concentrado.

- ▶ Tiene entre **370** y **400** palabras.

¡Ya puedes empezar esta prueba!

CLAVES

Antes de empezar la prueba de Comprensión de lectura. 1. texto 1; **2.** texto 3; **3.** texto 1; **4.** texto 3; **5.** texto 1; **6.** texto 5; **7.** texto 1; **8.** texto 4; **9.** textos 1 y 3; **10.** texto; **11.** texto 5; **12.** texto 2; **13.** texto 3; **14.** texto 4.

❗ **Comentario.** En esta presentación falta comentar las dificultades de las tareas. Lo trabajaremos en el próximo modelo.

Prueba 1: Comprensión de lectura

● ● ● ● ● 🕐 En este modelo vas a anotar el tiempo parcial que necesitas en cada tarea. **Pon el reloj**.

La prueba de **Comprensión de lectura** contiene **5 tareas**. Usted tiene que responder a **40 preguntas**. Duración: **90 minutos**. Marque sus opciones únicamente en la **Hoja de respuestas**.

Tarea 1

A continuación leerá el acta de una reunión de una comunidad de vecinos. Conteste a las preguntas (1-6). Seleccione la opción correcta (A, B o C). Marque las opciones elegidas en la Hoja de respuestas.

ACTA DE REUNIÓN EXTRAORDINARIA COMUNIDAD DE VECINOS Y PROPIETARIOS

C/ Almendralejo, número 37

En Cuenca, siendo las diecinueve horas del 22 de diciembre del corriente, se reúnen en la calle Almendralejo, número treinta y siete en primera convocatoria, la Junta de la Comunidad de Propietarios del edificio de la susodicha calle, hallándose presentes todos los integrantes de la junta a excepción de don Julián Gamba Suárez, que causa baja por enfermedad. Dicho miembro de la comunidad ha cursado poder a favor del señor Pedro López Iturralde, a fin de representarle en la junta y que vote en su nombre para todo lo que se tenga que decidir.

Se constata que en esta reunión extraordinaria están presentes o representados 22 vecinos y propietarios que representan a su vez, contando el poder del señor Gamba, el 90% de las cuotas totales del edificio, y por tanto con capacidad para tomar decisiones vinculantes a todos los propietarios.

Se celebra esta a petición del Presidente de la comunidad.

Se hallan presentes el Sr. Alberto Casares Ruiz, Presidente, el Sr. Enrique Tamarindo Dulce, secretario, y la Sra. Amparo Gómez Ter, que cumple provisionalmente funciones de administrador mientras se nombra el administrador definitivo.

PRIMERO.– Se inicia la Asamblea con la lectura del acta de la reunión anterior a efectos de recordar los temas tratados en la misma, habiendo transcurrido un plazo superior al legalmente establecido para impugnar los acuerdos, y sin haber sido impugnados por ningún vecino o propietario dentro del plazo legal establecido. Se recuerda el acuerdo impugnado por el propietario D. Ramón Quesada Pico ante el Juzgado de Primera Instancia de Cuenca, número de expediente 135/12, que se halla a la espera de resolución.

SEGUNDO.– Se ha entregado a todos los comparecientes la hoja resumen de los gastos del presente año, así como el presupuesto que se somete a esta Junta respecto a los gastos del año entrante.

TERCERO.– Una vez realizada una amplia discusión sobre los gastos del año anterior por parte de algunos de los propietarios, que representan a su vez el 32% de las cuotas del total de la comunidad, se aprueba el informe de gastos y se pasa a debatir el presupuesto de gastos para el año en curso. Se han opuesto a su aprobación 12 de los presentes en la reunión, que representan el 68% de las cuotas, con lo que el presupuesto ha sido rechazado. Se solicita del presidente que presente un nuevo presupuesto para su debate en la próxima reunión, que deberá ser convocada por el mismo antes de fin de año, en especial por lo referente a las obras de adecuación de la escalera con cargo a la comunidad y observando las normas sobre eliminación de barreras arquitectónicas, principal causa de desacuerdo.

CUARTO.– En relación al acuerdo sobre la autorización al propietario del tercer piso, puerta C, para llevar a cabo el cierre de la ventana que da al patio común, se acuerda denegar dicha solicitud por cuanto se entiende que afecta a los elementos exteriores del inmueble.

QUINTO.– Se aprueba por unanimidad la renovación del contrato de limpieza de la escalera a favor de la empresa que la ha estado realizando hasta la fecha.

SEXTO.– Se acuerda por el voto favorable de 19 propietarios y en contra de tres propietarios, para que por parte del Presidente se notifique mediante requerimiento a los propietarios morosos para que procedan a efectuar el pago de las cantidades que adeudan y, caso de que no lo efectúen, se inicie la reclamación judicial que con la comunidad tienen los propietarios morosos.

Sin más asuntos que tratar se levantó la presente reunión, de la cual se extiende la presente acta, que es leída a todos los aquí presentes, manifestando que se aprueba por unanimidad salvo por Dña. Esther Rabos Crespo, quien manifiesta que el punto sexto no ha quedado suficientemente especificado, manifestando su opinión en contra del mismo, ya que dice que ella ha abonado siempre puntualmente todas las cuotas y cree que debe iniciarse alguna acción más convincente contra los morosos que el requerimiento correspondiente, por lo que salva su voto para poder impugnar el acuerdo.

De la presente acta se remitirá copia librada por el Presidente y Secretario a la totalidad de los miembros de la comunidad, mediante carta certificada, como viene siendo habitual. Firman todos los presentes.

PREGUNTAS

1. **Según el acta de la comunidad, en la reunión...**

   a) se encuentran todos los vecinos del inmueble.
   b) hay un vecino que no tiene derecho a voto.
   c) se ha presentado un documento para que un vecino vote en lugar de otro.

2. **Con respecto a los acuerdos anteriores, hay una persona que...**

   a) no ha manifestado su acuerdo o desacuerdo.
   b) ha iniciado un procedimiento para rechazar un acuerdo.
   c) piensa quejarse ante el Juzgado de lo que se decidió.

3. **La reunión ha tratado principalmente de...**

   a) la cantidad de dinero disponible para el año siguiente.
   b) la necesidad de calcular mejor los gastos del edificio.
   c) cuánto gasta la Junta en su propia administración.

4. **Dado que no se han puesto de acuerdo en el tema principal, el presidente debe...**

   a) preparar una nueva propuesta.
   b) convocar una nueva reunión en un plazo de dos semanas.
   c) eliminar las barreras arquitectónicas por su cuenta.

5. **Respecto a otro de los temas de la reunión que afecta a un solo vecino...**

   a) tampoco han podido llegar a un acuerdo.
   b) los presentes sí se han puesto de acuerdo.
   c) han decidido postergarlo hasta la próxima reunión.

6. **Por lo que dice el acta, una serie de vecinos...**

   a) van a recibir una notificación para que paguen lo que no han pagado.
   b) van a hacer una reclamación judicial por pagos que se les debe.
   c) están a favor de que se inicie una reclamación por falta de pago.

 • • • • • ¿Cuánto tiempo has necesitado para completar **esta tarea**? Anótalo aquí: _____ min.

*Lea el siguiente texto, del que se han extraído seis párrafos. A continuación, lea los siete fragmentos propuestos (A-G) y decida en qué lugar del texto (7-12) hay que colocar cada uno de ellos. HAY UN FRAGMENTO QUE NO TIENE QUE ELEGIR. Marque las opciones elegidas en la **Hoja de respuestas**.*

EL MOVIMIENTO *SLOW*

Hoy más que nunca, el individuo moderno vive sumido en una particular carrera de obstáculos en la que controlar el cronómetro. La prisa es el motor de todas nuestras acciones y la cinética de grand prix envuelve nuestra vida acelerándola, economizando cada segundo, rindiendo culto a una velocidad que no nos hace ser mejores.

El movimiento *Slow* no pretende abatir los cimientos de lo construido hasta la fecha. **7.** _____. La clave reside en un juicio acertado de la marcha adecuada para cada momento de la carrera diaria. Se debe poder correr cuando las circunstancias apremian y soportar el temido estrés que en demasiadas ocasiones nos embarga; **8.** _____.

Actitud lenta

Demasiadas veces la lentitud viene asociada con valores negativos. Torpeza, desinterés, tedio son dimensiones que no recogen los efectos beneficiosos de una actitud pausada, bien razonada y segura.

Las decisiones importantes no siempre deben tomarse al azar, impulsivamente, eso lo sabemos todos. Resulta difícil creer que llevar a cabo más de una actividad a la vez pueda deparar resultados positivos; **9.** _____. Asimismo, no siempre la inactividad es sinónimo de vacío. La actitud contemplativa nos integra en el medio y puede ser el refugio de ideas brillantes que nos ayuden positivamente en nuestro proceder. El movimiento *Slow* quiere dar herramientas a los individuos para que sus existencias no sean una mera sucesión de escenarios encadenados, desprovistos de emociones.

La expresión álgida que constata la buena salud del movimiento la ejemplifican las denominadas *Slow Cities*; **10.** _____.

Las *Slow Cities* son lugares en los que ningún detalle queda al azar. **11.** _____. Como no, se fomenta la producción de alimentos autóctonos, siendo incluso endémicos en algunos casos y los pequeños negocios artesanales brotan entre las callejas de los centros históricos.

Lejos de oponerse a la lógica capitalista, las *Slow Cities* se nutren de un turismo selecto que acude impulsado por los efectos positivos que absorbe a nivel sensorial. **12.** _____. De esta forma, como el propio Petrini señala, acontece una globalización virtuosa en la que todos los agentes que conectan obtienen un *feed back* muy positivo de la experiencia.

En definitiva, el movimiento *Slow* es una fuente de placer, útil para alejarse de una vida estandarizada regida por el minutero de nuestro reloj de pulsera, sometida por una velocidad que erradica nuestra capacidad para disfrutar del momento esperado cuando este por fin asoma.

(Adaptado de http://movimientoslow.com/es/filosofia.html)

FRAGMENTOS

A. más bien logra mediocridad en los distintos escenarios.

B. Su intención es iluminar la posibilidad de llevar una vida más plena y desacelerada, haciendo que cada individuo pueda controlar y adueñarse de su propio periplo vital.

C. La intención es clara; poner en contacto a todo un *network* de personas de procedencias dispares que comulgue con estos espacios en los que la buena mesa conecta directamente con la abierta idiosincrasia local, una cuidada hospitalidad y el respeto absoluto por el entorno natural.

D. pero a la vez saber detenerse y disfrutar de un presente prolongado que en demasiados casos queda sepultado por las obligaciones del futuro más inmediato.

E. de hecho, no es sino fuente de una agresividad negativa hacia nuestro entorno social, laboral y urbano que acaba con nuestros recursos emocionales y con nuestra capacidad de percibir cuál es la mejor de las soluciones.

F. Se concentra la actividad humana en torno a plazas, promoviendo la sociabilidad del ágora.

G. con su lucha contra la homogeneización y apostando fuerte por los beneficios de la diversidad, algunos alcaldes de diferentes regiones abanderaron los postulados de Petrini, creando espacios proclives a un desarrollo desacelerado.

● ● ● ● ● 🕐 ¿Cuánto tiempo has necesitado para completar **esta tarea**? Anótalo aquí: _____ min.

Modelo de examen n.º 2

*Lea el texto y responda a las preguntas (13-18). Seleccione la opción correcta (A, B o C). Marque las opciones elegidas en la **Hoja de respuestas**.*

¿DE QUÉ HABLAMOS CUANDO HABLAMOS DE E3?
María Florencia Alfaro, Argentina

"Las nuevas tecnologías de la información y las comunicaciones (TIC) posibilitan la construcción de un nuevo espacio–tiempo social, en el que puede desarrollarse la sociedad de la información".

Estamos inmersos en una sociedad hibridizada, donde lo étnico se imbrica con lo moderno, el patrimonio tradicional con las nuevas tecnologías, hay un entrecruzamiento de identidades, una apertura de fronteras, un ámbito generado entre otras cosas por la globalización. Hablamos de culturalismos, regionalismos, al plantear el problema de las nuevas tecnologías, de su incidencia en la sociedad, de la caracterización del hombre en el anonimato, y las nuevas relaciones sociales que se entretejen ante la utilización de los nuevos dispositivos tecnológicos (PC, celulares...). Internet y demás tecnologías son tal vez la plataforma clave de lo que conocemos como nueva economía y el canal de transmisión por excelencia de la "aldea global". Siempre hay pros y contras, cosas que se ganan y que se pierden, lo fundamental es que las ganancias resulten superiores a las pérdidas.

E1 campo// E2 ciudad// E3 TIC

E3 Puede generar espacios translingüísticos y no simplemente plurilingüísticos. Me refiero a nuevas y muy utilizables formas de escritura y publicación. ¿A qué nos referimos cuando hablamos de E3? Un tercer entorno, después del campo y la ciudad, que emergió de la mano de la "Digitalización, informatización, hipertextualización, telematización, memorización electrónica multimedia", avances tecnológicos que nos modifican como personas, suman un plus a nuestra identidad. Estamos entretejidos por redes informacionales, tramas que nos atraviesan, que se relacionan directamente con el papel que cada integrante de la sociedad decide cumplir en el ámbito donde vive, con la forma en que nos movemos, las decisiones que tomamos.

McLuhan nos habla de que las tecnologías moldean al mundo y que tenemos desarrollado un sistema de memoria perceptiva y sensorial importante. A través de la vista, por ejemplo, se despiertan sensaciones, ponemos en acción los demás sentidos. El espacio electrónico no se reduce a Internet; tecnologías tales como el teléfono, radio, televisión, dinero electrónico, redes telemáticas, constituyen algunas de las TIC que generan e impulsan el desarrollo del espacio electrónico. Pero no son las únicas que podemos hallar, también encontramos las tecnologías multimedia, videojuegos y la realidad virtual.

Lo educativo

"Hay personas, y yo soy una de ellas, que piensan que la cosa más práctica e importante en el hombre es su punto de vista acerca del universo", Gilbert Keith Chesterton. Es claro el desfase que existe entre equipos, lenguaje y programas en contraste con la evolución, y la capacitación de sus usuarios para "dominarlos y sacarles pleno provecho". La sociedad debe adquirir nuevos conocimientos, capacidades y aptitudes para adquirir competencia, una intervención activa en este medio, buscando desarrollar las nociones de creación e innovación. La cultura se halla en constante evolución, interpretando y modificando el entorno, por lo que hay que buscar esa nueva manera de ser en el espacio social humano, "...mirar con ojos frescos las raíces del momento histórico que vivimos".

Lo educativo está en el ojo del huracán, debemos "aprender a aprender, conocer cómo se conoce, cambiar en el cambio...". Es importante que nos desarrollemos como seres abiertos a posibilidades, constructores de mundos. Esto exige el despliegue de destrezas y habilidades propias de un nuevo sistema en marcha, lo que suele denominarse Alfabetización Digital.

Piaget nos dice que la información facilita la capacitación de la adaptación a situaciones nuevas, vamos insertándonos en procesos de adquisición de información, conocimiento que nos permite actuar de acuerdo a las diferentes situaciones y a las condiciones que emergen de ellas, relacionándonos con mejores técnicas educativas que nos permitan mantenernos al alcance de los acontecimientos.

"Internet acerca los mundos lejanos y aleja los mundos cercanos", hay grandes brechas que cubrir cuando hablamos de "tecnologías" y es ahí donde la educación cumple un papel más que relevante. Es conveniente lograr una educación en INTRANET, un "e-barco escolar del ciberespacio" como lo denomina Echeverría, en redes educativas telemáticas cerradas y protegidas. Cabe aquí la importancia del "software educativo" y la formación de "tutores competentes" para el aprendizaje de este nuevo lenguaje en el espacio electrónico.

"Hemos preparado una civilización global en la que los elementos más cruciales como el transporte, las comunicaciones, y todas las demás industrias, la agricultura, la medicina, la educación, el ocio, la protección del medioambiente, e incluso la institución democrática clave de las elecciones, dependen profundamente de la ciencia y la tecnología. También hemos dispuesto las cosas de modo que nadie entienda la ciencia y la tecnología. Eso es una garantía de desastre. Podríamos seguir así una temporada pero, antes o después, esta mezcla combustible de ignorancia y poder nos explotará en la cara. En estas condiciones, guiar a una sociedad por el camino de la web, es casi tan difícil como guiar a un barco sin instrumentos de navegación (...)", Carl Sagan, en su libro *El mundo y sus demonios, la ciencia como una luz en la oscuridad.*

(Adaptado de http://dialogica.com.ar/digicom/2006/05/17/de_que_hablamos_cuando_hablamo/, Argentina)

PREGUNTAS

13. Según el texto, la sociedad actual se caracteriza por...

a) su inmersión en un cambio continuo de tendencias contradictorias.
b) ser un conjunto de elementos dispersos que no se mezclan.
c) una diversidad propiciada por las nuevas formas de comunicación.

14. El texto propone hacer lo posible por que en esta situación las ventajas...

a) son siempre mayores que las desventajas.
b) resulten superiores a las desventajas.
c) tienen un aspecto más evidente que lo que se pierde.

15. En el texto, el término "E3" alude a un entorno...

a) surgido para posibilitar la mezcla.
b) que procede del desarrollo de la tecnología.
c) que permite globalmente modificar a las personas.

16. La autora señala que para uno de los autores citados...

a) lo fundamental es que adquiramos nuevas formas de autoconocimiento.
b) el problema es que usamos la tecnología con perspectivas del pasado.
c) para adaptarnos a las nuevas tecnologías no basta la información.

17. Según el texto, una de las contradicciones de Internet es que...

a) la educación ha ampliado la brecha entre los usuarios.
b) la apertura de la red impone redes educativas cerradas.
c) nos hace extraños a los que viven junto a nosotros.

18. Como conclusión, el texto parece mostrarse pesimista respecto...

a) al desarrollo tecnológico de todos los ámbitos de la economía.
b) al grado de dependencia de un sistema tecnológico incomprensible para la mayoría.
c) a la mezcla de ignorancia y desorientación que hay en las nuevas tecnologías.

● ● ● ● ● ¿Cuánto tiempo has necesitado para completar **esta tarea**? Anótalo aquí: _____ min.

INSTRUCCIONES

*A continuación leerá un folleto que incluye reseñas sobre varias memorias de máster. Tiene seis textos (A-F) y ocho enunciados (19-26). Léalos y elija el texto que corresponde a cada enunciado. RECUERDE QUE HAY TEXTOS QUE DEBEN SER ELEGIDOS MÁS DE UNA VEZ. Marque las opciones elegidas en la **Hoja de respuestas.***

A. ARRAYÁS MÁRQUEZ, JOSÉ ANTONIO (2011): *Aspectos, consideraciones y orientaciones sobre la enseñanza del español de los negocios en Corea.*

El presente trabajo propone un análisis de la importancia de los factores socioculturales distintivos que es necesario tomar en consideración durante la enseñanza del Español de los Negocios en Corea. Asimismo, este estudio intenta ofrecer pistas, a través de un examen pormenorizado de la cultura empresarial coreana, de los implícitos y presuposiciones, la etiqueta y los usos y normas que rigen las relaciones en este ámbito concreto. De esta forma, esta investigación pretende orientar la labor docente del profesional de la enseñanza del Español como Lengua Extranjera y del Español de los Negocios que se plantee programar o desarrollar un curso de E/NE destinado a alumnos de origen coreano.

B. COBO PIÑERO, MARÍA ROCÍO (2011): *El uso de los cortometrajes en el aula de ELE: una mirada intercultural.*

La autora aborda el tema analizando las distintas corrientes teóricas relacionadas con el soporte audiovisual en el aula y poniendo de manifiesto la carencia de un análisis intercultural del medio fílmico. Por el contrario, predomina un énfasis en la práctica lingüística, pragmática y comunicativa, en detrimento del enfoque sociocultural. La segunda parte está compuesta por la didactización de dos cortometrajes españoles. Las actividades propuestas pretenden desarrollar la competencia intercultural, así como la mirada crítica del alumnado ante la situación de la mujer y la inmigración. Las estrategias pasan por la reflexión sobre cuestiones relacionadas con la identidad y la influencia de los medios de comunicación en forjar determinadas imágenes estereotipadas.

C. HERNANDO CALVO, ALFREDO (2011): *La competencia existencial en el desarrollo del alumnado como hablante intercultural.*

Los paradigmas educativos centrados en la enseñanza del español han volcado sus esfuerzos en el estudio y desarrollo de la competencia comunicativa, pero nuevas investigaciones han presentado propuestas aisladas acerca de otras competencias igualmente importantes. Esta memoria se enfoca en el papel de los componentes afectivos y sociales como pilar fundamental en el aprendizaje de la competencia existencial. Para ello, se parte de una reflexión profunda de la lengua y de la cultura pasando por la exploración de la competencia intercultural. Finalmente, se elabora una reseña de los principales paradigmas que se han encargado del estudio de esta competencia y de sus componentes y se crea una propuesta didáctica para su integración en la clase de ELE.

D. REY JUZGADO, CRISTINA (2011): *Inventario audiovisual de alteradaptadores españoles para su aplicación a la enseñanza del español como lengua segunda o extranjera.*

La comunicación táctil es un tipo de comunicación muy utilizada en la cultura española. Los movimientos y posiciones de contacto físico que se usan en español para comunicar son, por tanto, un tipo de signo que los alumnos extranjeros han de conocer y aprender si quieren lograr la competencia comunicativa que necesitan. Además, el desconocimiento de esta forma de comunicación puede dar lugar a malentendidos entre personas de diferente cultura: mientras que para un español el encuentro comunicativo puede ser más eficaz con el uso de estos signos, para otras personas la utilización de alteradaptadores puede interpretarse como una forma de invasión de la intimidad. El objetivo de este trabajo es dar a conocer algunos de estos signos, sus funciones y cómo han de enseñarse en el aula.

E. SUÁREZ HERNÁNDEZ, ARIANA (2011): *Rasgos coloquiales en las series de televisión: su utilización en la clase de ELE.*

Una imagen vale más que mil palabras y el hecho de observar el contexto en el que tienen lugar las situaciones comunicativas ayuda a comprender mejor el mensaje. Por ello, defendemos una enseñanza de español en la que se empleen series de televisión que, como recurso audiovisual, han sido poco estudiadas. En este trabajo se buscan unos objetivos que incluyen que los alumnos aprendan a distinguir los rasgos del registro informal y que sean conscientes de la importancia de las situaciones comunicativas. Además, se aporta una propuesta didáctica que pretendemos sirva de apoyo para aquellos docentes que se animen a incluir series de televisión en sus clases.

F. ANGULO BLANCO, MARÍA ESTHER (2011): *La evolución del papel de la mujer en dos manuales de ELE a través de las imágenes.*

El punto de partida de esta memoria es la necesidad de alentar un debate reflexivo sobre el papel que los materiales didácticos desempeñan en nuestra sociedad, ya que la imagen femenina en ellos no es un reflejo fiel de su rol en la sociedad contemporánea española, sino que es aquella que sus autores desean construir y transmitir. Los resultados revelan que la tendencia hacia el equilibrio que encontramos a lo largo de trece años es insuficiente y los manuales siguen reflejando una cultura donde la mujer se encuentra en un segundo plano con respecto al hombre. Los libros de texto siguen un patrón social establecido y transmiten los valores estándares que la sociedad considera adecuados.

(Adaptado de http://www.educacion.gob.es/redele/Biblioteca-Virtual/2011/memoriaMaster/1-Trimestre/arrayas.html, España)

PREGUNTAS

19. Si no se tiene en cuenta el objeto exclusivo de este análisis, se pueden producir problemas comunicativos entre los hablantes.
A)   B)   C)   D)   E)   F)

20. Aquí se plantea un tipo de ejercicio de práctica audiovisual que todavía no ha sido probado por los profesores.
A)   B)   C)   D)   E)   F)

21. Este trabajo va dirigido a un público con unas necesidades muy concretas.
A)   B)   C)   D)   E)   F)

22. Lo importante es llamar la atención al alumnado sobre la diferencia entre unas formas de hablar y otras.
A)   B)   C)   D)   E)   F)

23. La memoria expone una aproximación del tema hasta ahora demasiado pobre, dejando de lado otras perspectivas de carácter sociológico.
A)   B)   C)   D)   E)   F)

24. Este trabajo se centra esencialmente en analizar el rol de la mujer en un tipo de publicación concreta.
A)   B)   C)   D)   E)   F)

25. La competencia trabajada en la investigación es muy necesaria, pero no más que otras.
A)   B)   C)   D)   E)   F)

26. Se habla de un tipo de comunicación que puede ser entendido como descortés por parte de algunas personas.
A)   B)   C)   D)   E)   F)

• • • • • 🕐 ¿Cuánto tiempo has necesitado para completar **esta tarea**? Anótalo aquí: _____ min.

INSTRUCCIONES

*Lea el texto y rellene los huecos (27-40) con la opción correcta (A, B o C). Marque las opciones elegidas en la **Hoja de respuestas**.*

UN ESTUDIO SOBRE LAS LENGUAS QUE SE HABLAN EN TODO EL MUNDO REVELA QUE TODAS PROVIENEN DE UN LENGUAJE COMÚN QUE SURGIÓ EN ÁFRICA

Con anterioridad, investigaciones genéticas han demostrado que el primer humano se originó en _____**(27)**_____ continente hace 50 000 años. Y la nueva investigación encontró que el primer lenguaje también surgió allí, luego los idiomas modernos evolucionarían a partir de ese _____**(28)**_____ único lenguaje, como resultado de la migración de las poblaciones.

Esa es la conclusión del doctor Atkinson, del Departamento de Psicología de la Universidad de Auckland, _____**(29)**_____ investigación aparece publicada en la revista Science. El científico se interesó en el estudio del origen del lenguaje cuando trabajaba en un proyecto de genética e historia humanas.

Las investigaciones revelan que la principal evidencia de que el ser humano _____**(30)**_____ en África es que la diversidad genética es mayor en África y se reduce _____**(31)**_____ las poblaciones se alejan de ese continente. Atkinson pensó que sería interesante analizar si los patrones del lenguaje humano y su diversidad de sonidos _____**(32)**_____ mundo seguían un patrón similar.

El investigador estudió los fonemas de 504 lenguas y descubrió que los fonemas que se usan en todos los idiomas tienen también el llamado "efecto fundador" de la genética de poblaciones, _____**(33)**_____, cuando una población pequeña se desprende de una población original grande para colonizar nuevos territorios, lleva consigo un subgrupo de la población original. En el lenguaje, los dialectos que contienen más fonemas se hablan en África y _____**(34)**_____ menos en América del Sur y en islas del océano Pacífico.

Según el científico, las regiones del mundo colonizadas más recientemente tienen también menos fonemas en sus dialectos. Pero _____**(35)**_____ áreas colonizadas hace miles de años todavía siguen usando el mayor número de fonemas en el mundo. Por ejemplo, algunas de las lenguas africanas tienen más de 100 fonemas, _____**(36)**_____ las hawaianas tienen solo 13.

El investigador subraya que esta reducción en el número de fonemas no puede explicarse por los cambios demográficos o por algún factor local, pero sí muestra que existen mecanismos paralelos que fueron gradualmente formando _____**(37)**_____ la diversidad genética como la lingüística del ser humano. Hasta ahora, la mayoría de las teorías sobre el origen del lenguaje humano solo se _____**(38)**_____ en la correspondencia de sonidos similares entre las distintas familias de dialectos y lenguas.

Pero este proceso solo puede remontarse hasta determinada época, _____**(39)**_____ después las palabras empezaron a cambiar tanto que es imposible definir qué está relacionado con qué. Por ello, Atkinson decidió que en lugar de tratar de reconstruir detalladamente cada cambio de sonido en una palabra _____**(40)**_____ el patrón estadístico más amplio del número de sonidos usados en las lenguas de todo el mundo, y allí encontró la evidencia del origen del lenguaje en África.

(Adaptado de http://www.bbc.co.uk/mundo/noticias/2011/04/110415_lenguaje_origen_africa_men.shtml)

OPCIONES

27.	a) cuyo	b) dicho	c) mencionado
28.	a) anterior	b) primero	c) primer
29.	a) a cuya	b) la cuya	c) cuya
30.	a) se originó	b) se origine	c) se originaría
31.	a) mientras que	b) en la medida que	c) a medida que
32.	a) de alrededor	b) alrededor del	c) alrededor de
33.	a) además	b) por ejemplo	c) es decir
34.	a) los que	b) los cuales	c) cuyos
35.	a) dichas	b) las	c) tales
36.	a) tanto como	b) mientras que	c) así que
37.	a) cuanto	b) tanta	c) tanto
38.	a) hubieron basado	b) basaran	c) habían basado
39.	a) así que	b) ya que	c) como
40.	a) miraría	b) miró	c) mirará

• • • • • 🕐 ¿Cuánto tiempo has necesitado para completar **esta tarea**? Anótalo aquí: _____ min.

CLAVES

Tarea 1: 1. c; **2.** b; **3.** a; **4.** a; **5.** b; **6.** a.
Tarea 2: 7. B; **8.** D; **9.** A; **10.** G; **11.** F; **12.** C.
Tarea 3: 13. c; **14.** b; **15.** b; **16.** a; **17.** c; **18.** b.

Tarea 4: 19. D; **20.** E; **21.** A; **22.** E; **23.** B; **24.** F; **25.** C; **26.** D.
Tarea 5: 27. b; **28.** c; **29.** c; **30.** a; **31.** c; **32.** b; **33.** c; **34.** a; **35.** b; **36.** b; **37.** c; **38.** c; **39.** b; **40.** a.

¿Qué dificultades has tenido y dónde?	Tarea 1	Tarea 2	Tarea 3	Tarea 4	Tarea 5
No estoy familiarizado con el tipo de texto.					
No conozco el vocabulario general del tema.					
No conocía palabras concretas.					
Me ha desorientado el tipo de tarea.					
No he entendido bien la relación entre la pregunta (o fragmento) y el texto.					
He perdido mucho tiempo en esta tarea.					
(Otro)					
Respuestas correctas.					
Tiempo parcial utilizado en cada tarea.					
Tiempo total utilizado.					
(subraya) He ganado/perdido tiempo respecto al modelo n.º 1. ¿Cuánto?					
Nivel de estrés (de 1 –mínimo– a 5 –máximo–).					

PRUEBA 1 COMPRENSIÓN DE LECTURA

Modelo de examen n.º 2

 PRUEBA 1
COMPRENSIÓN DE LECTURA

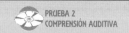 PRUEBA 2
COMPRENSIÓN AUDITIVA

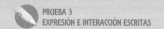 PRUEBA 3
EXPRESIÓN E INTERACCIÓN ESCRITAS

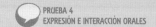 PRUEBA 4
EXPRESIÓN E INTERACCIÓN ORALES

Actividades sobre el Modelo n.º 2

Tarea 1.

a. En este modelo 2 has leído un acta de una reunión y en el modelo 1 trabajaste las condiciones de uso de un programa informático. En el próximo modelo verás un contrato de alquiler, y en el 4 el prospecto de un medicamento. Todos esos tipos de texto tienen unas características comunes que hemos visto en el modelo 1, pero hay también ciertas frases típicas de esos tipos de textos que pueden aparecer, transformadas, en las preguntas. Relaciona cada frase de la lista siguiente con el tipo de texto en que podrían encontrarse con más probabilidad.

A: Condiciones de compra B: Acta de reunión C: Contrato de alquiler D: Medicamento   A   B   C   D

1. está indicado en el tratamiento de las formas agudas de...

2. Quedan excluidos artículos de exposición, saldos y restos o ventas promocionales.

3. No debe aplicarse en periodos prolongados porque podría afectar a otras zonas del...

4. Previo debate sobre la conveniencia o no de la colocación...

5. Puede producir efectos adversos, aunque no todas las personas los sufran...

6. El piso objeto del presente contrato se localiza en...

7. La lista de precios vigente es vinculante, salvo en los casos en que...

8. Se aprueban por unanimidad los presupuestos...

9. Las partes contratantes convienen que...

10. Para toda reclamación, el cliente deberá aportar el justificante de compra original.

11. Siguiendo el orden establecido ostentan los cargos de...

12. Abierta la sesión y leída el acta de la sesión anterior...

13. Sin perjuicio de la regla general, el establecimiento podrá asimismo...

14. Por parte de uno de los presentes se solicita autorización para presentar un...

15. En el caso de cualquier soporte electrónico y, con carácter general, cualesquiera productos que lleven incorporado software, será condición imprescindible...

16. Concluido el periodo contractual pactado, se prorrogará...

17. Que impidan su normal utilización con arreglo a su naturaleza o no ofrezca las prestaciones descritas...

18. Será el único responsable de cuantos daños, tanto físicos como materiales, puedan ocasionarse a terceros como consecuencia de su habitabilidad...

19. Y no habiendo más asuntos que tratar, se levanta la sesión, siendo las...

20. En determinados artículos, y con independencia de las facultades que asisten al comprador con arreglo a la cláusula anterior, la empresa entregará, por cuenta del productor, la garantía comercial que...

Selecciona ahora de los textos de los modelos 1 y 2 otras cuatro frases características de cada tipo de texto.

◗ Condiciones de uso (Modelo 1)

◗ Acta de una reunión (Modelo 2)

¡Atención! No son los únicos tipos de textos que pueden aparecer en esta tarea del examen, pero son los que han aparecido hasta la fecha de publicación de El Cronómetro, *nivel C1*.

b. También el vocabulario es específico de cada situación. Relaciona cada palabra de la lista siguiente con su tipo de texto. Márcalo con una ✘. A: Condiciones de compra. B: Acta. C: Contrato de alquiler. D: Medicamento

¡Atención! Algunas palabras pueden encontrarse en más de un texto.

	A	B	C	D
1. diagnostica				
2. por unanimidad				
3. cláusula				
4. votación				
5. padece				
6. arrendatario				
7. devolución de artículos				
8. vivienda				
9. inflamación				
10. inquilino				
11. prestar el servicio de reparación				
12. mantenimiento del ascensor				
13. infecciones				
14. fecha de vencimiento				
15. oferta publicada				

	A	B	C	D
16. subarrendar				
17. sesión				
18. afección				
19. presupuesto				
20. comunidad de propietarios				
21. buzones				
22. estado del producto				
23. con exclusión de				
24. elección de vocales				
25. retención de líquidos				
26. cobro de la renta				
27. derecho de desistimiento				
28. periodo contractual				
29. lactancia				
30. embalaje original intacto				

Consejo. Cuando hayas leído los textos de los modelos 3 y 4, vuelve a esta actividad y completa los cuadros con frases y vocabulario característicos de esos tipos de texto. También puedes encontrar más expresiones y vocabulario típicos de condiciones de compra en el documento llamado "Explicación y ejemplo de examen", en la página web: http:// diplomas.cervantes.es/informacion/niveles/nivel_c1.html

PRUEBA 1
COMPRENSIÓN DE LECTURA

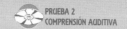
PRUEBA 2
COMPRENSIÓN AUDITIVA

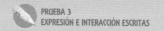
PRUEBA 3
EXPRESIÓN E INTERACCIÓN ESCRITAS

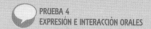
PRUEBA 4
EXPRESIÓN E INTERACCIÓN ORALES

c. Uno de los elementos característicos de los textos formales es la presencia de aposiciones y frases relativas, que hacen el texto más complejo porque presentan diversos planos de información. Observa este ejemplo procedente de un examen real.

> En determinados artículos, y con independencia de las facultades que asisten al comprador con arreglo a la cláusula anterior, OFIMARC entregará, por cuenta del productor, la garantía comercial sobre el producto que este tenga establecida.

Fuente: *Instituto Cervantes.*

Podemos organizar la misma información, visualmente, de la siguiente manera:

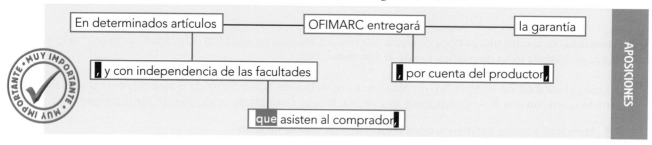

Las aposiciones y las frases relativas sirven para añadir información secundaria a la información principal, y en las preguntas pueden aparecer referencias tanto a una como a la otra. En los textos escritos suponen una dificultad que se puede superar fácilmente, dado que toda la información está delante, pero en las distintas tareas de Comprensión auditiva, especialmente en la de la conferencia, aunque las aposiciones se presentan normalmente con cambios de entonación, lo que se corresponde con las comas de un texto, sí pueden suponer una dificultad extra, puesto que significan un aumento de información. Por eso, este ejercicio **puede ser útil para prácticamente todo el examen**, y trata de un elemento, la aposición, que puedes usar en tus exposiciones y en tu texto de Expresión escrita. Es más propio de textos formales argumentativos que de textos narrativos.

Selecciona en cada caso la aposición que le va bien a cada frase de la izquierda y sitúala en su lugar apropiado. Los ejemplos proceden de un examen real.

¡Atención! Una de las frases de la izquierda necesita dos frases de las de la derecha.

● INFORMACIÓN PRINCIPAL	● INFORMACIÓN SECUNDARIA
1. Este seguro será de suscripción voluntaria...	, cuando regresamos a México,
2. Si surgieran defectos no previstos...	, como han hecho los "tecnoutópicos", que ven en Internet...
3. El martes me senté a la máquina para escribir una frase inicial...	, cuando exista,
4. Un debate que podría llevar a que la política cambie en este siglo XXI...	, en el curso de una reparación,
5. Esta visión puede llevarse al extremo...	, tal y como hoy se la conoce,
6. Manuel Segura firma esta obra que...	, según qué grito,
7. Este libro narra la historia real de tres jóvenes que deciden crear un banco...	, al no tener que masticar huesos de frutos ni grandes cantidades de hojas,

8. ya sabemos que significa alarma y cuando viene un enemigo el perro ladra...

, de larga formación y dedicación a la psicología educativa,

9. sabemos que hace 3500 millones de años aparece el primer ser vivo y a partir de ahí ya la evolución...

, una vez terminados sus estudios de negocios,

, al cambiar mi alimentación,

10. Naturalmente que era mi alimentación de antes, mi boca va a evolucionar,...

, una especie de bacteria para entendernos,

Fuente: *Instituto Cervantes.*

Haz lo mismo con frases seleccionadas de los modelos de examen n.º 1 y 2 procedentes de distintas pruebas. En este caso dos de las frases llevan dos aposiciones.

INFORMACIÓN PRINCIPAL

11. Por el presente acuerdo, reconoce y acepta que *Eduline* pueda variar...

12. reconoce que todos los contenidos accesibles son responsabilidad exclusiva de...

13. Ello dio lugar a que hubiera que separar la vertiente científica de la red...

14. las acciones solidarias eran vistas como irracionales como parte de un cálculo egoísta...

15. Los profesionales de la enseñanza tienen una labor muy importante...

16. Existe una competitividad *sana*...

17. hay también una competitividad *insana* que nos genera estados de insatisfacción...

18. perder no quiere decir en absoluto fracasar, y que mucha gente fracasa ganando...

19. podemos decir que estas ideas y otras similares se van introduciendo en las escuelas...

20. ...ofrecer pistas de los implícitos y presuposiciones que rigen las relaciones en este ámbito...

INFORMACIÓN SECUNDARIA

, sea cual sea el formato en que se le ofrezca,

, en concreto a partir de 1983,

, sin previo aviso,

, en un momento dado,

, basada en obtener la victoria a toda costa,

, o lo que es peor,

, en estas primeras edades,

, aunque a veces de forma más lenta de lo deseable,

, lejos de ayudarnos,

, a través de un examen pormenorizado de la cultura empresaria coreana,

, en el límite,

, basada en nuestro esfuerzo por conseguir un objetivo.

 ¡Atención! Hay otros elementos que suponen una dificultad. Por ejemplo, en los textos legales, el uso del gerundio y del participio al principio de la frase, como en estos ejemplos: "Siendo estas condiciones vinculantes, el acuerdo suscrito..." (del modelo n.º 1), "Concluido el periodo contractual pactado, el contrato se prorrogará..." (del documento *Explicación y ejemplo de examen*), pero la aposición interviene en más partes del examen.

Modelo de examen n.º 2

PRUEBA 1
COMPRENSIÓN DE LECTURA

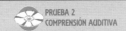
PRUEBA 2
COMPRENSIÓN AUDITIVA

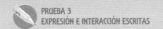
PRUEBA 3
EXPRESIÓN E INTERACCIÓN ESCRITAS

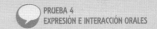
PRUEBA 4
EXPRESIÓN E INTERACCIÓN ORALES

Tarea 2.

¡Atención! En este modelo vamos a trabajar la tarea a partir de un tipo de texto que puede aparecer en el examen: los textos literarios de carácter descriptivo o narrativo.

a. Aquí tienes una nueva actividad como la del examen pero con un texto literario. Sigue las instrucciones.

INSTRUCCIONES

Lea el siguiente texto, del que se han extraído seis párrafos. A continuación lea los siete fragmentos propuestos (A-G) y decida en qué lugar del texto (7-12) hay que colocar cada uno de ellos. Hay un fragmento que no tiene que elegir. Marque las opciones elegidas en la *Hoja de respuestas.*

LA TREGUA

Lunes 18 de febrero

Ninguno de mis hijos se parece a mí. En primer lugar, todos tienen más energías que yo, parecen siempre más decididos, no están acostumbrados a dudar. Esteban es el más huraño. Todavía no sé a quién se dirige su resentimiento, pero lo cierto es que parece un resentido. Creo que me tiene respeto, pero nunca sabe. **7.** _____. Es evidente que hay una barrera entre él y yo. A veces creo que me odia, a veces que me admira. Blanca tiene por lo menos algo de común conmigo: también es una triste con vocación de alegre. Por lo demás, es demasiado celosa de su vida propia, incanjeable, como para compartir conmigo sus más arduos problemas. Es la que está más tiempo en casa y tal vez se sienta un poco esclava de nuestro desorden, de nuestras dietas, de nuestra ropa sucia. Sus relaciones con los hermanos están a veces al borde de la histeria, pero se sabe dominar y, además, sabe dominarlos a ellos. **8.** _____. Jaime heredó de ella su frente y su boca. ¿Qué pensaría Isabel si pudiera verlos hoy, preocupados, activos, maduros? Tengo una pregunta mejor: ¿qué pensaría yo, si pudiera ver hoy a Isabel? La muerte es una tediosa experiencia; para los demás, sobre todo para los demás. Yo tendría que sentirme orgulloso de haber quedado viudo con tres hijos y haber salido adelante. Pero no me siento orgulloso, sino cansado. El orgullo es para cuando se tienen veinte o treinta años. **9.** _____. Pero todo fue siempre demasiado obligatorio como para que pudiera sentirme feliz.

Jueves 21 de febrero

Esta tarde, cuando venía de la oficina, un borracho me detuvo en la calle. No protestó contra el Gobierno, ni dijo que él y yo éramos hermanos, ni tocó ninguno de los innumerables temas de la beodez universal. Era un borracho extraño, con una luz especial en los ojos. Me tomó de un brazo y me dijo, casi apoyándose en mí: ¿Sabés lo que te pasa? **10.** _____. Pero ya hace cuatro horas que estoy intranquilo, como si realmente no fuera a ninguna parte y solo ahora me hubiese enterado.

Viernes 22 de febrero

11. _____. Entonces, tal vez lo mejor sea abandonarme al ocio, a una especie de modorra compensatoria, a fin de que los nervios, los músculos, la energía, se relajen de a poco y se acostumbren a bien morir. Pero no. **12.** _____.

Lunes 25 de febrero

Me veo poco con mis hijos. Nuestros horarios no siempre coinciden y menos aún nuestros planes o nuestros intereses. Son correctos conmigo, pero como son, además, tremendamente reservados, su corrección parece siempre el mero cumplimiento de un deber. Esteban, por ejemplo, siempre se está conteniendo para no discutir mis opiniones. ¿Será la simple distancia generacional lo que nos separa, o podría hacer yo algo más para comunicarme con ellos? En general, los veo más incrédulos que desatinados, más reconcentrados de lo que yo era a sus años.

(Adaptado de Mario Benedetti, *La tregua*)

FRAGMENTOS

A.	Salir adelante con mis hijos era una obligación, el único escape para que la sociedad no se encarara conmigo y me dedicara la mirada inexorable que se reserva a los padres desalmados. No cabía otra solución y salí adelante.
B.	Jaime es quizá mi preferido, aunque casi nunca pueda entenderme con él. Me parece sensible, me parece inteligente, pero no me parece fundamentalmente honesto.
C.	Hay momentos en que tengo y mantengo la lujosa esperanza de que [...] sea algo pleno, rico, la última oportunidad de encontrarme a mí mismo. Y eso sí valdría la pena anotarlo.
D.	Quizá en el fondo se quieran bastante, aunque eso del amor entre hermanos lleve consigo la cuota de mutua exasperación que otorga la costumbre. No, no se parecen a mí. Ni siquiera físicamente. Esteban y Blanca tienen los ojos de Isabel.
E.	Cuando me jubile, creo que no escribiré más este diario, porque entonces me pasarán sin duda muchas menos cosas que ahora, y me va a resultar insoportable sentirme tan vacío y además dejar de ello una constancia escrita.
F.	Que no vas a ninguna parte. Otro tipo que pasó en ese instante me miró con una alegre dosis de comprensión y hasta me consagró un guiño de solidaridad.
G.	Esta noche conversé con una Blanca casi desconocida para mí. Estábamos solos después de la cena. Yo leía el diario y ella hacía un solitario.

b. En los siguientes textos literarios del escritor mexicano Octavio Paz hay frases que no están en su lugar correcto, cuatro en el primer texto y tres en el segundo. Es como si un candidato hubiera hecho mal la tarea 2 de esta prueba. Localiza esas siete frases.

TEXTO 1

MARAVILLAS DE LA VOLUNTAD

A las tres en punto don Pedro llegaba a nuestra mesa, saludaba a cada uno de los concurrentes, pronunciaba para sí unas frases indescifrables y silenciosamente tomaba asiento. Pedía una taza de café, encendía un cigarrillo, escuchaba la plática, bebía a sorbos su tacita, pagaba a la mesera, tomaba su sombrero, recogía su portafolio, nos daba las buenas tardes y se marchaba. A veces solo con los ojos.

¿Qué decía don Pedro al sentarse y al levantarse, con cara seria y ojos duros? Decía:

–Ojalá te mueras.

Don Pedro repetía muchas veces al día esta frase. Y así todos los días. Al levantarse, al terminar su tocado personal, al entrar o salir de casa –a las ocho, a la una, a las dos y media, a las siete y cuarto–, en el café, en la oficina, antes y después de cada comida, al acostarse cada noche. La repetía entre dientes o en voz alta; a solas o en compañía. Siempre con toda el alma.

Se sentó con lentitud y en el centro mismo del silencio que se hizo ante su presencia. Nadie sabía contra quién dirigía aquellas palabras. Todos ignoraban el origen de aquel odio. Cuando se quería ahondar en el asunto, don Pedro movía la cabeza con desdén y callaba, molesto. Quizá era un odio sin causa, un odio puro. Pero aquel sentimiento lo alimentaba, daba seriedad a su vida, majestad a sus años. Vestido de negro, parecía llevar luto de antemano por su condenado.

Una tarde don Pedro llegó más grave que de costumbre. Dejó caer con simplicidad estas palabras:

–Ya lo maté.

¿A quién y cómo? Algunos sonrieron, queriendo tomar la cosa a broma. La mirada de don Pedro los detuvo. Todos nos sentimos incómodos. Era cierto, allí se sentía el hueco de la muerte. Lentamente se dispersó el grupo. Don Pedro

 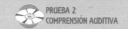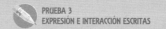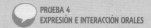
se quedó solo, más serio que nunca, un poco lacio, como un astro quemado ya, pero tranquilo, sin remordimientos. Reviso mis acciones.

No volvió al día siguiente. Nunca volvió. ¿Murió? Acaso le faltó ese odio vivificador. Tal vez vive aún y ahora odia a otro. Y te aconsejo que hagas lo mismo con las tuyas, no vaya a ser que hayas incurrido en la cólera paciente, obstinada, de esos pequeños ojos miopes. ¿Has pensado alguna vez cuántos –acaso muy cercanos a ti– te miran con los mismos ojos de don Pedro?

(Octavio Paz, México, *Arenas movedizas*, 1949)

TEXTO 2

Todos habían salido de casa. A eso de las once advertí que me había fumado el último cigarrillo. Como no deseaba exponerme al viento y al frío. No tuve más remedio que ponerme el abrigo y descender la escalera (vivo en un quinto piso), solo para encontrar cerrado el estanco. La calle, una hermosa calle de altos edificios de piedra gris y dos hileras de castaños desnudos, estaba desierta. Caminé unos trescientos metros contra el viento helado y la niebla amarillenta. Dirigí mis pasos hacia un café próximo, en donde estaba seguro de hallar un poco de calor, de música y sobre todo los cigarrillos, objeto de mi salida. Recorrí dos calles más, tiritando, cuando de pronto sentí –no, no sentí: pasó, rauda, la Palabra. Busqué por todos los rincones una cajetilla, sin encontrarla. Lo inesperado del encuentro me paralizó por un segundo, que fue suficiente para darle tiempo de volver a la noche. Tiré desesperadamente de esas hebras que se alargaban hacia el infinito, hilos de telégrafo que se alejan irremediablemente con un paisaje entrevisto, nota que sube, se adelgaza, se estira, se estira... Me quedé solo en mitad de la calle, con una pluma roja entre las manos amoratadas. Repuesto, alcancé a cogerla por las puntas del pelo flotante.

(Octavio Paz, México, *Trabajos del poeta*, 1949)

c. ¿Cuál puede ser la dificultad principal al trabajar con este tipo de textos? Anota tu comentario.

....

....

Tarea 3.

a. Hemos resumido seis de los siete párrafos del texto de la tarea 3 de este modelo 2 en unas frases, pero aquí solamente hay 6 y están desordenadas. Relaciona cada resumen con uno de los párrafos del texto. Anota aquí "Párrafo 1", "Párrafo 2", etc.

● RESUMEN	● Párrafo número...
1. La brecha entre las capacidades humanas y las de las máquinas debe reducirse.	....
2. La aparición de un nuevo entorno diferente al del campo y la ciudad a partir de la tecnología.	....
3. El papel clave de la Alfabetización Digital.	....
4. Necesitamos de la tecnología para nuestra vida cotidiana, pero todavía no somos capaces de dominarla.	....
5. Las TIC posibilitan la construcción de un nuevo espacio-tiempo social y de una nueva economía.	....
6. Podemos hablar de un espacio electrónico en el que se encuentra no solo Internet, sino también otras TIC.	....
7.	....

b. A continuación, resume tú el párrafo que falta y añádelo a la tabla anterior. Después, reescribe toda la secuencia en orden, incluyendo el nuevo párrafo.

c. Escribe ahora todos los resúmenes del ejercicio **a.** en orden usando el menor número de palabras posibles, como si fueran títulos de un capítulo. Puedes consultar de nuevo el texto de la prueba.

Ejemplo: *1. Las TIC y el nuevo espacio-tiempo social.*

Tarea 4.

a. Imagina que eres el autor de las memorias B, C, D y F (páginas 64 y 65) y tienes que enviar seis términos clave de cada una para poderlas luego localizar en un buscador en la página de Internet. ¿Qué palabras pondrías?

B:	D:
C:	F:

b. Si pones en el buscador de la página donde se han publicado las memorias las palabras "competencia intercultural", te saldrían las memorias B y C, con "competencia comunicativa" te podrían salir la C y la D, con "mujer" te saldrían la B y la F, y con "audiovisual", B, D y E. ¿Qué palabras deberías añadir en cada caso para centrar tu búsqueda? Ten en cuenta que tienen que ser palabras relacionadas con la primera expresión y que discriminen exclusivamente cada memoria en cuestión.

1. Competencia intercultural

Para encontrar **B** puedo añadir:

Para encontrar **C** puedo añadir:

3. Competencia comunicativa

Para encontrar solo **C** puedo añadir:

Para encontrar solo **D** puedo añadir:

2. Mujer

Para encontrar **B** puedo añadir:

Para encontrar **F** puedo añadir:

4. Audiovisual

Para encontrar **B** puedo añadir:

Para encontrar **D** puedo añadir:

Para encontrar **E** puedo añadir:

c. ¿Cómo has leído los textos para seleccionar las palabras del buscador? ¿Cómo te ayuda eso en el examen? Anota aquí tu comentario.

....

....

 **PRUEBA 1**
COMPRENSIÓN DE LECTURA

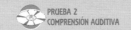 **PRUEBA 2**
COMPRENSIÓN AUDITIVA

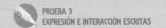 **PRUEBA 3**
EXPRESIÓN E INTERACCIÓN ESCRITAS

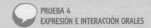 **PRUEBA 4**
EXPRESIÓN E INTERACCIÓN ORALES

Tarea 5.

 ¡Atención! Normalmente la tarea 5 del examen presenta preguntas de gramática y de vocabulario. En este modelo nos concentramos en las que evalúan tu conocimiento gramatical. En el modelo n.º 3 encontrarás una tarea centrada en la evaluación del vocabulario, y en las actividades del modelo 4, que tiene preguntas de los dos tipos, y que encontrarás en la *ELEteca* , encontrarás más actividades sobre otros temas de gramática aparecidos hasta la fecha en las convocatorias y que no aparecen en este modelo n.º 2: pronombre, artículo, cuantificador, pasados, futuro, etc. Al final del libro, en los apéndices, encontrarás una lista resumida de los contenidos gramaticales y léxicos establecidos por el **-f- Instituto Cervantes** para el nivel C1.

Aquí tienes algunas frases extraídas de la **Tarea 5** de los modelos 1 y 2. Están agrupadas por temas. Selecciona una de las 3 opciones para completarlas.

a. **Preposiciones**

– _____ **(1)** _____ el aluvión de datos y de siglas que nos ofrecen los diferentes autores sobre la historia de Internet, vamos a intentar destacar las fechas y acontecimientos que consideramos más importantes.

   1. a) ante   b) delante   c) frente

– Se trata de una situación que muestra _____ **(2)** _____ las claras la expansión y la independencia de un medio que ha pasado _____ **(3)** _____ ser un instrumento de comunicación a convertirse en una herramienta de gran éxito comercial...

   2. a) de   b) a   c) para
   3. a) a   b) con   c) de

– ...el principal problema consiste _____ **(4)** _____ que estamos intentando aplicar las lecciones aprendidas en los años noventa _____ **(5)** _____ los problemas de una década después...

   4. a) en   b) a   c) de
   5. a) para   b) por   c) a

– ...no han podido evitar las burbujas que se han venido produciendo cada cierto tiempo, _____ **(6)** _____ lo que es preciso incorporar criterios anticíclicos en dicha política.

   6. a) por   b) con   c) para

– ...como parte de un cálculo egoísta para obtener la satisfacción moral _____ **(7)** _____ ayudar a tus semejantes.

   7. a) a   b) de   c) en

– Existe una competitividad sana, basada _____ **(8)** _____ nuestro esfuerzo por conseguir un objetivo.

   8. a) a   b) por   c) en

– ...esta competitividad no es en absoluto funcional, porque no va destinada _____ **(9)** _____ crecimiento personal...

   9. a) al   b) del   c) para el

– ...nuevas investigaciones han presentado propuestas aisladas _____ **(10)** _____ otras competencias lingüísticas igualmente importantes...

   10. a) desde   b) con   c) de

– ...en este contexto, se han _____(11)_____ desechar todas las formas de comunicación que no contribuyan al plan general de mejorar la situación de las personas.

11. a) de   b) a   c) para

– Estamos entretejidos _____(12)_____ redes informacionales, tramas que nos atraviesan...

12. a) de   b) por   c) con

b. Conjunciones

– _____(13)_____ los propietarios del contenido autoricen expresamente lo contrario, está prohibido el uso del programa en situaciones tales como...

13. a) para que   b) solo si   c) a menos que

– _____(14)_____ que se le conceda el derecho explícito a utilizar alguna de estas características a través de un acuerdo por escrito, tendrá que declarar para qué las va a usar.

14. a) en el caso de   b) siempre y cuando   c) a condición de

– _____(15)_____, esta teoría no está generalmente aceptada e incluso ha sido desmentida por los propios autores responsables de la DARPA.

15. a) pues   b) ya que   c) no obstante

– _____(16)_____ todo lo que se ha dicho sobre la crisis que nos acompaña desde 2008, aún desconocemos cómo se escribirá la historia...

16. a) mientras   b) a pesar de   c) después

– ...es imprescindible en las primeras edades, _____(17)_____ es el momento donde aparecen o se despliegan por primera vez las estructuras que permiten el desarrollo del lenguaje...

17. a) es que   b) como   c) ya que

– Es esta idea de competición en la que no hay adversario, _____(18)_____, paradójicamente, sea entonces cuando obtengo lo que busco, la que me hace dar lo mejor de mí.

18. a) mientras   b) aunque   c) sino que

c. Frases relativas

– ...se compromete a que el uso de dichas características cumpla con el acuerdo en cuestión y con las directrices de uso de los elementos incluidos en el acuerdo, _____(19)_____ se podrán modificar periódicamente.

19. a) cuales   b) las cuales   c) cuyas

– La teoría parece estar mucho más sujeta _____(20)_____ parece a las características propias de cada país.

20. a) de que   b) que   c) de lo que

– _____(21)_____ distingue a esta de los numerosos sucedáneos del autor Dan Brown es el peso del pensamiento...

21. a) lo que   b) cual   c) quien

– Con un estilo narrativo ágil a la vez _____(22)_____ analítico y con una capacidad admirable para construir la trama de la narración...

22. a) cuando   b) como   c) que

 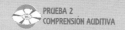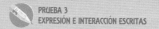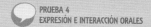
– Estamos inmersos en una sociedad hibridizada, _____(23)_____ lo étnico se imbrica con lo moderno.

23. a) que b) en lo cual c) en la que

– Internet y demás tecnologías son tal vez la plataforma clave _____(24)_____ conocemos como nueva economía y el canal de transmisión por excelencia de la "aldea global".

24. a) que b) de lo que c) de la que

– La cultura se halla en constante evolución, interpretando y modificando el entorno, por _____(25)_____ hay que buscar esa nueva manera de ser en el espacio social humano.

25. a) lo que b) que c) el que

d. **Marcadores**

– _____(26)_____, el cuarto y último reto es el más complicado de todos, porque consistirá en desarrollar nuevas teorías que asuman que la economía no tiende hacia el equilibrio.

26. a) final b) totalmente c) finalmente

– _____(27)_____, es conveniente empezar observando la capacidad auditiva del niño.

27. a) en primer lugar b) al comenzar c) en primera posición

– Es, _____(28)_____, necesario enseñar la técnica, para que las expresiones sean cada vez más cercanas al modelo correcto de una lengua.

28. a) puesto b) en absoluto c) por lo tanto

– Llevar a cabo una actividad tomando el resultado como objetivo es comprar números para el estrés y la frustración. _____(29)_____, si la llevamos a cabo centrándonos en el esfuerzo y la estrategia, estaremos desarrollando todo nuestro potencial.

29. a) en cambio b) por lo tanto c) aún así

– _____(30)_____, podemos resumir diciendo que es nuestra responsabilidad decidir qué tipo de competitividad elegimos.

30. a) en fin b) al final c) en conclusión

e. **Subjuntivo/indicativo**

– ...reconoce y acepta que *Eduline*, sin previo aviso, y en virtud del presente contrato y de las condiciones especificadas en él, _____(31)_____ variar ocasionalmente el contenido y la naturaleza de los servicios que...

31. a) poder b) pueda c) podía

– ...se compromete a que el uso de dichas características _____(32)_____ con el acuerdo en cuestión.

32. a) cumpla b) cumplir c) cumple

– En este trabajo se buscan unos objetivos que _____(33)_____ que los alumnos _____(34)_____ a distinguir en un futuro cercano los rasgos del registro informal

33. a) incluyen b) incluyeran c) incluyan
34. a) aprenderían b) aprendan c) aprenden

– ...necesitamos nuevas ideas que tengan en cuenta que la economía no _____(35)_____ una ciencia sino un arte que usa instrumentos científicos.

35. a) fuera   b) sea   c) es

– Ante cualquier duda es aconsejable que los padres o cuidadores _____(36)_____ la opinión de los pediatras. un tipo de signo que los alumnos extranjeros han de conocer y aprender si quieren lograr la competencia comunicativa que necesitan.

36. a) solicitan   b) solicitaran   c) soliciten

– Es conveniente vigilar a los niños que _____(37)_____ con frecuencia.

37. a) constiparse   b) se constipen   c) se constiparan

RESUMEN

! Consejo. Vuelve ahora a la tabla "Resumen de dificultades de la prueba" y compara las respuestas que diste con las impresiones que tienes ahora. Tenlo en cuenta para el siguiente modelo de examen.

CLAVES Y COMENTARIOS DE LAS ACTIVIDADES

Tarea 1.

a. 1. D; 2. A; 3. D; 4. B; 5. D; 6. C; 7. A; 8. B; 9. C; 10. A; 11. B; 12. B; 13. A; 14. B; 15. A; 16. C; 17. A; 18. C; 19. B; 20. A.

! Comentario. Algunas de esas frases podrían estar en dos tipos de textos, en especial, las frases de los contratos, que podrían estar en el texto de las condiciones de compra. En realidad, se trata también de un tipo de contrato, los contratos especifican condiciones. Te recomendamos, en este sentido, repasar las estructuras condicionales con subjuntivo del tipo *a condición de que, siempre que, a no ser que, a menos que, de* + infinitivo, etc. Puedes encontrar un ejercicio sobre el tema en la *ELEteca* 🔲.

b. 1. D; 2. B; 3. A y C; 4. B; 5. D; 6. C; 7. A; 8. C; 9. D; 10. C; 11. A; 12. B; 13. D; 14. C; 15. A; 16. C; 17. B; 18. D; 19. B; 20. B y C; 21. B; 22. A; 23. C (en especial, no solo); 24. B; 25. D; 26. C; 27. A; 28. C; 29. D; 30. A.

c. 1. Este seguro, _cuando exista,_ será de suscripción voluntaria...; 2. Si_, en el curso de una reparación,_ surgieran defectos no previstos...; 3. El martes_, cuando regresamos a México,_ me senté a la máquina para escribir una frase inicial...; 4. Un debate que podría llevar a que la política_, tal y como hoy se la conoce,_ cambie en este siglo XXI...; 5. Esta visión puede llevarse al extremo_, como han hecho los "tecnoutópicos",_ que ven en Internet...; 6. Manuel Segura_, de larga formación y dedicación a la psicología educativa,_ firma esta obra que...; 7. Este libro narra la historia real de tres jóvenes que_, una vez terminados sus estudios de negocios,_ deciden crear un banco...; 8. ya sabemos que_, según qué grito,_ significa alarma y cuando viene un enemigo el perro ladra...; 9. sabemos que hace 3500 millones de años aparece el primer ser vivo_, una especie de bacteria, para entendernos,_ y a partir de ahí ya la evolución...; 10. Naturalmente_, al cambiar mi alimentación, al no tener que masticar huesos de frutos ni grandes cantidades de hojas,_ que era mi alimentación de antes, mi boca va a evolucionar,...

PRUEBA 1
COMPRENSIÓN DE LECTURA

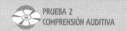
PRUEBA 2
COMPRENSIÓN AUDITIVA

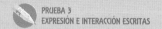
PRUEBA 3
EXPRESIÓN E INTERACCIÓN ESCRITAS

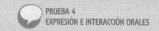
PRUEBA 4
EXPRESIÓN E INTERACCIÓN ORALES

11. Por el presente acuerdo, reconoce y acepta que *Eduline, sin previo aviso,* pueda variar...; **12.** reconoce que todos los contenidos accesibles, sea cual sea el formato en que se le ofrezca, es responsabilidad exclusiva de...; **13.** Ello dio lugar a que, en un momento dado, en concreto a partir de 1983, hubiera que separar la vertiente científica de la red...; **14.** las acciones solidarias eran vistas como irracionales, o lo que es peor, como parte de un cálculo egoísta...; **15.** Los profesionales de la enseñanza, en estas primeras edades, tienen una labor muy importante...; **16.** Existe una competitividad *sana, basada en nuestro esfuerzo por conseguir un objetivo*; **17.** hay también una competitividad *insana, basada en obtener la victoria a toda costa,* que, lejos de ayudarnos, nos genera estados de insatisfacción...; **18.** que perder no quiere decir en absoluto fracasar, y que, en el límite, mucha gente fracasa ganando...; **19.** podemos decir que, aunque a veces de forma más lenta de lo deseable, estas ideas y otras similares se van introduciendo en las escuelas...; **20.** ofrecer pistas, a través de un examen pormenorizado de la cultura empresarial coreana, de los implícitos y presuposiciones.

Tarea 2.

a. **7.** B; **8.** D; **9.** A; **10.** F; **11.** E; **12.** C.

b. Aquí tienes fragmentos del primer texto y el segundo completo con las frases añadidas correctamente situadas.

Pedía una taza de café, encendía un cigarrillo, escuchaba la plática, bebía a sorbos su tacita, pagaba a la mesera, tomaba su sombrero, recogía su portafolio, nos daba las buenas tardes y se marchaba. ~~A veces solo con los ojos~~ / Y así todos los días....

La repetía entre dientes o en voz alta; a solas o en compañía. ~~Y así todos los días~~ / A veces solo con los ojos. Siempre con toda el alma....

Una tarde don Pedro llegó más grave que de costumbre. ~~Dejó caer con simplicidad estas palabras:~~ / Se sentó con lentitud y en el centro mismo del silencio que se hizo ante su presencia

Tal vez vive aún y ahora odia a otro. ~~Y te aconsejo que hagas lo mismo con las tuyas, no vaya a ser que hayas incurrido en la cólera paciente, obstinada, de esos pequeños ojos miopes.~~ / Reviso mis acciones.

Todos habían salido de casa. A eso de las once advertí que me había fumado el último cigarrillo. Como no deseaba exponerme al viento y al frío, busqué por todos los rincones una cajetilla, sin encontrarla. No tuve más remedio que ponerme el abrigo y descender la escalera (vivo en un quinto piso) ~~solo para encontrar cerrado el estanco~~. La calle, una hermosa calle de altos edificios de piedra gris y dos hileras de castaños desnudos, estaba desierta. Caminé unos trescientos metros contra el viento helado y la niebla amarillenta, solo para encontrar cerrado el estanco. Dirigí mis pasos hacia un café próximo, en donde estaba seguro de hallar un poco de calor, de música y sobre todo los cigarrillos, objeto de mi salida. Recorrí dos calles más, tiritando, cuando de pronto sentí –no, no sentí: pasó, rauda, la Palabra. ~~Busqué por todos los rincones una cajetilla, sin encontrarla.~~ Lo inesperado del encuentro me paralizó por un segundo, que fue suficiente para darle tiempo de volver a la noche. Repuesto, alcancé a cogerla por las puntas del pelo flotante. Tiré desesperadamente de esas hebras que se alargaban hacia el infinito, hilos de telégrafo que se alejan irremediablemente con un paisaje entrevisto, nota que sube, se adelgaza, se estira, se estira... Me quedé solo en mitad de la calle, con una pluma roja entre las manos amoratadas. ~~Repuesto, alcancé a cogerla por las puntas del pelo flotante.~~

c. **Comentario.** Según las especificaciones del *Instituto Cervantes*, en esta tarea pueden aparecer textos literarios, por eso en **El Cronómetro**, *nivel C1* nos hemos detenido en este modelo de examen n.º 2, en dicho tipo de textos. Los textos literarios tienen una lógica interna en la que la subjetividad del autor, el estilo o la perspectiva del personaje pueden imponerse sobre las palabras que estructuran el texto, y que las hace innecesarias, y por tanto, no están presentes. Por ejemplo, en el segundo texto de Octavio Paz, aunque es bastante onírico, es lógico que el estanco lo encuentre cuando lleva un rato en la calle, no antes. Y también es lógico (subjetivamente lógico) que salga a la calle solo como última solución, de ahí que sea necesaria la expresión "No tuve más remedio", pero solo después de buscar los cigarrillos y no encontrarlos. En la Guía del Profesor, que puedes descargar de la *ELEteca* **EXTENSIÓN DIGITAL**, tienes otro texto literario para seguir practicando esta tarea con ese tipo de textos.

Tarea 3.

a. y **b.** 1. Las TIC posibilitan la construcción de un nuevo espacio-tiempo social y de una nueva economía; 2. La aparición de un nuevo entorno diferente al del campo y la ciudad a partir de la tecnología; 3. Podemos hablar de un espacio electrónico en el que se encuentra no solo Internet, sino también otras TIC; 4. La brecha entre las capacidades humanas y las de las máquinas debe reducirse; 5. El papel clave de la Alfabetización Digital; 6. La importancia de la educación y de la información para adaptarnos a las nuevas situaciones; 7. Necesitamos la tecnología para nuestra vida cotidiana, pero todavía no somos capaces de dominarla.

🛈 **Comentario.** Seleccionar las informaciones principales de cada párrafo te puede ayudar a tener una visión general del desarrollo del tema y la organización interna del texto. Ten en cuenta que se trata de textos con un desarrollo del tema y un vocabulario muy complejos.

c. 1. Las TIC y el nuevo espacio-tiempo social; 2. Nuestro entorno tecnológico; 3. No solo Internet compone el espacio electrónico; 4. Desfase entre máquinas y usuarios; 5. Promover la Alfabetización Digital; 6. Educación como adaptación; 7. Dominar lo que nos domina: la tecnología.

Tarea 4.

a. B. Cortometrajes, análisis intercultural, competencia intercultural, estereotipos, situación de la mujer, medios de comunicación; C. Competencia existencial, competencia intercultural, competencia comunicativa, componentes afectivos, paradigmas, propuesta didáctica; D. Inventario audiovisual, alteradaptadores españoles, comunicación táctil, competencia comunicativa, malentendidos, cultura; F. Papel de la mujer, imágenes, manuales ELE, influencia libros de texto, desigualdad hombre-mujer, patrones sociales.

b. Aquí tienes algunas palabras que podrían conformar un enunciado en cada uno de los casos.

1. Competencia intercultural

Para encontrar **B** puedo añadir:

| cortometrajes | corrientes teóricas |

Para encontrar **C** puedo añadir:

| competencia existencial | paradigma |

2. Mujer

Para encontrar **B** puedo añadir:

| situación de la mujer | mirada intercultural |

Para encontrar **F** puedo añadir:

| papel de la mujer | materiales didácticos |

3. Competencia comunicativa

Para encontrar solo **C** puedo añadir:

| componentes afectivos | propuesta didáctica |

Para encontrar solo **D** puedo añadir:

| alteradaptadores | malentendidos |

4. Audiovisual

Para encontrar **B** puedo añadir:

| corrientes teóricas | pragmática |

Para encontrar **D** puedo añadir:

| inventario | aplicación |

Para encontrar **E** puedo añadir:

| coloquiales | series de televisión |

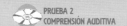
PRUEBA 1
COMPRENSIÓN DE LECTURA

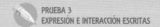
PRUEBA 2
COMPRENSIÓN AUDITIVA

PRUEBA 3
EXPRESIÓN E INTERACCIÓN ESCRITAS

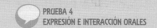
PRUEBA 4
EXPRESIÓN E INTERACCIÓN ORALES

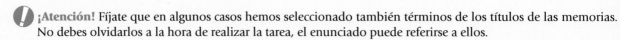

¡Atención! Fíjate que en algunos casos hemos seleccionado también términos de los títulos de las memorias. No debes olvidarlos a la hora de realizar la tarea, el enunciado puede referirse a ellos.

c. **Comentario.** Cada tarea de esta prueba del examen supone una forma de lectura diferente. La forma de leer necesaria en la tarea 4 se parece mucho a un escáner: tienes que rastrear el texto buscando palabras concretas, de manera selectiva, no vale cualquier palabra si el rastreo se hace con un criterio concreto. En estas dos actividades el criterio era seleccionar las palabras clave. En la tarea del examen es importante saber identificar las palabras clave en función de los enunciados, palabras que pueden aparecer en más de un texto. Para eso hay que mirar, más que leer propiamente, en función de un criterio, no es necesario entender todo el texto como en las otras tareas. Has de pensar bien la respuesta, no contestar en cuanto identifiques solo una palabra del texto en el enunciado. Por ejemplo, en el enunciado 24 se lee "el papel de la mujer". Podríamos contestar la B porque también aparece la palabra "mujer", pero la correcta es la F, porque se habla del papel, del rol, y no de la situación. También pone "esencialmente", y sin embargo en la B se habla de la mujer, pero también de la inmigración y de una mirada intercultural en general. Esas diferencias las trabajaremos en el modelo n.º 3.

Tarea 5.

Preposiciones: 1. a; 2. b; 3. c; 4. a; 5. c; 6. a; 7. b; 8. c; 9. a; 10. a; 11. a; 12. b; **Conjunciones:** 13. c; 14. a; 15. c; 16. b; 17. c; 18. b; **Frases relativas:** 19. b; 20. c; 21. a; 22. c; 23. c; 24. b; 25. a; **Marcadores:** 26. c; 27. a; 28. c; 29. a; 30. c; **Subjuntivo/indicativo:** 31. b; 32. a; 33. c; 34. b; 35. c; 36. c; 37. b.

¡Atención! Si quieres revisar la gramática correspondiente a esos contenidos, aquí tienes algunas referencias de libros de la editorial **Edi numen**.

REFERENCIAS · Edi numen · REFERENCIAS	BIBLIOGRAFÍA RECOMENDADA					
	Nuevo Prisma C1	**Método de español para extranjeros**	**Procesos y recursos**	**Gramática española por niveles**	**Colección Paso a paso**	**Colección Temas de español**
Preposiciones		Unidad 12	Unidad 4 (módulo 5) y Unidad 6 (módulo 7)	Capítulo 7	Preposiciones	
Conjunciones	Unidades 5 y 6	Unidades 8 y 10		Capítulo 19		
Frases relativas	Unidad 3	Unidades 5, 6, 9 y 10		Capítulos 8 y 14		Los conectores oracionales
Marcadores	Unidades 5 y 6			Capítulo 20		Los marcadores
Subjuntivo / indicativo	Unidad 3	Unidad 4		Capítulos 9 y 10	El subjuntivo 1 y 2	

 **Prueba 2: Comprensión auditiva**

● ● ● ● ● **Antes de empezar la prueba de Comprensión auditiva.**

Es conveniente que vuelvas a la prueba de **Comprensión auditiva** del **modelo 1** y revises las tareas que hiciste, tus resultados y tus notas. A partir de esa experiencia y esas impresiones, marca en qué tarea has hecho o podrías hacer lo siguiente.

	Tareas			
	1	2	3	4
1. Tengo tiempo para leer las notas y preguntas antes de escuchar la audición.	☐	☐	☐	☐
2. Puedo adelantar el tema de la audición a partir de las notas o de las preguntas.	☐	☐	☐	☐
3. Me resulta fácil seguir la estructura de la conferencia, o de los diálogos.	☐	☐	☐	☐
4. Me resulta complicado el vocabulario específico y técnico de esta tarea.	☐	☐	☐	☐
5. Todas las conversaciones me parece que tienen el mismo carácter, formal o informal.	☐	☐	☐	☐
6. La tarea que considero más difícil de realizar.	☐	☐	☐	☐
7. La audición que me parecen más larga.	☐	☐	☐	☐
8. La duración de esta audición me parece que puede ser una dificultad.	☐	☐	☐	☐
9. El tema de esta audición me parece que puede ser una dificultad.	☐	☐	☐	☐
10. Necesito tomar notas para recordar la información.	☐	☐	☐	☐
11. Es importante la entonación para interpretar lo que dicen las personas que hablan.	☐	☐	☐	☐
12. Las preguntas hacen referencia a la actitud o sentimientos de los interlocutores.	☐	☐	☐	☐

¡Atención! Lee estas notas sobre algunos aspectos clave y vuelve a plantearte las preguntas anteriores. Después mira los comentarios en las claves.

Tarea 1: La conferencia

▶ **Audición extensa**, unos 5 minutos.

▶ Es necesario **mantener la concentración**.

▶ Tema especializado, complejo, relacionado con el ámbito académico.

▶ **Vocabulario técnico**.

▶ La estructura de la conferencia tiene mayor cohesión si es la lectura de un texto escrito; pero puede tener **incoherencias, frases interrumpidas, repeticiones y reformulaciones** si es una improvisación oral.

Tarea 2: Las conversaciones

▶ **Diálogos breves** (1 ½ min.), es relativamente fácil recordar la información.

▶ **Dos conversaciones formales,** de **tipo transaccional** (solicitud de información, reclamación por un mal servicio); y **dos entre amigos o compañeros de trabajo,** con **carácter informal** (novedades o problemas en la vida personal o profesional).

▶ **Es necesario interpretar**: expresiones coloquiales, la entonación, junto a **comprensión** de vocabulario específico.

▶ Los interlocutores pueden ser representantes de **distintas variedades del español** (acento argentino, mexicano, español).

Tarea 3: La entrevista

▶ El **tema** de la entrevista suele estar relacionado con el **ámbito profesional**.

▶ Entre 3 y 4 minutos. Se desarrolla cara a cara o vía telefónica.

▶ **Alternancia de los turnos de habla**, con estructura más o menos reconocible de entrevista pública.

▶ **Vocabulario específico** para hablar de productos, comercialización, proyectos, etc.

▶ **Pausas, vacilaciones, ideas entrecortadas y reformulaciones propias de la improvisación**, lo que puede dificultar la comprensión.

Tarea 4: Los microdiálogos

▶ **Conversaciones de carácter personal, profesional, académico o público.**

▶ **Muy breves** (de 10 a 15 seg.) con una **cantidad mínima de información**.

▶ Suelen tener una **entonación marcada** relacionada con la **expresividad** (sentimientos, sensaciones), en este caso **interpretar las intenciones** es el objetivo de muchas de las preguntas.

▶ **Expresiones coloquiales** que deberás conocer porque el contexto no ayuda en su interpretación.

¡Ya puedes empezar esta prueba!

Prueba 2: Comprensión auditiva

La prueba de **Comprensión auditiva** contiene **4 tareas**. Usted tiene que responder a **30 preguntas**. Duración: **50 minutos**. Marque sus opciones en la **Hoja de respuestas**.

 9-14 Pon las **pistas n.º 9 a 14**. Escucha la audición completa hasta el final del examen.

Tarea 1

INSTRUCCIONES

*Usted va a escuchar una conferencia en la que se tomaron las siguientes anotaciones. Luego, deberá elegir para cada anotación (1-6) la palabra o fragmento de frase correspondiente entre las doce opciones que aparecen debajo (A-L). Escuchará la audición dos veces. Marque las opciones seleccionadas en la **Hoja de respuestas**.*

Ahora dispone de un minuto para leer las anotaciones.

1. La escuela de nuestros días tiene que **1.** _____ una de sus enseñanzas básicas, la de la lectura.

2. Si se abandona la idea de la lectura centrada en el texto, será posible **2.** _____ en otra línea centrada en el lector.

3. No basta con aprender a decodificar un texto, hay que **3.** _____ la comprensión de lo que se lee, la lectura significativa.

4. A pesar de la alta alfabetización conseguida, es necesario terminar con la idea de la lectura como una obligación poco **4.** _____ .

5. Leer no es una práctica mecánica sino todo un proceso de interpretación cognitiva y **5.** _____ que el lector lleva a cabo.

6. Para despertar la motivación por la lectura, es preciso **6.** _____ a los estudiantes a manejar ese instrumento de aprendizaje y que los hará más independientes.

OPCIONES

A.	gratificante	G.	tediosa
B.	práctica	H.	instruir
C.	retomar	I.	iniciar
D.	fomentar	J.	sentimental
E.	eliminar	K.	afectiva
F.	modificar	L.	desafiar

*Usted va a escuchar cuatro conversaciones. Escuchará cada conversación dos veces. Después debe contestar a las preguntas (7-14). Seleccione la opción correcta (A, B, C). Marque las opciones elegidas en la **Hoja de respuestas**.*

CONVERSACIÓN 1

7. En esta tienda...

a) todos los ordenadores son de precio medio y alto.
b) hay promociones mensuales.
c) se ofrece una financiación en dos años.

8. El cliente...

a) tiene referencias de otros establecimientos.
b) busca un ordenador barato y de la mejor calidad.
c) no quiere pagar con tarjeta.

CONVERSACIÓN 2

9. Marta cree que su compañero...

a) últimamente está despistado.
b) trabaja más de lo necesario.
c) necesita un descanso.

10. El hombre reconoce que...

a) su mujer tiene problemas desde que está en el paro.
b) ha solicitado unas vacaciones para descansar.
c) su problema no solo le afecta a él en el trabajo.

CONVERSACIÓN 3

11. La mujer está enfadada porque...

a) no han terminado la reforma en la fecha establecida.
b) se ve obligada a vivir fuera de casa.
c) las obras superan el presupuesto originario.

12. Pedro, ante la noticia que le da su amiga...

a) se sorprende de no saber nada de las obras.
b) se muestra escéptico sobre el resultado de la reforma.
c) se compromete a ayudar a su amiga.

CONVERSACIÓN 4

13. La persona que llama...

a) pregunta por un profesor en particular.
b) necesita aprender holandés por su trabajo.
c) no está interesada en la forma de pago.

14. El secretario asegura que...

a) disponen de una oferta abierta de cursos.
b) es obligatorio hacer una prueba de nivel.
c) es poco probable que se forme el grupo de neerlandés.

*Usted va a escuchar una entrevista. Después debe contestar a las preguntas (15-20). Seleccione la opción correcta (A, B, C). Escuchará la entrevista dos veces. Marque las opciones elegidas en la **Hoja de respuestas**.*

PREGUNTAS

15. Al inicio de la entrevista con Fernando Beltrán...

a) se habla de una profesión con poca aceptación social.
b) se presenta su profesión como novedosa.
c) se dice que el nombre de esa profesión es paradójico.

16. La profesión de *nombrador*...

a) se empezó a conocer en España con la publicación de Fernando.
b) existía en otros países antes que en España.
c) sigue el modelo de las empresas dedicadas a la creación de marcas.

17. Sobre el proyecto de *Faunia*...

   a) coincidió con la aparición de *El nombre de las cosas*.
   b) significó el descubrimiento de algo ya existente.
   c) buscaron un nuevo nombre para un nuevo público.

18. Según el entrevistado, los nombres de las cosas...

   a) se pueden decidir con un método descrito ya por Platón.
   b) son algo inherente que hay que intentar descubrir.
   c) están relacionados siempre con algo ordinario.

19. Cuando se busca un nombre...

   a) se parte de una idea, que se va desarrollando.
   b) lo más importante es que guste desde el primer momento.
   c) hay que tener en cuenta su proyección futura.

20. Las creaciones poéticas de Fernando Beltrán...

   a) giran en torno a la creación de palabras nuevas.
   b) han desarrollado su capacidad de concentración en la expresión.
   c) intentan transmitir las ilusiones de la gente.

Tarea 4

INSTRUCCIONES

Usted va a escuchar diez breves diálogos. Escuchará cada diálogo dos veces. Después debe contestar a las preguntas (21-30). Seleccione la opción correcta (A, B, C). Marque las opciones elegidas en la **Hoja de respuestas**.

PREGUNTAS

21. La persona con la que quiere hablar...

   a) no tiene un buen día.
   b) puede que esté de mal humor.
   c) quizá no se siente bien.

22. Ante el favor que le pide su amiga, el hombre asegura que...

   a) no tiene experiencia.
   b) no puede ayudarle.
   c) se ocupará del negocio.

23. La nueva librería...

   a) tiene mucho éxito.
   b) está especializada en material escolar.
   c) tiene un convenio con las escuelas.

24. Sobre la empresa, la mujer...

   a) muestra desconfianza.
   b) confirma que conoce la situación.
   c) anuncia más problemas.

25. Sergio cree que la mujer...

   a) está preocupada por el aspecto del chico.
   b) piensa que puede tener problemas de visión.
   c) siente cierta desconfianza.

26. Ante lo que la otra persona supone, el hombre se muestra...

   a) desinteresado.
   b) avergonzado.
   c) sorprendido.

27. Según la mujer, ella y su prima...

   a) se encontraron en la peluquería.
   b) coincidieron por casualidad.
   c) estuvieron a punto de no verse.

28. Tras una mala experiencia...

   a) está pensando cambiar de ciudad.
   b) está preparando su partida.
   c) está empezando a sentirse mal.

29. El amigo de Clara con sus palabras transmite...

   a) sorpresa.
   b) amenaza.
   c) tristeza.

30. Los compañeros de Luis piensan que es...

   a) un mentiroso.
   b) un interesado.
   c) un irresponsable.

CLAVES

● ● ● ● ● **Antes de empezar la parte de Comprensión de auditiva.**

Las respuestas a las frases del cuadro inicial son personales. Aquí tienes algunos comentarios tarea por tarea para contrastar con lo que anotaste allí. Cada tarea presenta un tipo de texto oral diferente: conferencias, entrevistas, conversaciones informales o transaccionales y microdiálogos. Tienen una estructura particular, un vocabulario más o menos técnico, una actitud más o menos subjetiva y una información más o menos extensa. Todo eso lo tienes que entender literalmente, o interpretar según la entonación, las expresiones que utilizan, etc.

Tarea 1.

Notas. Tienes un minuto para leer las notas y hacerte una idea del tema de la audición. Necesitarás luego mucha concentración, pues las conferencias tratan temas académicos.

Opciones. Te dan más información sobre el tema, puedes adelantar lo que vas a escuchar para hacer una escucha selectiva.

La estructura. Por lo general es fácil seguir las ideas presentadas en la conferencia pero tienes que mantener la concentración en todo momento. A veces, dado el carácter oral de la conferencia, las interrupciones y cortes de ideas dificultan la concentración.

Tus notas. En esta tarea es importante tomar notas, porque en las notas que tienes que completar se juega con sinónimos.

Vocabulario. Indudablemente esta es una de las dificultades.

Tarea 2.

Formal o informal. Hay dos conversaciones formales y dos informales.

La interpretación. Las conversaciones de carácter informal pueden tener mayor carga expresiva y subjetiva que hay que interpretar y las conversaciones formales presentan vocabulario técnico relacionado con el tema y fórmulas propias de la situación (vendedor, comprador), aunque también tiene su carga subjetiva (quejas, deseos, reclamaciones, agradecimientos, etc.).

La información. No es difícil recordar la información global ni la actitud de los interlocutores, pero quizás es aconsejable ir anotando los detalles mientras escuchas.

Tarea 3.

Los temas. Resultan asequibles: un profesional (un empresario, un editor, un fabricante, un publicista) habla de un proyecto innovador que ha llevado a cabo.

Objetivo de la entrevista. Informar sobre el producto o el proyecto, no debatir.

La estructura. El entrevistador, tras presentar a su invitado, se muestra interesado por conocer el origen de la iniciativa, su objetivo o destinatarios y cómo se ha desarrollado el proyecto. Le anima a seguir dando información, ampliarla o puntualizarla. Puede haber vacilaciones e ideas que se dejan y se retoman. Finalmente se despide agradeciéndole su intervención. El turno de palabra está dirigido por el entrevistador.

Vocabulario. Específico relacionado con el tema: la comercialización de un producto lanzado al mercado, su financiación, las dificultades de la puesta en marcha del proyecto o sus ventajas e inconvenientes.

Extensión. No es más larga que una entrevista que puedes escuchar por la radio.

Tus notas. Necesitas tomar notas para captar mejor la información detallada.

Tarea 4.

Duración. La dificultad de la tarea no radica en la brevedad de los diálogos, al contrario, el hecho de que sean breves y aporten poca información permite concentrar la atención en los elementos expresivos.

Tus notas. No es necesario tomar notas. Puedes anotar la impresión que te ha transmitido el diálogo.

Vocabulario. La principal dificultad puede ser la interpretación de las expresiones coloquiales si no las conoces.

La entonación. Te ayuda a interpretar lo que se dice.

Las preguntas. Tienen distinto carácter. Unas se centran en las actitudes o sentimientos expresados por los interlocutores y otras en la interpretación de las expresiones coloquiales utilizadas.

Tarea 1. 1. F; **2.** H; **3.** D; **4.** A; **5.** K; **6.** L.

Tarea 2. 7. b; **8.** a; **9.** a; **10.** c; **11.** a; **12.** c; **13.** b; **14.** a.

Tarea 3. 15. b; **16.** a; **17.** b; **18.** b; **19.** c; **20.** b.

Tarea 4. 21. b; **22.** c; **23.** a; **24.** b; **25.** c; **26.** c; **27.** c; **28.** a; **29.** b; **30.** b.

 No olvides rellenar esta tabla.

¿Qué dificultades has tenido y dónde?	Tarea 1	Tarea 2	Tarea 3	Tarea 4
Hay demasiada información.				
Hablan muy rápido.				
No he tenido tiempo para escuchar, leer y anotar al mismo tiempo.				
No he captado elementos importantes para seleccionar la opción correcta.				
No he entendido algunas palabras y expresiones.				
He perdido la concentración.				
No he entendido la tarea.				
(Otro)				
Respuestas correctas.				
Nivel de estrés (de 1 –mínimo– a 5 –máximo–).				

 PRUEBA 1
COMPRENSIÓN DE LECTURA

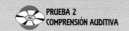 PRUEBA 2
COMPRENSIÓN AUDITIVA

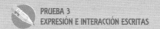 PRUEBA 3
EXPRESIÓN E INTERACCIÓN ESCRITAS

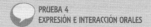 PRUEBA 4
EXPRESIÓN E INTERACCIÓN ORALES

Actividades sobre el Modelo n.º 2

¡Atención! Para algunas de las siguientes actividades necesitas las transcripciones de los diálogos. Bájatelas de la *ELEteca* EXTENSIÓN DIGITAL .

Tarea 1.

a. Estas son de diferentes conferencias.

Anotación 1
"La razón es esclava de las pasiones, pues son las _____ las que realmente mueven el mundo".

Anotación 2
"Su existencia parte de un _____ del interlocutor como un igual con el que puedo conversar".

Anotación 3
"El hecho de poder comunicar _____, es decir, conocimiento, es lo que nos distingue de la comunicación animal".

Anotación 4
"Hoy se sabe que no es un simple _____ de descanso de nuestro organismo".

Anotación 5
"Se debe mantener siempre una actitud _____ frente a la propia posición que se trata de sustentar, a los propios argumentos".

Anotación 6
"Se trata de un proceso _____ y necesario para la restauración del cuerpo y la mente".

Anotación 7
"La filosofía se ha interesado más por la ética, basada en deberes y obligaciones del hombre, que por sus _____".

Anotación 8
"Se nos dice que la _____ humana fue la causa de que no se alcanzara el deseo inicial de un único sistema de comunicación".

Relaciónalas con alguno de los siguientes temas, que pueden aparecer en esta Tarea 1. Anota también las palabras o fragmentos que te han dado pistas sobre el tema de la conferencia.

> El lenguaje • La ética de la discusión • Los sentimientos • El sueño • La filosofía
> La alimentación • El sueño • La oralidad • Conflictos sociales

	Tema	Palabras clave		Tema	Palabras clave
1			5		
2			6		
3			7		
4			8		

¿Para qué sirve leer las anotaciones antes de la audición? Anota aquí tu comentario.

....

....

Modelo de examen n.º 2

b. Vas a escuchar fragmentos extraídos de 4 conferencias. Relaciónalos con su tema.

🔄 **Pon la pista n.° 16.** Pulsa el botón ⏸ *PAUSA* si lo necesitas.
16

⬤ **Anotaciones**

⬤ **Temas**

	1	2	3	4	5	6	7	8	9	10	11	12	13	14	15	16	17	18	19	20

A. Etapas evolutivas del desarrollo del lenguaje.

B. Leer es aprender.

C. La memoria y su funcionamiento.

D. La participación política de los jóvenes.

c. En esta tabla tienes algunos temas de conferencias. Anota palabras relacionadas con estos temas.

Temas	⬤ Tus palabras	⬤ Palabras de la audición
A. La ética de la discusión.		
B. La lectura.		
C. La oralidad.		
D. El futuro se escribe con ñ de español.		
E. La memoria.		
F. Participación ciudadana en política.		

🔄 **Pon la pista n.° 17.** Escucha ahora el siguiente listado de palabras y relaciónalas con los temas anteriores.
17 Puedes utilizar el botón de ⏸ *PAUSA* si lo crees necesario.

 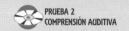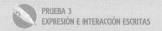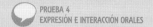
d. **18** **Pon la pista n.° 18.** Vas a escuchar dos fragmentos de dos conferencias relacionadas con el lenguaje. ¿Qué diferencias hay entre los dos?

⚪ **Fragmento 1**

....

....

....

Fuente: ⊣┇├ Instituto Cervantes.

⚫ **Fragmento 2**

....

....

....

Modelo 1 de El Cronómetro, nivel C1

Anota además las ideas principales de cada fragmento. ¿En cuál se concentra mayor número de ideas?

⚪ **Fragmento 1**

....

....

....

Fuente: ⊣┇├ Instituto Cervantes.

⚫ **Fragmento 2**

....

....

....

Modelo 1 de El Cronómetro, nivel C1

¿Cuál de los dos te resulta más fácil de seguir? Anota aquí tus comentarios.

....

....

Tarea 2.

a. Escucha de nuevo la conversación 4 del modelo 1 de **El Cronómetro**, *nivel C1*. Toma notas de forma esquemática que te ayuden a recordar de qué hablaron. Aprovecha este cuadro.

5 **Pon la pista n.° 5.** Usa el botón de ⏸ *PAUSA* si lo necesitas.

¿Qué pasó?	
¿Por qué?	
¿Cuándo?	
¿Consecuencias?	
Actitudes y reacciones.	

Lee ahora la transcripción de la conversación que encontrarás en la *ELEteca* y subraya la información que te parezca relevante. Compara con tus notas.

Este es el resumen de otro candidato del examen. ¿Le añadirías o quitarías algo? ¿Qué?

Ella esperó toda la tarde; Julián tenía que llamar; Julián en Zaragoza, arreglar ordenadores; firma de acuerdo: Julián y Eduardo; proveedores nuevos; A Gloria no le gusta la nueva empresa: amigos del jefe; Gloria de mal humor.

b. Escucha de nuevo las cuatro conversaciones del modelo 2 y marca a cuál de ellas corresponden estas ideas que resumen parte de su contenido.

10-13 Pon las pistas n.º 10 a 13. Usa el botón de ⏸ *PAUSA* si lo necesitas.

	Conversaciones			
	1	2	3	4
1. No está en un buen momento personal.				
2. Está desesperada por un trabajo no acabado.				
3. Quiere dar una sorpresa a alguien.				
4. Tiene concertada una cita para el día siguiente.				
5. No le interesan las condiciones de financiación.				
6. Le urge empezar cuanto antes.				
7. Tiene problemas económicos.				
8. Está realizando una inversión económica importante.				
9. Está desorientado y necesita información técnica.				
10. Tiene más de una opción para hacer lo que quiere.				
11. Necesita un profesional para un trabajo de limpieza.				
12. Se excusa por una responsabilidad no cumplida.				

c. Aquí tienes algunos fragmentos extraídos de las conversaciones **2** y **3** de la tarea 2. Selecciona una de las dos interpretaciones que se te ofrecen.

CONVERSACIÓN 2

1. MUJER: *¡Vaya, hombre, aquí estás! Contigo quería yo hablar. ¿**Se puede saber** qué ha pasado con el fax que tenías que haber mandado ayer? Me acaban de llamar porque todavía no les ha llegado el presupuesto que les hemos preparado.*

    a) La mujer está interesada en conocer las causas por las que no envió el fax.
    b) La mujer sabe que el fax no se ha enviado y muestra su enfado.

2. MUJER: ***Por lo visto** se te ha vuelto a olvidar, ¿no?*

    a) La mujer afirma que es la segunda vez que se lo comenta.
    b) La mujer reprocha al hombre sus repetidas faltas de atención.

 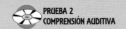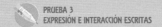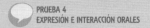
3. HOMBRE: *¿Cómo...? Pero...* **si me dijiste que tú te ocupabas, ¿no?**

   a) El hombre tenía una idea equivocada y se da cuenta en ese momento.
   b) El hombre sabía que había olvidado el fax e intenta responsabilizar a su compañera.

CONVERSACIÓN 3

4. HOMBRE: **¡No me digas que** *sigues con las obras de tu casa!* **Pero si** *empezasteis hace un siglo...*

   a) El hombre suponía que las obras estaban terminadas.
   b) El hombre asegura recordar cuándo se iniciaron las obras.

5. MUJER: *O más...* **Mira**, *no quiero* **ni hablar del tema, que estoy que me subo por las paredes**...

   a) La mujer habla de un problema en la construcción.
   b) La mujer dice que el tema de las obras la supera.

Observa estos otros ejemplos extraídos de la conversación 4 del modelo 1 y lee los comentarios.

6. MUJER: *¡¡No se tratará de la empresa esa del logo azul que estuvo por aquí la semana pasada?!*

   Comentario. El uso del futuro en este contexto no está relacionado ni con el futuro ni con la posibilidad. Gloria quiere expresar su incredulidad e irritación. Si le interesara confirmar una información, ¿qué diría?

7. MUJER: *¿A que el director estuvo en la reunión?*

   HOMBRE: *Bueno, sí, pero es que había otros temas que...*

   Comentario. No se pregunta si el director estuvo en la reunión, sino que presenta una información ya conocida por todos para argumentar y rebatir la idea defendida por Eduardo de que la contratación es objetiva. ¿Qué diría si lo que le interesara fuera obtener información?

8. MUJER: *Ya, ya, ya sé lo que me vas a decir. Mira, me voy a comer. Ya seguiremos hablando luego, que me ha puesto de muy mal humor esta conversación. Ala, hasta luego.*

   Comentario. La mujer no informa de que se va para comer. Su intención es dar por terminada la conversación y expresar su enfado, que ha llegado al punto máximo; en su despedida se expresa también ese enfado. ¿Cómo se despediría si no estuviera enfadada?

Lee finalmente otros fragmentos también de la **conversación** 4 del modelo 1. ¿Qué sentimientos se expresan en estas intervenciones: resentimiento, sorpresa, miedo, enfado, recriminación, incredulidad, desprecio, contrariedad, cansancio, hastío? ¿Cómo lo expresan? Observa los elementos que utilizan. Puedes volver a escuchar la conversación para centrar la atención en la entonación.

Pon la pista n.° 5. Usa el botón de **❚❚** *PAUSA* si lo necesitas.

9. MUJER: *Estuve toda la tarde esperando y al final...*

   HOMBRE: *Eh, un momento, yo no te tenía que llamar, era Julián el que iba a hacerlo.*

   Tu análisis: ....

10. MUJER: *Pero Julián no está, como ha tenido que salir corriendo a Zaragoza con el problema ese de los ordenadores pues...*
HOMBRE: *¡Que se ha tenido que ir a Zaragoza! ¿Y cuándo ha sido eso? <u>No sabía nada</u>.*

Tu análisis: ....

11. HOMBRE: *Me tenía que acompañar hoy a firmar unos acuerdos con unos proveedores...*
MUJER. *¡¡<u>No se tratará de la empresa esa</u> del logo azul que estuvo por aquí la semana pasada!?*

Tu análisis: ....

12. HOMBRE: *<u>Gloria, por favor, ya hemos hablado del tema</u> en la última reunión y <u>ya</u> decidimos eso.*
MUJER: *<u>Sí, sí, pero en una reunión en la que yo no estaba, como siempre</u> que queréis decidir cosas a mis espaldas. <u>Como la empresa esa es de un primo de un amigo del director</u>, pues...*

Tu análisis: ....

d. En las conversaciones pueden aparecer también **expresiones coloquiales**. Vas a escuchar varios fragmentos de diálogos. Anota el número del fragmento junto al significado de las expresiones coloquiales que aparecen. Sigue el ejemplo.

🔄 **19** **Pon la pista n.º 19.** Usa el botón de ⏸ *PAUSA* si lo necesitas.

Significado	Fragmento	Palabras clave
a. hay una relación por interés		
b. no es entretenido	1	¡Menudo rollo! / me aburrí como una ostra
c. está desesperado		
d. no se cree algo		
e. está distraído		
f. se ha extralimitado		

Fuente de los fragmentos 1 y 2: ➕ *Instituto Cervantes.*

En el Apéndice 1 (página 232) puedes encontrar un listado de expresiones de este tipo que te será de gran ayuda.

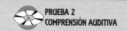
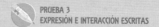
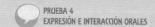
Tarea 3.

a. Aquí tienes, desordenadas, las preguntas del entrevistador de la entrevista hecha al editor Jacobo Siruela, en el modelo n.º 1. Ponlas en orden.

A. *Y donde te gusta, porque usted decidió instalarse en el campo en una masía del Ampurdán con su mujer Inka Martí y fundar allí el nuevo proyecto, ¿por qué?*

B. *Tiene otra perspectiva, quizá.*

C. *¿Y por qué prefiere los textos antiguos? porque Atalanta empezó con un texto chino del siglo XI, ¿no le gusta lo que se hace en la actualidad?*

D. *Entonces, tomó una decisión radical, decidió empezar de nuevo con los 50 años ya cumplidos y con la decisión, eso sí, de no poner en pie una Siruela 2. En su momento dijo que fue un ejercicio de humildad, pero que le resultó muy rejuvenecedor.*

F. *Jacobo Siruela Martínez de Irujo, de la Casa de Alba y conde de Siruela, estudió Filosofía y Letras en la Autónoma de Madrid y ha volcado su vida en lo que más le gusta, los libros. Con 26 años fundó una modesta editorial, Siruela, que irrumpió en el sector con una sorprendente colección de libros artúricos y que con el tiempo acabó facturando unos 6 millones de euros al año. El secreto del éxito no fue otro que una apuesta por lo artesanal, por la obra bien hecha, bien editada, con un diseño gráfico excelente y una cuidada colección de obras. Jacobo, ¿de dónde le viene ese amor por la literatura y cómo decidió dedicarse profesionalmente a ella?*

G. *Cuando la editorial Siruela estaba en lo más alto, cuando recibió el Premio Nacional de Edición, volvió a sorprendernos a todos anunciando que la vendía, ¿por qué decidió cerrar esa etapa de su vida?*

1.º	2.º	3.º	4.º	5.º	6.º

Estos son los temas sobre los que gira cada una de las intervenciones del entrevistador. Comprueba que el orden que has establecido más arriba es el correcto.

☐ 1. Presentación del entrevistado y su trayectoria profesional.

☐ 2. Pregunta por las causas del final del proyecto Siruela.

☐ 3. Habla del inicio del segundo proyecto editorial y de sus consecuencias.

☐ 4. Pregunta por las razones del traslado fuera de la ciudad.

☐ 5. Se interesa por el gusto del entrevistado por los libros antiguos.

☐ 6. Puntualiza una idea dada por el entrevistado.

¿Todas las entrevistas tienen el mismo esquema? Anota aquí tu comentario.

....

....

Tarea 4.

a. En los cinco diálogos que vas a ver a continuación, extraídos de los modelos 1 y 2, aparecen expresiones idiomáticas marcadas en **negrita**. Ten en cuenta la siguiente información para entender los diálogos.

Diálogo 1: La persona espera que ese día no esté de mal humor.

Diálogo 2: Los cambios planteados, ¿son positivos para los trabajadores?

Diálogo 3: ¿Por qué motivo una madre pregunta por el novio de su hija a otra persona?

Diálogo 4: ¿Es la primera vez que pide dinero? ¿Para qué lo necesita?

Diálogo 5: ¿Sabías que el quicio es el marco de una puerta? ¿Qué le pasa a una puerta si la sacas de su marco?

15 **Pon la pista n.° 15.** Relaciona cada expresión de la izquierda con una de las nueve definiciones de la derecha. Anota las letras en las casillas correspondientes.

1.	2.	3.	4.	5.	6.	7.	8.	9.

1. ▶ Hola, ¿qué tal? ¿Está tu padre en casa? Es que tengo que pedirle algo y le he llamado al móvil pero no me lo coge.
   ▶ Sí, pasa, pasa. A ver si hoy **está de buenas**...

2. ▶ ¿Qué tal ayer la reunión? No sé si se comentó algo sobre los cambios que están pensando hacer en la empresa...
   ▶ Sí, sí, nos pusieron al corriente de lo que se nos avecina, ¡y no veas **la que se montó**!

3. ▶ Oye, Sergio, ¿tú sabes qué hace el chico ese con el que sale ahora mi hija?
   ▶ Pues no estoy muy seguro pero me parece que estaba en una óptica. ¿Qué pasa, que **no lo ves con buenos ojos** o qué?

4. ▶ ¿Sabes lo que me pasó el otro día con Luis? Pues viene y empieza a contarme su vida, que tiene muchos gastos, que se ha quedado sin trabajo... ¡Y todo para terminar pidiéndome otra vez dinero para irse de fin de semana...!
   ▶ ¡Si es que hay algunos que **tienen una cara**...!

5. ▶ Mira, ya sé que estas reuniones te **sacan de quicio** pero tienes que ir al menos esta vez.
   ▶ Sí, ya lo sé... pero que conste que lo hago solo por ti.

6. **Vender la tira de cosas.**

7. **Por los pelos.**

8. **Ser una monada.**

9. **No tener ni pies ni cabeza.**

A. Situación complicada y normalmente violenta que surge como reacción de protesta ante un problema.

B. Lo que carece de sentido.

C. Conseguir (o no) algo por poco, por un instante.

D. Ser guapo, simpático, gracioso.

E. Estar de buen humor, alegre, complaciente.

F. Ser un sinvergüenza, descarado; aprovecharse de otros o de una situación.

G. Tener una consideración negativa de alguien, no aprobar algo o a alguien.

H. Poner muy nervioso, hacer perder los nervios.

I. Tener buenas ventas.

PRUEBA 1
COMPRENSIÓN DE LECTURA

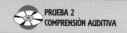PRUEBA 2
COMPRENSIÓN AUDITIVA

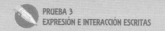PRUEBA 3
EXPRESIÓN E INTERACCIÓN ESCRITAS

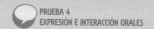PRUEBA 4
EXPRESIÓN E INTERACCIÓN ORALES

¿Cómo te resulta más fácil entender las expresiones coloquiales, en contexto o descontextualizadas? Anota aquí tu comentario.

....

....

b. Escucha las siguientes expresiones y marca, atendiendo a la entonación, el significado que expresan.

20 Pon la **pista n.º 20.** Pulsa el botón de **⏸** *PAUSA* si lo necesitas.

	1	2	3	4	5	6	7	8	9	10	11	12	13	14	15
Sorpresa															
Acuerdo															
Desacuerdo															
Indiferencia															
Amenaza															
Enfado															
Ironía															
Decepción															
Deseo															

Aquí tienes diálogos extraídos de este modelo 2 en los que aparecen 3 giros que has escuchado en la actividad anterior sin contexto. Léelos y marca la respuesta correcta.

Diálogo 2

► ¿Puedo pedirte un favor? Verás es que tengo un viaje de trabajo y estaré fuera un par de días. ¿A ti te importaría quedarte al tanto de la tienda?

► ¡Hombre..., ya sabes que no! **¡como si fuera la primera vez!**

Ante el favor que le pide su amiga el hombre responde con:

a) enfado
b) ironía
c) sorpresa

Diálogo 6

► Dime, ¿cómo llevas los preparativos para la recepción? Espero que hayas contactado ya con todos los invitados.

► ¡Esto es alucinante! Me dices que me despreocupe del tema y **ahora me vienes con estas...**

El hombre se muestra:

a) desinteresado
b) avergonzado
c) enojado

Diálogo 9

► Oye, ¿y si le compramos algo a Clara? Su cumple está cerca y creo que esta vez tiene pensado dar una fiestecita en su casa...

► Vaya, pues mira que **como este año organice algo y no me invite...**

El amigo de Clara expresa una:

a) sorpresa
b) amenaza
c) tristeza

c. Escucha los cinco primeros diálogos de la tarea 4 del modelo 1. Responde a la pregunta y copia la expresión idiomática o el giro que se utiliza en cada caso.

Pon la pista n.º 7. Pulsa el botón de ⏸ *PAUSA* si lo necesitas.

	● Interpretación	● Giro o expresión idiomática
Diálogo 1	La valoración que tiene la mujer de las reuniones familiares, ¿es positiva o negativa?	
Diálogo 2	Si surgen problemas en el proyecto, ¿la mujer tendrá que pagar algo?	
Diálogo 3	La mujer y su suegra, ¿cómo se llevan?	
Diálogo 4	¿La mujer piensa que su equipo es siempre ganador?	
Diálogo 5	La conferencia no era sobre botánica, pero la expresión está relacionada con ella. En una conferencia, ¿qué son las ramas?, ¿y el tronco?	

Consejo. Si quieres, puedes volver a las preguntas relacionadas con estos diálogos del modelo 1 y comprobar si te sientes más preparado ahora para realizar la tarea.

CLAVES Y COMENTARIOS DE LAS ACTIVIDADES

Tarea 1.

a. **1 y 7:** Los sentimientos. Pasiones, emociones, afectos/deberes y obligaciones; **2 y 5:** La ética de la discusión. Interlocutor, conservar, diálogo (argumentos); **3 y 8:** El lenguaje. Comunicar, conocimiento, comunicación animal, sistema de comunicación; **4 y 6:** El sueño. Descanso, organismo, proceso, restauración, cuerpo y mente.

Comentario. Cuando asistes a una conferencia normalmente conoces el tema sobre el que se va a hablar. Aquí no, aquí no se conoce el título de la conferencia. Tras las instrucciones, tienes **un minuto** para leer con atención las notas y opciones e intentar **deducir el tema** del que trata la conferencia, activando el vocabulario y concentrando la atención en la información que te interesa identificar de la conferencia para completar las anotaciones.

b. **A.** Etapas evolutivas del desarrollo del lenguaje: 6, 9, 11, 13, 18; **B.** Leer es aprender: 1, 4, 8, 10, 19; **C.** La memoria y su funcionamiento: 3, 7, 14, 16, 20; **D.** La participación política de los jóvenes: 2, 5, 12, 15, 17.

¡Atención! Son muchos los temas que pueden aparecer en esta tarea del examen, pero estos tienen un carácter académico.

Modelo de examen n.º 2

○○○ PRUEBA 1
COMPRENSIÓN DE LECTURA

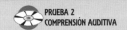 PRUEBA 2
COMPRENSIÓN AUDITIVA

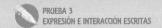 PRUEBA 3
EXPRESIÓN E INTERACCIÓN ESCRITAS

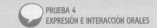 PRUEBA 4
EXPRESIÓN E INTERACCIÓN ORALES

c. A. La ética de la discusión: *debate, negociación, persuadir, argumentos, refutación*; B. La lectura: *pasión* (podría estar también relacionada con el tema de la discusión), *taller, iniciación, narraciones, lectores, campaña, gratificante, ocio*; C. La oralidad: *tradición, testimonio, fuentes, memoria histórica*; D. El futuro se escribe con ñ de español: *idioma, universalidad, predominio, colonialismo, globalización*; E. La memoria: *recuerdos, almacenar, reconstruir, daños, olvidar, trastornos*; F. Participación ciudadana en política: *gobierno, indiferencia, representantes, elecciones, ideología, crisis, abstención, inmovilidad, campaña, desconfianza.*

Comentario. Como has visto en la actividad anterior, cada tema tiene un vocabulario específico y detectar las palabras clave te puede ayudar a realizar la tarea. Activar el vocabulario que conoces relacionado con el tema de la conferencia supone adelantarte a las ideas que posiblemente pueden desarrollarse en el transcurso de la misma.

d. **Fragmento 1:** El lenguaje es algo muy complicado; su origen no se puede explicar como la emisión de gritos con significado de los monos; **Fragmento 2:** El lenguaje es un sistema de comunicación complejo; no es el único medio de comunicación que utiliza el hombre; el desarrollo del lenguaje empieza con la vida y ya, cuando somos pequeños, sentimos la necesidad de utilizar ese sistema formal de comunicación.

Como ves, se presentan más ideas y de forma más ordenada y lógica en el fragmento 2.

Comentario. Las conferencias presentadas de forma espontánea o libre son más fáciles de seguir porque, además de repetir mucho las ideas, se adaptan mejor a nuestra capacidad de escucha. Los textos escritos tienen unas características propias tanto en la presentación de la información como en su estructuración, por lo que al presentarse de forma oral suponen un mayor esfuerzo y una mayor concentración. La exposición de una conferencia puede tener un carácter más o menos improvisado, según se trate de lecturas de un texto escrito, presentaciones orales acompañadas de un apoyo gráfico o exposiciones que desarrollan oralmente las ideas de un esquema, en las que el grado de improvisación es muy alto. Por ello, este tipo de conferencias presenta múltiples vacilaciones, interrupciones, frases inconexas, ideas que se mezclan, muletillas, lo que puede dificultar la comprensión de lo que se dice y de su estructura.

Consejo. Tienes que estar preparado para escuchar todo tipo de conferencias, aunque hay más probabilidad, por lo que hemos detectado hasta ahora, de que se trate de presentaciones orales de textos escritos, así que concentra tu atención y toma notas de las ideas que se van desarrollando. En todo caso esta tendencia puede variar en el futuro.

Tarea 2.

a. En el resumen del candidato no se recoge la información relativa a las actitudes ni reacciones de las dos personas y son muy importantes en este diálogo: Gloria está enfadada ya al principio de la conversación y su enfado va en aumento. Eduardo se defiende e intenta tranquilizar a Gloria, le da argumentos, le recuerda lo hablado anteriormente. Los dos expresan sorpresa o incredulidad en algún momento.

Al resumen podría añadirse información de este tipo: *Ella esperó toda la tarde,* **está enfadada cuando empieza la conversación**; *Julián tenía que llamar,* **Eduardo se defiende**; *arreglar ordenadores; firma de acuerdo: Julián y Eduardo,* **Eduardo se sorprende de que Julián esté fuera**; *proveedores nuevos; A Gloria no le gusta la nueva empresa: amigos del jefe,* **Gloria expresa su rechazo personal y desacuerdo a la contratación de la empresa de proveedores**; *Gloria de mal humor,* **Gloria corta la conversación**.

Comentario. Es importante prestar atención a la información no verbal, a la entonación expresiva de las frases que marcan el enfado, la sorpresa, la ironía. Esa información puede modificar incluso la interpretación de la información verbal.

b. **Conversación 1:** 3, 5, 9; **Conversación 2:** 1, 7, 12; **Conversación 3:** 2, 8, 11; **Conversación 4:** 4, 6, 10.

c. **1. b** *¿Se puede saber...?* es una fórmula con la que se introduce una falsa demanda de información que en realidad expresa un enfado ante una situación; **2. b** *Por lo visto...* es una forma que expresa ironía al introducir una información ya sabida y presentada como nueva; **3. a** El *si* introduce una excusa improvisada en el mismo momento en el que el hombre es consciente del error cometido; la forma *¿no?* pide confirmación sobre la idea equivocada que tenía el hombre (*¿no me dijiste que te ocupabas tú?, yo creía que te ocupabas tú*) en un intento de poner en su lugar a la mujer y buscar su benevolencia; refuerza la excusa; **4. a** *¡No me digas que...!* expresa en este caso la sorpresa ante algo que se consideraba terminado hace tiempo, tiempo excesivo que se justifica con *pero si*, forma que va acompañada de una expresión temporal exagerada *hace un siglo*; **5. b** *Subirse por las paredes* es una expresión coloquial que expresa enfado, desesperación, idea que aparece reforzada con la forma *mira* y *ni*, esta última no necesaria (no quiero hablar del tema) pero enfatiza.

6. Diría: *¿Se trata de la empresa de...?*; **7.** Lo haría así: *¿El director estuvo en la reunión?*; **8.** Podría ser: *Bueno, (me voy), hasta luego*. La expresión *Ala* es despectiva.

9. *Eh, un momento* (entonación) – **sorpresa**; **10.** *Que se ha tenido que* (repetición de las palabras del otro + entonación)... *No sabía nada* – **sorpresa, contrariedad**; **11.** *No se tratará de esa* empresa (uso de la forma negativa y del futuro + valoración negativa de la empresa expresada con el uso del posesivo pospuesto) – **incredulidad y rechazo**; **12.** *Gloria, por favor, ya hemos hablado* (entonación) – **cansancio-hastío** / *Sí, pero en una reunión en la que yo no estaba, como siempre* – **recriminación** / *Como la empresa esa es de un primo de un amigo del director, pues...* (frase con entonación abierta que presenta una causa, *como* ... pero no su efecto, aunque el efecto es precisamente lo que se quiere destacar, el objetivo de la intervención; se insiste en la valoración negativa de la empresa con el uso del demostrativo pospuesto) – **ironía**.

❗ Conclusión. Una de las dificultades de esta tarea es saber definir la actitud de los interlocutores, interpretar su intención, por el tono, la entonación empleados o el uso de alguna expresión. Un cambio de entonación puede implicar un cambio de intención y, por lo tanto, de interpretación.

d. **a.** 3; **b.** 1, *ser un rollo, aburrirse como una ostra*; **c.** 6, *subirse por las paredes*; **d.** 4, *quedarse con alguien, tomar el pelo a alguien*; **e.** 5, *tiene la cabeza en la luna*; **f.** 2, *irse un poco la mano*.

1. La expresión *ser un rollo* hace referencia a la gran extensión en metros que tiene un rollo de celuloide, lo que da la idea de interminable. *Aburrirse como una ostra*: lo aburrido lo expresa la ostra, que vive solitaria en el interior de su concha, y que se abre como se abre la boca de alguien que se aburre; **2.** Opina que el director ha superado los límites permitidos y por ello es criticable; **3.** No está hablando de la relación de parentesco real entre el director y el de la empresa proveedora; se trata de una expresión para referirse a las relaciones por interés, a "los enchufes"; **4.** *Quedarse con alguien, tomar el pelo a alguien* son dos formas coloquiales que expresan el concepto de intentar engañar a alguien, en este caso concreto intentar convencer de algo falso; **5.** El hombre reconoce que no se concentra, que está distraído, que *tiene la cabeza en la luna*; **6.** *Subirse por las paredes* es una acción imposible pero que podría intentar una persona que quisiera salir desesperadamente de una situación, por sentirse encerrada, angustiada, enloquecida como un animal enjaulado.

❗ Comentario. Aunque las expresiones coloquiales no suelen ser el objetivo de la esta tarea –sí de la Tarea 4–, una interpretación correcta de las mismas te ayudará a entender sin problemas las conversaciones y a interpretar reacciones y actitudes.

Tarea 3.

a. Orden de intervenciones del entrevistador: **1.** F; **2.** G; **3.** D; **4.** A; **5.** C; **6.** B.

Relación preguntas del modelo e intervenciones del entrevistador: **1.** F; **2.** G; **3.** D; **4.** A; **5.** C; **6.** B.

❗ Comentario. Recuerda que el tema de la entrevista gira normalmente en torno a las características de un proyecto, una empresa o una idea emprendedora. Ya hemos visto que en las entrevistas presentadas en

 PRUEBA 1
COMPRENSIÓN DE LECTURA

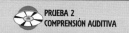 PRUEBA 2
COMPRENSIÓN AUDITIVA

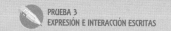 PRUEBA 3
EXPRESIÓN E INTERACCIÓN ESCRITAS

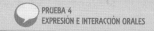 PRUEBA 4
EXPRESIÓN E INTERACCIÓN ORALES

convocatorias anteriores intervienen siempre un presentador y la persona invitada. Suele abrir la entrevista el entrevistador, presentando a la persona y después se van alternando los turnos entre los dos. La entrevista puede tener parte de esquema, preparado por el entrevistador, y parte de improvisación, en la que el entrevistador plantea preguntas no preparadas, pero siempre dentro de los límites que le marca el esquema que se haya preparado.

Tarea 4.

a. Expresiones coloquiales.

1. E; **2.** A; **3.** G; **4.** F; **5.** H; **6.** I; **7.** C; **8.** D; **9.** B. **Diálogos: 1.** se da a entender que normalmente está enfadado y no se puede hablar con él; **2.** hubo quejas ante el anuncio de los cambios; **3.** no tiene buena opinión del chico *ese* (esta forma pospuesta expresa desprecio); **4.** critica la actitud de una persona aprovechada; **5.** las reuniones no le gustan, le ponen nervioso, por eso no asiste nunca.

❗ Comentario. Esta tarea se centra en la comprensión tanto de expresiones idiomáticas como de giros o estructuras que se utilizan en el lenguaje hablado para expresar sentimientos, actitudes, reacciones, y que van acompañados de una entonación marcada. Las expresiones idiomáticas utilizadas en una lengua, en un registro coloquial, constituyen una larga lista por lo que conocerlas todas es complicado. Como hemos visto en varios de los diálogos de la Tarea 4, pueden aparecer este tipo de expresiones con sentido figurado cuyo uso refleja los sentimientos de la persona que habla. Tienen un carácter hiperbólico o exagerado. La entonación, el tema sobre el que se habla, otras palabras o expresiones que aparecen en el diálogo pueden ser de ayuda para interpretar lo que se dice.

b. La entonación y los giros. **1.** sorpresa - *¡¡Cómo que vienen mañana¡?*; **2.** acuerdo - *¡Hombre, claro, faltaría más!*; **3.** amenaza - *Como organice algo y no me invite...*; **4.** enfado - *¿Puedes hacer el favor de sentarte?*; **5.** indiferencia - *A mí como si no vienen*; **6.** ironía - *Claro, como trabaja tanto...*; **7.** decepción - *¡Vaya, hombre!*; **8.** desacuerdo - *¿Cómo que no se puede?*; **9.** deseo - *A ver si nos vemos*; **10.** enfado - *Ahora me vienes con estas...*; **11.** amenaza - *Ni se te ocurra salir, ¿me oyes?*; **12.** indiferencia - *Para lo que me preocupan tus cosas...*; **13.** sorpresa - *¡Hombre... como si fuera la primera vez!*; **14.** enfado - *¡Lo que faltaba!*; **15.** ironía - *¡No me digas!*

Diálogo 2: b; **diálogo 6:** c; **diálogo 9:** b.

❗ Comentario. Como en el caso de las expresiones idiomáticas, el contexto del diálogo te facilita la interpretación de las palabras de los interlocutores.

c. Expresión idiomática y giros. **Diálogo 1.** Interpretación: la entonación abierta y despectiva de la última frase nos da la clave de que a la mujer no le gustan los encuentros familiares, son aburridos. Fragmento: <u>para lo que hay que ver</u> en esas reuniones familiares (Giro); **Diálogo 2.** Interpretación: la mujer tendrá que "pagar" las consecuencias. Fragmento: si al final algo falla <u>me tocará a mí pagar el pato</u> (Expresión idiomática); **Diálogo 3.** Interpretación: la mujer no se lleva bien con la suegra desde hace tiempo. Fragmento: es que <u>ya no puedo con ella</u> (Giro); **Diálogo 4.** Interpretación: No, la mujer es consciente de que su equipo siempre pierde. Fragmento: <u>A ver si para variar</u> los nuestros ganan (Giro) – La mujer sabe que su equipo siempre pierde; **Diálogo 5.** Interpretación: el conferenciante no se centró en el tema principal, "troncal". Fragmento: Si no <u>se hubiera ido por las ramas</u> (Expresión idiomática).

❗ Comentario. La entonación y los giros con los que se expresan diferentes sentimientos. Sentimientos positivos de alegría, sorpresa, admiración, o negativos como malestar, indignación, desprecio, resentimiento. Son objetivo de algunas de las preguntas de esta última tarea de la Comprensión auditiva. Los giros o estructuras con los que se expresan esos sentimientos van marcados normalmente por una entonación enfática, fundamental para interpretarlos correctamente.

Prueba 3: Expresión e Interacción escritas

● ● ● ● ● Antes de empezar la prueba de **Expresión e Interacción escritas**.

¿A qué tarea o tareas te parece que corresponden estas preguntas?

Lee las instrucciones de este modelo y marca con una ✘. Puedes poner más de una ✘ en cada frase. Luego busca más información en los recuadros de abajo para comprobar tu respuesta.

	Tarea 1	Tarea 2 opción 1	Tarea 2 opción 2
1. ¿Escucharé bien independientemente del sitio en donde esté?	☐	☐	☐
2. ¿El léxico y el tipo de escrito me condicionan a la hora de elegir?	☐	☐	☐
3. ¿Tengo claro cuáles son las características, tanto de estilo como de estructura, que puede tener un informe como este?	☐	☐	☐
4. ¿Serán suficientes dos audiciones para realizar lo que me piden?	☐	☐	☐
5. ¿En qué tipo de empresa han pensado cuando han escrito estas instrucciones?	☐	☐	☐
6. ¿Será suficiente el tiempo del que dispongo?	☐	☐	☐
7. ¿Me puedo inventar la empresa, mi currículo, los requisitos exigidos?	☐	☐	☐
8. ¿La exposición del currículo es fundamental en esta opción?	☐	☐	☐
9. ¿Tengo que intentar convencer?	☐	☐	☐
10. ¿Es importante el número de palabras?	☐	☐	☐
11. ¿He conseguido captar la idea principal del conferenciante?	☐	☐	☐
12. ¿Cómo puedo dar mi opinión si no conozco el tema?	☐	☐	☐
(Otro)	☐	☐	☐

Comprueba tus respuestas. Algunas preguntas las podrás responder solo al final de este primer modelo.

Tarea 1

▶ Combina la comprensión **auditiva** con la expresión **escrita**: hay que escuchar una conferencia, tomar notas, escribir un resumen.

▶ El tema es especializado, así que hay un **vocabulario específico**.

▶ La conferencia, de unas **700 palabras**, puede tener un estilo más **estructurado**, o un estilo más **improvisado**. En este caso, puede estar más desorganizado, con frases sin terminar, expresiones coloquiales y frases más sencillas.

▶ No es obligatorio tomar **notas**, pero sí aconsejable.

▶ El tema suele ser **actual**, así que el candidato puede partir de su propio conocimiento para entender las conferencias.

Tarea 2, opción 1

▶ Se trata de escribir un texto a partir de unos **datos** o una situación que el examen normalmente aporta.

▶ No está dirigido específicamente a una persona: un **informe**, un **artículo**, una entrada en un **blog**.

▶ El texto suele combinar una **valoración** de los datos y una **opinión**. Puede ser también descriptivo y narrativo.

▶ Los temas suelen ser **actuales**.

▶ Las instrucciones establecen el **tipo y el estilo del texto**. Hay que seguirlas escrupulosamente.

Tarea 2, opción 2

▶ Hay que escribir un texto como respuesta a una **necesidad** inmediata: quejarse, solicitar algo, reservar algo, etc.

▶ El texto está dirigido **a alguien** específicamente, quien en teoría va a leer el texto y valorarlo.

▶ La tarea puede aportar un breve **texto de entrada** como un anuncio, las bases de un concurso o una beca, el perfil de un puesto de trabajo, etc.

▶ El texto corresponde a un **formato** bastante específico: carta de solicitud, carta de reclamación, etc.

▶ Como en las otras tareas, es importante que el texto sea **lógico** y esté **bien estructurado**.

¡Ya puedes empezar esta prueba!

Prueba 3: Expresión e Interacción escritas

La prueba de **Expresión e Interacción escritas** contiene **2 tareas**. Tiene una duración de **80 minutos**.

• • • • • 🕐 En este examen vas a medir el tiempo que necesitas para cada tarea. Si realizas las dos opciones de la tarea 2, anota los dos tiempos por separado. **Pon el reloj.**

Tarea 1

INSTRUCCIONES

A continuación escuchará una conferencia en la que se habla del tema "¿Hay vida antes de la muerte?". La escuchará dos veces. Durante la audición podrá tomar notas. Después, redactará una argumentación en la que deberá recoger los puntos principales y expresar de forma justificada su punto de vista.

Número de palabras: **entre 220 y 250.**

 Escucha dos veces la **pista n.º 21.**

• • • • • 🕐 ¿Cuánto tiempo has necesitado para completar **esta tarea**? Anótalo aquí: _____ min.

Tarea 2

INSTRUCCIONES

Elija solo **una** *de las dos opciones que se le ofrecen a continuación.*

Número de palabras: **entre 180 y 220.**

OPCIÓN 1

El periódico "Actualidad empresarial" quiere hacerle una entrevista. Para saber mejor qué tipo de preguntas hacerle, le han solicitado un informe en el que describa su actividad laboral. En él deberá especificar las funciones que realiza, los proyectos que ha llevado a cabo, los datos sobre los beneficios y pérdidas de la empresa, los acuerdos bilaterales con otras empresas y las necesidades de innovación en el mismo.

Beneficios de la empresa — Inversión de capital inicial — Acuerdos bilaterales

• • • • • 🕐 ¿Cuánto tiempo has necesitado para completar **esta tarea**? Anótalo aquí: _____ min.

OPCIÓN 2

Su Ayuntamiento propone varios cursos de formación gratuitos. Usted quiere acceder a uno de ellos. Dado que el número de plazas es limitado, deberá escribir una carta de presentación en la que argumente:

- Que posee los requisitos exigidos (edad, renta, estudios...).
- Su interés por el curso.
- La importancia de este curso para su currículum.
- Justificar la elección de la franja horaria.

Cursos

🖐 **Curso Ayudante de Cocina, *Catering* y Servicios de Proximidad**

🖐 **Auxiliar de Escuelas Infantiles**

🖐 **Curso de Formación de Agentes Sociales para Igualdad de Oportunidades y el Desarrollo**

🖐 **Informática Avanzada**

🖐 **Inglés para el Comercio**

🖐 **Contabilidad y aplicaciones informáticas:**

    ▸ Introducción General a la Animación 3D

    ▸ Ofimática

Horario de los cursos:

De 9 a 12 de lunes a viernes.

Lunes, miércoles, viernes de 14 a 19.

De 18 a 21 de lunes a viernes.

● ● ● ● ● 🕐 ¿Cuánto tiempo has necesitado para completar **esta tarea**? Anótalo aquí: _____ min.

CLAVES

● ● ● ● ● **Antes de empezar esta prueba.**

1. Las aulas están preparadas para que la audición se realice en las mejores condiciones posibles. En teoría, no es importante el lugar en el que te sientes; **2.** En el momento de la elección, ni el léxico ni el tipo de escrito deberían representar un obstáculo insuperable en ninguna de las dos opciones. Lo podrás comprobar en las actividades, que te proponemos a continuación, para trabajar las dos opciones; **3.** El informe es un texto formal por lo que conviene no divagar, todo lo que digas debe ser relevante y todas tus explicaciones deben estar bien fundamentadas. Normalmente el informe se distingue porque tiene varios epígrafes que luego se desarrollan. En este caso, la organización del discurso podría ser la siguiente:

- Formación académica y experiencia laboral.
- Actividad de la empresa.
- Beneficios y pérdidas de la empresa.
- Acuerdos bilaterales y proyectos.
- Necesidades de innovación.

4. Sí. Con la primera audición tomas contacto, puedes escribir ideas y palabras sueltas, mientras que, con la segunda audición puedes comprobar lo anotado, completarlo o revisarlo y entender mejor las ideas del conferenciante; **5.** No es importante lo que hayan pensado. Lo que sí es importante es que el sector que elijas te resulte lo más familiar posible (publicidad, productos biológicos, desarrollo y gestión de asistencia social, exportación de productos típicos...); **6.** El control del tiempo es fundamental en todas las pruebas. En esta quizás, deberás tener en cuenta que cuando des tu opinión argumentándola y expongas tus conclusiones sobre el tema necesitarás más tiempo que en la reelaboración de las notas que tomes; **7.** Hay bastante libertad en ambos casos. Lo importante es que no te alejes de lo que se te pide; **8.** En la tarea 2, opción 1 es importante especificar de forma contextualizada y más específica tu currículum relacionándolo con la experiencia laboral. Mientras que, en la tarea 2, opción 2 tendrás que demostrar que tu currículo, por sencillo que sea, necesita el curso que estás solicitando; **9.** En la tarea 2, opción 1 no, en la tarea 2, opción 2 sí. Por ello, en la opción 2 debes argumentar de modo que seas convincente. El informe prescinde de las expectativas. Mientras que en la solicitud se juzga lo que escribes; **10.** La calidad, lógicamente, tiene más valor que la cantidad pero el examen exige un mínimo de palabras que hay que respetar; **11.** Para redactar una argumentación en la que debas recoger los puntos principales de la postura del autor es importante determinar previamente la idea principal, captada en la primera o en la segunda audición. En caso de que no hayas conseguido captarla puedes enumerar los diferentes temas que haya expuesto el conferenciante, aunque te arriesgas a no pasar esa tarea por no cumplir uno de los requisitos principales, recoger las ideas de la conferencia; **12.** Para expresar tu opinión conviene que te centres en los diferentes aspectos presentados por el autor como el anonimato en la sociedad de hoy, la educación de los hijos o la protección del grupo entre otros. Ten en cuenta que cuando expreses tu valoración personal podrás estar de acuerdo, en desacuerdo, parcialmente de acuerdo o parcialmente en desacuerdo con la idea del ponente.

No olvides rellenar esta tabla.

¿Qué dificultades has tenido y dónde?	Tarea 1	Tarea 2, Opción 1	Tarea 2, Opción 2
He tenido problemas a la hora de tomar notas.			
He conseguido captar la idea principal que quiere transmitir el conferenciante.			
He conseguido completar, ampliar y/o rectificar las notas que había tomado en la primera audición.			
He organizado bien las ideas.			
He relacionado adecuadamente las ideas.			
He seguido todas las instrucciones.			
He tenido tiempo de pasar el texto a limpio.			
(Otro)			
Impresión de resultado (buena, regular, mala).			
Tiempo parcial utilizado en cada tarea.			
Tiempo total utilizado.			
Nivel de estrés (de 1 –mínimo– a 5 –máximo–).			

PRUEBA 3
EXPRESIÓN E INTERACCIÓN ESCRITAS

Modelo de examen n.º 2

Comentarios a la Tarea 1. El primer impacto de la audición suele ser un poco frustrante puesto que, a veces las ideas son muchas, se presentan muy rápidamente y los nervios nos juegan malas pasadas porque no conocemos el tema, la voz, la entonación de la persona que habla. Lo importante es evitar perder el contacto con la audición. Debes seguir adelante sin pararte a pensar lo que ya has perdido aunque haya partes que no hayas comprendido. Tras la primera audición suele ser normal que hayas recogido ideas generales, hayas apuntado palabras claves pero no sepas bien todavía cuál es la idea principal que se quiere transmitir. La segunda audición te ayudará a captarla. Por otro lado, tomar apuntes es solo una cuestión de práctica. Si quieres entrenarte para mejorar este aspecto, aprovecha todas las audiciones de El Cronómetro, *nivel C1* (prueba de **Comprensión auditiva**). También puedes consultar páginas como www.euronews.net, donde encontrarás vídeos de actualidad con su respectiva transcripción.

Comentarios a la Tarea 2. ELEGIR LA OPCIÓN. Recuerda que debes elegir una de las dos opciones que se te ofrecen. Por ello, es importante que dediques tiempo a decidir cuál te conviene hacer.

 PRUEBA 1
COMPRENSIÓN DE LECTURA

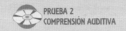 PRUEBA 2
COMPRENSIÓN AUDITIVA

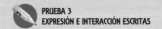 PRUEBA 3
EXPRESIÓN E INTERACCIÓN ESCRITAS

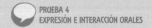 PRUEBA 4
EXPRESIÓN E INTERACCIÓN ORALES

Actividades sobre el **Modelo n.º 2**

Tarea 1.

a. Un candidato ha escrito muchas palabras de la audición, pero se ha equivocado al copiar algunas. Vuelve a escuchar la audición parando después de cada párrafo para marcar las que ha anotado mal y corregirlas.

Pon la pista n.º 21. Usa el botón de **❚❚** *PAUSA* si lo necesitas.

◗ PRIMER PÁRRAFO

funcionaria	juzgar	soledad	anonimato de
cansada	pareja	suela	las estadísticas
gama media	señor	medios	es que damos
palabras verdes	capaz de	perfil social	lamentarse

◗ SEGUNDO PÁRRAFO

revolución	escucha y teme	código evolutivo	justicia social
celebrar	ocurrirle	antes pasados	simpatía
sentir	la mente	permanecer	aconsejan
pensar	jefe	verdades de un ego	ofrecerles
órgano asombro	miedo a no soportar	colectivo	contradicción
imperfectos	soledad	espacio seguro	olor
miedo	universo candente	los peligros echan	

◗ TERCER PÁRRAFO

espacio rural	disimularnos	tránsitos mentales	hogar en el mundo
renunciamos a	dolor	suicidios	consumo activo
vulnerable	expertos	usos	placeres
enfadarnos a	incremento especial	emociones	

◗ CUARTO PÁRRAFO

esfuerzo	creatividad	reconocimiento	ambos diversos
consciente intelectual	la inteligencia emocional	derecho a empezar	sin diferencias
conocimiento	unión	intelectual	sin categorías
lo mismo	actitud vital por todos	emocional	sin etiquetas
irá	los biólogos	físico	alegre de la vida
sentir y escuchar	revolución tecnológica	restos	

b. Otro candidato ha tomado los siguientes apuntes. Obsérvalos atentamente e inventa un título que una todas las ideas.

Mujer, 43 años, casada, coche y piso.

¿Ama ¿Se emociona? ¿Sueña con algo?

Palabras que dibujan perfil social/económico.

Cerebro: siente, crea, ama, sueña. Somos imperfectos. Miedo. Diferentes de animales. Teme aquello que podría ocurrirle.

Muerte o problemas en el trabajo.

Etiquetamos. Bueno o malo.

Lejos de la manada acecha el peligro – Grupo – Espacio seguro.

Somos justos y empáticos – Esto se inhibe si el entorno o el cerebro nos lo aconseja.

Soledad y dolor.

Grupo impide ser transparentes, rechazamos emociones, disimulamos ante el dolor del mundo.

Hoy muchos trastornos mentales, suicidios, abusos...

Ayudar a los hijos encontrar su lugar.

Cociente intelectual no es igual que educar en valores, expresión pacífica de la ira, convivir, creatividad, emoción...

Lo biológico unido a la revolución tecnológica – Asombroso potencial emocional y físico – Retos de este siglo.

Todos sin distinción de categorías ni etiquetas.

¿Cuál de las dos maneras de tomar notas te gusta más o te parece más útil? Anota aquí tu comentario.

....

....

C. Observa lo que ha escrito un candidato. El texto es un poco más corto de lo que establece las instrucciones.

La conferenciante dice que etiquetamos la gente como si son muertos, sin saber el que realmente son. A pesar de la nuestra naturaleza, dice que somos obligados a formar parte de un grupo, por el miedo o porque el entorno nos lo dice. Además dice que es importante no solo alimentar el coeficiente intelectual sino también la inteligencia emocional para poder entender quiénes somos y son los otros.

Yo no soy de acuerdo. Me parece muy difícil hoy hacerlo. Vivimos en una societa donde no tenemos tiempo por nada. Ne de ser creativos ne de dar la posibilita a lo otro de esprimersi. Solo se tiene en conto la productivita y en esta situación precaria la gente intenta vivir en lo mejor que puede, tener un casa, comprarsi un coche y tener una familia. Trabajo con mucha gente y no sé qué hace los fines de semana ma me da igual. Tampoco me importa que los demás saben mis emociones. Creo que esto se llama intimita, quien realmente está a mi lado , mi familia, mi mujer, mis mejores amigos, saben quello que siento y cuando le preguntan quién es Juan no cuenta todo lo que soy, seguramente dicen, es arquitecto, está casado y vive en Roma.

Analiza el escrito del candidato anterior con esta tabla.

	sí	no	+ o −
1. ¿Ha conseguido que haya un equilibrio entre las diferentes partes del texto?			
2. ¿Ha conseguido resolver las eventuales dificultades de léxico?			
3. ¿La conclusión ha quedado relegada a un segundo plano?			
4. ¿Ha cometido muchos errores de léxico y de gramática?			

Intenta corregir los errores de léxico y de gramática del candidato. Analiza luego tu texto con la misma tabla y corrige lo que sea necesario.

 PRUEBA 1
COMPRENSIÓN DE LECTURA

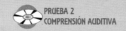 PRUEBA 2
COMPRENSIÓN AUDITIVA

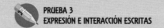 PRUEBA 3
EXPRESIÓN E INTERACCIÓN ESCRITAS

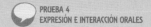 PRUEBA 4
EXPRESIÓN E INTERACCIÓN ORALES

Tarea 2, opción 1.

a. Observa lo que ha escrito un candidato.

> TEXTO CON ERRORES · TEXTO CON ERRORES ·
>
> Me licencié Filología Hispánica y siempre me interesaba todo lo que tiene que hacer con la mediación intercultural. En Comunicando, nos hemos montado la manta a la cabeza y hacemos de todo: Cursos, Traducciones, interpretación, cursos de comunicación de palabras y de no palabras. Lo importante es entendernos, no?
>
> En 2007 fue alucinante. Hicimos un montón de perdidos porque nadie nos fiaba de lo que hacimos pero nos presentamos al concurso la pequeña empresa" y lo ganamos entonces y todos querían trabajar con nos. Incluso los lugares públicas. Ejemplo. En Ayuntamiento de València nos daban bastantes euros pero, en cambio, nos pidieron que les daríamos soluciones a problemas que tenían, que bien hicimos.
>
> El futuro está en destruir fronteras. La gente tiene muchos problemas cuando venga a España. ¿Por qué no ayudarles en su propio país? Es necesita llegar a más países que llegamos pero con Internet todo es posible.

¿Qué aspectos debería mejorar?	sí	no	+ o –
1. ¿El texto es adecuado a la situación (carácter formal, estructura, estilo)?			
2. ¿Las ideas del texto tienen una sucesión clara, lógica y coherente?			
3. ¿Usa suficientes conectores (*por un lado, además, en cambio*) para relacionar las partes del texto?			
4. ¿Ha usado un vocabulario adecuado, exacto y correcto?			
5. ¿Ha cometido muchos errores gramaticales o de ortografía?			

b. Intenta volver a escribir el informe anterior intentando mejorar los aspectos que el candidato no había tenido en cuenta. Analiza luego tu texto con esa tabla e intenta corregir lo que necesites.

Tarea 2, opción 2.

a. Analiza tu texto siguiendo estos criterios.

	sí	no	+ o –
1. ¿Has seguido un criterio claro para establecer los contenidos del texto?			
2. ¿Has tenido en cuenta que te diriges a una institución oficial?			
3. ¿Has usado un registro formal?			
4. ¿Has conseguido que el cuerpo de tu carta esté bien cohesionado?			
5. ¿El texto da la sensación de ser sólo una enumeración de datos sin jerarquía?			
6. ¿Has logrado llamar la atención sobre lo que consideras más importante?			
7. ¿Has conseguido enfatizar que cumples los requisitos exigidos?			
8. ¿Has presentado con claridad los argumentos que apoyan tu solicitud?			
9. ¿Has cometido muchos errores gramaticales o de ortografía?			

b. Observa lo que ha escrito una candidata.

Estimados Sr.es

Les informo que estoy muy interesada a participar en el corso de Auxiliar de escuelas infantiles que propone el Ayuntamiento.

Quiero hacer esto curso porque me gustan muchos los niños y creo que tenga las características necesarias para poder hacerlo. Soy paciente, generosa, alegra, divertida, cualidades que sono importantes por hacer este trabajo.

Lamentablemente no puse terminar la Universidad por problemas familiares, empezé Magisterio, y me gustaría poder seguir a formarme para poder trabajar en el que siempre me ha fascinado. Para compaginar esto curso con mi trabajo actual (niñera), trabajo que normalmente hago por la tarde, les ruego que me ponen en el curso de lunes a viernes de 9 a 12.

Para concluir querría decirles mi gran agradecimiento por el tiempo que he robado. Entiendo la dificultad que es esa la elección de ente un candidato sin conocerle personalmente. Por esto, espero que he despertado su interese. En caso de que quieren conocerme en personalmente y discutir puntos de mi currículo no claros completamente, ponerse en contacto conmigo.

Gracias cordiales y atentos saludos.

Ana Marroni

¿Ha conseguido resolver la tarea de un modo adecuado? Anota aquí tu comentario.

....

....

Intenta corregir los errores de léxico y de gramática que la candidata cometió.

c. Otro candidato escribió el siguiente texto. El error que comete es ser **demasiado informal**. Haz las transformaciones necesarias para que el texto, considerando para qué es la carta, sea lo más formal posible.

Hola!

Me interesa muchísimo uno de los cursos que proponéis: El de Ayudante de cocina. Trabajo actualmente en un restaurante pero estoy harto de currar y no tener ni un día libre. He pensado que este curso me ayudaría a crear mi restaurante y ser yo el jefecillo. En la cocina sería el mejor, eficiente, rápido, creativo y un currante. ¿Qué más se puede pedir? Trabajo en esto desde que tenía 18 años pero he trabajado siempre como camarero y la verdad ya no puedo más. Quiero estar dentro.

Prefiero el horario de 18 a 21, los lunes y viernes. Así podría ir a trabajar y no perder ningún turno.

La verdad es que me ha encantado esta forma que habéis tenido en el Ayuntamiento de ayudar a los jóvenes porque podemos así mejorar nuestra formación. Muchas gracias, sobre todo, por dedicar su tiempo a mi solicitud. Creo que he escrito todo pero si se necesita alguna aclaración, pueden escribirme a falcoco@yahoo.com.

Un saludo y espero ¡hasta la vista!.

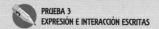 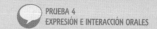

PRUEBA 1
COMPRENSIÓN DE LECTURA

PRUEBA 2
COMPRENSIÓN AUDITIVA

PRUEBA 3
EXPRESIÓN E INTERACCIÓN ESCRITAS

PRUEBA 4
EXPRESIÓN E INTERACCIÓN ORALES

CLAVES Y COMENTARIOS DE LAS ACTIVIDADES

Tarea 1.

a. Las palabras erróneas, ya corregidas, están en negrilla.

funcionaria	juzgar	soledad	anonimato de
casada	pareja	**sueña**	las estadísticas
gama media	**ruiseñor**	**medimos**	**etiquetamos**
palabras **grises**	capaz de	perfil social	**lamentablemente**

evolución	**escudriña** y teme	código evolutivo	justicia social
cerebro	ocurrirle	**antepasados**	**empatía**
sentir	la **muerte**	**pertenecer**	aconsejan
pensar	jefe	verdades de un ego	**obedientes**
órgano **asombroso**	miedo a no **sobrevivir**	colectivo	contradicción
imperfectos	soledad	espacio seguro	**dolor**
miedo	universo **cambiante**	los peligros **acechan**	

espacio **grupal**	**disimulamos**	**transtrornos** mentales	**lugar** en el mundo
renunciamos a	dolor	suicidios	consumo **masivo**
vulnerable	expertos	**abusos**	placeres
enfrentarnos a	incremento **espectacular**	emociones	

esfuerzo	creatividad	**conocimiento**	**ámbitos** diversos
cociente intelectual	la inteligencia emocional	derecho a **expresar**	sin **distinciones**
conocimiento	**un don**	intelectual	sin categorías
uno mismo	actitud vital **para** todos	emocional	sin etiquetas
ira	**lo biológico**	físico	**disfrute** de la vida
sentir y escuchar	revolución tecnológica	**retos**	

b. Te presentamos tres propuestas de lo que podría ser la idea principal de la conferencia.

"Las capacidades del ser humano en toda su plenitud limitadas por el miedo".
"Los retos de este siglo: Reapropiarnos de nuestra vida".
"El anonimato. La enfermedad de nuestro siglo".

Comentario. Copiar frases completas precisa más tiempo y mayor destreza de comprensión, mientras que copiar palabras sueltas supone poder identificar elementos aislados sin relación, pero se puede anotar mayor cantidad de información y palabras que luego se pueden aprovechar en el texto. El riesgo es anotar palabras erróneamente, lo que puede hacer que tu exposición se vea empobrecida, no corresponda al texto inicial o no se entienda: Si dudas si has copiado bien o no una palabra es mejor que no la emplees en tu escrito.

c. Análisis del texto: **1.** Sí. No olvides que las tres partes son relevantes. No hay que centrarse en una en detrimento de las otras; **2.** Más o menos. Tiene muchas influencias de su lengua materna y a veces esto dificulta la comprensión (*esprimersi*). Es mejor decir la idea de otra manera que confundir la palabra y que esto conlleve un problema de comprensión. Intenta buscar siempre un sinónimo o reformula la idea de otro modo; **3.** No, la conclusión es apropiada, además, si te fijas, observarás que para plantear la conclusión retoma las primeras frases de la conferencia. Recuerda que si la conclusión es banal le resta valor a lo que has escrito. Si, por el contrario, tu texto concluye de un modo coherente y eficaz, puede añadirle valor a tu tesis, como sucede en este caso; **4.** Más o menos. La repetición del verbo "decir" cuando hace referencia a la exposición de la conferenciante es un poco pobre. Sinónimos tales como: *comentar, añadir, manifestar, alegar*, etc. pueden enriquecer la primera parte del texto.

¡Atención! Esta es solo una propuesta de corrección. No es la única posible.

La conferenciante dice que etiquetamos a la gente como si ~~son~~ estuvieran muertos, sin saber ~~el~~ lo que realmente son. A pesar de ~~la~~ nuestra naturaleza, dice que ~~somos~~ estamos obligados a formar parte de un grupo, por el miedo o porque el entorno nos lo dice. Además dice que es importante no solo alimentar el coeficiente intelectual sino también la inteligencia emocional para poder entender quiénes somos y son los otros.

Yo no estoy de acuerdo. Me parece muy difícil ~~hoy~~ hoy en día hacerlo. Vivimos en una ~~societa~~ sociedad donde no tenemos tiempo ~~por~~ para nada. ~~Ne~~ Ni de ser creativos ~~ne~~ ni de dar la ~~posibilita~~ posibilidad ~~a lo~~ al otro de ~~esprimersi~~ expresarse. Solo se tiene ~~en conto~~ en cuenta la ~~productivita~~ productividad y en esta situación precaria la gente intenta vivir ~~en~~ lo mejor que puede, tener una casa, ~~comprarsi~~ comprarse un coche y tener una ~~familia~~ familia. Trabajo con mucha gente y no sé qué hace los fines de semana ~~ma~~ pero me da ~~iguale~~ igual. Tampoco me importa que los demás ~~saben~~ sepan mis emociones. Creo que esto se llama ~~intimita~~ intimidad, quien realmente está a mi lado, mi familia, mi mujer, mis mejores amigos, saben ~~quello~~ lo que siento y cuando les preguntan quién es Juan no cuentan todo lo que soy, seguramente dicen, es arquitecto, está casado y vive en Roma.

Tarea 2, opción 1.

a. Análisis del texto: **1.** No. Normalmente, cuando pensamos lo que vamos a escribir, nuestro pensamiento es más similar, en un primer momento, a una producción oral que a una escrita. Como ves, el principal error del candidato es haber sido demasiado informal. Es subjetivo, emotivo y espontáneo. Estas características no son las más aconsejadas en un informe de este tipo; **2.** Sí, sigue una lógica pero el hecho de que el escrito sea breve y no responda a algunas de las consignas le penaliza. No consigue tampoco darle un tono económico al texto, dado que no utiliza ningún término no relacionado con la economía, ni siquiera básico; **3.** No, utiliza muy pocos conectores lo que le proporciona poca cohesión al texto. Tampoco organiza el texto separándolo mediante epígrafes, por eso parecen muchas ideas puestas juntas sin ningún tipo de conexión entre ellas; **4.** El vocabulario es muy informal pero no es del todo incorrecto; **5.** Sí, comete errores de gramática (de preposiciones "me licencié Filología Hispánica", problemas con el Imperfecto "hacimos", con el subjuntivo "la gente tiene muchos problemas cuando venga a España", entre otros.

b. **¡Atención!** Esta es solo una propuesta de corrección. No es la única posible.

FORMACIÓN ACADÉMICA Y EXPERIENCIA LABORAL: Soy licenciada en Filología Hispánica por la Universidad de Valencia y a lo largo de mi trayectoria, he ido incorporando mi interés por la comunicación y la mediación intercultural a mi práctica profesional.

ACTIVIDAD DE LA EMPRESA: Comunicando es una asesoría que ofrece soluciones a todo tipo de "problemas de comunicación", y cuyo fin es fomentar el diálogo intercultural . Ofrece muchos servicios: traducción-interpretación y cursos de idiomas. Sin embargo, el eje principal de su filosofía es el desarrollo de la comunicación intercultural. De hecho, para su creación se invirtió el 50% del capital inicial en garantizar la presencia de formadores expertos.

BENEFICIOS Y PÉRDIDAS DE LA EMPRESA: A pesar de un 2007 difícil, las inversiones fueron recuperadas gracias a la visibilidad proporcionada por el concurso "La pequeña empresa". Creamos una red de colaboración con otras empresas privadas e instituciones públicas interesadas en materia de comunicación. Actualmente el balance es muy positivo.

ACUERDOS BILATERALES Y PROYECTOS: Comunicando obtuvo del Ayuntamiento de Valencia una significativa inversión económica. Esto permitió dar un fuerte impulso a esta empresa, proporcionando ventajas a ambas partes. Su apoyo económico y su prestigio a cambio de asesoramiento en materia de integración socio y psicolingüística. Parte del éxito de esta empresa se debe a unir esfuerzos públicos y privados.

NECESIDADES DE INNOVACIÓN: Facilitar que las personas que lleguen a España tengan ya la formación necesaria para poderse integrar en el mundo laboral. Hay mucha demanda en este sector. Para ello, en esta empresa se destinan recursos a fin de implementar las nuevas tecnologías en la oferta de los diferentes proyectos para abarcar nuevos países a corto plazo.

 PRUEBA 1
COMPRENSIÓN DE LECTURA

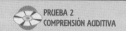 PRUEBA 2
COMPRENSIÓN AUDITIVA

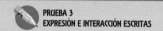 PRUEBA 3
EXPRESIÓN E INTERACCIÓN ESCRITAS

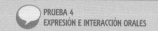 PRUEBA 4
EXPRESIÓN E INTERACCIÓN ORALES

Tarea 2, opción 2.

a. Análisis del texto: La candidata o no tenía el nivel exigido o no tuvo tiempo para hacer una autocorrección pormenorizada. Cometió errores de gramática y de léxico propios de niveles más bajos. Además, utilizó de manera impropia el imperativo, considerando que se dirigía a una institución "pónganse en contacto conmigo", lo que implicó problemas de adecuación a la situación. Tampoco supo despedirse correctamente. La mayoría de estos errores podrían haber sido subsanados si la candidata hubiera dejado un poco de tiempo para leer de nuevo su escrito. Te aconsejamos que dediques un poco de tiempo a la autocorrección.

b. ¡Atención! Esta es solo una propuesta de corrección. No es la única posible.

~~Hola!~~ Estimados Sres.:

Les informo que estoy muy interesada ~~a~~ en participar en el ~~corso~~ curso de Auxiliar de Escuelas Infantiles que propone el Ayuntamiento.

Quiero hacer ~~esto~~ este curso porque me gustan muchos los niños y creo que ~~tenga~~ tengo las características necesarias para poder hacerlo. Soy paciente, generosa, ~~alegra,~~ alegre, divertida, cualidades que ~~sono~~ son importantes ~~por~~ para hacer este trabajo.

Lamentablemente no ~~puse~~ pude terminar la Universidad por problemas familiares, ~~empezé~~ empecé Magisterio, y me gustaría poder seguir ~~a formarme~~ formándome para poder trabajar en ~~el~~ lo que siempre me ha fascinado. Para ~~realizar~~ compaginar ~~esto~~ este curso con mi trabajo actual (niñera), trabajo que normalmente hago por la tarde, les ruego que me ~~ponen~~ pongan / inscriban en el curso de lunes a viernes de 9 a 12.

Para concluir, querría ~~decirles mi gran agradecimiento por~~ darles las gracias por el tiempo que les he robado. Entiendo la dificultad que ~~es esa~~ conlleva la elección ~~de ente~~ a priori de un candidato sin conocerle personalmente. Por ~~esto~~ ello, espero ~~que he~~ haber despertado su interés. En caso de que ~~quieren~~ quieran conocerme ~~en~~ personalmente y discutir ~~puntos de mi currículo no claros completamente~~ o aclarar ulteriores detalles, ~~ponerse~~ no duden en ponerse en contacto conmigo. ~~Gracias cordiales y atentos saludos.~~

Atentamente, les saluda,

RESUMEN

Te proponemos una serie de ideas que te ayudarán a mejorar tus escritos.

Es importante que antes de empezar a escribir tengas claro lo que vas a escribir y en qué parte del escrito lo vas a tratar. La extensión, tanto de la introducción como de la conclusión, son menores respecto al cuerpo. Ten en cuenta también quién es el emisor y a quién se dirige, la intención de la carta (informar, preguntar, etc.), la relación entre el emisor y el receptor (igualdad, superioridad, inferioridad, relación institucional, etc.) y los convencionalismos sociales: educación, buenas maneras, tono, etc.

Estos son algunos aspectos que puedes tener en cuenta para escribir una buena solicitud:

- Cohesionar bien el texto te permitirá facilitar la lectura al receptor y guiarle en tu argumentación.
- Llamar la atención hará que tu solicitud consiga su objetivo, es decir, no ser ignorado o descartado.
- Explicar de manera pormenorizada que cumples cada uno de los requisitos argumentando, por ejemplo, que tienes problemas económicos.
- Presentar tus credenciales, tus cualidades, tu formación, tus objetivos y tus ambiciones será el punto fuerte.
- Subrayar el hecho de que supondría para ti una buena oportunidad y para el Ayuntamiento una buena inversión, aportará un valor añadido a la solicitud.

Como ves, en cartas como esta es donde tienes que obtener algo del receptor, son importantes no solo las palabras que empleas, sino las ideas que expones. Escribir bien no solo supone saber gramática o sintaxis, sino tener la capacidad de ordenar nuestras ideas con el objeto de convencer a quien nos lee.

DELE C1

Modelo de examen n.° 3

PRUEBA 1. COMPRENSIÓN DE LECTURA   90 min.

 Claves, comentarios, consejos y actividades.

PRUEBA 2. COMPRENSIÓN AUDITIVA   50 min.

Claves, comentarios, consejos y actividades.

PRUEBA 3. EXPRESIÓN E INTERACCIÓN ESCRITAS   80 min.

Claves, comentarios, consejos y actividades.

 Claves, comentarios, consejos y actividades sobre este modelo de examen.

En este modelo vamos a centrarnos en las dificultades que plantean las preguntas, en los procedimientos para transformar fragmentos de textos en preguntas, en las diferencias entre enunciados y frases del texto.

¡Consejo! Te aconsejamos ir marcando o copiando sistemáticamente el fragmento del texto al que corresponde cada respuesta correcta antes de consultar las claves, para que puedas comprobar tanto los resultados como tu capacidad para localizar el fragmento correspondiente.

 El Cronómetro, manual de preparación del DELE. Nivel C1

 **PRUEBA 1**
COMPRENSIÓN DE LECTURA

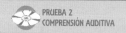 **PRUEBA 2**
COMPRENSIÓN AUDITIVA

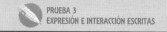 **PRUEBA 3**
EXPRESIÓN E INTERACCIÓN ESCRITAS

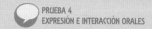 **PRUEBA 4**
EXPRESIÓN E INTERACCIÓN ORALES

● ● ● ● ● Antes de empezar la parte de **Comprensión de lectura**.

Tres tareas previas

a. Aquí tienes quince preguntas de examen. Todas proceden de exámenes reales. Identifica a qué tarea corresponden. Para hacerlo tienes que tener en cuenta tanto el estilo de la pregunta como el tipo de texto que aparece en cada tarea (repasa, si lo necesitas, el principio del modelo 2).

	Tareas				
	1	2	3	4	5
A. Según el autor del texto, el uso de las nuevas tecnologías en política...					
B. La tienda ofrece transporte de productos a domicilio...					
C. A todo esto se le suma una sociedad que pone insistentemente a la educación como el centro de las posibilidades de desarrollo de las personas.					
D. Este libro habla de procedimientos que ayudan a desarrollar las diferentes...					
E. Si un cliente desea devolver un producto,...					
F. En el texto se defiende que el ciudadano...					
G. Un adolescente en los años cuarenta tenía como referente a su familia y quizás a alguna autoridad.					
H. El autor de este trabajo es formador de profesionales de la enseñanza.					
I. La garantía comercial de los artículos de este establecimiento...					
J. a) proveyeron b) proveyeran c) proveían					
K. A todo esto se le suma una sociedad que pone insistentemente a la educación como el centro de las posibilidades de desarrollo de las personas.					
L. En caso de subida de precios, los antiguos clientes de Teleplán pueden...					
M. Uno de los aspectos investigados para esta tesis ha sido los antecedentes médicos familiares de las personas estudiadas.					
N. a) dado que b) a nada que c) siempre que					
Ñ. Para el momento actual, la autora recomienda a las consultoras...					

Fuente: ╋╂╋ *Instituto Cervantes.*

b. A continuación tienes otras cinco preguntas incompletas. Complétalas con palabras de la lista de la derecha.

1	_____ los acuerdos anteriores, hay una persona que...	
2	Antes se ignoraba al cuerpo humano hasta el día en que algo dejaba de funcionar. Hoy en día, _____, sabemos que...	se origine en cambio
3	_____ el texto, la sociedad actual se caracteriza por...	con respecto a va dirigido
4	Este trabajo _____ a un público muy concreto.	según
5	a) se originó b) _____ c) se originase	

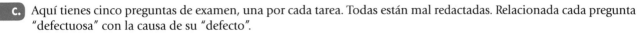

c. Aquí tienes cinco preguntas de examen, una por cada tarea. Todas están mal redactadas. Relacionada cada pregunta "defectuosa" con la causa de su "defecto".

¡Atención! Este ejercicio tiene como intención recordar lo que hemos visto en la tabla introductoria del modelo 1 (páginas 8 y 9), consúltala antes de hacerlo. No queremos decir que en el examen las preguntas puedan estar mal redactadas, al contrario, los exámenes de cada convocatoria pasan por parte del Instituto Cervantes por un largo proceso de corrección y control.

Pregunta defectuosa	¿Por qué no está bien?
TAREA 1 Por lo que dice el contrato, el autor... a) parece no estar de acuerdo con las intenciones de los participantes. b) tiene dudas sobre la predisposición de los organismos que lo respaldan. c) estaría dispuesto romper el acuerdo unilateralmente.	**A.** La tarea evalúa que eres capaz de comprender la intención o el punto de vista del autor del texto, captando actitudes y opiniones implícitas o explícitas. Con esta pregunta no se puede saber si lo has entendido, porque las tres opciones dicen prácticamente lo mismo, con lo que no puedes demostrar que has entendido esa intención del autor.
TAREA 2 , lo que generó algunas protestas,	**B.** La tarea evalúa la comprensión de la idea general y de datos específicos de textos del ámbito público y profesional. Esta pregunta evalúa las intenciones del supuesto autor, que no suele aparecer en este tipo de textos y en todo caso no es relevante, y la interpretación del texto.
TAREA 3 En el texto se defiende que la política monetaria... a) tiene estrategias para evitar errores que se repiten periódicamente. b) toma medida para que no se produzcan los mismos errores una y otra vez. c) aplica procedimientos para impedir que haya defectos recurrentes en el sistema.	**C.** La tarea intenta comprobar que sabes localizar información específica y relevante en textos breves que tratan temas de un mismo ámbito académico. Parece que el texto al que hace referencia es de un ámbito diferente, y además, no evalúa información relevante inserta en el texto, sino que trata de la fuente del texto, de la que no podemos decir a priori si es fiable o no, pero que es un aspecto normalmente no incluido en la tarea.
TAREA 4 La reseña de este libro, al contrario del resto de reseñas, apareció en una publicación poco fiable, y no trata el mismo tema que las otras.	**D.** Esta tarea evalúa tu capacidad para identificar las estructuras y el léxico apropiados para un texto complejo. Cada hueco se refiere, pues, o a aspectos gramaticales o al vocabulario, pero no evalúan al mismo tiempo los dos aspectos, que es lo que pasa en estas opciones: son verbos diferentes en tiempos diferentes.
TAREA 5 a) han realizado b) provocaron c) resultara	**E.** La tarea evalúa que sabes reconocer la estructura de un texto a partir de fragmentos que se pueden insertar realmente en el mismo. Un fragmento tan corto (en este caso, una aposición), es casi imposible de insertar en el texto original, no ofrece suficientes elementos estructurales para evaluar que reconoces la estructura del texto.

CLAVES

a. **Tarea 1.** B, E, I, L; **Tarea 2.** C, G, K; **Tarea 3.** A, F, Ñ; **Tarea 4.** D, H, M; **Tarea 5.** J, N.

b. **1.** con respecto a; **2.** en cambio; **3.** según; **4.** va dirigido; **5.** se origine.

c. **1.** C; **2.** E; **3.** A; **4.** B; **5.** D.

¡Ya puedes empezar esta prueba!

La prueba de **Comprensión de lectura** contiene **5 tareas**. Usted tiene que responder a **40 preguntas**. Duración: **90 minutos**. Marque sus opciones únicamente en la **Hoja de respuestas**.

● ● ● ● ● 🕐 En este examen vas a anotar los tiempos parciales de cada tarea. **Pon el reloj.**

Tarea 1

INSTRUCCIONES

A continuación leerá un texto donde se explican las condiciones de un contrato de arrendamiento. Conteste a las preguntas (1-6). Seleccione la opción correcta (A, B o C). Marque las opciones elegidas en la **Hoja de respuestas**.

CONTRATO DE ARRENDAMIENTO DE VIVIENDA

En Cáceres, a 22 de octubre de 2013.

REUNIDOS

De una parte, don Julián Lobos Azcárate y Pedro Entralgo Sánchez, en calidad este de consejero legal, y de la otra, doña Sara Padilla Regencós, en presencia de don Carlos Muñoz Mansilla, en calidad de notario.

EXPONEN QUE:

I)- Don Julián Lobos Azcárate, denominado en lo sucesivo y a efectos del contrato ARRENDADOR, propietario de pleno dominio de la vivienda sita en la calle Gran Vía del Rey Juan Carlos I n.º 2 de esta ciudad de Cáceres, y

II)- Doña Sara Padilla Regencós, que figura como ARRENDATARIA,

acuerdan formalizar el presente contrato DE ARRENDAMIENTO que se articula en las siguientes

CLÁUSULAS:

PRIMERA.– El presente contrato se otorga conforme a lo establecido en la ley 29/1994, de 24 de noviembre, de Arrendamientos Urbanos y se regirá por lo dispuesto en la misma, y por lo pactado en este documento.

SEGUNDA.– El piso objeto del presente contrato es la vivienda sita en la calle Gran Vía del Rey Juan Carlos I n.º 2, 3.º izquierda de esta ciudad de Cáceres, y que se destinará para uso exclusivo de vivienda del arrendatario y de su familia, con exclusión de todo otro uso, privado, productivo o comercial.

TERCERA.– El contrato comenzará a regir a partir del día uno de noviembre del presente año, concertándose el arrendamiento por el plazo de UN AÑO. Concluido el período contractual pactado, el contrato se prorrogará por períodos de un año, mientras una de las partes no notifique a la otra, en el plazo de 15 días antes de la fecha de vencimiento, su deseo de darlo por terminado. En el caso de que el arrendatario quisiera desistir del cumplimiento total del contrato, deberá indemnizar al arrendador con una cantidad equivalente a 1 mensualidad por cada año de contrato que reste por cumplir.

CUARTA.– La renta inicial se establece en la cantidad de 1200€ mensuales, debiendo satisfacerse dentro de los 5 primeros días de cada mes, por transferencia bancaria a la cuenta bancaria n.º 2334 5456 6789 6420 5463 de la Caja de Extremadura a nombre del arrendador. Las partes contratantes convienen en que el importe total de la renta se acomodará cada año a las variaciones del Índice General de Precios al Consumo que fije el Instituto Nacional de Estadística. En ningún caso la demora en la aplicación de dicha acomodación implicará renuncia del derecho del arrendador a practicar la misma.

QUINTA.– El arrendatario, toda vez examinados exhaustivamente el piso y sus accesorios, declara recibirlos en perfecto estado para el uso a que se destina, y se compromete a devolverlo en igual estado una vez finalizado el contrato, siendo de su cuenta toda reparación que haya de realizarse por daños causados por desgaste o por el uso ordinario de la vivienda. La contratación de cualesquiera servicios susceptibles de individualización mediante contadores será también por cuenta del arrendatario.

<u>SEXTA</u>.– Los gastos de comunidad y el impuesto sobre Bienes Inmuebles serán por cuenta del arrendador. El arrendatario deberá respetar y cumplir en todo momento las normas por las que se rige la comunidad de propietarios de la que forma parte el piso arrendado. El arrendatario se obliga a permitir el acceso del arrendador al piso para la inspección y comprobación de su estado, así como para la realización de cualquier tipo de obra o reparación o mejora de la vivienda o del edificio del que forma parte.

<u>SÉPTIMA</u>.– Salvo que el arrendador lo autorice previamente y por escrito, queda prohibida la realización de obras y la modificación de las instalaciones. Queda igualmente prohibido el subarriendo o la cesión de la vivienda, y la colocación de cualquier elemento que modifiquen la uniformidad o la estética del edificio.

<u>OCTAVA</u>.– Por el arrendamiento se constituye en este acto FIANZA por importe de 1200€ que responderá del pago del alquiler, de los perjuicios por incumplimiento de las obligaciones contractuales y de los daños originados en el inmueble. La fianza estará sujeta a actualización a partir del segundo año según las condiciones especificadas en la cláusula cuarta del presente contrato.

<u>NOVENA</u>.– Las partes convienen que, de producirse el fallecimiento del arrendatario una vez transcurridos dos años desde la firma de este contrato, no será de aplicación el régimen de subrogación *mortis causa* que regula el Art. 16 de la Ley de Arrendamientos Urbanos. De producirse dicha defunción durante el plazo citado, el arrendamiento se extinguirá al cumplirse dicho plazo sea quien fuera el que hubiera sucedido al arrendatario en el arrendamiento. A efectos del Art.14 de la vigente ley de Arrendamientos Urbanos y a cuantos otros pudieran resultar pertinentes, las partes convienen que el abandono o la enajenación de la vivienda extinguirán el arrendamiento.

Fdo.: EL ARRENDADOR   Fdo.: EL ARRENDATARIO

PREGUNTAS

1. Según los datos ofrecidos en este documento, el arrendador...

a) tiene derecho legal a alquilar la vivienda.
b) comparece a través del representante Pedro Entralgo.
c) es quien ha solicitado la presencia del notario.

2. El contrato establece que el inquilino...

a) deberá notificar cualquier uso del inmueble diferente del establecido.
b) tendrá la posibilidad de negociar el uso de la vivienda.
c) dispone de la vivienda solo para vivir en ella.

3. Cualquiera de las dos partes...

a) podrá establecer el final del contrato cuando lo desee.
b) dará por terminado el contrato siempre que lo notifique con antelación.
c) dispondrá de 15 días para establecer el vencimiento del contrato.

4. Se establece que ambas partes están de acuerdo en...

a) la manera de abonar el alquiler.
b) que la cuantía del alquiler podrá cambiar previa notificación por escrito.
c) el aumento progresivo del alquiler aunque el arrendador olvide aplicarlo.

5. Respecto a los gastos que genere la vivienda, el arrendatario...

a) se hará cargo de los referidos a servicios individualizables.
b) tendrá que cubrir también los generados por la comunidad de vivienda.
c) deberá descontar los impuestos de la fianza establecida.

6. Entre los derechos que tiene el arrendador figura...

a) el acceso libre a la vivienda.
b) la realización de obras de mejora en el piso.
c) el subarriendo del inmueble.

• • • • • 🕐 ¿Cuánto tiempo has necesitado para completar **esta tarea**? Anótalo aquí: _____ min.

Modelo de examen n.º 3

INSTRUCCIONES

*Lea el siguiente texto, del que se han extraído seis párrafos. A continuación lea los siete fragmentos propuestos (A-G) y decida en qué lugar del texto (7-12) hay que colocar cada uno de ellos. HAY UN FRAGMENTO QUE NO TIENE QUE ELEGIR. Marque las opciones elegidas en la **Hoja de respuestas**.*

SALUD NO SOLO SIGNIFICA CURAR ENFERMEDADES

Eduardo Punset

Nos hemos aplicado en curar enfermedades. Disponíamos de cuatro medios: fármacos, genes, alimentos y medidas preventivas. La sanidad en los Estados Unidos –por elegir el país donde el resto del mundo está convencido de que podría gastar mucho más– absorbe más de dos trillones de dólares. Sin embargo, solo una parte ínfima de esta cantidad se dedica a prevención o dietética; **7.** _____.

Para ello, básicamente, utilizamos los fármacos. Los pacientes los ingieren sin parar, sin saber la mayoría de las veces lo que toman. La ingesta de fármacos, obviamente, tiene muchos inconvenientes: no se sabe cuándo surtirán efecto; a unas personas les van muy bien y a otras les van muy mal o no les hacen efecto; aparte del problema de los efectos secundarios, que nunca se pueden saber con absoluta certeza. **8.** _____.

La irrupción progresiva del cuidado psicológico de la gente nos revela ahora que puede ser mucho más beneficiosa para ello la compañía de un amigo que un fármaco. No hemos desarrollado suficientemente los beneficios implícitos de las relaciones humanas. Ya no digamos en la gestión emocional de la tristeza o la soledad. Ahora estamos descubriendo que un poco de tristeza ayuda a permanecer en estado de alerta frente a contratiempos inesperados. No demasiada, pero sí un poco. **9.** _____.

Pocas veces se había depositado tanta confianza en los méritos del conocimiento genético y, más tarde, de la conocida como terapia génica. Cuando a mediados de los años 50 se descubrió la estructura del ADN, los científicos responsables lo denominaron el "secreto de la vida". Han transcurrido 60 años desde entonces y es cierto que ahora lo seguimos llamando algo parecido, "lenguaje de la vida", y que, gracias a la terapia génica, visualizamos un mundo nuevo; pero ya no nos lo creemos como antes.

Es cierto que sería absurdo no alegrarse del cambio trascendental que supone haber superado una situación en la que se consideraba que teníamos buena salud hasta que surgían síntomas o indicios de una enfermedad. **10.** _____.

Ningún cuerpo humano es perfecto y por ello puede ser útil investigar nuestra doble hélice en busca de la salud. El análisis detallado del genoma constituirá el método más expeditivo para calibrar por dónde aflorarán las amenazas a la salud. **11.** _____.

Hace más de diez años, uno de los investigadores más prestigiosos del mundo –especializado en nutrición– me recordó en Boston (Massachusetts, Estados Unidos) que el cuidado de la dieta, unido al ejercicio físico, era la vía más directa para garantizar una buena salud. **12.** _____.

La buena nueva consiste en comprobar el contagio paulatino de la práctica del ejercicio físico y de correr en nuestras ciudades y playas al hábito de una dieta saludable. Son dos puntales de las políticas de prevención en las que hasta ahora no gastábamos nada o casi nada.

(Adaptado de http://www.eduardpunset.es/13333/general/salud-no-solo-significa-curar-enfermedades)

FRAGMENTOS

A.	Antes se ignoraba al cuerpo humano hasta el día en que algo dejaba de funcionar. Hoy en día, en cambio, sabemos que todo el mundo nace con huellas genéticas diferenciadas.
B.	La lógica elemental nos dice que el lavado de manos antes de preparar o consumir los alimentos tendrá mejores resultados y será más sencillo que cuidar a un enfermo, llevarlo a consulta médica, suministrar remedios y resolver las consecuencias de su inasistencia a las actividades cotidianas.
C.	En cuanto a la soledad, siempre la habíamos tratado como un añadido de la depresión; resulta que es falso y que la soledad por sí sola tiene sustantividad propia y requiere un trato diferenciado.
D.	Esto indica que gozar de una vida saludable es también una cuestión de educación, si se exceptúan los contados casos en los que los genes son los responsables de las enfermedades, como ocurre con la obesidad.
E.	Por último, el periodo entre el inicio de la investigación del remedio adecuado y su administración al paciente supera los diez años, lo que, por sí solo, encarece sobremanera el producto.
F.	Ahora bien, seguimos estando muy lejos de ello y los pacientes afectados por lesiones cardiovasculares, cáncer, diabetes o fibrosis quística siguen esperando.
G.	casi todo el gasto se destina a curar enfermedades, de manera que, en lugar de hablar de un sistema de salud, allí y aquí, sería más correcto hablar de un sistema para curar enfermedades.

● ● ● ● ● 🕐 ¿Cuánto tiempo has necesitado para completar **esta tarea**? Anótalo aquí: _____ min.

Modelo de examen n.º 3

*Lea el texto y responda a las preguntas (13-18). Seleccione la opción correcta (A, B o C). Marque las opciones elegidas en la **Hoja de respuestas**.*

JÓVENES Y PUBLICIDAD

Lorenzo Sánchez Pardo, Ignacio Megías Quirós, Elena Rodríguez

Como han puesto de manifiesto diferentes investigaciones, los medios de comunicación han adquirido en los últimos años un papel relevante en los procesos de socialización de los jóvenes, en la transmisión de valores y actitudes sociales. Para confirmarlo, basta constatar un hecho esclarecedor, como es el que los propios jóvenes atribuyen a estos medios una importancia en su socialización superior, incluso, a la de instituciones que, como los centros educativos, han tenido tradicionalmente un papel central en los procesos socializadores.

La publicidad, al igual que lo hacen los medios de comunicación, proyecta una visión estereotipada de los jóvenes, que aparecen despreocupados y divertidos, pendientes de su imagen personal. Se trata de una imagen sesgada, simplificada y muy alejada de la diversidad que caracteriza al universo juvenil, pese a lo cual, y en la medida en que la publicidad abusa de ella, la refuerza y acaba convirtiéndola en el referente indiscutible para muchos, incluidos los jóvenes, que perciben que es el modelo con el cual la sociedad espera que se identifiquen.

En un contexto histórico donde los referentes culturales tradicionales (la religión, la política, los ideales colectivos, etc.) han perdido influencia, la publicidad y los medios de comunicación ofrecen a los jóvenes una imagen con la que identificarse. Ser joven significa actuar y posicionarse tal y como estas instancias nos muestran que los jóvenes piensan, sienten y se comportan. Esta identificación con los modelos juveniles fortalece en los jóvenes la vivencia de "normalidad", un elemento central en la cultura juvenil, íntimamente ligado a los procesos de integración social. Siempre y cuando los jóvenes actúen como creen que lo hacen los demás jóvenes, se sentirán aceptados e integrados.

La influencia de la publicidad en la configuración de los referentes valorativos es ejercida en la medida en que, en la traslación de una determinada visión del universo juvenil, enfatiza un cierto tipo de valores (presentistas, pragmáticos y hedonistas), que benefician los objetivos de la publicidad: favorecer el consumo de bienes y servicios, estimulando el interés y el deseo por los mismos. La sobrerrepresentación de estos valores provoca en los jóvenes la tendencia a identificarse más con dichos valores, desplazando a posiciones secundarias otros, y a que se refuerce el propio estereotipo. De esta manera la publicidad contribuye decididamente a que se consoliden determinadas actitudes y comportamientos.

Pero el análisis del impacto que la publicidad tiene en el universo cultural de los jóvenes no puede realizarse de forma descontextualizada, al margen de los procesos sociales y culturales generales que se están viviendo en la sociedad española. No se entendería por qué la actividad publicitaria es tan influyente si no se tuvieran en cuenta los cambios acontecidos, por ejemplo, en los procesos de socialización, en las relaciones familiares, en los hábitos generales de consumo o en los procesos de emancipación y participación social. Por otro lado, la creciente influencia social de los medios de comunicación discurre en paralelo con la expansión de la actividad publicitaria, un mercado en el cual los jóvenes tienen una presencia e importancia creciente, en consonancia con su mayor disponibilidad económica. La publicidad refuerza la asociación que se establece entre el consumo de diversos bienes y servicios y el logro de objetivos como la realización personal, el éxito social, el disfrute de la vida o la propia felicidad, por citar algunos de los más relevantes.

Por todo lo dicho, se hacía necesaria la realización de una investigación que permitiera identificar los contenidos generales de la publicidad dirigida a los jóvenes, las estrategias comunicacionales utilizadas y los valores que proyecta la misma. Los objetivos perseguidos por esta investigación podrían sintetizarse del siguiente modo:

- Analizar los contenidos, las estrategias comunicacionales y los aspectos formales de la publicidad dirigida a los jóvenes españoles.
- Conocer los valores subyacentes que proyecta la publicidad juvenil.
- Identificar los mecanismos de comunicación habitualmente utilizados por la publicidad dirigida a los jóvenes.
- Conocer la valoración y las percepciones que los propios jóvenes realizan de la publicidad dirigida a ellos.

(Adaptado de "JÓVENES Y PUBLICIDAD. Valores en la comunicación publicitaria para jóvenes"
http://www.injuve.es/contenidos/item.action?id02028873030)

PREGUNTAS

13. Según los autores, los jóvenes creen que en su socialización...

   a) los centros educativos han ganado en influencia.
   b) los medios de comunicación han pasado a ser más influyentes.
   c) hay una pugna entre centros educativos y medios de comunicación.

14. La imagen de los jóvenes que ofrece la publicidad...

   a) es la imagen en la que acaban por reconocerse los jóvenes.
   b) simplifica el sentir de la juventud.
   c) abusa de un deseo de uniformización.

15. El identificarse con la imagen de los jóvenes proyectada por la publicidad...

   a) está provocando la pérdida de la influencia de otros referentes.
   b) se mantiene en la medida en que la juventud la refuerce.
   c) permite que los jóvenes sientan que la sociedad los acepta como son.

16. Según el texto, que a los jóvenes les guste disfrutar del presente es algo que...

   a) pertenece a su propia identidad.
   b) viene reforzado por los valores actuales.
   c) contribuye a un mayor consumo.

17. Los autores vienen a decir que la influencia de la publicidad...

   a) aumenta a pesar del desarrollo de la propia juventud.
   b) va en paralelo con la de la misma publicidad.
   c) acaba estableciendo un paralelismo entre éxito social y consumo.

18. Los autores han llevado a cabo la investigación para...

   a) desentrañar el mensaje implícito en la publicidad.
   b) advertir de los valores que la publicidad acaba imponiendo.
   c) desarrollar mecanismos que refuercen otros valores.

 ● ● ● ● ● ¿Cuánto tiempo has necesitado para completar **esta tarea**? Anótalo aquí: _____ min.

A continuación leerá una serie de descripciones de programas de radio. Tiene seis textos (A-F) y ocho enunciados (19-26). Léalos y elija el texto que corresponde a cada enunciado. RECUERDE QUE HAY TEXTOS QUE DEBEN SER ELEGIDOS MÁS DE UNA VEZ. Marque las opciones elegidas en la Hoja de respuestas.

A. OTRAS MÚSICAS. AMÉRICA MÁGICA. Martes de 16.00 a 17.00 h. Dirigido por Mikaela Vergara.

América Mágica es un monográfico creado para la difusión de la música clásica iberoamericana desde la época colonial hasta la actualidad: un repertorio variado y sorprendente que supone una asignatura pendiente en la historia de la música universal. América Mágica inicia su novena temporada en Radio Clásica y en cada edición viajamos en el espacio y el tiempo por las músicas y las culturas de Iberoamérica, con la intención de ofrecer una diversidad de estilos, géneros, nacionalidades y épocas. Los contenidos del programa se articulan en torno a una selección de audiciones (interpretaciones de difícil acceso, grabaciones históricas y novedades discográficas), así como entrevistas y reportajes.

B. MÚSICAS DE TRADICIÓN ORAL. Sábados de 0.00 a 01.00 h. Presentador: Gonzalo Pérez Trascasa.

Músico burgalés vinculado a RNE desde 1983, ha venido realizando desde hace más de un cuarto de siglo programas dedicados a la cultura tradicional para diferentes cadenas, programas que acapararon numerosos premios de periodismo regionales y nacionales. Entre otros muchos trabajos ha sido el responsable de la más amplia recopilación de materiales realizada en España en un ámbito provincial: el "Cancionero popular de Burgos", obra enciclopédica que, en sus siete volúmenes, contiene más de 3 100 transcripciones de documentos musicales. El programa que nos ocupa está dedicado a la música popular de tradición oral, esta vez de todo el mundo, y por supuesto de España, en el que primamos las grabaciones documentales para ofrecer un enfoque riguroso y a la vez ameno de la música tradicional.

C. MÚSICA Y... LOS IMPRESCINDIBLES. Sábado, de 10.00 a 11.00 h. Director/Presentador: José Luis Nieto.

Es este un programa que muestra obras, autores y estilos de cualquier época y género, acompañados de un entretenido comentario y análisis. Cada obra –o conjunto de ellas– es presentada de forma amena y rigurosa, dedicándole el tiempo necesario para escucharla con tranquilidad. Cada emisión supone una invitación al espectador para disfrutar de la música y, al mismo tiempo, conocer un poco mejor un repertorio tan atractivo como imprescindible en su discoteca particular. Su director es un gran académico y especialista en historia, estética y creatividad en el ámbito de la música, profesor de profesores de Secundaria. Coordina grupos de trabajo, imparte conferencias y cursos de Análisis, Estética, Teoría e Historia de la Música, y colabora habitualmente en revistas especializadas. Ha sido profesor en varios conservatorios y ha colaborado con distintas instituciones y festivales de música.

D. PROGRAMAS TEMÁTICOS. LOS RAROS. Domingos de 09.00 a 10.00 h. Director/Presentador: Juan Manuel Viana.

En enero de 1905 firmaba Rubén Darío el prólogo a un curioso libro en el que, siguiendo el camino emprendido por "Los poetas malditos" de su admirado Verlaine, levantaba apasionada acta de los héroes literarios del simbolismo. En "Los raros", la prosa del nicaragüense nos acerca hasta hacer casi tangibles las figuras de sus maestros indiscutibles y de autores famosos en su tiempo y ahora casi olvidados. Entonces, como ahora, los grandes nombres acabaron ocultando la memoria de los otros, discretas figuras de segunda fila, quizá no tocadas por la mano del genio pero sin las cuales el conocimiento de ese período quedaría decididamente incompleto. Tomando el ejemplo de Darío, en Los Raros tratamos de recuperar esta memoria musical eclipsada, de rescatar –y en muchos casos descubrir– la obra de esa infinidad de músicos condenados a un injusto olvido o simplemente ignorados pero sin cuyo conocimiento el fascinante archipiélago de la música se vería privado de muchas de sus islas.

E. TEMÁTICOS. CONTRA VIENTO Y MADERA. Jueves, de 11.00 a 12.00 h. Director/Presentador: Diego Requena.

Contra viento y madera es el espacio que Radio Clásica se reserva para la difusión de la música de banda y, por extensión, de la de todas aquellas agrupaciones que se basan en los instrumentos de viento como parte fundamental de su formación. Aquí tienen cabida, desde bandas municipales, sinfónicas y militares, hasta conjuntos de cámara y, como no, transcripciones de música sinfónica en arreglo para este tipo de formaciones. En este espacio repasamos la trayectoria de las bandas más prestigiosas de nuestro país y del resto del mundo y estamos muy atentos a los pasos que comienzan a dar los jóvenes grupos. Todas ellas, gracias a un trabajo de recuperación y difusión, nos acercan hasta un repertorio poco conocido en el ámbito de la música de banda.

F. CORREO DEL OYENTE. Lunes a viernes de 09.30 a 11.00 h. Director/Presentador: Mercedes Puente.

Correo del Oyente es uno de los espacios más veteranos de esta emisora. A lo largo de muchos años se ha realizado con las peticiones enviadas por los oyentes, y así va a continuar en esta nueva etapa, con una duración de hora y media, en directo de lunes a viernes, pero en un nuevo horario. El contacto con nuestros oyentes seguirá siendo diario –como en el último año– bien a través del teléfono (hay una línea que funciona durante la emisión en directo del programa y en la que los oyentes que se ponen contacto son atendidos por la responsable del mismo), el contestador automático (donde dejan sus peticiones), el correo electrónico, el correo postal o cualquier otra forma en la que ustedes nos hagan llegar esas peticiones de música clásica. Programa en directo.

(Adaptado de http://www.rtve.es/rne/rc/programa/index.php)

PREGUNTAS

19. Uno de sus puntos fuertes son las explicaciones de los variados temas que ofrece.

    A)   B)   C)   D)   E)   F)

20. Saca a la luz obras de autores ocultos tras los grandes compositores.

    A)   B)   C)   D)   E)   F)

21. Trata un repertorio musical que hace tiempo debería haber sido estudiado.

    A)   B)   C)   D)   E)   F)

22. Sin ser popular, se trata a veces de música interpretada por grupos no profesionales.

    A)   B)   C)   D)   E)   F)

23. Los temas que ofrece son de difícil localización.

    A)   B)   C)   D)   E)   F)

24. El programa viene respaldado por un investigador y documentalista de prestigio varias veces premiado.

    A)   B)   C)   D)   E)   F)

25. Se esperan aquí los comentarios llegados durante la emisión.

    A)   B)   C)   D)   E)   F)

26. Lo lleva uno de los musicólogos más reconocidos del panorama académico nacional.

    A)   B)   C)   D)   E)   F)

● ● ● ● ● 🕐 ¿Cuánto tiempo has necesitado para completar **esta tarea**? Anótalo aquí: _____ min.

INSTRUCCIONES

*Lea el texto y rellene los huecos (27-40) con la opción correcta (A, B o C). Marque las opciones elegidas en la **Hoja de respuestas**.*

HUMANOS DE DIFERENTES CULTURAS COMPARTEN INTERPRETACIÓN DE RASGOS FACIALES

Según un equipo investigador que realizó un estudio _____(27)_____ los indígenas tsimanes de Bolivia, los seres humanos de diferentes culturas tienen una interpretación común de rasgos faciales que _____(28)_____ a la selección de su pareja. Como afirmó Eduardo Undurraga, de la Universidad Brandeis, en Massachusetts, el propósito de la investigación era verificar si los seres humanos tenían la habilidad de evaluar las características de otra persona a _____(29)_____ de sus rasgos faciales.

Undurraga, quien trabajó con un equipo multidisciplinar, opina que la teoría de la evolución _____(30)_____ que los seres humanos deberíamos tener dicha habilidad, al _____(31)_____ para identificar ciertas características como la condición de salud, o el grado de dominancia o agresividad de una persona.

Al _____(32)_____, existían estudios anteriores que indicaban que podían determinarse las características de una persona, como su fuerza, su salud o su personalidad, tomando en cuenta ciertos rasgos faciales, pero la mayoría de estas investigaciones se habían hecho en un contexto muy _____(33)_____ y normalmente en Estados Unidos o Europa. Con ello _____(34)_____ la generalidad de los resultados, ya que podían incluir elementos culturales y biológicos.

Este estudio se encuadra _____(35)_____ un contexto cultural totalmente distinto, _____(36)_____ forma parte de una investigación más amplia iniciada en 1994 en la Amazonía boliviana para ver cómo la expansión económica y cultural de los mercados afecta a los tsimanes, una sociedad nativa de recolectores y agricultores. En el _____(37)_____ hay diferentes niveles de rasgos: los físicos –como la prominencia de los pómulos, la separación entre los ojos y la forma de la mandíbula– que responden a la herencia, y las expresiones y gestos, que resultan de situaciones específicas y tienen variaciones culturales.

_____(38)_____ se buscaba determinar si los rasgos puramente físicos de la cara comunicaban características de las personas, los investigadores usaron, entre julio y agosto de 2007, 93 fotografías de hombres tsimanes y las mostraron a 40 mujeres y 40 hombres con edades de 16 a 25 años, esto es, en la cima de su capacidad reproductiva. Se pidió a los participantes que _____(39)_____ las fotografías de acuerdo a cuatro rasgos: salud, dominación, conocimiento y sociabilidad. La idea era que clasificaran rasgos que podrían indicar una selección de pareja de acuerdo a la percepción de aspectos tales como los recursos que la otra persona pudiera aportar, o quién tendría más fuerza en caso de una confrontación.

La conclusión fue que sí existe una _____(40)_____ en los humanos para identificar rasgos objetivos a partir de características faciales, incluso en culturas tan diferentes.

(Adaptado de http://www.cambio.com.co/archivo/documento/CMS-7746468)

OPCIONES

27.	a) entre	b) de entre	c) a base
28.	a) afecta	b) determina	c) influye
29.	a) pesar	b) partir	c) tenor

30. a) pronostica   b) comprueba   c) sugiere
31. a) menos   b) fin   c) cabo
32. a) revés   b) respecto   c) contrario
33. a) distante   b) aleatorio   c) específico
34. a) se evitaba   b) se eludía   c) se limitaba
35. a) por   b) sobre   c) en
36. a) por la   b) ya que   c) aún cuando
37. a) faz   b) rostro   c) piel
38. a) Dado que   b) Mientras que   c) Debido
39. a) clasificaron   b) clasificaran   c) clasificaban
40. a) habilidad   b) percepción   c) selección

● ● ● ● ● 🕐 ¿Cuánto tiempo has necesitado para completar **esta tarea**? Anótalo aquí: _____ min.

CLAVES

Tarea 1. 1. a; **2.** c; **3.** b; **4.** c; **5.** a; **6.** b.
Tarea 2. 7. G; **8.** E; **9.** C; **10.** A; **11.** F; **12.** D.
Tarea 3. 13. b; **14.** a; **15.** c; **16.** c; **17.** b; **18.** a.

Tarea 4. 19. C; **20.** D; **21.** A; **22.** E; **23.** A; **24.** B; **25.** F; **26.** C.
Tarea 5. 27. a; **28.** a; **29.** b; **30.** c; **31.** a; **32.** b; **33.** c; **34.** c; **35.** c; **36.** b;
37. b; **38.** a; **39.** b; **40.** a.

No olvides rellenar esta tabla inmediatamente después de realizar las tareas.

¿Qué dificultades has tenido y dónde?	Tarea 1	Tarea 2	Tarea 3	Tarea 4	Tarea 5
No estoy familiarizado con el tipo de texto.					
No conozco el vocabulario general del tema.					
No conocía palabras concretas.					
Me ha desorientado el tipo de tarea.					
No he entendido bien la relación entre la pregunta (o fragmento) y el texto.					
He perdido mucho tiempo en esta tarea.					
(Otro)					
Respuestas correctas.					
Tiempos parciales de cada tarea.					
Tiempo total utilizado.					
Nivel de estrés (de 1 –mínimo– a 5 –máximo–).					

¿Has mejorado los tiempos de la prueba? ¿En qué tarea necesitas más tiempo? Tenlo en cuenta para el siguiente modelo.

PRUEBA 1
COMPRENSIÓN DE LECTURA

Modelo de examen n.º 3

 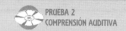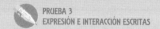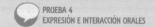
Actividades sobre el **Modelo n.º 3**

¡Aviso! En esta sección te vamos a proponer en cada tarea una actividad que no corresponde a lo que vas a hacer en el examen. Se trata de una propuesta un tanto lúdica. Tiene como objetivo comprobar que has entendido el funcionamiento de las preguntas. Te aconsejamos, para ello, disponer de un buen **diccionario de sinónimos**. ¡Te vas a convertir por un momento en redactor de exámenes! Si estás preparando el examen con algún compañero, dale las preguntas que vayas escribiendo para que las resuelva.

Tarea 1.

a. En esta actividad vamos a ver las diferencias entre las preguntas y el texto. Observa las relaciones entre el texto y algunas de las preguntas.

¡Atención! Una de las preguntas es nueva.

● PREGUNTA	● FRAGMENTO DEL TEXTO
1. Según los datos ofrecidos en este documento, el arrendador... a) tiene derecho legal a alquilar la vivienda.	Don Julián Lobos Azcaráte, denominado en lo sucesivo y a efectos del contrato ARRENDADOR, propietario de pleno dominio de la vivienda sita en la calle Gran Vía del Rey Juan Carlos I n.º 2 de esta ciudad de Cáceres, y...
2. El contrato establece que el inquilino... c) dispone de la vivienda solo para vivir en ella.	y que se destinará para uso exclusivo de vivienda del arrendatario y de su familia, con exclusión de todo otro uso, privado, productivo o comercial.
3. Se establece que ambas partes están de acuerdo en... c) el aumento progresivo del alquiler, aunque el arrendador olvide aplicarlo.	Las partes contratantes convienen en que el importe total de la renta se acomodará cada año a las variaciones del Índice General de Precios al Consumo que fije el Instituto Nacional de Estadística. En ningún caso la demora en la aplicación de dicha acomodación implicará renuncia del derecho del arrendador a practicar la misma.
4. En el caso de que el arrendatario muriese... c) la situación dependerá del momento de la muerte.	de producirse el fallecimiento del arrendatario una vez transcurridos dos años desde la firma de este contrato, no será de aplicación el régimen de subrogación mortis causa que regula el Art. 16 de la Ley de Arrendamientos Urbanos. De producirse dicha defunción durante el plazo citado, el arrendamiento se extinguirá al cumplirse dicho plazo...

Marca qué tipo de transformación se ha operado entre el texto y la pregunta en cada caso.

● TRANSFORMACIÓN	● PREGUNTA
A. Un mismo concepto se redacta de dos maneras diferentes.	....
B. Se utilizan sinónimos o expresiones equivalentes.	....
C. Se unen varias ideas del texto en una sola frase.	....
D. Se resume una idea del texto en una o varias palabras clave.	....

b. Vamos a trabajar las diferencias entre el texto y la pregunta en cuanto al vocabulario. Marca si las dos frases de cada pareja expresan la misma idea o no. Los ejemplos proceden de distintos modelos.

● **FRASE ORIGINAL / FRASE TRANSFORMADA**   ● ¿Es lo mismo?

1. Previo al uso de los servicios que le proporciona el software de *Eduline*, deberá aceptar las condiciones especificadas en el presente acuerdo.

   Antes de usar el programa, hay que aceptar las condiciones descritas en el contrato.

2. Se aprueba por unanimidad la renovación del contrato de limpieza de la escalera a favor de la empresa que la ha estado realizando hasta la fecha.

   La mitad de los presentes dan su aprobación a la firma del contrato de limpieza de la escalera con la empresa contratada hasta ahora.

3. Queda igualmente prohibido el subarriendo o la cesión de la vivienda.

   El contrato concede un permiso especial para que se alquile la vivienda a terceros.

4. Se utiliza para tratar el dolor de intensidad leve o moderada, tal como el dolor de tipo muscular o de las articulaciones, dolor menstrual, dolor dental.

   La receta especifica el tipo de dolencias graves para las que está prescrito el medicamento.

5. No utilice *Latatium* después de la fecha de caducidad que aparece en el envase.

   Se recomienda no usar el medicamento pasada la fecha que indica el envoltorio.

Marca en las frases las partes que se corresponden, con el mismo significado o significado opuesto.

c. Vamos a hacer lo mismo pero teniendo en cuenta la estructura gramatical.

● **FRASE ORIGINAL / FRASE TRANSFORMADA**   ● ¿Es lo mismo?

1. Por el presente acuerdo, reconoce y acepta que *Eduline*, sin previo aviso, pueda variar ocasionalmente el contenido y la naturaleza de los servicios que proporciona.

   En virtud del acuerdo, *Eduline* tiene el derecho a introducir de vez en cuando cambios en el contenido de los servicios y no precisa notificar de ello al usuario.

2. Una vez realizada una amplia discusión sobre los gastos del año anterior por parte de algunos de los propietarios, se aprueba el informe de gastos y se pasa a debatir el presupuesto de gastos para el año en curso.

   La aprobación de las cuentas del año anterior se produjo después del correspondiente intercambio de opiniones y antes de la discusión sobre los del siguiente.

3. El presente contrato se otorga conforme a lo establecido en la ley 29/1994, de 24 de noviembre, de Arrendamientos Urbanos y se regirá por lo dispuesto en la misma.

   La ley indicada rige lo establecido en el contrato.

4. Tome la siguiente dosis cuando proceda.

   El prospecto indica que se puede tomar el medicamento solo en situaciones que lo requieran.

5. No utilice *Latatium* después de la fecha de caducidad que aparece en el envase.

   No se recomienda hacer uso del medicamento toda vez haya caducado.

 PRUEBA 1
COMPRENSIÓN DE LECTURA

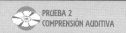 PRUEBA 2
COMPRENSIÓN AUDITIVA

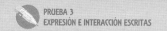 PRUEBA 3
EXPRESIÓN E INTERACCIÓN ESCRITAS

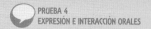 PRUEBA 4
EXPRESIÓN E INTERACCIÓN ORALES

d. ¿Te atreves a redactar dos preguntas de examen? Aquí tienes dos fragmentos de dos textos diferentes. Para el primero tienes que centrarte en el vocabulario marcado; para el segundo, en las estructuras marcadas. ¡*Suerte!*

⚠ **¡Atención!** Esta no es tarea del examen. Tiene como objetivo que entiendas mejor cómo se redactan las preguntas y puedas realizar el examen con mayor rapidez y seguridad.

Se han opuesto a su aprobación 12 de los presentes en la reunión, con lo que el presupuesto ha sido rechazado.

Es más probable que ocurran efectos adversos cuando se emplean dosis altas y tratamientos prolongados.

1. *Según el texto* ....

   a) ....

2. *El prospecto* ....

   a) ....

Tarea 2.

a. Vamos a ver la relación entre el texto y su fragmento. Empecemos por un texto de un examen real.

○ TEXTO

"Los viajes enseñan la tolerancia", aseguraba Benjamín Disraeli. Estoy totalmente de acuerdo con él y también con lo que dijo el escritor italiano Goldoni: "Quien no ha salido nunca de su tierra está lleno de prejuicios".

● FRAGMENTO

Eso no quiere decir que viajar nos haga mejores personas, pero sí que nos hace tener otros puntos de vista, otras percepciones útiles para poder comprender un país, una región o una religión.

Fuente: 🔁 *Instituto Cervantes.*

La palabra "viajes" del texto se corresponde con el verbo "viajar" del fragmento que hay que insertar. Las dos partes se unen a través del demostrativo "eso". ¿Qué otras correspondencias encuentras entre el texto y el fragmento? Completa el siguiente esquema.

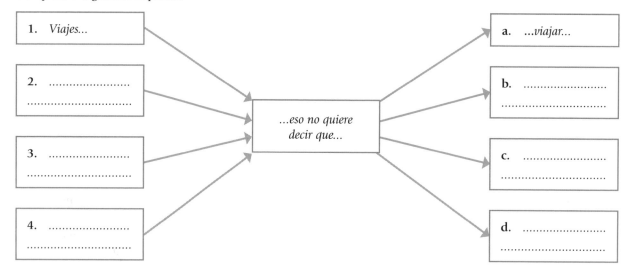

1. *Viajes...*

2. ....

3. ....

4. ....

...*eso no quiere decir que...*

a. ...*viajar...*

b. ....

c. ....

d. ....

Haz ahora un análisis similar con este otro texto y su fragmento.

○ TEXTO

"La sanidad en los Estados Unidos –para elegir el país donde el resto del mundo está convencido de que podría gastar mucho más– absorbe más de dos trillones de dólares. Solo una parte ínfima de esta cantidad se dedica a prevención o dietética".

● FRAGMENTO

Casi todo el gasto se destina a curar enfermedades, de manera que, en lugar de hablar de un sistema de salud, allí y aquí, sería más correcto hablar de un sistema para curar enfermedades.

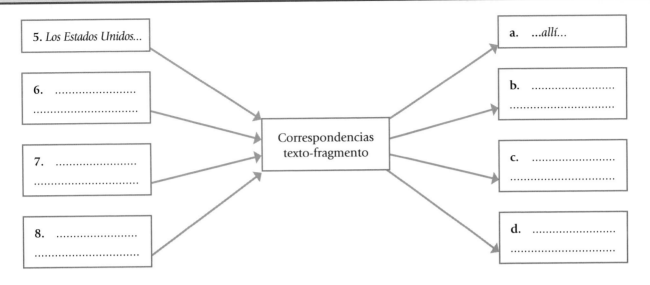

b. Entre el fragmento y el texto se pueden dar relaciones a través de palabras como *"por ello"*, o *"en este sentido"*, o *"por un lado/por otro"*, *"eso"*, como hemos visto en el modelo n.º 1. También se pueden dar relaciones lógicas de significado. Lee los siguientes fragmentos y completa la tabla de la página 132.

● TEXTO	● FRAGMENTO
1. La sanidad en los Estados Unidos absorbe más de dos trillones de dólares.	...solo una parte ínfima de esta cantidad se dedica a prevención o dietética.
2. Los medios de comunicación han adquirido en los últimos años un papel relevante en los procesos de socialización de los jóvenes, en la transmisión de valores y actitudes sociales.	...basta constatar un hecho esclarecedor, como es el que los propios jóvenes atribuyen a estos medios una importancia en su socialización superior a otros medios tradicionales.
3. Los jóvenes se sentirán aceptados e integrados...	...siempre y cuando actúen como creen que lo hacen los demás jóvenes.
4. La sobrerrepresentación de estos valores provoca en los jóvenes la tendencia a identificarse más con dichos valores, desplazando a posiciones secundarias otros.	De esta manera, la publicidad contribuye decididamente a que se consoliden determinadas actitudes y comportamientos.
5. ...se hacía necesaria una investigación que permitiera identificar los contenidos generales de la publicidad.	...la publicidad refuerza la asociación que se establece entre el consumo de diversos bienes y servicios y el logro de objetivos,
6. Tenemos que incorporar comportamientos emocionales a nuestra teoría económica....	...debemos integrar la sostenibilidad en nuestros modelos macroeconómicos...
7. ¿A qué nos referimos cuando hablamos de E3?	Un tercer entorno, después del campo y la ciudad, que emergió de la mano de la "Digitalización...
8. ...la nueva investigación encontró que el primer lenguaje también surgió allí...	...los idiomas modernos evolucionarían a partir de ese primer, único lenguaje, como resultado de la migración de las poblaciones.
9. McLuhan nos habla de que las tecnologías moldean al mundo y que tenemos desarrollado un sistema de memoria perceptiva y sensorial importante.	A través de la vista se despiertan sensaciones, ponemos en acción los demás sentidos.

 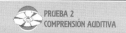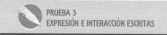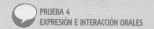
● TIPO DE RELACIÓN

A. El fragmento expresa una idea contraria o contrapuesta a la del texto.

B. El fragmento añade un elemento a una enumeración del texto.

C. El fragmento expresa una condición respecto a una idea del texto.

D. El fragmento es la consecuencia o una prueba de una idea del texto.

E. El fragmento indica la causa de una idea expresada en el texto.

F. El fragmento es un ejemplo de una idea general del texto.

G. El fragmento explica una idea o concepto del texto pero con otras palabras.

● EJEMPLO

¿Cómo descubrimos esas relaciones de significado entre el fragmento y el texto? Anota aquí tu comentario.

Tarea 3.

a. En esta actividad vamos a ver dos formas de aludir a una parte del texto. Vamos a trabajar con un nuevo texto. Observa las siguientes preguntas:

1. El autor del texto considera que las lenguas...

a) han triunfado gracias a los ejércitos que las defienden.
b) han sido vehículo de violencia.
c) han generado doctrinas sobre sus capacidades comunicativas.

2. El autor describe la promoción de las lenguas a través de...

a) los eventos deportivos asociados al país que las representan.
b) los intentos de su comercialización.
c) las figuras literarias que les dan crédito.

3. Para apoyar su actitud ante el nuevo bilingüismo, el autor alude al...

a) exceso de debate sobre su implantación.
b) abuso de un cierto dogmatismo.
c) pobre conocimiento del idioma extranjero.

4. El análisis de la situación le lleva al autor a...

a) pronosticar una mejora de la educación universitaria.
b) predecir una pérdida de prestigio comercial de la lengua materna.
c) prever un mantenimiento del debate actual.

Las preguntas pueden aludir al texto de dos maneras diferentes. Teniendo en cuenta el título, pero sin leer el texto, intenta identificar cómo alude cada pregunta al texto.

● PREGUNTAS

a) A través de un significado general del texto.

b) A través de aspectos concretos del mismo.

Busca ahora las opciones correctas en el texto.

EL SALDO DE LA LENGUA

Antonio Valdecantos

La azucarada doctrina según la cual la lengua sirve sobre todo para entenderse es antiquísima, pero no debería dársele demasiado crédito. El lenguaje no es casi nunca un medio para el acuerdo ni para la concordia, sino uno de los motivos de violencia más inagotables y traicioneros de que se tiene noticia. La lengua fue durante siglos compañera del Imperio y madre del guerrero, y todas las lenguas maternas lo son por alguna victoria militar, próxima o remota.

En nuestros días la lengua sigue siendo compañera de imperios, repúblicas y principados, pero lo habitual es que se la aprecie más por su valor de cambio que por sus vibrantes resonancias marciales. A menudo se oye, por ejemplo, que las lenguas muy habladas y cuyo aprendizaje resulta atractivo son una fuente segura de ganancias (su marca, acostumbra a decirse, cambiando el ardor patriótico por el orgullo mercantil), cuando goza de prestigio por alguna circunstancia o episodio notorio, y casi siempre deportivo.

Para aumentar el valor de la marca del país, el ser la cabecera de una lengua universal constituye una ventaja de las más envidiables y un tesoro al que conviene sacar todo el partido (o, como suele decirse con la mayor solemnidad, "todo el potencial"). Pero, naturalmente, no cabe montar una buena política de la lengua tan solo a base de cálculos contables.

No puede decirse que haya faltado en España en los últimos tiempos agrias disputas lingüísticas. Lo que resulta francamente llamativo ha sido la ausencia de todo debate en relación con el hecho lingüístico de mayor envergadura producido en muchísimo tiempo, a saber, la aceptación del incontrovertible principio según el cual el llamado bilingüismo (pero no el central-periférico, sino el referido al inglés) debería ser el día de mañana la condición normal de todos los súbditos. No se conoce, en efecto, a nadie que haya puesto en tela de juicio la bondad de dicho propósito, y lo único que está permitido discutir es la manera de lograrlo.

Como es lógico, tal bilingüismo se habrá de procurar sobre todo por medio de la enseñanza, y el que esta deba cursarse, de principio a fin, en inglés constituirá un dogma incuestionado sobre el que sería muy poco aconsejable expresar dudas: si el inglés llega a ser la lengua de la escuela, nuestra competitividad y excelencia darán un paso de gigante, porque no cabe ninguna duda de cuál es la lengua de la innovación, de la tecnología, de la globalización y, en general, del futuro. Puede que tal hallazgo traiga como consecuencia la reducción del castellano a una lengua de uso familiar (o, en el mejor de los casos, también literario), y quizá no haya nada de malo en ello.

Que ninguno de los participantes en las recias campañas de defensa del castellano frente a las políticas lingüísticas periféricas haya dicho una sola palabra sobre la imposición escolar y universitaria del inglés no es algo que deba sorprender a nadie, porque los guardianes del español y las instituciones del ramo han practicado, por activa o por pasiva, el mismo asentimiento complaciente que el resto del público. Y poco importa que el llamado bilingüismo resulte casi siempre ridículo. La mayor parte de los maestros y profesores no saben, en efecto, suficiente inglés (ni es, por cierto, su obligación) y enseñan de manera tristemente balbuciente, pero se supone que este reto, como todos, se superará con el tiempo.

Oponerse, por un lado, al llamado bilingüismo y sentir, por otro, un poco de rubor al oír hablar de la "marca España" son señales inequívocas de inadaptación a los tiempos y de poco espíritu competitivo. Pero puede que convenga tener en cuenta un pequeño detalle: si el producto que con tanto empeño se quiere promocionar en el exterior es una lengua cuyo mero uso denotará para sus hablantes maternos que no se está practicando ninguna actividad verdaderamente seria, entonces puede que una mercancía tan averiada pierda la mayor parte de su interés, y que la marca en cuestión no esté en condiciones de competir muy ventajosamente en el mercado global. Semejante lengua no solo sería una mala compañera de cualquier imperio, sino también un producto nada fácil de colocar en el mercado y un pésimo logotipo para cualquier marca nacional. Lograr vender a otros lo que uno no quiere para sí exige mucha astucia; de lo contrario, tan solo se podrá ser competitivo en el mercado de segunda mano o de ocasión, donde las marcas tienen mucha menos importancia.

(Adaptado de http://elpais.com/diario/2012/02/04/opinion/1328310012_850215.html, España)

Modelo de examen n.º 3

 PRUEBA 1
COMPRENSIÓN DE LECTURA

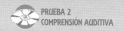 PRUEBA 2
COMPRENSIÓN AUDITIVA

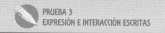 PRUEBA 3
EXPRESIÓN E INTERACCIÓN ESCRITAS

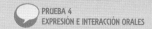 PRUEBA 4
EXPRESIÓN E INTERACCIÓN ORALES

b. Vamos a trabajar mecanismos de transformación de fragmentos del texto a través del vocabulario. Trabajaremos con el texto anterior y con el texto de este modelo de examen.

FRASE ORIGINAL / FRASE TRANSFORMADA　　　　　　　　　　　　**¿Es lo mismo?**

1. El lenguaje no es casi nunca un medio para el acuerdo ni para la concordia, sino uno de los motivos de violencia más inagotables y traicioneros de que se tiene noticia.

   Más que ser una garantía para el mantenimiento de la paz, el lenguaje es desde siempre causa de enfrentamientos violentos.

2. No puede decirse que haya faltado en España en los últimos tiempos agrias disputas lingüísticas.

   Se puede decir que en España últimamente han abundado las discusiones sobre los idiomas.

3. Como han puesto de manifiesto diferentes investigaciones, los medios de comunicación han adquirido en los últimos años un papel relevante en los procesos de socialización de los jóvenes, en la transmisión de valores y actitudes sociales.

   Los medios de comunicación han desempeñado un papel fundamental en la manera como los jóvenes se integran en la sociedad y en el modo como procesan los valores y actitudes.

4. En un contexto histórico donde los referentes culturales tradicionales (la religión, la política, los ideales colectivos, etc.) han perdido influencia, la publicidad y los medios de comunicación ofrecen a los jóvenes una imagen con la que identificarse.

   En una situación histórica en la que instituciones tradicionales como la escuela o la Iglesia dejan de influir en la sociedad, la publicidad y los medios de comunicación obtienen de la juventud una imagen identificativa.

Marca en las frases las partes diferentes y las equivalentes.

c. Vamos a trabajar mecanismos de transformación de fragmentos del texto a través de las estructuras. Trabajaremos con el texto anterior y con el texto de este modelo de examen.

FRASE ORIGINAL / FRASE TRANSFORMADA　　　　　　　　　　　　**¿Es lo mismo?**

1. No se conoce, en efecto, a nadie que haya puesto en tela de juicio la bondad de dicho propósito...

   El autor destaca el hecho de que nadie haya dicho que tal objetivo es un disparate.

2. Oponerse, por un lado, al llamado bilingüismo y sentir, por otro, un poco de rubor al oír hablar de la "marca España" son señales inequívocas de inadaptación a los tiempos y de poco espíritu competitivo.

   El autor opina que es una contradicción oponerse al bilingüismo y al mismo tiempo criticar el concepto de la llamada "marca España".

3. ...la creciente influencia social de los medios de comunicación discurre en paralelo con la expansión de la actividad publicitaria, un mercado en el cual los jóvenes tienen una presencia e importancia creciente, en consonancia con su mayor disponibilidad económica.

   Dado que los jóvenes disponen cada vez de más recursos económicos, están más presentes en la actividad de la publicidad.

4. Analizar los contenidos, las estrategias comunicacionales y los aspectos formales de la publicidad dirigida a los jóvenes españoles.

Examinar en profundidad cómo los jóvenes dirigen determinados aspectos y contenidos de la publicidad.

d. ¿Te atreves a redactar dos preguntas de examen? Aquí tienes dos fragmentos de dos textos diferentes. Para el primero tienes que centrarte en el vocabulario marcado; para el segundo, en la estructura marcada. *¡Suerte!*

¡Atención! Esta no es tarea del examen. Tiene como objetivo que entiendas mejor cómo se redactan las preguntas y puedas realizar el examen con mayor rapidez y seguridad.

Conocer los valores subyacentes que proyecta la publicidad juvenil.

Lograr vender a otros lo que uno no quiere para sí exige mucha astucia; de lo contrario, tan solo se podrá ser competitivo en el mercado de segunda mano o de ocasión, donde las marcas tienen mucha menos importancia.

1. *El texto* ....
   a) ....

2.   ....
   a) ....

Tarea 4.

a. Relee los enunciados de esta tarea. ¿Con qué verbo se hace referencia en cada uno a los textos? Márcalos en el modelo de examen.

b. Subraya ahora en cada enunciado qué elementos crees que lo diferencian del resto de enunciados. ¿Cuál sería la información nueva y más relevante? Anótalo en cada enunciado.

c. Céntrate ahora en el significado de los enunciados. ¿Qué dos tipos se pueden establecer en cuanto a la relación del enunciado con el texto? Anota aquí tu comentario.

Tipo a) ....

Tipo b) ....

d. **¡Aviso!** Antes de realizar esta actividad, consulta las claves de la actividad anterior en la página 141. Esta actividad no corresponde a lo que vas a hacer en el examen, pero te puede ayudar a realizar la tarea más eficazmente.

¿Te atreves a redactar preguntas de examen para esta tarea? Aquí tienes dos textos de la misma serie que los de este modelo de examen. Intenta escribir un enunciado del tipo **a)** y otro del tipo **b)** para cada texto. *¡Suerte!*

1. MELODÍAS DE COMEDIA. HOJAS DE ÁLBUM

Miércoles, 11h. a 12h. (repetición miércoles de 04.00 a 05.00). Director/Presentador: Eva Sandoval.

La risa forma parte esencial de la naturaleza humana. Desde tiempos inmemoriales el hombre se ha burlado de los asuntos serios de su existencia, haciendo de ello un amable espectáculo. Y como en la mayoría de los espectáculos, y especialmente los teatrales, la música siempre ha estado presente de una manera muy relevante. Géneros como la opereta, el musical o la revista son el resultado de la unión de estos tres elementos: risa, teatro y música, cuyo fin es fundamentalmente el entretenimiento del público. Este espacio está dedicado a los principales autores e intérpretes

PRUEBA 1
COMPRENSIÓN DE LECTURA

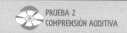PRUEBA 2
COMPRENSIÓN AUDITIVA

PRUEBA 3
EXPRESIÓN E INTERACCIÓN ESCRITAS

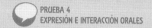PRUEBA 4
EXPRESIÓN E INTERACCIÓN ORALES

de la opereta francesa, vienesa y alemana, del musical anglosajón y de los géneros cómicos españoles e italianos. Una hora para recordar las arias, dúos y coros más populares de la música para comedias.

a) ....

b) ....

2. <u>LA CASA DEL SONIDO</u>

Viernes 01.00 a 02.00 h. Director/Presentador: José Luis Carles.

La Casa del Sonido es un programa que parte de un interés por los paisajes sonoros cotidianos, a los que apenas prestamos atención. Nos situamos en un espacio amplio y complejo que atraviesa desde la geografía a la ecología acústica, pasando por la música, la bioacústica, la arquitectura, la pedagogía o los problemas ligados al ruido. El programa se sitúa en una frontera incierta entre los sonidos, los ruidos y la música. Los sonidos que nos rodean en la vida cotidiana, los que producimos consciente o inconscientemente, son una información cada vez más relevante para la antropología, la arquitectura, el urbanismo, la ecología, la historia, la psicología, la pedagogía o la creación artística... Este programa pretende ser un lugar de encuentro para el intercambio de ideas y de materiales entre todos aquellos oyentes interesados por esta complejidad de la sonosfera. Pretendemos dar entrada en nuestra casa del sonido a diferentes disciplinas que nos muestren cómo suena la arquitectura, la ciudad, la naturaleza, la historia, en definitiva, que nos ayuden a comprender mejor cómo escuchamos.

a) ....

b) ....

(Adaptado de http://www.rtve.es/rne/rc/programa/index.php)

Tarea 5.

a. Aquí tienes una serie de frases con huecos. Selecciona la opción correcta.

Undurraga, quien trabajó con un equipo multidisciplinar, opina que la teoría de la evolución _____(1)_____ que los seres humanos deberíamos tener dicha habilidad...

1. a) predice   b) rechaza   c) ejemplifica

Según un equipo investigador que realizó un estudio entre los indígenas tsimanes de Bolivia, los seres humanos de diferentes culturas tienen una interpretación común de rasgos faciales que _____(2)_____ en la selección de su pareja.

2. a) afecta   b) determina   c) influye

Este estudio se encuadra en un contexto cultural totalmente distinto, ya que _____(3)_____ parte de una investigación más amplia iniciada en 1994 en la Amazonía boliviana...

3. a) tiene   b) forma   c) pone

...para ver cómo la expansión económica y cultural de los mercados _____(4)_____ a los tsimanes, una sociedad nativa de recolectores y agricultores.

4. a) afecta   b) determina   c) influye

La idea era que clasificaran rasgos que podrían indicar una selección de pareja de acuerdo a la percepción de aspectos tales como los recursos que la otra persona pudiera _____(5)_____.

5. a) añadir   b) incluir   c) aportar

La azucarada doctrina según la cual la lengua sirve sobre todo para entenderse es antiquísima, pero no debería dársele demasiado _____(6)_____.

6. a) crédito   b) opinión   c) valoración

Para aumentar el valor de la marca del país, el ser la cabecera de una lengua universal constituye una ventaja de las más envidiables y un tesoro al que conviene sacar todo el _____(7)_____.

7. a) valor   b) beneficio   c) partido

Cada ejemplo corresponde a uno de los siguientes tipos de ítems de esta tarea. Anota el número del ejemplo.

● **TIPO DE ÍTEM**	● **Ejemplo**
A. La elección del hueco depende de otra palabra (un verbo o un sustantivo) que aparece en la frase.	....
B. La elección de la opción correcta depende de un elemento gramatical (en este caso una preposición) que está en la frase.	....
C. La opción correcta forma una unidad con otra palabra de la frase.	....

b. Aquí tienes un grupo de ítems correspondientes al primer tipo.

Es entonces cuando las dos empresas _____(1)_____ relaciones más o menos diplomáticas para repartirse el mercado y evitar la competencia.

1. a) establecen   b) marcan   c) hacen

Durante todo este tiempo, los políticos no han sabido aportar suficientes _____(2)_____ al problema planteado por los bancos y las grandes multinacionales.

2. a) indicaciones   b) decisiones   c) soluciones

Nadie discute que el bombardeo mediático no haya _____(3)_____ ya las preferencias de los votantes.

3. a) aumentado   b) desplazado   c) disminuido

Mientras la prensa sea capaz de destapar _____(4)_____ organizadas por empresarios y políticos, estaremos seguros de que mantienen cierto grado de independencia.

4. a) metas   b) organizaciones   c) tramas

No ha sido intención del jefe del equipo despreciar el _____(5)_____ innovador de las investigaciones propuestas.

5. a) rango   b) requisito   c) carácter

Los técnicos responsables no detectaron en aquel momento ninguna _____(6)_____ en el funcionamiento del sistema.

6. a) anomalía   b) incertidumbre   c) frecuencia

Se trata de una escuela de pensamiento que _____(7)_____ un pensamiento liberalizador y a la vez disciplinado.

7. a) promueve   b) atestigua   c) comprueba

Modelo de examen n.° 3

 PRUEBA 1
COMPRENSIÓN DE LECTURA

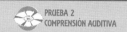 PRUEBA 2
COMPRENSIÓN AUDITIVA

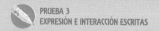 PRUEBA 3
EXPRESIÓN E INTERACCIÓN ESCRITAS

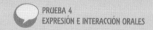 PRUEBA 4
EXPRESIÓN E INTERACCIÓN ORALES

Según el estudio, no todo el mundo estaría en disposición de _____(8)_____ una conversación de ese tipo.

8. a) decir   b) pronunciar   c) entablar

Una vez todos los acreedores hayan saldado sus _____(9)_____ con los bancos, la economía podrá tener un respiro.

9. a) hipotecas   b) deudas   c) pagos

Mucho antes de iniciar la investigación, el equipo de científicos se ocupó de _____(10)_____ unos criterios claros.

10. a) establecer   b) promover   c) atestiguar

c. Aquí tienes un grupo de ítems correspondientes al segundo tipo.

A lo largo de los últimos años, nos hemos _____(1)_____ en curar enfermedades.

1. a) aplicado   b) acostumbrado   c) dedicado

Para ello, _____(2)_____ de cuatro medios: fármacos, genes, alimentos y medidas preventivas.

2 a) nos basábamos   b) disponíamos   c) utilizábamos

Solo una parte ínfima de la inversión en sanidad en los Estados Unidos _____(3)_____ a la prevención.

3. a) se dedica   b) se centra   c) se especializa

Un poco de tristeza ayuda a _____(4)_____ en estado de alerta frente a contratiempos inesperados.

4. a) adaptarse   b) acceder   c) permanecer

Pocas veces se había _____(5)_____ tanta confianza en los méritos del conocimiento genético.

5. a) agregado   b) depositado   c) asociado

El análisis del genoma constituirá el método más efectivo para saber por dónde _____(6)_____ a la salud las amenazas.

6. a) se apoderarán   b) aflorarán   c) sufrirán

Antes se ignoraba el cuerpo humano hasta el día en que algo _____(7)_____ de funcionar.

7. a) dejaba   b) quitaba   c) volvía

El lavado de manos antes de consumir alimentos será más sencillo que _____(8)_____ a un enfermo.

8. a) estar pendiente   b) ocuparse   c) cuidar

La buena nueva _____(9)_____ en comprobar el contagio paulatino de la práctica del ejercicio físico.

9. a) trata   b) consta   c) consiste

Seguimos estando muy lejos de esta realidad y los pacientes _____(10)_____ por lesiones cardiovasculares, cáncer y diabetes siguen esperando.

10. a) afectados   b) diagnosticados   c) enfermos

d. Aquí tienes un grupo de ítems correspondientes al tercer tipo.

Los ministerios de todos los países han llevado a _____(1)_____ reformas poco efectivas.

1. a) fin   b) cabo   c) hecho

Y es que muchos de los planes dejan de hacerse _____(2)_____ de los afectados por la situación.

2. a) responsabilidad   b) ayuda   c) cargo

Para sacar esas conclusiones, se tomó en _____(3)_____ todos los datos disponibles hasta el momento, incluso los más remotos.

3. a) cuenta   b) uso   c) comparación

Uno de los problemas de los niños en la hora de lectura es que no _____(4)_____ atención a todos los signos presentes en el texto.

4. a) dan   b) hacen   c) prestan

Llegados a este punto, es difícil dar _____(5)_____ a alguien de tan dudoso prestigio en lo relativo a la situación actual de los mercados.

5. a) verdad   b) razón   c) crédito

La gente corriente es quien finalmente de verdad hace _____(6)_____ al gasto cotidiano, mucho más que las propias empresas.

6. a) pago   b) frente   c) enfrentamiento

Numerosos investigadores pusieron en _____(7)_____ en aquel momento su teoría, cosa que a él no le importó.

7. a) duda   b) incredulidad   c) cuestionamiento

El Ministro indicó entonces que había puesto a _____(8)_____ la maquinaria administrativa.

8. a) orma   b) punto   c) marcha

El error de muchos fue dar por _____(9)_____ que una solución así era posible, cuando en realidad no lo era.

9. a) hecho   b) verdad   c) real

En estas situaciones, un buen mediador es capaz de poner _____(10)_____ a conflictos familiares aparentemente irresolubles.

10. a) solución   b) paz   c) remedio

e. ¿Te atreves a redactar enunciados como los de la tarea 5 del examen? Selecciona 6 frases de los textos de los modelos de examen de **El Cronómetro**, *nivel C1* y prepara tu ejercicio. En dos frases tienes que trabajar los sinónimos, en las dos siguientes los elementos gramaticales, y en las dos últimas las colocaciones. *¡Suerte!*

RESUMEN

 ¡Atención! Vuelve ahora a la tabla "Resumen de dificultades de la prueba" de la página 127 y compara las respuestas que diste con las impresiones que tienes ahora.

 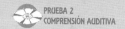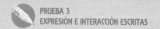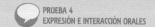

CLAVES Y COMENTARIOS DE LAS ACTIVIDADES

Tarea 1.

a. **A. 1.** En la pregunta se hace referencia a un concepto aludido en el texto, ser propietario de pleno dominio faculta legalmente para alquilar la vivienda. No son sinónimos o equivalentes, sino que se alude a un concepto a través de las consecuencias que tiene ese concepto; **B. 2.** En este caso son expresiones equivalentes, "con exclusión de" es lo mismo que decir "solamente". La respuesta correcta no depende de conocer un concepto concreto; **C. 3 y 4.** En ambas preguntas se combinan varias ideas, en el caso de la pregunta 3 a través de la palabra "aunque", y en el caso de la pregunta 4 a través de un verbo de relación, "dependerá", y de un sustantivo de significado general, "momento", que se relaciona con dos palabras con significado de "tiempo", que son "años" y "plazo"; **D. 3.** Las palabras "aumento" y "progresivo" sirven para hacer un resumen de todo un párrafo en el que se desarrolla esa idea.

b. **1.** Sí. *Previo al = Antes de; uso = usar; software = programa; especificadas = descritas; acuerdo = contrato;* **2.** No. *Se aprueba = aprobación; por unanimidad ≠ la mitad; a favor de = con; hasta la fecha = hasta ahora;* **3.** No. *prohibido ≠ concede un permiso; subarriendo = se alquile a terceros;* **4.** No. *dolor = dolencias; leve o moderada ≠ graves;* **5.** Sí. *No utilice = no usar; Latatium = el medicamento; después de = pasada; aparece en = indica; envase = envoltorio.*

c. **1.** Sí. **2.** Sí. **3.** Sí. **4.** Sí. **5.** Sí.

d. Preguntas propuestas.

1. *Según el texto, el presupuesto no ha sido aceptado porque...* a) *hay 12 propietarios que están en contra del presupuesto.*

2. *El prospecto establece una alta probabilidad...* a) *en cuanto a los efectos durante tratamientos prolongados.*

Tarea 2.

a. **1.** *viajes* a. *viajar;* **2.** *enseñan* b. *nos haga mejores;* **3.** *tolerancia* c. *tener otros puntos de vista;* **4.** *lleno de prejuicios* d. *poder comprender un país, una región o una religión;*

5. *Los Estados Unidos* a. *allí;* **6.** *gastar* b. *gasto;* **7.** *se dedica a* c. *se destina a;* **8.** *una parte ínfima* d. *Casi todo.*

b. **A.** 1; **B.** 6; **C.** 3; **D.** 2, 4, 8; **E.** 5; **F.** 9; **G.** 7.

> **Comentario.** A veces esas relaciones de significado se expresan con palabras concretas, como "por eso", "sin embargo", "siempre y cuando", "en consecuencia", "por ejemplo", etc., y entonces identificar el fragmento es relativamente fácil. Es más complicado cuando no existe ese tipo de expresiones y la relación la establecen la ideas del texto y del fragmento.

Tarea 3.

a. Preguntas sobre el significado general: 1 y 4. Preguntas sobre aspectos concretos: 2 y 3. Soluciones: **1.** a; **2.** b; **3.** c; **4.** b.

b. **1.** Sí. *medio = garantía; acuerdo, concordia = paz; motivos = causa; inagotables = desde siempre; violencia = violentos;* **2.** Sí. *no ... haya faltado = han abundado; disputas = discusiones; lingüísticas = idiomas;* **3.** No. *han adquirido un papel = han desempeñado un papel; relevante ≠ fundamental; procesos de socialización = la manera como los jóvenes se integran en la sociedad; la transmisión ≠ el modo como procesan;* **4.** No. *contexto = situación; referentes culturales = instituciones; han perdido influencia = dejan de influir; ofrecen ≠ obtienen; una imagen con la que identificarse ≠ una imagen identificativa.*

c. 1. Sí; 2. Sí; 3. Sí. *en consonancia con = Dado que*; 4. No.

d. Propuestas de preguntas.

1. *El texto establece como objetivo de la investigación...* a) *el conocimiento de los valores que están por debajo del mensaje publicitario dirigido a los jóvenes.*

2. *El autor ve como un despropósito...* a) *querer ser competitivo y a la vez no creer en el producto.*

Tarea 4.

a. 19. Ofrece; 20. Saca a la luz; 21. Trata; 22. Se trata de; 23. Ofrece; 24. Viene respaldado; 25. Se esperan; 26. Lo lleva.

! **Comentario.** Como ves, el verbo principal de los enunciados no se diferencia mucho uno de otro. Tienes que buscar otras palabras dentro del enunciado que te permitan diferenciarlos. Cada enunciado tiene una información concreta y exclusiva, que es la que tienes que buscar en los textos. Aunque hay dos soluciones que se repiten, cada enunciado seguirá siendo único para ti. En este modelo vamos a analizar no qué hace diferente a los textos sino a cada uno de los enunciados.

b. 19. Puntos fuertes, variados temas; 20. Autores ocultos; 21. Repertorio musical, debería haber sido estudiado; 22. A veces, grupos no profesionales; 23. Difícil localización; 24. Investigador y documentalista premiado; 25. Comentarios llegados; 26. Musicólogos más conocidos.

c. Básicamente hay dos tipos de enunciados:

a) *los que se refieren a elementos concretos del texto.*

b) *los que hacen un resumen general.*

! **Comentario.** Los elementos concretos pueden estar dentro del texto, o en el título del mismo. Los resúmenes pueden referirse a ideas generales del texto, o a alguna idea concreta desarrollada en el mismo. Es importante poder identificar cada tipo de enunciado antes de empezar la tarea, porque cada tipo de enunciado necesita una manera diferente de leer el texto.

d. Propuestas de preguntas.

1. a) *Este programa combina diferentes géneros de varios países.*

1. b) *Pone algunos ejemplos de géneros musicales que mezclan tres elementos propios del mundo del espectáculo.*

2. a) *Aquí se presenta el sonido desde otra perspectiva, no solo la musical.*

2. b) *Nombra varias disciplinas científicas asociadas indirectamente a la música.*

Tarea 5.

a. Opciones. 1. a; 2. c; 3. b; 4. a; 5. c; 6. a; 7. c.

Tipos de ítem. **A.** Ejemplos 1 y 5. Una teoría no puede rebatir una prueba, más bien al contrario, una prueba puede rebatir una teoría. Tampoco puede ejemplificar el tener una habilidad. Necesita una serie de recursos previos en cuyo conjunto se incluyen, algo que no se nombra en la frase. Lo mismo vale para el verbo "añadir". En cambio con "aportar recursos" no es necesaria esa condición. La pregunta clave en estos casos es "¿Qué se puede rebatir / ma-

 PRUEBA 1
COMPRENSIÓN DE LECTURA

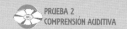 PRUEBA 2
COMPRENSIÓN AUDITIVA

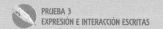 PRUEBA 3
EXPRESIÓN E INTERACCIÓN ESCRITAS

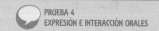 PRUEBA 4
EXPRESIÓN E INTERACCIÓN ORALES

nifestar / aportar, etc., en español?"; **B.** Ejemplos 2 y 4. El verbo "influye" tiene la preposición *en*, el verbo "afecta" tiene la preposición *a*; **C.** Ejemplos 3, 6 y 7. Se dice "formar parte", "dar crédito" y "sacar partido", como se dice "tener lugar" o "darse cuenta" o "estar a punto de". Son combinaciones fijas, muchas veces con una preposición. El ejemplo 5 es también en parte de este tipo, aunque la combinación "aportar recursos" no es tan excluyente, hay otras palabras que se pueden combinar con el verbo aportar: ideas, soluciones, dinero, propuestas, datos, garantías, experiencia, etc.

¡Atención! No son los únicos tipos de ítems de esta tarea. Hay en especial un cuarto tipo, ya trabajado en los anteriores modelos, que evalúa el conocimiento gramatical: preposiciones, tiempos verbales, pronombres, etc. Por otro lado, nos hemos centrado en los verbos. Los sustantivos y los adjetivos presentan el mismo tipo de dificultades, en especial si se trata de sustantivos o adjetivos formados a partir de verbos. Por ejemplo, la siguiente combinación estable: se habla de una *relación estrecha* entre dos personas.

b. **1.** a; **2.** c; **3.** b; **4.** c; **5.** c; **6.** a; **7.** a; **8.** c; **9.** b; **10.** a.

c. **1.** a; **2.** b; **3.** a; **4.** c; **5.** b; **6.** b; **7.** a; **8.** c; **9.** c; **10.** a.

d. **1.** b; **2.** c; **3.** a; **4.** c; **5.** c; **6.** b; **7.** a; **8.** b; **9.** a; **10.** c.

Consejo. Para todos estos temas te recomendamos consultar el *Diccionario Práctico Combinatorio*, del catedrático Ignacio Bosque (Editorial SM).

En la *ELEteca* puedes encontrar una lista de verbos con preposición, y otras con **colocaciones** (combinaciones más o menos estables de verbos con sustantivos). Pueden serte útiles para esta tarea y para las de Expresión oral y escrita.

Prueba 2: Comprensión auditiva

● ● ● ● ● ● **Antes de empezar la prueba de Comprensión auditiva.**

Lee y analiza estos comentarios relacionados con las tareas de este modelo antes de empezar a escuchar. Puedes señalar más de una tarea para cada pregunta.

	sí	no	¿Tarea?
1. ¿Qué sé yo sobre la memoria? ¿Soy capaz de concentrarme en información sobre ese tema durante 4 minutos?			
2. Viajes, maletas, el jefe, la conexión a Internet, una editorial, un negocio, habla una mujer... ¿Identifico fácilmente los diferentes temas?			
3. ¿Tengo suficiente habilidad para tomar notas con rapidez y eficacia?			
4. A ver, primero la presentación, luego su opinión sobre el mundo de la edición... ¿Puedo anticipar la estructura de la conversación?			
5. ¿Estoy habituado/a ya a seguir la presentación sobre un tema especializado con vocabulario específico?			
6. ¿Soy capaz de detectar y anotar con exactitud palabras concretas que me ayudan a resolver esta tarea?			
7. ¿Soy capaz de concentrarme en tantas conversaciones seguidas sobre temas y en contextos diferentes?			
8. ¿Identifico, antes de escuchar el diálogo, a cuál de las dos personas que intervienen en estas conversaciones corresponde cada pregunta?			
9. Al leer estas preguntas, ¿soy capaz de adelantarme al diálogo y marcar alguna opción como posible correcta?			
10. ¿Sé interpretar la intención que tiene una persona (quiere justificarse, conseguir algo) y su actitud (escéptica, comprensiva, abierta)?			
11. ¿Puedo imaginar, al leer las preguntas, qué expresiones coloquiales pueden aparecer, o identificarlas en el diálogo aunque no sepa qué significan?			
12. ¿Sé aprovechar la entonación de las frases para interpretar las intenciones y actitudes?			
13. ¿Tengo tiempo para leer las preguntas antes de escuchar y subrayar palabras clave?			
14. (Otra)			

🛈 **¡Atención!** Antes de continuar, consulta las claves en la página 147.

Modelo de examen n.º 3

¡Ya puedes empezar esta prueba!

La prueba de **Comprensión auditiva** contiene **4 tareas**. Usted tiene que responder a **30 preguntas**. Duración: **50 minutos**. Marque sus opciones en la **Hoja de respuestas**.

22-28 Pon las **pistas n.° 22 a 28.** No pares la audición hasta el final de la prueba.

Tarea 1

INSTRUCCIONES

*Usted va a escuchar una conferencia en la que se tomaron las siguientes anotaciones. Luego, deberá elegir para cada anotación (1-6) la palabra o fragmento de frase correspondiente entre las doce opciones que aparecen debajo (A-L). Escuchará la audición dos veces. Marque las opciones seleccionadas en la **Hoja de respuestas**.*

Ahora dispone de un minuto para leer las anotaciones.

1. La facultad del hombre para recordar las experiencias pasadas evita **1.** _____ constante de nuevas sensaciones.

2. Cuando recordamos un hecho reproducimos de forma creativa informaciones relacionadas con él hasta obtener **2.** _____ que tenga significado.

3. El almacenamiento de las vivencias en la memoria a largo plazo depende de **3.** _____ que tiene el individuo para recordarlas.

4. Una buena organización del material archivado en la memoria hace que **4.** _____ sea más eficaz.

5. La capacidad de recordarlo absolutamente todo está limitada por otra también fundamental para **5.** _____ del hombre: el olvido.

6. Existe una relación entre lo que se olvida y algunos sentimientos negativos, de tal modo que la ansiedad puede ser causa de **6.** _____ temporal en la memoria.

OPCIONES

A.	la voluntad	G.	una laguna
B.	la existencia	H.	la esencia
C.	una fuga	I.	una muestra
D.	la vivencia	J.	la reparación
E.	la recuperación	K.	una fuerza
F.	la ordenación	L.	una prueba

Tarea 2

*Usted va a escuchar cuatro conversaciones. Escuchará cada conversación dos veces. Después debe contestar a las preguntas (7-14). Seleccione la opción correcta (A, B, C). Marque las opciones elegidas en la **Hoja de respuestas**.*

CONVERSACIÓN 1

7. En su última estancia en el extranjero, Sergio...

   a) se instaló sin dificultad.
   b) tuvo problemas para relacionarse.
   c) tuvo que viajar mucho.

8. A la amiga de Sergio le sorprende que...

   a) se ocupe él de los temas familiares.
   b) le guste la jardinería.
   c) quiera volver a marcharse.

CONVERSACIÓN 2

9. El hombre quiere hacer una reclamación porque...

   a) no ha recuperado la maleta perdida.
   b) la agencia se desentiende de todo.
   c) el hotel estaba mal situado.

10. La mujer explica que...

   a) el problema con la maleta es responsabilidad del hotel.
   b) la reclamación por el alojamiento puede no tener éxito.
   c) el cliente tiene que tramitar la reclamación.

CONVERSACIÓN 3

11. El nuevo jefe no es bien recibido porque...

   a) tiene pensado despedir a los más veteranos.
   b) da gran importancia al aspecto de los empleados.
   c) desconfía del técnico informático.

12. Durante la conversación, la mujer...

   a) dice que conoció al jefe en la primera reunión.
   b) se sorprende de la falta de profesionalidad de Julián.
   c) se queja del horario laboral.

CONVERSACIÓN 4

13. La Sra. Rubio argumenta que...

   a) la conexión a Internet es barata pero no es buena.
   b) la compañía sabía de los problemas técnicos.
   c) ya había solicitado la baja de la conexión.

14. La persona que atiende al teléfono...

   a) se disculpa por los problemas ocasionados.
   b) le echa la culpa al ordenador de la cliente.
   c) le garantiza que le van a arreglar la conexión.

Usted va a escuchar una entrevista. Después debe contestar a las preguntas (15-20). Seleccione la opción correcta (A, B, C). Escuchará la entrevista dos veces. Marque las opciones elegidas en la **Hoja de respuestas**.

PREGUNTAS

15. El Dragón Lector, según su creadora...

    a) es la continuación de su trabajo editorial anterior.
    b) es la realización de un antiguo proyecto.
    c) responde a la necesidad de ofrecer algo novedoso.

16. Pilar Pérez es una mujer que...

    a) se dedica a editar libros infantiles.
    b) regenta un espacio de ocio para niños.
    c) es una apasionada de los libros.

17. Para la entrevistada...

    a) el mundo de la edición no es más que un negocio.
    b) la elaboración de un libro tiene mucho de mecánico.
    c) es difícil pensar en los libros en términos de mercado.

18. Pilar afirma que...

    a) los niños son grandes devoradores de libros.
    b) ha perdido todo contacto con el mundo editorial.
    c) lo que más valora es el contacto con el lector.

19. La elección del nombre de este proyecto...

    a) se debe a una cuestión de empatía.
    b) se basa en la idea de que a los niños les atraen los dragones.
    c) está relacionada con el carácter del dragón según el horóscopo chino.

20. El Dragón Lector...

    a) empezó en un buen momento comercial.
    b) organiza actividades de sensibilización con la lectura.
    c) ofrece cursos sobre la elaboración de un libro.

Usted va a escuchar diez breves diálogos. Escuchará cada diálogo dos veces. Después debe contestar a las preguntas (21-30). Seleccione la opción correcta (A, B, C). Marque las opciones elegidas en la **Hoja de respuestas**.

PREGUNTAS

21. El hombre se queja de...

    a) su nuevo lugar de trabajo.
    b) el volumen de trabajo que tiene.
    c) la organización del Congreso.

22. Le aconseja que...

    a) piense en su salud.
    b) sea sincero.
    c) no se agobie.

23. Frente a la acusación, el hombre...

    a) se justifica.
    b) se opone a la acusación.
    c) acusa a María.

24. El público que acude a la proyección...

    a) es escaso.
    b) es experto.
    c) es selecto.

25. Sobre la instalación de los ordenadores se muestra...

    a) escéptico.
    b) enfadado.
    c) sorprendido.

26. Ante la noticia del hijo...

    a) reaccionó de manera fría.
    b) no supo reaccionar.
    c) reaccionó de forma violenta.

27. Nicolás es una persona...

    a) extraña.
    b) arrogante.
    c) autoritaria.

28. Ante la petición de ayuda, el compañero...

    a) advierte de que esa parte ya está hecha.
    b) se muestra dispuesto a ayudar.
    c) asegura que es una tarea fácil.

29. La persona de la que hablan...

    a) está haciendo alpinismo.
    b) está ocupado con la decoración de su casa.
    c) está furioso.

30. Los jefes han decidido...

    a) hablar con el empleado.
    b) analizar la situación.
    c) ignorar los resultados.

CLAVES

● ● ● ● ● **Antes de empezar la prueba de Comprensión auditiva.**

¡Atención! Las respuestas a las preguntas planteadas son personales. Lo que tienes aquí son algunos comentarios sobre aspectos que pueden serte de ayuda.

1. Tarea 1. Es probablemente la mayor dificultad de la tarea; **2.** tarea 3. Una de las habilidades más importantes es predecir lo que van a decir a partir de las preguntas, y en relación con esta tarea, uno de los aspectos que se evalúan es la capacidad para seguir distintos temas; **3.** En realidad se pueden tomar notas en todas las tareas, pero de forma diferente. Por ejemplo, es necesario desarrollar diferentes estrategias ante la escucha de la conferencia de la tarea 1 de Comprensión auditiva y la de Expresión escrita: en la primera interesa captar las palabras con las que se expresan las ideas, es decir, anotar palabras clave, sinónimos o equivalentes de las que aparecen en las notas; en la segunda, en cambio, las ideas son más importantes que las palabras y se trata de anotarlas para desarrollarlas posteriormente; **4.** Se refiere sobre todo a la tarea 3, en la que se oye una conversación larga pero cuya estructura es más o menos previsible; **5.** Tarea 1; **6.** Se refiere en realidad a todas las tareas, y se trata de anotar palabras o expresiones aisladas; **7.** Tareas 2 y 4, en especial a la 4, en la que hay muchas conversaciones breves seguidas. Hay que mantener bien la concentración; **8.** Tarea 2. Suele haber un reparto de preguntas entre los dos interlocutores: una pregunta para uno, la otra para el otro interlocutor; **9.** Se refiere a las tareas 2, 3 y 4, pues en la 1 no hay diálogo, aunque también es importante saber predecir parte de lo que se dirá a partir de las anotaciones del examen; **10.** Tareas 2 y 4, pero sobre todo a la 4. En ambas se evalúa justamente la habilidad para interpretar intenciones y actitudes; **11.** Tarea 4, que evalúa el conocimiento del registro coloquial; **12.** Tareas 2, 3 y 4. La tarea 1 propone situaciones formales en las que la entonación puede ayudar, pero no es determinante para entender las ideas del conferenciante; **13.** Siempre es importante leer las preguntas antes de escuchar. Antes de la conferencia tienes 1 minuto para analizar anotaciones y opciones. En las otras tareas es útil subrayar información clave que te guíe en la escucha, sobre todo en la tarea 3.

Tarea 1. 1. D; **2.** I; **3.** A; **4.** E; **5.** B; **6.** G.

Tarea 2. 7. c; **8.** a; **9.** b; **10.** b; **11.** b; **12.** c; **13.** b; **14.** c.

Tarea 3. 15. b; **16.** c; **17.** c; **18.** c; **19.** a; **20.** b.

Tarea 4. 21. b; **22.** c; **23.** b; **24.** a; **25.** c; **26.** b; **27.** b; **28.** b; **29.** c; **30.** c.

 PRUEBA 1
COMPRENSIÓN DE LECTURA

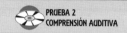 PRUEBA 2
COMPRENSIÓN AUDITIVA

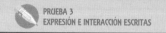 PRUEBA 3
EXPRESIÓN E INTERACCIÓN ESCRITAS

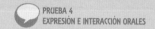 PRUEBA 4
EXPRESIÓN E INTERACCIÓN ORALES

Actividades sobre el Modelo n.º 3

Tarea 1.

a. Antes de escuchar las conferencias puedes leer las opciones y hacer un primer intento de distribución. Vamos a practicar esa habilidad. Relaciona las opciones con las frases en las series siguientes.

¡Atención! Recuerda que puede haber más de una opción para cada hueco.

Dispones de **1 minuto**. Pon el reloj.

A. ● ANOTACIONES

1. Con excepción del **1.** _____, Darwin dio explicación a la mayoría de los misterios del origen humano.

2. Cinco millones de años atrás, una falla, que es un fenómeno geológico, fue la causante de una **2.** _____ en parte de África.

3. Muchos primates, debido al fenómeno antes mencionado, se vieron obligados a **3.** _____.

4. El ser humano se ha distinguido por ser una especie capaz de **4.** _____.

5. Ciertos cambios físicos aumentaron la **5.** _____ de los humanos.

6. Según el conferenciante, la alimentación de los humanos comenzó siendo de tipo **6.** _____.

● OPCIONES

A carroñero

B gran transformación

C destrucción total

D capacidad de resistencia

E huir por la escasez de comida

F subirse a los árboles

G caminar erguidos

H recorrer grandes distancias

I desarrollo del lenguaje

J omnívoro

K habilidad para agarrarse

L significado de algunos gritos

Fuente: ✛ *Instituto Cervantes.*

Dispones de **1 minuto**. Pon el reloj.

B. ● ANOTACIONES

1. La capacidad de manejar **1.** _____ con gran rapidez es, entre otras cosas, lo que distingue a este nuevo lenguaje.

2. Tradicionalmente se ha considerado el lenguaje un instrumento fundamental para **2.** _____ del ser humano.

3. El desarrollo del mercado global lleva a establecer **3.** _____ de uno o pocos lenguajes computacionales predominantes en el mundo tecnológico.

4. El concepto de un lenguaje computacional universal ha sido recurrente premisa para **4.** _____ del sector tecnológico en países en vías de desarrollo.

● OPCIONES

A la destrucción

B la eliminación

C datos

D la expansión

E la implantación

F información

G la uniformidad

H el desarrollo

5. Por poner un ejemplo, el sistema DOS habría sido utilizado para lograr **5.** _____ de sistemas operativos a nivel mundial.

6. No se puede olvidar tampoco que el desarrollo de la influencia de ciertas empresas ha traído consigo **6.** _____ de otros sistemas sin tanto apoyo comercial, publicitario y hasta político.

I	la imposición
J	la voluntad
K	la civilización
L	la vida social

Fuente: ◀▮▶ *Instituto Cervantes.*

🕐 Dispones de **1 minuto**. Pon el reloj.

C. 🔵 ANOTACIONES

1. Esta ponencia va a tratar de **1.** _____ varias teorías que describen un mismo fenómeno social y humano.

2. La actual retórica ha acabado por **2.** _____ los conceptos clásicos y medievales impuestos durante siglos.

3. Aristóteles propugna que la retórica tiene que fundamentarse en **3.** _____.

4. La retórica ha sido definida tradicionalmente como una habilidad basada en **4.** _____.

5. También para Aristóteles, **5.** _____ de los ciudadanos parte de sus virtudes morales.

6. Autores actuales, sin embargo, se arriesgan a creer más en **6.** _____ de los recursos retóricos.

🔵 OPCIONES

A	el entretenimiento
B	definir
C	la convivencia
D	reemplazar
E	equiparar
F	confirmar
G	una ética política
H	la función mediática
I	la habilidad de emocionar
J	anular
K	el convencimiento
L	complementar

Fuente: ◀▮▶ *Instituto Cervantes.*

🕐 Dispones de **1 minuto**. Pon el reloj.

D. 🔵 ANOTACIONES

1. Popularmente se considera la memoria como **1.** _____ de datos a la manera de una computadora.

2. Investigaciones recientes parecen demostrar que se trataría más bien de **2.** _____ de impresiones.

3. Se da **3.** _____ muy apreciable de esta capacidad en situaciones de estrés y concentración aguda.

🔵 OPCIONES

A	una función del cerebro
B	un fortalecimiento
C	un descenso
D	un almacenamiento ordenado
E	aceleramiento
F	un funcionamiento diferente

 PRUEBA 1
COMPRENSIÓN DE LECTURA

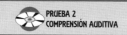 PRUEBA 2
COMPRENSIÓN AUDITIVA

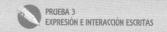 PRUEBA 3
EXPRESIÓN E INTERACCIÓN ESCRITAS

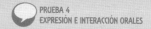 PRUEBA 4
EXPRESIÓN E INTERACCIÓN ORALES

4. Investigaciones han demostrado que es posible **4.** _____ de la memoria perdida tras accidentes o traumas.

5. La capacidad para recuperar datos puede sufrir igualmente procesos de **5.** _____.

6. En teoría, la memoria es **6.** _____ localizada en centros afectados por otras como la emocional.

G un aumento

H una diferencia

I la reconstrucción

J la recuperación

K una organización jerárquica

L ralentización

Fuente: **╬** *Instituto Cervantes.*

🕐 Dispones de **1 minuto**. Pon el reloj.

E. 🔘 ANOTACIONES

1. Los sistemas educativos de la actualidad no logran dar respuesta convincente a un alumnado **1.** _____.

2. El **2.** _____, entre otros, no es una de las bases del actual sistema educativo.

3. Puede que tras **3.** _____ el modelo escolar surgido en la industrialización esté dando sus últimos pasos.

4. La educación actual no es una **4.** _____, pues conocer sus propios métodos no le es suficiente para su transformación.

5. El sistema educativo debe relacionarse con el mundo exterior con el objetivo, entre otros, de **5.** _____ a los problemas.

6. Es necesario **6.** _____ con conocimientos y perspectivas que hasta ahora no le han sido propios.

🔘 OPCIONES

A uso de lo aprendido

B cumplir una gran función

C variado

D encontrar nuevas soluciones

E generar nuevos enfoques

F amplio

G ejercer una gran autoridad

H industria del conocimiento

I enriquecer el sistema educativo

J garantía de éxito

K ampliar la base teórica

L desarrollo del conocimiento

Fuente: **╬** *Instituto Cervantes.*

Si quieres comprobar tus aciertos de este último cuadro, escucha la conferencia de la prueba de 🔘 **Expresión e Interacción escritas** de este modelo n.º 3.

37 Pon dos veces la **pista n.º** 37.

¿Qué método has desarrollado para relacionar frases con opciones más rápidamente? Anota aquí tu comentario.

b. En este apartado vas a trabajar la escucha selectiva. Escucha 6 fragmentos extraídos de la conferencia sobre *Las etapas evolutivas del desarrollo del lenguaje*. Localiza sinónimos o expresiones equivalentes a las que aparecen subrayadas.

 Pon la pista n.º 29. Usa el botón de ⏸ *PAUSA* si lo necesitas.

◐ NOTAS DE LA CONFERENCIA *LAS ETAPAS EVOLUTIVAS DEL DESARROLLO DEL LENGUAJE*	● PALABRA SINÓNIMA
1. Para poder utilizar el lenguaje es necesario que el individuo desarrolle sus capacidades cognitivas para interpretar mensajes.	
2. Para comunicarse es necesario sentir la necesidad de hacerlo, es decir, el niño se comunica con las personas con las que siente uniones afectivas.	
3. Hasta los 18 meses lo fundamental es la disposición para la comunicación con los otros mediante el intercambio de signos de un código preestablecido.	
4. Sobre el sistema fonológico, los niños son conscientes poco a poco de que existen rasgos diferenciadores entre unas palabras y otras.	
5. El niño va modificando el significado de las palabras que conoce y progresivamente utiliza un vocabulario más preciso relacionado con su entorno.	
6. La construcción gramatical de frases pasa por diferentes estadios, para alcanzar mayor riqueza gramatical en torno a los cinco años.	

Haz lo mismo con la conferencia *La memoria y su funcionamiento*. ¿Cuál es la opción correcta?

Pon la pista n.º 30. Usa el botón de ⏸ *PAUSA* si lo necesitas.

◐ NOTAS DE LA CONFERENCIA *LA MEMORIA Y SU FUNCIONAMIENTO*	● PALABRAS DEL TEXTO
1. La facultad del hombre para recordar las experiencias pasadas evita la voluntad / la existencia / la vivencia / la ordenación / una prueba constante de nuevas sensaciones.	
2. Cuando recordamos un hecho, reproducimos de forma creativa informaciones relacionadas con él hasta obtener una recuperación / una muestra / una reparación / una ordenación que tenga significado.	
3. El almacenamiento de las vivencias en la memoria a largo plazo depende de la voluntad / la fuerza que tiene el individuo para recordarlas.	
4. Una buena organización del material archivado en la memoria hace que su recuperación / su ordenación / su reparación sea más eficaz.	
5. La capacidad de recordarlo absolutamente todo está limitada por otra también fundamental para la existencia / la esencia del hombre: el olvido.	
6. Existe una relación entre lo que se olvida y algunos sentimientos negativos así la ansiedad puede ser causa de una fuga / una laguna temporal en la memoria.	

 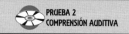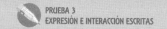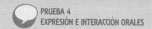
c. ¿Qué diferentes formas de enfrentarte a la conferencia has desarrollado en estas actividades? ¿Qué manera de trabajar te resulta más útil? Escribe aquí tus comentarios.

....

....

Tarea 2.

a. Aquí tienes los enunciados de las preguntas de la tarea 2 de diferentes modelos de **El Cronómetro**, *nivel C1*. Analízalas e indica, con la información que tienes, si se centran en intenciones y actitudes o bien en dar o pedir informaciones concretas. Recuerda los dos tipos de escucha que puedes aplicar (página 44).

PREGUNTAS SOBRE LAS CONVERSACIONES DE LA TAREA 2	INTENCIONES, ACTITUDES, REACCIONES	INFORMACIONES CONCRETAS
1. A Luis le sorprende que Carmen...		
2. El hombre quiere hacer una reclamación porque...		
3. La casa que la mujer quiere alquilar...		
4. Los clientes hacen una consulta porque...		
5. Susana se muestra preocupada porque...		
6. Carmen intenta convencer a Luis de que Alfredo...		
7. La instalación de un termo solar para 5 personas...		
8. El hombre reconoce que...		
9. En esta tienda...		
10. Ante la oferta de Carlos, Merche reacciona...		
11. En su última estancia en el extranjero, Sergio...		
12. A la amiga de Sergio le sorprende que...		

b. Esta es la opción correcta para cada una de las preguntas de arriba. Escucha los siguientes fragmentos de conversaciones trabajadas en los modelos de examen de **El Cronómetro**, *nivel C1* y escribe las palabras textuales que utilizan en cada caso.

🔊 **31** **Pon la pista n.° 31.** Usa el botón de ⏸ *PAUSA* si lo necesitas.

PREGUNTAS SOBRE LAS CONVERSACIONES DE LA TAREA 2	¿CÓMO LO DICEN?
1. A Luis le sorprende que Carmen...	
c) vuelva a estudiar.	
2. El hombre quiere hacer una reclamación porque...	
b) la agencia se desentiende de todo.	
3. La casa que la mujer quiere alquilar...	
a) es de reciente adquisición.	

4. Los clientes hacen una consulta porque...

a) quieren comprar un piso para no pagar más renta.

5. Susana se muestra preocupada porque...

b) no quiere separarse de su familia.

6. Carmen intenta convencer a Luis de que que se ha vuelto más...

a) atento.

7. La instalación de un termo solar para 5 personas...

c) precisa de un sistema complementario de calentamiento.

8. El hombre reconoce que...

c) su problema no solo le afecta a él en el trabajo.

9. En esta tienda...

b) hay promociones mensuales.

10. Ante la oferta de Carlos, Merche reacciona...

c) dándole largas / aplazando una respuesta definitiva.

11. En su última estancia en el extranjero, Sergio...

c) tuvo que viajar mucho.

12. A la amiga de Sergio le sorprende que...

a) se ocupe él de los temas familiares.

C. Vas a escuchar algunos comentarios extraídos de las conversaciones del modelo 3. ¿Cómo interpretas lo que dicen? Elige la opción correcta.

 Pon la pista n.° 32. Usa el botón de ⏸ *PAUSA* si lo necesitas.
32

1
a) tenía solo una opción.
b) es lo único que tenía que hacer.

2
a) no estaba ni bien ni mal.
b) estaba muy bien.

3
a) no es posible.
b) es sorprendente.

4
a) asegura conocer solo hoteles de cuatro estrellas.
b) compara el hotel con otros que conoce.

5
a) les obligó a trabajar fuera de la oficina.
b) los despidió.

6
a) expresa un temor.
b) anticipa lo que va a suceder.

7
a) el colaborador es una persona con buenas recomendaciones.
b) el jefe quiere recomendar a alguien conocido.

8
a) imagina cómo sería la vida en la oficina.
b) se queja de las horas de trabajo.

9
a) se quejan de la inexperiencia del jefe.
b) se quejan a pesar del poco tiempo transcurrido.

10
a) expresa una preocupación.
b) expresa un deseo.

11
a) valoración negativa.
b) valoración positiva.

12
a) no es aceptable.
b) no es posible.

 PRUEBA 1
COMPRENSIÓN DE LECTURA

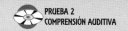 PRUEBA 2
COMPRENSIÓN AUDITIVA

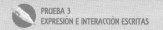 PRUEBA 3
EXPRESIÓN E INTERACCIÓN ESCRITAS

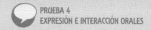 PRUEBA 4
EXPRESIÓN E INTERACCIÓN ORALES

Tarea 3.

a. Lee estas preguntas relacionadas con fragmentos de tres entrevistas diferentes que vas a escuchar. Subraya las palabras clave que te pueden orientar durante la escucha.

○ PREGUNTAS		● PALABRAS DE LAS ENTREVISTAS

Entrevista 1

En este nuevo proyecto...

a) se trabaja con clientes con ciertas discapacidades. | 1 | ....

b) trabajan voluntarios de todas las edades. | | ....

c) se leen obras atractivas. | | ....

Entrevista 2

La persona entrevistada...

a) trabaja ahora de forma autónoma. | | ....

b) tuvo problemas con sus anteriores compañeros. | | ....

c) se dedica al diseño gráfico. | | ....

Entrevista 3

Este joven empresario...

a) empezó respondiendo a encargos de empresas. | | ....

b) disfruta con los colores y olores de la cocina. | | ....

c) le debe todo lo que es a su familia. | | ....

Escucha cada entrevista y anota en los recuadros el número de orden en el que aparecen las informaciones.

33 Pon la **pista n.º 33** y escucha una sola vez sin pausa.

A continuación, a la derecha de cada opción, anota la información que permite determinar con fidelidad si cada opción es correcta o no.

33 Pon de nuevo la **pista n.º 33**. Usa el botón de ▌▌ *PAUSA* si lo necesitas para tomar las notas.

b. Vas a escuchar una serie de fragmentos de la entrevista con Pilar Pérez. Lee las preguntas y marca las palabras clave.

○ PREGUNTAS	● PALABRAS DE LAS ENTREVISTAS	V – F
15. El Dragón Lector, según su creadora:		
a) es la continuación de su trabajo editorial anterior.	....	....
b) es la realización de un proyecto que llevaba tiempo ideando.	....	....
c) responde a la necesidad de ofrecer algo novedoso.	....	....
16. Pilar Pérez es una mujer que:		
a) se dedica a editar libros infantiles.	....	....
b) regenta un espacio de ocio para niños.	....	....
c) es una apasionada de los libros.	....	....

17. Para la entrevistada:

    a) el mundo de la edición no es más que un negocio.

    b) la elaboración de un libro tiene mucho de mecánico.

    c) es difícil pensar en los libros en términos de mercado.

18. Pilar afirma que:

    a) los niños son grandes devoradores de libros.

    b) ha perdido todo contacto con el mundo editorial.

    c) lo que más valora es el contacto con el lector.

19. La elección del nombre de este proyecto:

    a) se debe a una cuestión de empatía.

    b) se basa en la idea de que a los niños les atraen los dragones.

    c) está relacionada con el carácter del dragón según el horóscopo chino.

20. El Dragón Lector:

    a) empezó en un buen momento comercial.

    b) organiza actividades de sensibilización con la lectura.

    c) ofrece cursos sobre la elaboración de un libro.

Escucha una vez los fragmentos y relaciona cada uno con una opción. Anota las palabras de la entrevista que justifiquen esa relación.

🛈 **¡Atención!** no todas las opciones tienen el fragmento correspondiente y los fragmentos están desordenados.

💿 **34** **Pon una vez la pista n.º 34.** Usa el botón de ⏸ *PAUSA* después de cada fragmento.

c. ¿Crees que las opciones con las que has relacionado los fragmentos de la entrevista de la actividad **b.** son correctas o incorrectas? Marca las semejanzas y diferencias. Escucha otra vez los fragmentos si es necesario.

💿 **34** **Pon de nuevo la pista n.º 34** y escucha una sola vez sin pausa.

 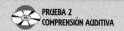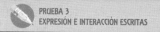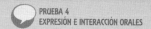
Tarea 4.

a. ¿Puedes imaginar, al leer estas preguntas, qué expresiones coloquiales pueden aparecer en los diálogos? Aquí tienes una serie de ideas, ¿cómo las expresarías tú?

		● ¿CÓMO LO DICES TÚ?	● ¿CÓMO LO DICEN ELLOS?
Diálogo ☐	**1.** Se habla de una cantidad mínima.		
Diálogo ☐	**2.** Se prefiere pasar por alto algo.		
Diálogo ☐	**3.** Cuando alguien no debe preocuparse demasiado por un asunto.		
Diálogo ☐	**4.** No se creía que pudiera suceder algo.		
Diálogo ☐	**5.** Cuando se está muy ocupado.		
Diálogo ☐	**6.** Se concede un favor.		
Diálogo ☐	**7.** Cuando alguien quiere expresar una objeción.		
Diálogo ☐	**8.** Alguien está enfadado.		
Diálogo ☐	**9.** Alguien se cree mejor que los demás.		
Diálogo ☐	**10.** Se expresa sorpresa y alivio al mismo tiempo.		

Escucha los diálogos y escribe a modo dictado las palabras de la segunda persona que interviene.

35 Pon una vez la **pista n.° 35**.

b. Escucha y marca la intención que transmite cada comentario. Presta atención a la entonación.

36 Pon una vez la **pista n.° 36**. Usa la tecla de **❚❚** *PAUSA* si lo necesitas.

	1	2	3	4	5	6	7	8	9	10	11	12	13	14	15
Rechazo															
Aprobación															
Información															
Amenaza															
Ironía															
Resignación															
Admiración															

CLAVES Y COMENTARIOS DE LAS ACTIVIDADES

En resumen... Los comentarios siguientes se refieren a habilidades específicas que necesitas para esta prueba.

TAREA 1.

▶ Las anotaciones **no son transcripciones sino reformulaciones** de ideas de la conferencia; es necesario entenderlas atentamente para prepararte para una escucha selectiva.

▶ **Recogen ideas presentadas en orden lineal** por el conferenciante, lo que facilita la identificación del fragmento correspondiente.

▶ Las 12 opciones **pueden pertenecer a la misma categoría gramatical**, normalmente son nombres precedidos de un artículo bien determinado o indeterminado, que presentan el mismo género, por lo que a primera vista varias opciones parecen válidas. Otras veces las opciones tienen diferente carácter, se combinan, por ejemplo, formas nominales y verbales.

▶ Se presentan opciones que se pueden agrupar por su significado como **formas equivalentes**.

TAREA 2.

▶ Hacen referencia a **informaciones concretas** del diálogo, aunque **a veces es necesario deducir** la información del contexto.

▶ **Las 3 opciones** presentadas giran sobre **diferentes aspectos relacionados con un tema**. No suelen plantear problemas de vocabulario.

TAREA 3.

▶ Las **6 preguntas** que debes contestar hacen referencia de forma lineal a la información presentada en la entrevista, pero puede haber alguna pregunta de carácter global.

▶ Las opciones recogen ideas de una de las intervenciones, normalmente del entrevistado. **Algunas repiten palabras** o expresiones utilizadas literalmente en la entrevista pero es más normal que **se reformulen las ideas**.

▶ Las **opciones no correctas** suelen recoger también ideas tratadas, pero **no se corresponden con parte de lo dicho**; otras veces no tienen ninguna relación con lo expuesto, por lo que se pueden eliminar fácilmente.

TAREA 4.

▶ Normalmente **hacen referencia a la intervención del segundo interlocutor**. Unas preguntas se centran en cuestiones subjetivas, la expresividad, las reacciones de la segunda persona; y otras en la información presentada mediante el uso de expresiones coloquiales.

Tarea 1.

a. **Comentario.** En convocatorias DELE anteriores la naturaleza de las 12 opciones de esta tarea ha cambiado de un modelo a otro. Por lo tanto, tienes que estar preparado para trabajar de la forma más eficaz en cada caso. Las actividades propuestas en este modelo tienen ese objetivo.

● ● ● ● ● ¿Has podido hacer los ejercicios en **un minuto** cada uno?

Texto A. 1. sustantivo masculino singular: I, L; **2.** sustantivo femenino singular: B, C; **3.** verbo: E, F, G, H; **4.** verbo: E, F, G, H; **5.** sustantivo masculino o femenino, singular o plural: D, K; **6.** adjetivo masculino o femenino singular: A, J.

Texto B. 1. C, F; **2.** D, G, K, L; **3.** E, H, I; **4.** E, H, I; **5.** A, B, D, E, I; **6.** A, B.

Modelo de examen n.º 3

PRUEBA 1
COMPRENSIÓN DE LECTURA

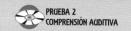
PRUEBA 2
COMPRENSIÓN AUDITIVA

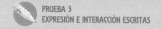
PRUEBA 3
EXPRESIÓN E INTERACCIÓN ESCRITAS

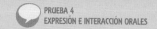
PRUEBA 4
EXPRESIÓN E INTERACCIÓN ORALES

Texto C. 1. verbo: B, D, E, F, J, L; **2.** verbo: D, L, F, J; **3.** sustantivo: G, I, K; **4.** sustantivo: A, K; **5.** sustantivo: C, K; **6.** sustantivo: G, H, I.

Texto D. 1. D, K; **2.** D, I, J, K; **3.** B, C, G, H, J; **4.** I, J; **5.** sustantivo sin determinante: E, L; **6.** A, K.

Texto E. 1. adjetivo: C, F; **2.** sustantivo masculino: A, L; **3.** verbo: B, G; **4.** sustantivo femenino: H, J; **5.** verbo: D, E; **6.** verbo: I, K.

E. Solución después de escuchar la conferencia: **1.** C; **2.** L; **3.** B; **4.** H; **5.** E; **6.** I.

Comentario. Practica diferentes métodos de trabajo hasta encontrar el que te parece más rápido y eficaz. Te será útil analizar el carácter de las opciones y agruparlas por categorías (verbo, sustantivo, adjetivo), teniendo en cuenta también elementos de la anotación, como las preposiciones o la presencia o no de artículo, siempre que haya representación de un mínimo de dos palabras de la misma categoría. Relaciona anotaciones y opciones teniendo en cuenta su compatibilidad sintáctica (se necesita sustantivo masculino para completar un verbo o después de una preposición o un artículo, o un adjetivo después de un sustantivo) y semántica (significado y sentido positivo/negativo).

b. **Las etapas evolutivas del desarrollo del lenguaje: 1.** habilidades; **2.** empáticas; **3.** capacidad; **4.** distintivos; **5.** el manejo; **6.** complejidad. **La memoria y su funcionamiento: 1.** D (la vivencia): *viviríamos en un remolino de aterradoras primeras veces*; **2.** I (la muestra): *planeamos y modelamos un patrón significativo*; **3.** A (la voluntad): *Se requiere de un esfuerzo deliberado para transferir los hechos de corto plazo a la tercera etapa del proceso: el sistema de memoria a largo plazo*; **4.** E (su recuperación): *¿No es más fácil recordar información que tiene para nosotros un significado, que nos resulta familiar, que podemos relacionar con algo ya conocido?*; **5.** B (la existencia): *olvidar resulta esencial para la supervivencia*; **6.** G (una laguna): *La ansiedad puede hallarse involucrada en algunas fallas simples de la memoria*.

Comentario. A veces todas las opciones presentadas pertenecen a la misma categoría. En el modelo 3, por ejemplo, todas las opciones son sustantivos femeninos singulares. Esta es una posibilidad con la que te puedes encontrar en el examen y para la que el análisis morfológico (la forma de las opciones) no te será útil. En ese caso, solo el significado de las opciones y su sentido dentro de la frase te pueden ayudar a eliminar alguna de las opciones antes o durante la escucha.

c. **Comentario.** Antes de escuchar por primera vez la conferencia, dispones de un minuto. Tienes que prepararte para hacer una escucha selectiva. El objetivo de ese trabajo preauditivo es analizar las anotaciones y las opciones que te dan para centrarte en el tema y en los aspectos concretos en los que tendrás que concentrar la atención. Puedes empezar con el análisis de las anotaciones y después el de las opciones o viceversa. Algunas ideas que puedes poner en práctica para aprovechar ese minuto previo de preparación son: analizar las posibilidades de completar cada hueco de las anotaciones (tipo de palabras, género y número); analizar el carácter de las opciones (agrupar las opciones por categorías: puedes trabajar sobre la lista y utilizar una marca distintiva para cada una de las categorías o utilizar las letras, por ejemplo, 1. A-G; eliminar opciones por el sentido); subrayar palabras clave en las anotaciones. El tema tratado y el contexto concreto de la conferencia determinan el uso de un vocabulario adecuado. Cuando te centres en el significado de las opciones, agrupar las formas sinónimas te puede ser muy útil, pero atención porque solo una de las opciones sinónimas será adecuada para completar la anotación.

Tarea 2.

a. **1.** ¿Qué le sorprende a Luis de Carmen? – reacción; **2.** ¿Cuál es el motivo de la reclamación? - información concreta; **3.** ¿Por qué quiere alquilar una casa? ¿cómo? – información concreta; **4.** ¿Cuál es el motivo de la consulta? – información concreta; **5.** ¿Qué le preocupa a Susana? – actitud; **6.** ¿Cómo es ahora Alfredo? – actitud; **7.** ¿Cuáles son las características del termo? ¿y su precio? – información concreta; **8.** ¿Qué idea acepta? – reacción; **9.** ¿Qué venden en la tienda? ¿qué problemas tiene? – información concreta; **10.** ¿Cuál es la reacción de Merche? – reacción; **11.** ¿Qué hizo en el extranjero? ¿cómo fue su experiencia? – información concreta; **12.** ¿Qué le sorprende a la mujer? – actitud.

Consejo. Recuerda que cuando escuchas puedes: 1) centrar la atención en la búsqueda de palabras concretas equivalentes o sinónimas de las utilizadas en las conversaciones; estas palabras aportan una información, por lo que tendrás que interpretar significados; 2) centrar la atención en la intención, la actitud o la reacción de la persona que habla, en la forma de expresarse, mediante palabras o expresiones que pueda utilizar, y en la entonación empleada.

Analizar el enunciado de cada pregunta te será útil para adelantarte al tipo de escuchas que te será más provechosa.

b. 1. Yo <u>creía</u> que habías dejado los estudios; 2. <u>La agencia</u> <u>no quiere hacerse cargo</u> ni de lo de la maleta ni de lo del hotel; 3. es <u>nueva, acabamos de adquirirla</u>; 4. <u>Nos sabe mal pagar el alquiler todos los meses</u> cuando por un poco más podemos tener nuestra casa; 5. Eso lo tengo claro, <u>ellos son lo primero</u>; 6. Ha cambiado mucho... <u>escucha</u> lo que le digo, <u>me ayuda</u>, colabora más en casa y <u>se preocupa de lo que me pase</u>; 7. <u>Necesitaríamos igualmente un termo de luz o gas</u>; 8. <u>Sé que esta situación trastoca el trabajo de todos</u>; 9. Ha visto <u>la oferta de este mes</u>, dentro de nuestro plan ahorro-cliente; 10. <u>Agradezco tu oferta, pero no</u> sé si... 11. Un poco de descanso no me vendrá mal porque últimamente <u>estoy hecho polvo con tanto viaje</u>; 12. <u>Pero, ¿no se ocupaba de esas cosas tu hermano?</u>

⚠ Comentario. No tienes mucho tiempo para leer las preguntas, pero mientras dan las instrucciones puedes leer las dos preguntas correspondientes a la primera conversación y las opciones para decidir si te tienes que concentrar en las reacciones de las personas que hablan, su intención, su actitud (se sorprende, acepta algo, no están de acuerdo) o en informaciones concretas (qué hizo, por qué quiere poner una reclamación, cuándo empezó el problema). Intenta leer siempre las preguntas antes de escuchar cada conversación para hacer una escucha selectiva.

Marcar palabras clave en las opciones y escribir fragmentos de la conversación relacionados con las opciones son ideas que te pueden ayudar a elegir la opción correcta.

c. 1. a. <u>No me ha quedado otra</u> que recoger todo deprisa y corriendo y venirme; 2. b. La casa <u>no estaba nada mal</u>; 3. b. <u>¡No me digas que</u> ahora te ha dado por plantar tomates!; 4. b. Y <u>¡mire que hemos estado</u> en hoteles así (de cuatro estrellas), pero este tenía las estrellas solo en la fachada!; 5. b. Me han dicho que en la empresa donde estaba antes <u>puso en la calle a un tercio de la plantilla</u>; 6. a. ¡Mira que si le da por hacer aquí lo mismo!; 7. b. El jefe <u>quiere meter en su puesto a un colaborador suyo</u>, a alguien de confianza, ya me entiendes... <u>a un enchufado</u>; 8. b. <u>Si es que</u> vamos a tener que vivir en esta oficina...; 9. b. Todo el mundo anda quejándose del jefe <u>y eso que</u> no lleva ni una semana; 10. a. <u>A ver</u> cuál es ahora la sorpresa...; 11. a. Vamos que así no hay quien trabaje, es desesperante... y <u>si al menos fuera barato</u>...; 12. a. ¡Bueno, <u>esto es el colmo</u>!

⚠ Comentario. El uso de giros, expresiones o una entonación marcada son recursos que se utilizan en la conversación para presentar una información de forma expresiva. Para entender lo que quieren decir los interlocutores tendrás que interpretar esas formas, como has hecho en esta actividad.

Tarea 3.

a. **Entrevista 1. a) 1:** Amigo con la pierna escayolada – idea de dedicarse a entretener a personas sin movilidad, sin visión; **b) 2:** trabajo desinteresado de un grupo de jóvenes; **c) 3:** lectura de clásicos.

Entrevista 2. a) 1: ha montado su propio negocio; **b) 3:** con dos antiguos compañeros se formó como gestor + la academia en la que trabajaba cerró por problemas económicos; **c) 2:** trabajó durante bastantes años en una empresa que organizaba cursos de informática, diseño gráfico, ofimática; **c) 4:** ha abierto una empresa de informática.

Entrevista 3. a) 4: al principio preparaba algunos platos en la cocina de casa que vendía a vecinos y conocidos. **b) 2:** de niño le gustaba estar en la cocina con su familia: olores; **c) 1:** su futuro profesional estaba ya marcado por mi entorno familiar.; **c) 3:** siempre estaba pegado a su abuelo, con el que fue descubriendo los secretos de la cocina;

Opciones correctas: 1. a; **2.** a; **3.** c.

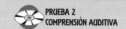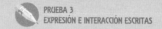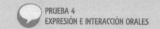
Comentario. Las preguntas siguen linealmente la información presentada durante la entrevista, por lo que en la primera escucha puedes identificar el fragmento correspondiente a cada pregunta. Normalmente también las opciones recogen la información presentada en la entrevista en el mismo orden, pero no siempre, como sucede en las entrevistas 2 y 3 de esta actividad. Incluso puede suceder que alguna opción no tenga ninguna relación con lo dicho, aunque parezca relacionada con el tema.

b. Fragmento 1–opción 16 c); Fragmento 2–opción 19 a); Fragmento 3–opción 17 c); Fragmento 4–opción 15 b); Fragmento 5–opción 18 c); Fragmento 6–opción 20 c); Fragmento 7–opción 17 a); Fragmento 8–opción 15 a); Fragmento 9–opción 20 b).

c. **15. a)** F- <u>Después de trabajar mucho tiempo en un grupo editorial</u> especializado en literatura infantil <u>decidió dejarlo para cumplir un sueño</u>, ¿no es así?; **15. b)** V- El proyecto se basa en apoyar la lectura, en descubrir la lectura a los niños y a los jóvenes también (...) <u>una idea que siempre me ha rondado</u>, algo que tenía en la cabeza y quería materializar; **16. c)** V- <u>Pilar</u> ha abierto un espacio en el que <u>comparte</u> su pasión y entusiasmo por la lectura; **17. a)** F- Bueno, el proceso de elaboración de un libro es algo complejo y muy intenso para un editor, <u>cada libro es un reto que se vive con entusiasmo</u>...; **17. c)** V- Cuando <u>el libro</u> lo ves <u>convertido en datos de ventas</u>, la verdad es que <u>resulta a veces</u> <u>un poco duro</u>; **18. c)** V- Pero <u>el contacto con los niños, con su mirada de lector entusiasmado</u>, muchas veces con las familias y con los profesionales también... todo eso <u>no tiene precio</u>; **19. a)** V- Yo soy del signo del zodiaco chino dragón y bueno, <u>siempre se me había generado un pensamiento de simpatía hacia estos personajes</u> fantásticos; **20. b)** V- En su librería, además de venderse libros, <u>organizan actividades</u> (...) uno de los objetivos es <u>acercar la lectura a la familia</u>; **20. c)** F- Y el taller más emblemático, en el que <u>se trata de ver cómo está hecho un libro</u> (...) se me ocurrió contar lo que hace el editor, el maquetador, el ilustrador... y eso es lo que hacemos, convertirnos con los niños en creadores, <u>leemos una historia y decidimos qué partes podemos ilustrar</u>.

Tarea 4.

a. **Diálogo 1.** <u>Estamos hasta arriba</u> con lo del Congreso - 5; **Diálogo 2.** Yo en tu lugar <u>me calentaría menos la cabeza</u> - 3; **Diálogo 3.** ¡Esta sí que es buena! (entonación marcada de sorpresa y rechazo) - 7; **Diálogo 4.** Parece que la han visto <u>cuatro gatos</u> - 1; **Diálogo 5.** ¡Ya era hora! - 10; **Diálogo 6.** Pues <u>te quedarías de piedra</u> - 4; **Diálogo 7.** <u>Mira</u> a todo el mundo <u>por encima del hombro</u> - 9; **Diálogo 8.** ¡Hombre, eso está hecho! - 6; **Diálogo 9.** Está que <u>se sube por las paredes</u> - 8; **Diálogo 10.** Podemos <u>hacer la vista gorda</u> - 2.

b. **1.** Esta sí que es buena (información); **2.** ¡Esta sí que es buena! (rechazo); **3.** Eso (ya) está hecho (información); **4.** ¡(Claro) Eso, está hecho! (aprobación); **5.** ¡Esto es alucinante! (rechazo): **6.** ¡Esto es alucinante! (admiración); **7.** Sí, es que vamos a tener que vivir aquí (información); **8.** Si es que vamos a tener que vivir aquí... (resignación); **9.** ¡Pues vaya negocio que has hecho! (admiración); **10.** Pues vaya negocio que has hecho... (ironía); **11.** Los conoce, como viene tanto... (información); **12.** No los conoce, como viene tanto... (ironía); **13.** Como organice algo y no me invite... (amenaza); **14.** Sí, es tan listo... (ironía); **15.** ¡Sí, porque tú lo digas! (rechazo).

Comentario. En esta tarea se evalúa la capacidad de interpretar lo que se dice. Una de las dificultades es que se utilizan giros y expresiones que puede que no conozcas o que tengan diferentes sentidos. En ese caso, la entonación te puede ayudar a interpretar la intención.

Prueba 3: Expresión e Interacción escritas

● ● ● ● ● **Antes de empezar la prueba de** Expresión e Interacción escritas.

Antes de empezar a escribir analiza las tareas propuestas en este modelo. Lee las tareas del modelo y responde después a las siguientes preguntas. Las respuestas son personales, en las claves tienes algunos comentarios.

	<u>sí</u>	<u>no</u>	¿Tarea?
1. ¿Tengo conocimientos sobre el tema que me pueden ayudar a escribir el texto?	☐	☐	☐
2. ¿Me siento seguro/a con las tareas que me proponen?	☐	☐	☐
3. ¿Conozco las características propias del tipo de texto que me piden que escriba?	☐	☐	☐
4. ¿Tengo que hacer algo más aparte de informar, como convencer, quejarme, etc.?	☐	☐	☐
5. ¿Soy capaz de emplear los datos de los gráficos al escribir el texto?	☐	☐	☐
6. ¿Soy capaz de escribir un texto de ese tipo con ese número de palabras?	☐	☐	☐
7. ¿Tengo alguna opinión sobre el tema y soy capaz de expresarla?	☐	☐	☐
8. ¿Soy capaz de captar la idea principal del conferenciante?	☐	☐	☐
9. ¿Puedo seguir todas las instrucciones?	☐	☐	☐
10. ¿Entiendo bien la información de los gráficos?	☐	☐	☐
11. (Otro)	☐	☐	☐

¡Atención! Antes de continuar, consulta las claves.

 ## CLAVES

1. Tener conocimientos previos sobre el tema te ayudará a realizar mejor todas las tareas porque puedes sentirte más seguro escribiendo sobre algo conocido que sobre algo ajeno a tus intereses. De este modo, podrás hacer, por ejemplo, que un tema aparentemente abstracto sea concreto. No disponer de conocimientos previos puede ser una desventaja, aunque no una dificultad establecida por el nivel del examen; **2.** Hacer este análisis previo te puede servir para saber con qué tarea te sientes más cómodo y cómo vas a invertir tu energía. Luego nos detendremos un momento en la elección de la opción de la tarea 2; **3.** Es muy importante conocer las características de cada texto y no olvidar detalles, como el saludo en una carta. También puede ser importante tener en cuenta, en todo momento, a quién va dirigido el texto. Por otro lado, en cuanto a la organización del texto, puedes seguir el orden que se te da en las instrucciones; **4.** En la tarea 1 no debes intentar convencer, debes exponer tu opinión. En cambio, en la tarea 2 debes hacerlo si lo dice la instrucción. En la opción 1 te dice que provoques una reflexión en el lector y en la opción 2 quieres que acepten al candidato que tú propones y solventar así el problema. Es importante identificar bien este tipo de intenciones (convencer, quejarse, expresar deseos, etc.); **5.** Los datos que ofrecen los gráficos son necesarios y en las instrucciones se especifica el uso que hay que hacer de ellos. Se tienen que exponer para posteriormente valorarlos y hacer reflexionar al lector; **6.** Es sumamente importante respetar el número de palabras, pero siempre es mejor escribir un poco más del mínimo pues así vas a cometer menos errores, aunque para ello necesitas tener capacidad para escribir con concisión; **7.** En la tarea 1 suele estar entre las instrucciones dar tu propia opinión. En la tarea 2 –opción 1– puedes darla siempre y cuando pienses que es importante para el texto y el contexto. En la opción 2 tienes que dar tu opinión cuando hables del candidato que propones. Puede ser útil partir de experiencias propias, y hablar de gente conocida, aunque es mejor no poner nombres reales; **8.** En la conferencia captar solo la idea principal del conferenciante no es suficiente. El conferenciante explica lo que piensa sobre la educación y propone soluciones a los problemas. Dichas soluciones son fundamentales y es necesario que las recojas; **9.** Es fundamental que sigas todas las instrucciones, aunque no todos tengan el mismo peso; **10.** Para trabajar con los gráficos es necesario entenderlos bien. Es bueno habituarse a manejarlos.

 Consejo. Te recomendamos hacer **las dos opciones de la tarea 2**.

¡Ya puedes empezar esta prueba!

Prueba 3: Expresión e Interacción escritas

La prueba de **Expresión e Interacción escritas** contiene **2 tareas**. Tiene una duración de **80 minutos**.

● ● ● ● ● 🕐 **Pon tu reloj.**

Tarea 1

INSTRUCCIONES

A continuación escuchará una conferencia en la que se habla sobre el tema "La nueva educación". La escuchará dos veces. Durante la audición podrá tomar notas. Después, redactará una argumentación en la que deberá recoger los puntos principales y expresar de forma justificada su punto de vista.

Número de palabras: **entre 220 y 250.**

 Escucha dos veces la pista n.º 37.

● ● ● ● ● 🕐 ¿Cuánto tiempo has necesitado para completar **esta tarea**? Anótalo aquí: _____ min.

Tarea 2

INSTRUCCIONES

*Elija solo **una** de las dos opciones que se le ofrecen a continuación.*

Número de palabras: **entre 180 y 220.**

OPCIÓN 1

Usted colabora con la asociación "Verdes en el mundo" que ha hecho una encuesta sobre el reciclaje en su ciudad. Dado el interesante resultado de dicha encuesta, le han pedido en su asociación que escriba un artículo para el periódico "Por ti", de gran difusión y preocupado por estos temas. Resuma los datos representados en los gráficos, valórelos, extraiga sus propias conclusiones e intente provocar en el lector una reflexión sobre la importancia del reciclaje hoy en día.

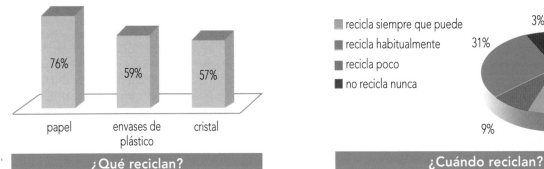

● ● ● ● ● 🕐 ¿Cuánto tiempo has necesitado para completar **esta tarea**? Anótalo aquí: _____ min.

OPCIÓN 2

Usted había sido invitado a participar oficialmente en un congreso para hacer una ponencia, que tendrá lugar la próxima semana, sobre el ámbito laboral en el que usted está especializado. Pese a haber aceptado la invitación porque está interesado en el tema y por la importancia del evento, usted no podrá asistir a causa de un acontecimiento inesperado. Escriba un correo para explicar los motivos de su ausencia. En él debe mostrar su interés por el tema de la conferencia, excusarse por los inconvenientes que pueda ocasionar y proponer un sustituto de su confianza, con óptimas credenciales para sustituirle.

● ● ● ● ● 🕐 ¿Cuánto tiempo has necesitado para completar **esta tarea**? Anótalo aquí: _____ min.

Resumen de habilidades de la prueba.

¿Qué sé hacer?	Tarea 1	Tarea 2 Opción 1	Tarea 2 Opción 2
He conseguido interiorizar la situación para poder resolver satisfactoriamente la tarea.			
He organizado mejor las ideas.			
He cometido pocos errores gramaticales.			
He usado mejor el vocabulario.			
He usado un vocabulario más variado.			
He relacionado adecuadamente las ideas.			
He desarrollado suficientes ideas.			
No he perdido tiempo pasando el texto a limpio.			
He ganado tiempo gracias a que sé qué hay que hacer.			
He ganado tiempo debido a que ahora sé cómo distribuirlo.			
(Otro)			
Impresión del resultado (buena, regular, mala).			
Tiempo parcial utilizado en cada tarea.			
Tiempo total utilizado.			
Nivel de estrés (de 1 –mínimo– a 5 –máximo–).			

PRUEBA 3
EXPRESIÓN E INTERACCIÓN ESCRITAS

Modelo de examen n.º 3

⚠ **Consejo.** Es posible que la calidad de tus textos varíe dependiendo de la tarea en la que sientes mayor comodidad –por ejemplo, la tarea 1 suele ser la que requiere mayor tiempo de preparación–. Es importante que ahora te concentres en tus puntos débiles y hagas con atención las actividades de la tarea en la que has tenido peores resultados, para conseguir resultados parecidos en todas las tareas.

 PRUEBA 1
COMPRENSIÓN DE LECTURA

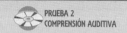 PRUEBA 2
COMPRENSIÓN AUDITIVA

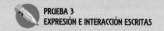 PRUEBA 3
EXPRESIÓN E INTERACCIÓN ESCRITAS

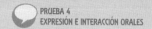 PRUEBA 4
EXPRESIÓN E INTERACCIÓN ORALES

Actividades sobre el Modelo n.º 3

Tarea 1.

a. Observa el texto que ha escrito un candidato para esta tarea.

Según el conferenciante actualmente la educación que se utilizaba hace inicios del siglo ya no es útil. Ya no se optienen tantos buenos resultados con los alunnos como antes. Este lo podemos ver, por ejemplo, en que los alumnos dejan el colegio antes terminar y reciben malas notas y que los centros están antiquados y los profesores no tienen ganas de hacer nada. La educación y la escuela tienen que cambiar para dar resultados mejores tal y como pasa en las empresas. Cuando la educación empiezara a tener en cuenta lo que los alunnos necesitan, la opinión de los padres y proffesores y la technología que la sociedad actual está utilizando, entonces se verían los cambios también en la sociedad del futuro. A mí no me parece mal la educación vieja sin embargo la nueva tiene que ser mejor, más moderna para poder estar más práctica y más útil. Así los jóvenes encontrarán antes trabajo y estarán más preparados. A veces me questino ¿por qué cada vez se estudia más y se han menos posibilidades? Securamente hay algo que no funciona.

Analiza ahora su texto con ayuda de la siguiente tabla e intenta corregir los errores de léxico y vocabulario.

◉ EL CANDIDATO...	sí	no	¿Cómo lo hace?
1. consigue destacar las ideas del conferenciante.			
2. argumenta claramente su opinión.			
3. ha sabido ser breve y claro al mismo tiempo.			
4. consigue ordenar bien las ideas.			
5. relaciona las ideas sin contradicciones ni repeticiones innecesarias.			
6. ha cometido errores de gramática o de léxico.			

b. El candidato ha olvidado mencionar algunas ideas. Escucha la conferencia con su texto delante y anótalas aquí.

37 Escucha de nuevo la **pista n.º 37**.

◉ Conceptos que debería aprender la escuela del mundo empresarial:	◉ Propuestas sobre cómo transformar el sistema educativo:

c. Aquí tienes un segundo texto del mismo candidato que realizó después de los comentarios y correcciones de su profesor. El problema ahora es que tiene demasiadas palabras. Intenta ahora reducir las palabras hasta 250.

Datos que corroboran la necesidad de un cambio	Hoy en día, según el autor, la educación tradicional, entendida como una educación academicista, que no tiene en cuenta las exigencias de los alumnos y que se mantiene al margen de la sociedad actual, ha dejado de dar buenos resultados. El abandono escolar, la desmotivación del alumnado, las bajas calificaciones, son un claro ejemplo de este desfase. La educación debería aprender del mundo exterior sin abandonar su parte positiva, observar lo que está sucediendo fuera de las aulas.
Propuestas para mejorar la educación	Por una parte, debería introducir por ejemplo algunas estrategias propias de la empresa: la competitividad, la cooperación con otras organizaciones, la orientación al cliente, el incremento de la productividad, usos de las nuevas tecnologías para acercarse más a las reales exigencias de los alumnos que se enfrentan día a día a los cambios de la sociedad. Por otra, el reto para la nueva educación, consiste en reinventarse, dar protagonismo a padres, alumnos, y agentes sociales, reorganizar espacios y equipamientos, usar las nuevas tecnologías de un modo práctico y no teórico, estimular la comunicación y cooperación entre los profesores.
Opinión del candidato	Si bien comparto la opinión del ponente, creo que una parte de la educación tradicional aún vale: la enseñanza de valores, del esfuerzo personal, la valoración de los méritos, entre otros. Actualmente, los alumnos están perdiendo la capacidad de reflexión, de argumentación y de exposición sobre un tema, propia de la educación tradicional y solo buscan en Internet, copian, cortan y pegan y memorizan sin reflexionar ni analizar. Por ello, conviene incorporar las nuevas tecnologías sin embargo, estas deben ser un instrumento que hay que saber explotar tanto en la enseñanza como en el aprendizaje.
Conclusión	Considerando que la sociedad futura estará formada por los alumnos de hoy, es importante que esta reorganización de la que habla el conferenciante se realice realmente para que se puedan ver sus resultados ya a corto plazo.

Tarea 2. Antes de seleccionar una opción.

a. Para elegir adecuadamente una de las dos opciones, es importante identificar exactamente qué tienes que hacer en cada una. Vuelve a leer las dos opciones de este modelo de examen y selecciona qué hay que hacer en cada una. Anota también cuáles prefieres.

¡Atención! Algunas funciones corresponden a las dos opciones.

◗ ¿Qué hay que hacer?	Opción 1	Opción 2	¿Sé hacerlo?
1. Expresar diferentes opiniones.			
2. Convencer al lector.			
3. Basarse en ideas generales aceptadas por la sociedad.			
4. Narrar situaciones.			
5. Justificarse.			
6. Difundir datos.			
7. Informar al lector.			

 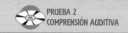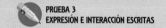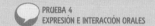
8. Atraer la atención del posible lector.

9. Resumir.

10. Ejemplificar las ideas expresadas en el texto.

11. Excusarse.

12. Amenazar con medidas concretas.

13. Escribir una conclusión.

Tarea 2, opción 1.

a. Observa lo que un candidato ha escrito y reflexiona sobre lo que, según tu opinión, ha conseguido o no hacer mediante su escrito. Aprovecha la tabla que tienes abajo.

Un recién sondaje, ha demonstrado que la población, es muy sensible hacia el fenómeno del reciclaje. Me alegra constatar, en los gráficos se demuestra que hay una mayoría de los encuestados, que recicla lo que puede contra un porcentaje bajo, el 12%, representado por los que lo hacen raramente o nunca. El papel es el producto que reciclamos mayormente junto a eso de los envases de plástico y del cristal. Lo que más la encuesta evidencia y que más me surprende es el hecho de que los hombres son quienes son más al tanto de las normas políticas de reciclaje. Sin embargo, a pesar de lo que acabo de mencionar, resulta que son las mujeres las que más se preocupan tanto del reciclaje de un electrodoméstico cuando sale de su hogar como de los niveles de consumo de los mismos a la hora de comprarlos. Asimismo las amas de casa reciclan más que los estudiantes. Es preciso decir que los medios de comunicación juegan un papel llave para influenciar a la gente porque los ciudadanos reciclaría más si fueran más enterados de su valencia hacia el medioambiente.

Si bien es verdad que ya en la escuela primarias los maestros han empezado a sensibilizar a los alumnos con resultados sensibles, es importante seguir reciclando lo más posible para que nuestra vida y la de todos los demás que se vuelva (logre a) ser más linda, ligera e incluso perfumada.

	sí	no	¿Por qué?
1. ¿El tono que emplea es adecuado teniendo en cuenta la situación?			
2. ¿Debería poner un título que refleje el contenido?			
3. ¿El primer párrafo es una buena introducción?			
4. ¿La conclusión provoca la reflexión?			
5. ¿Ordena las ideas y las relaciona sin contradicciones ni repeticiones innecesarias?			
6. ¿Comete errores de gramática o de léxico?			
7. ¿Cumple con el número de palabras requerido?			
8. ¿Consigue hacer referencia a los gráficos correctamente?			

Localiza y corrige los errores de gramática, vocabulario y <u>puntuación</u> que crees que ha cometido.

b. Anota aquí las palabras relacionadas con el reciclaje y el medioambiente que ha utilizado.

⬤ **Medioambiente. Reciclaje.**

....

....

....

....

....

....

El vocabulario que usa, ¿es suficientemente amplio, variado y preciso? Anota aquí tu comentario.

....

....

Amplía ahora la lista de palabras de ese tema con términos que conozcas tú.

c. Utilizando las palabras que has añadido en la lista anterior, escribe para el texto del candidato una breve introducción que enmarque el problema del reciclaje, y una conclusión adecuada que invite al lector a una reflexión sobre el tema. Intenta en pocas palabras llamar la atención del lector.

Tarea 2, opción 2.

a. Observa lo que un candidato ha escrito y reflexiona sobre lo que, según tu opinión, ha conseguido o no hacer mediante su escrito. Aprovecha la tabla que tienes abajo.

De: Alejandro.Moreno@yahoo.es

A: Eduardo.Loyola@hotmail.es

Asunto: Congreso sobre "La alimentación en los países en desarrollo"

Con respecto a la invitación recibida el mes pasado para hacer una ponencia al evento arriba mencionado, le comunico que a pesar de haber acceptado con mi grande interés para la tema por la indubitable importancia del evento, me veo obligado a annular de mi presencia por motivos personales seriosos. En confianza la informo que hace dos días mi familia ha sufrido de una muerte inesperada y desagraciadamente me encuentro entonces en una situación emocional bastante crítico por asistir a este evento que además de estar muy ocupado con el desarrollo de las acciones legales.

A este propósito ya le pido cordialmente que acepte mis excusas por el inconveniente que pasará pero al mismo tiempo, me permito pedirle si es posible proponer un sustituto para resolver el problema ocurrido.

En esperando de su confirma aprovecho la ocasión agradeciéndole muchísimo su atención y comprensión, le saludo atentamente

(firma)

	sí	no	¿Por qué?
1. ¿Crees que el tono que emplea es adecuado teniendo en cuenta la situación?			
2. ¿Muestra suficiente interés en el evento?			
3. ¿Ha dado las explicaciones oportunas sobre el motivo por el que no podrá asistir?			

PRUEBA 1
COMPRENSIÓN DE LECTURA

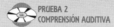
PRUEBA 2
COMPRENSIÓN AUDITIVA

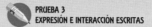
PRUEBA 3
EXPRESIÓN E INTERACCIÓN ESCRITAS

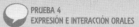
PRUEBA 4
EXPRESIÓN E INTERACCIÓN ORALES

	sí	no	¿Por qué?
4. ¿Ha presentado y ha elogiado al posible sustituto?			
5. ¿Ha intentado convencer de alguna manera para que se acepte su propuesta?			
6. ¿Consigue ordenar las ideas y relacionarlas sin contradicciones ni repeticiones innecesarias?			
7. ¿Comete errores de gramática, léxico o puntuación?			
8. ¿Cumple con el número de palabras requerido?			

Localiza y corrige los errores de gramática, vocabulario y puntuación que crees que ha cometido.

¡Atención! Antes de seguir, consulta las claves de esta actividad.

b. Como hemos comentado, el principal problema del candidato es que enuncia las ideas pero no las desarrolla suficientemente, y hay instrucciones que no sigue. Te presentamos algunas sugerencias.

¡Atención! No se han corregido los errores.

	El candidato escribió	Sugerencias
Saludar		• Añade un saludo.
Mostrar interés en el tema de la conferencia	para mi grande interése para la tema por la indubitable importancia del evento me veo obligado a annular de mi presencia...	• Es la primera vez que participas en el congreso. • Las teorías que pensabas defender eran innovadoras. • Reencuentro con los participantes. • Este congreso tiene un gran reconocimiento internacional. • Es un gran trampolín para tu carrera.
Explicar los motivos de la ausencia	por motivos personales seriosos: en confianza la informo que hace dos días mi familia ha sufrido de una muerte inesperada	
Justificar la ausencia	y desagraciadamente me encuentro entonces en una situación emocional bastante crítico por asistir a este evento que además de estar muy ocupado con el desarrollo de las acciones legales.	• Imposibilidad de dejar los asuntos en manos de otros. • Explicación del estado de ánimo. • Argumentar lo complicado de la situación (testamento, abogado, familia).
Presentar al candidato		• Dar el nombre, apellidos, título (si lo tiene). • Nombrar que se adjunta el currículum.
Elogiar al candidato		• Cualidades personales y profesionales. • Referencias personales (lo conoces, está disponible...).
Despedida		• Añadir una despedida.
Firma		• Añadir el nombre y apellidos y firmar.

Amplía y corrige la información de manera que sea más completa y se ajuste más a la instrucción haciendo los cambios que consideres adecuados.

CLAVES Y COMENTARIOS DE LAS ACTIVIDADES

Tarea 1.

a. 1. Sí, ha expuesto la idea principal de la conferencia, pero le han faltado las propuestas que el conferenciante da para solucionar el problema de la educación actual. Hace mención a algunas ideas importantes que deja sin desarrollar, como por ejemplo: "dar mejores resultados como pasa en las empresas, tener en cuenta lo que los alumnos necesitan, la opinión de los padres y profesores y la tecnología que la sociedad actual está utilizando". Dichas propuestas, no desarrolladas, son la parte más innovadora de la conferencia y por lo tanto, el candidato se tendría que haber centrado también en ellas; 2. El candidato ha sabido diferenciar claramente, mediante la frase "A mí no me parece mal", su opinión respecto a la del conferenciante. Aunque es importante subrayar que el conferenciante no piensa que "los profesores no tienen ganas de hacer nada", sino que dice que "están desmotivados" y no es exactamente lo mismo. Para evitar que cometas este tipo de errores conviene que en la primera parte expongas solo lo que piensa el conferenciante mientras que en la segunda parte, relaciones su opinión con la tuya y que en la tercera cierres el texto con una conclusión; 3. Sí, ha sido breve en su explicación, demasiado considerando que hay un número de palabras exigido en la tarea. Este criterio resulta importante a la hora de evaluar; 4. y 5. Sí, une bastante bien las ideas. A veces lo hace siguiendo el hilo argumentativo, otras veces mediante conectores (*sin embargo, entonces, tales como, así*). Si quieres recoger ideas útiles sobre cómo argumentar te proponemos que observes los recursos empleados en la Comprensión de lectura del modelo 1, en la tarea 2 "Breve historia de Internet" y en la tarea 3 "Nuevas ideas para la economía del futuro"; 6. Ha cometido errores de gramática (ser, estar, morfología del imperfecto de subjuntivo) y comete muchos errores de léxico. Aunque conoce las palabras las escribe como se escriben en su lengua. Además el texto resulta más cercano a la lengua hablada que a la lengua escrita.

❗¡Atención! Esta es solo una propuesta. No es la única posible.

> Según el conferenciante actualmente la educación que se utilizaba ~~da inicios del~~ a principios de siglo ya no es ~~útile~~ útil. Ya no se ~~optienen~~ obtienen ~~tantos~~ tan buenos resultados con los ~~alunnos~~ alumnos como antes. ~~Este~~ Esto lo podemos ver, por ejemplo, en que los alumnos dejan el colegio antes de terminar y ~~reciben~~ sacan malas notas, ~~y que~~ en que los centros están ~~antiquados~~ anticuados y los profesores no tienen ganas de hacer nada. La educación y la escuela tienen que cambiar para dar mejores resultados tal y como pasa en las empresas. ~~Cuando~~ Si la educación ~~empiezara~~ empezara a tener en cuenta lo que los ~~alunnos~~ alumnos necesitan, la opinión de los padres y ~~proffesores~~ profesores y la ~~technología~~ tecnología que la sociedad actual está utilizando, entonces se verían los cambios también en la sociedad del futuro. A mí no me parece mal la vieja educación, sin embargo la nueva tiene que ser mejor, más moderna para poder ~~estar~~ ser más práctica y más útil. Así los jóvenes encontrarán antes trabajo y estarán más preparados. A veces me ~~questino~~ pregunto, ¿por qué cada vez se estudia más y se ~~han~~ tienen menos posibilidades? ~~Securamente~~ Seguramente hay algo que no funciona.

b. **Conceptos que debería aprender del mundo empresarial**: *la competitividad, la cooperación con otras organizaciones, la orientación al cliente, incremento de la productividad, gestión del cambio, reingeniería, gestión de la información, cultura cooperativa con otras organizaciones, usos de las nuevas tecnologías.*

Propuestas sobre cómo transformar el sistema educativo: *la personalización del currículo y del aprendizaje, nuevas funciones para alumnado y profesorado, la reinvención de la organización de los centros y el rediseño de sus espacios y equipamientos.*

❗Comentario. Trabajar sobre tus propios escritos e intentar hacer segundas versiones te ayudará a estar mejor preparado cuando llegue el examen. Como puedes ver, el candidato mejoró mucho el escrito en su segunda versión dado que incluyó las propuestas del conferenciante para mejorar la educación, mejoró el léxico de su texto, dedicó un párrafo separado para su opinión personal, utilizó mejor tanto la puntuación como los conectores para unir párrafos y frases y corrigió, antes de entregarlo, los errores provocados por pequeños lapsus.

 PRUEBA 1
COMPRENSIÓN DE LECTURA

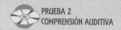 PRUEBA 2
COMPRENSIÓN AUDITIVA

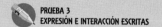 PRUEBA 3
EXPRESIÓN E INTERACCIÓN ESCRITAS

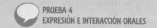 PRUEBA 4
EXPRESIÓN E INTERACCIÓN ORALES

c. **¡Atención!** Propuesta de reducción y mejora del texto.

Hoy en día, según el autor, la educación tradicional, entendida como una educación academicista que no tiene en cuenta las exigencias de los alumnos y está al margen de la sociedad actual, ya no da buenos resultados. El abandono escolar, la desmotivación del alumnado, las bajas calificaciones, son pruebas de este desfase. La educación debería aprender del mundo exterior, sin abandonar su parte positiva, observar lo que está sucediendo fuera de las aulas.

Por una parte, debería introducir algunas estrategias propias de la empresa: La competitividad, la cooperación con otras organizaciones, la orientación al cliente, etc., para acercarse más a las reales y a los cambios de la sociedad. Por otra, el reto para la nueva educación consiste en dar protagonismo a padres , alumnos, y agentes sociales, reorganizando espacios y equipamientos, incorporando las nuevas tecnologías, y promoviendo la comunicación y cooperación entre los profesores.

Si bien comparto la opinión del ponente, considero que una parte de la educación tradicional sigue siendo válida: la enseñanza de valores como el esfuerzo personal, los méritos, entre otros. Actualmente, los alumnos están perdiendo la capacidad de reflexión, de argumentación y de exposición sobre un tema, y se limitan a buscar en Internet, copiar y pegar. Conviene incorporar las nuevas tecnologías, pero deben ser un instrumento que hay que saber explotar tanto en la enseñanza como en el aprendizaje.

Considerando la reorganización de la que habla el conferenciante, se debe llevar a cabo realmente para que se puedan ver sus resultados a corto plazo.

Tarea 2. Antes de seleccionar una opción.

a. **Opción 1:** Tarea 1, 2, 3, 6, 7, 8, 9, 10, 12, 13; **Opción 2:** Tarea 2, 4, 5, 7, 8, 11.

Tarea 2, opción 1.

a. **1.** No. El tono es demasiado informal, sobre todo en la exposición de los datos, considerando que se trata de un artículo para un periódico. Expresiones como "me alegra constatar", "reciclamos", "más me sorprende", "estar más al tanto", "resulta que" son inapropiadas; **2.** Cuando se trata de un artículo como este es importante poner un título que resuma alguna de las ideas que luego van a aparecer; **3.** No. El candidato directamente aborda los temas de la encuesta sin recrear un marco sobre los problemas del medioambiente y la necesidad del reciclaje; **4.** No. Convendría que hubiera escrito una conclusión más incisiva invitando al lector a la reflexión; **5.** Sí. Aunque la frase "Asimismo las amas de casa reciclan más que los estudiantes" está desconectada del resto de la información. Habría que contextualizar y explicar por qué se compara a los estudiantes con las amas de casa; **6.** Sí, varios. Hay algún error de coordinación, de ser y estar, de preposiciones. Hay un presente mal conjugado y diferentes errores de léxico; **7.** No. Si hubiera cumplido con todos los requisitos anteriores el resultado sería un número de palabras superior; **8.** Sí.

 ¡Atención! Esta es una posible corrección. No es la única posible.

Un ~~recién sondaje~~ reciente sondeo ha ~~demonstrado~~ demostrado que la población ~~es muy sensible~~ está muy sensibilizada hacia el fenómeno del reciclaje. ~~Me alegra constatar~~ En los gráficos se demuestra que ~~hay una~~ la mayoría de los encuestados ~~que recicla lo que puede~~ asiduamente ~~contra~~ mientras que existe un porcentaje ~~bajo~~ mucho menor, el 12 %, representado por los que lo hacen raramente o nunca. El papel es el producto que más ~~reciclamos mayormente~~ se recicla junto a ~~eso de~~ los envases de plástico y ~~del cristal~~ vidrio. ~~Lo que más~~ La encuesta ~~evidencia~~ subraya ~~y que más me sorprende es~~ el hecho de que los hombres ~~son quienes~~ están más ~~al tanto~~ informados de las ~~normas~~ políticas de reciclaje; sin embargo, a pesar de lo ~~que acabo de mencionar~~ apenas mencionado, ~~resulta que~~ los resultados de la encuesta reflejan que son las mujeres las que más se preocupan tanto del reciclaje de un electrodoméstico ~~cuando sale de su hogar~~ en desuso como de los niveles de consumo de los mismos a la hora de comprarlos. ~~Asimismo las amas de casa reciclan más que los estudiantes.~~ Es preciso ~~decir~~ añadir que los medios de comunicación juegan un papel ~~llave~~ clave para influenciar a la gente porque los ciudadanos reciclarí~~an~~ más si ~~fueran más enterados~~ supieran mejor ~~de su valencia hacia el medioambiente~~ cómo ayuda el reciclaje.

Si bien es verdad que ya en la escuela primarias los maestros han empezado a sensibilizar a los alumnos con resultados ~~sensibles~~ tangibles, es importante seguir reciclando ~~lo más posible~~ todo lo posible ~~que nuestra vida~~ ~~y la de todos los demás que se vuelva (logre a) ser más linda, ligera e incluso perfumada~~ para no solo nosotros sino también para que las generaciones futuras podamos disfrutar de un mundo mejor.

b. *reciclaje, envases de plástico, el papel, el medioambiente, recicla.*

Comentario. El vocabulario que usa es variado pero no suficientemente amplio y preciso. Necesita mayor precisión.

Medioambiente: El calentamiento global, el agujero de la capa de ozono, la extinción de algunas especies, el deshielo de los glaciares, la emisión de gases nocivos, la contaminación de las aguas y del subsuelo, desechos... entre otros.

> **Consejo.** Si quieres mejorar tu léxico y ampliar tu información relacionada con estos temas, te recomendamos las siguientes páginas:
>
> http://www.portaldelmedioambiente.com/
>
> http://www.epa.gov/espanol/reciclajefaq.html
>
> http://www.eco2site.com/Informe-400-Para-qu-sirve-reciclar

c. **¡Atención!** Esta es solo una propuesta de introducción. No es la única posible.

Hoy en día, aunque no queramos, estamos influyendo negativamente en el curso natural del Planeta. El calentamiento global, el agujero de la capa de ozono, la extinción de algunas especies, el deshielo de los glaciares, la emisión de gases nocivos, la contaminación de las aguas y del subsuelo son algunos de los problemas con los que estamos conviviendo. Sin embargo, algunos ciudadanos reaccionan ante esta situación activamente.

Consejo. Como puedes observar el nivel de escrito es mejor si añades algunas palabras específicas del tema e introduces el problema que posteriormente vas a tratar.

¡Atención! Esta es solo una propuesta de conclusión. No es la única posible.

¿Tan difícil es separar la basura? ¿Por qué no pensamos en lo que una lata, una bolsa de plástico o una pila pueden causar al medioambiente? ¿Cuántos pequeños gestos estamos dispuestos a hacer para mejorar el futuro de las generaciones venideras?

Consejo. Utilizar preguntas puede hacer más incisivo tu discurso y que sea el propio lector quien llegue solo a las conclusiones.

Tarea 2, opción 2.

a. **1.** Sí. El tono es correcto y adecuado considerando que se trata de una comunicación formal; **2.** No. El candidato ha mencionado su interés pero no ha explicado por qué le interesa este evento; **3.** Sí y No. Por una parte ha informado de la muerte de un familiar, de su estado anímico y de las complicaciones burocráticas, pero no desarrolla las ideas presentadas; **4.** No. Ha preguntado si podría proponer a un sustituto pero en las instrucciones especificaba que tenía que hablar de un sustituto de su confianza con óptimas credenciales. No cumplir con las instrucciones penaliza el escrito; **5.** No. Ni siquiera lo ha considerado. Podría haber sido otra la manera de presentar y elogiar al sustituto;

 PRUEBA 1
COMPRENSIÓN DE LECTURA

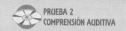 PRUEBA 2
COMPRENSIÓN AUDITIVA

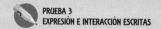 PRUEBA 3
EXPRESIÓN E INTERACCIÓN ESCRITAS

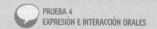 PRUEBA 4
EXPRESIÓN E INTERACCIÓN ORALES

6. Sí. Sigue el orden propuesto por las consignas, ordenando las ideas de un modo coherente e introduciendo de manera correcta las distintas partes del correo. No se producen contradicciones, lo que ayuda a una buena comprensión y aporta fluidez al texto. Sin embargo, esta fluidez a veces se ve comprometida por la constante repetición del sustantivo "evento". En su lugar debería haber utilizado otros recursos tales como pronombres, sinónimos u otros sustantivos, etc.; **7.** Sí, algunos; **8.** No. Si hubiera cumplido con todos los requisitos anteriores el resultado sería un número de palabras superior.

 ¡Atención! Esta es solo una propuesta de corrección. No es la única posible. No se han corregido ni la forma ni el estilo, solo los errores.

De: <u>Alejandro.Moreno@yahoo.es</u>

A: <u>Eduardo.Loyola@hotmail.es</u>

Asunto: Congreso sobre "La alimentación en los países en desarrollo"

<u>Estimado Sr. Loyola</u>

Con respecto a la invitación recibida el mes pasado para ~~hacer~~ presentar ~~una~~ la ponencia <u>"XXX"</u> ~~al evento~~ <u>en el Congreso</u> arriba mencionado, le comunico que_ a pesar de haber ~~acceptado~~ aceptado ~~con~~ por mi gran interés ~~para la~~ <u>en el</u> tema por la indudable importancia ~~del evento~~ de dicho congreso, me veo obligado a ~~annular~~ anular ~~de~~ mi presencia por motivos personales ~~seriosos~~ serios. ~~En confianza~~ De manera confidencial ~~la~~ le informo <u>de</u> que hace dos días ~~mi familia ha sufrido de una muerte inesperada~~ un miembro de mi familia falleció de forma inesperada. Desgraciadamente ~~me encuentro entonces en una situación emocional bastante crítico para~~ mi actual estado de ánimo me impide asistir ~~a este~~ al evento ~~que~~. <u>Además ~~de estar~~</u> estoy muy ocupado con ~~el desarrollo de las acciones legales~~ los consecuentes trámites burocráticos.

~~A este propósito~~ Por todo ello ~~ya~~ le pido ~~cordialmente~~ encarecidamente que acepte mis excusas por ~~el inconveniente que pasará~~ los inconvenientes que esto pueda ocasionar, ~~pero~~ y al mismo tiempo, me permito ~~pedirle~~ proponerle un sustituto para resolver el problema.

~~En esperando de su confirma~~ En espera de sus noticias, aprovecho la ocasión agradeciéndole muchísimo su atención y comprensión, le ~~saludo~~ saluda atentamente,

(firma)

---

b. **¡Atención!** Esta es una propuesta de ampliación de información.

Saludar	Estimado Sr. Moreno:
Defender el interés por su participación en la conferencia	El hecho de que sea el único congreso que se realiza en España y su gran reconocimiento internacional, por la calidad de las ponencias y por las teorías innovadoras que se presentan, hacen más difícil tener que renunciar a la oportunidad que me había brindado al proponerme que presentara mi última investigación.
Manifestar gran interés en justificar su ausencia:	Lamentablemente me veo completamente imposibilitado a delegar en otros familiares responsabilidades de este tipo.
Justificar la ausencia	y desagraciadamente me encuentro entonces en una situación emocional bastante crítica para asistir a este evento, además de estar muy ocupado con el desarrollo de las acciones legales.
Presentar y elogiar al candidato	El Sr. Estrada ha trabajado en mi equipo en los últimos 10 años y fue un pilar importante en la investigación que llevamos a cabo y que pensábamos presentar en esta ponencia. Tanto su experiencia como su formación avalan mi propuesta. Además, no solo es un excelente profesional, sino que es una maravillosa persona, y por ello estoy convencido que no pondrá ningún tipo de inconveniente en cancelar sus compromisos previos para poder asistir a este evento.
Despedida	Le saluda atentamente,
Firma	Pedro López

DELE C1
Modelo de examen n.º 4

 PRUEBA 1. COMPRENSIÓN DE LECTURA 90 min.

 PRUEBA 2. COMPRENSIÓN AUDITIVA 50 min.

 PRUEBA 3. EXPRESIÓN E INTERACCIÓN ESCRITAS 80 min.

 Claves.

En este modelo vas a hacer un último ensayo previo a la realización del examen. Concéntrate en todo lo trabajado hasta ahora: conocimiento del tipo de texto de cada tarea, tipo de preguntas, habilidades y estrategias para resolverlas, control del tiempo, etc. Lo más importante es obtener un buen resultado, no escatimes en energía ni en concentración. **¡Imagina que es el verdadero examen!**

 ¡Atención! Las actividades de este modelo las encontrarás en la página web de la editorial Edinumen:

http:// www.edinumen.es/eleteca.

 El Cronómetro, manual de preparación del DELE. Nivel C1

Prueba 1: Comprensión de lectura

La prueba de **Comprensión de lectura** contiene **5 tareas**. Usted tiene que responder a **40 preguntas**. Duración: **90 minutos**. Marque sus opciones únicamente en la **Hoja de respuestas**.

● ● ● ● ● 🕐 En este examen también vas a medir el tiempo parcial de cada tarea. **Pon el reloj**.

Tarea 1

INSTRUCCIONES

*A continuación leerá un texto donde se explica el uso de un determinado medicamento. Conteste a las preguntas (1-6). Seleccione la opción correcta (A, B o C). Marque las opciones elegidas en la **Hoja de respuestas**.*

LATATIUM

1. QUÉ ES LATATIUM Y PARA QUÉ SE UTILIZA

Latatium es un analgésico perteneciente al grupo de medicamentos denominados antiinflamatorios. Se utiliza para tratar el dolor de intensidad leve o moderada, tal como dolor de tipo muscular o de las articulaciones, dolor menstrual, dolor dental.

2. ANTES DE TOMAR LATATIUM

No tome Latatium:
- Si tiene enfermedad inflamatoria crónica del intestino.
- Si tiene insuficiencia cardíaca grave, insuficiencia renal moderada a grave o insuficiencia hepática grave.
- Si está embarazada o dando el pecho.
- Si es menor de 18 años.

Tenga especial cuidado con Latatium:
- Si es alérgico o ha tenido problemas de alergia en el pasado.
- Si tiene enfermedades del riñón, del hígado o del corazón o retención de líquidos o ha sufrido alguna de estas enfermedades en el pasado.
- Si está tomando diuréticos.
- Si tiene problemas cardíacos, antecedentes de ataques cerebrales, o piensa que podría tener riesgo de sufrir estos trastornos (por ejemplo, tiene la tensión arterial alta, sufre diabetes, tiene alto el colesterol, o es fumador) debe consultar este tratamiento con su médico o farmacéutico. Es más probable que ocurran efectos adversos cuando se emplean dosis altas y tratamientos prolongados. No exceda la dosis ni la duración del tratamiento recomendado.
- Si es anciano puede sufrir una mayor incidencia de efectos adversos.
- Si está planificando quedarse embarazada.
- Si sufre o ha sufrido en el pasado trastornos estomacales o intestinales.

Uso de otros medicamentos:
Informe a su médico o farmacéutico si está utilizando otros medicamentos, incluso los adquiridos sin receta. Hay algunos medicamentos que no deben tomarse con este y otros que pueden necesitar un cambio de dosis si se toman conjuntamente con este medicamento.

Toma de Latatium con alimentos y bebidas:

Tome los comprimidos con una cantidad de agua adecuada. Tome los comprimidos con comida, ya que esto ayuda a disminuir el riesgo de sufrir efectos adversos en el estómago o intestino.

3. CÓMO TOMAR LATATIUM

La dosis de **Latatium** que necesite puede variar, dependiendo del tipo, intensidad y duración del dolor. Su médico le indicará cuántos comprimidos debe tomar al día y durante cuánto tiempo. En general se recomienda 1 comprimido cada 8 horas, sin sobrepasar los 3 comprimidos al día. Si su dolor es intenso y necesita un alivio rápido tome los comprimidos con el estómago vacío (por lo menos 30 minutos antes de la comida), ya que se absorberán más fácilmente.

Si toma más Latatium del que debiera:

Informe inmediatamente a su médico o farmacéutico o vaya al servicio de urgencias de su hospital más cercano. Por favor, recuerde llevar siempre con usted el estuche de la medicación o este prospecto.

Si olvidó tomar Latatium:

No tome una dosis doble para compensar las dosis olvidadas. Tome la siguiente dosis cuando proceda.

4. POSIBLES EFECTOS ADVERSOS

Al igual que todos los medicamentos, **Latatium** puede producir efectos adversos, aunque no todas las personas los sufran. Los posibles efectos adversos se detallan a continuación de acuerdo con su frecuencia. La siguiente tabla indica cuántos pacientes pueden presentar estos efectos adversos:

• Frecuentes: Más de una de cada 100 personas y menos de una de cada 10.

• Poco frecuentes: Más de una de cada 1 000 personas y menos de una de cada 100.

Efectos adversos frecuentes:

Náuseas y/o vómitos, dolor de estómago, diarrea, trastornos digestivos.

Efectos adversos poco frecuentes:

Sensación de vértigo, mareos, somnolencia, trastornos del sueño, nerviosismo, dolor de cabeza, palpitaciones, problemas de estómago, estreñimiento, sequedad de boca, erupción en la piel, fatiga, dolor, sensación febril y escalofríos, malestar general. Informe a su médico inmediatamente si nota algún efecto adverso de tipo gastrointestinal al inicio del tratamiento, si previamente ha sufrido alguno de estos efectos adversos debido a un tratamiento prolongado con antiinflamatorios, y especialmente si usted es anciano.

Deje de tomar inmediatamente **Latatium** si nota la aparición de una erupción en la piel o alguna lesión dentro de la boca o en los genitales, o cualquier otro signo de alergia. Durante el tratamiento, se han notificado casos de retención de líquidos e hinchazón (especialmente en tobillos y piernas), aumento de la presión sanguínea e insuficiencia cardiaca. Si alguno de estos efectos adversos empeora, comuníqueselo a su médico o farmacéutico.

5. CONSERVACIÓN DE LATATIUM

Mantener fuera del alcance y de la vista de los niños. No utilice **Latatium** después de la fecha de caducidad que aparece en el envase. La fecha de caducidad es el último día del mes que se indica. Los medicamentos no se deben tirar por los desagües ni a la basura. Pregunte a su farmacéutico cómo deshacerse de los envases y de los medicamentos que no necesita. De esta forma ayudará a proteger el medioambiente.

(Texto adaptado de http://www.prospectos.net/enantyum_25_mg_comprimidos)

1. Según el texto, se previene del uso del medicamento...

   a) en situaciones de lactancia.
   b) a todas las personas con problemas coronarios.
   c) a quienes tienen problemas leves de riñón.

2. El folleto recomienda al usuario...

   a) no consumir el medicamento sin receta médica.
   b) consumir el medicamento con otros semejantes.
   c) tomar precauciones contra efectos negativos en el sistema digestivo.

3. Para casos de extremo dolor se recomienda...

   a) consultar la dosis con el médico o el farmacéutico.
   b) doblar la dosis.
   c) tomar el medicamento en ayunas.

4. La posibilidad de sufrir problemas cutáneos como efecto secundario...

   a) es la misma que la de tener fiebre.
   b) es mayor que la de experimentar cambios de estado de ánimo.
   c) es menor que la de devolver.

5. Las reacciones alérgicas pueden ser un síntoma...

   a) de exceso de consumo.
   b) suficiente para dejar de tomar el medicamento.
   c) relacionado con la edad.

6. El consumo del producto no está prescrito para...

   a) el mes siguiente al indicado en el envase.
   b) infantes con propensión a la retención de líquidos.
   c) personas con lesiones en la boca.

• • • • • 🕐 ¿Cuánto tiempo has necesitado para completar **esta tarea**? Anótalo aquí: _____ min.

Tarea 2

INSTRUCCIONES

*Lea el siguiente texto, del que se han extraído seis párrafos. A continuación lea los siete fragmentos propuestos (A-G) y decida en qué lugar del texto (7-12) hay que colocar cada uno de ellos. Hay un fragmento que no tiene que elegir. Marque las opciones elegidas en la **Hoja de respuestas**.*

PROFESIONALES DEL ACUERDO FAMILIAR

La familia es una de las instituciones que más ha evolucionado con las transformaciones sociales y legales de las últimas décadas, primero por la aprobación de la ley que permite la separación y el divorcio y, después, por las nuevas formas de convivencia: uniones de hecho, familias monoparentales, familias compuestas por miembros que provienen de rupturas previas y con hijos e hijas por una o ambas partes.

Sin embargo, el nuevo clima familiar, más igualitario y menos jerárquico, no ha reducido los conflictos, sino que ha propiciado otros nuevos, de naturaleza más compleja y ante los que a la vía judicial, más lenta en la asunción de las transformaciones, le cuesta aún adaptarse. **7.** _____.

La mediación familiar es la intervención de una tercera persona, aceptada de común acuerdo, neutral e imparcial que, sin poder de decisión, pretende ayudar a las partes enfrentadas por un conflicto para que ellas mismas lleguen a un consenso que responda a las necesidades de todos los miembros de la familia, en particular de los hijos. **8.** _____. El mediador es un tercero imparcial, con formación adecuada (en derecho, psicología, trabajo social, etc.) que ha de tratar el conflicto de manera objetiva, con equidad, sin tomar partido por ninguna de las partes y sin imponer el acuerdo. Busca que el consenso resultante sea realista, duradero y favorable a ambas partes. **9.** _____.

Hasta ahora el ámbito de aplicación de la mediación familiar se ha centrado en las separaciones, tanto matrimoniales como de uniones estables, y divorcios, aunque también es aplicable en otras situaciones donde la convivencia esté marcada por los conflictos con los hijos menores y jóvenes. **10.** _____.

La figura del mediador familiar también se concibe como una ayuda al creciente número de familias con hijos adoptados en las que nace el deseo de estos hijos de buscar sus orígenes. En este ámbito la mediación puede posibilitar el contacto entre las partes y preparar tanto a la familia adoptiva como a la biológica y al hijo o hija adoptado mayor de edad para afrontar este encuentro de forma óptima. Ahora bien, no todos los conflictos familiares pueden someterse a mediación. **11.** _____.

En las familias donde se sufran episodios de violencia machista, las partes, comprometidas a cumplir las obligaciones que se deriven de lo pactado, no se encuentran en plenas condiciones de igualdad para negociar y asumir compromisos. También se alega que la mediación es una institución de ayuda para resolver situaciones de conflicto y desavenencias, pero no situaciones delictivas. **12.** _____.

Por otro lado, la mediación es voluntaria, no se puede imponer dado que su éxito depende precisamente de que las partes la hayan solicitado por propia convicción y de manera voluntaria. Si lo que se pretende es alcanzar acuerdos voluntarios, no es lógico imponer que los implicados se sometan al procedimiento.

Se puede mediar antes, durante y después de la separación o divorcio. En el supuesto de que la mediación se realizara una vez que la pareja hubiera comenzado el proceso jurídico, este podría suspenderse de forma temporal por tres meses. Después se podría continuar, con independencia de que se hubiera llegado a un acuerdo o no. Si no se ha iniciado el proceso jurídico, las partes de un proceso civil, de común acuerdo, han de pedir al juez que este se suspenda por un plazo máximo de sesenta días para someterse a mediación y tratar de lograr una solución consensuada.

(Adaptado de http://revista.consumer.es/web/es/20091201/practico/consejo_del_mes/75301.php)

FRAGMENTOS
A. No es conveniente gestionar desde la mediación familiar ciertos conflictos en los que haya un desequilibrio grave de poder, patologías mentales, situaciones de amenazas y violencia sistemática en las relaciones, asuntos penales, o drogadicción.
B. Se fomenta así la responsabilidad de las personas implicadas en situaciones de ruptura o de conflictos familiares, mediante la búsqueda de un compromiso aceptado de forma voluntaria en el marco de la Ley.

C.	Según la ley, el requisito básico es que los recursos e ingresos económicos, computados anualmente por todos los conceptos y por unidad familiar, no superen el doble del salario mínimo interprofesional vigente en el momento de efectuar la solicitud de una mediación familiar.
D.	Además, está obligado a mantener el secreto profesional y la confidencialidad, por lo que su tarea no puede delegarse, ha de llevarla a cabo en persona, del mismo modo que es necesario que las partes asistan personalmente a las reuniones de mediación.
E.	No obstante, también hay opiniones contrarias que consideran que la mediación, especialmente si se acompaña de asistencia terapéutica previa para reestablecer la igualdad de las partes, podría ser de gran ayuda incluso en estos casos.
F.	Por ello, la tendencia que predomina en Europa es, desde hace años, la búsqueda de vías alternativas, complementarias y pacíficas de resolución de los conflictos en el ámbito familiar.
G.	También se intentan resolver problemas entre hermanos o derivados del cuidado y atención a los mayores, visitas de los abuelos a nietos e, incluso, dificultades familiares originadas por el reparto de herencias.

• • • • • 🕐 ¿Cuánto tiempo has necesitado para completar **esta tarea**? Anótalo aquí: _____ min.

Tarea 3

*Lea el texto y responda a las preguntas (13-18). Seleccione la opción correcta (A, B o C). Marque las opciones elegidas en la **Hoja de respuestas**.*

PARA TI, LUCÍA

Hernán Casciari

Una escritora española acaba de informar de que dejará de publicar. «Dado que se han descargado más copias ilegales de mi novela que copias han sido compradas, anuncio que no voy a volver a publicar libros», dijo ayer Lucía Etxebarría. La prensa tradicional se hizo eco de sus palabras y la industria editorial la arropó: «Pobrecita, miren lo que Internet les está haciendo a los autores». A nosotros nos ocurre lo mismo. Durante 2011 vendimos siete mil ejemplares de cada revista, y los pdf gratuitos de esas cuatro ediciones alcanzaron las seiscientas mil descargas o visualizaciones en Internet.

Si los casos de Lucía Etxebarría y de Orsai son idénticos, y ocurren en el mismo mercado cultural, ¿por qué a nosotros nos causan alegría esos números y a ella le provocan desazón? La respuesta, quizá, es que se trata del mismo mercado, pero no del mismo mundo.

Existe, cada vez más, un mundo flamante en el que el número de descargas virtuales y el número de ventas físicas se suman, pero todavía pervive un mundo viejo en el que ambas cifras se restan; sus autores dicen: «qué espanto, cuánta gente no me compra». El viejo mundo se basa en control, contrato, exclusividad, confidencialidad, traba, representación y dividendo. Todo lo que ocurra por fuera de sus estándares, es cultura ilegal. El mundo nuevo se basa en confianza, generosidad, libertad de acción, creatividad, pasión y entrega. Todo lo que ocurra por fuera y por dentro de sus parámetros es bueno, en tanto la gente disfrute con la cultura, pagando o sin pagar. Dicho de otro modo: no es responsabilidad de los lectores que no pagan que Lucía sea pobre, sino del modo en que sus editores reparten las ganancias de los lectores que sí pagan. Mundo viejo, mundo nuevo. Hace un par de semanas viví un caso muy clarito de lo que ocurre cuando estos dos mundos se cruzan. Se lo voy a contar a Lucía, y a ustedes, porque es divertido.

Me llama por teléfono una editora; me dice que están preparando una Antología de la Crónica Latinoamericana Actual. Y que quieren un cuento mío. Me dice que me enviará un mail para solicitar la autorización formal. Llega el mail con un adjunto. Abro el adjunto, leo el contrato. Me fascina la lectura de contratos del mundo viejo. No se molestan lo más mínimo en disfrazar sus corbatas. Al cuento lo llaman LA APORTACIÓN. En la cláusula cuatro dice que «el EDITOR podrá efectuar cuantas ediciones estime convenientes hasta un máximo de cien mil (100 000)». En la cláusula cinco, pone: «Como remuneración por la cesión de derechos de la APORTACIÓN, el EDITOR abonará al AUTOR cien euros (100 €) brutos, sobre los que se girarán los impuestos y se practicarán las retenciones que correspondan». Cien euros menos impuestos y retenciones y el quince por ciento que se lleva el agente o representante. Al autor le quedan cincuenta y tres euros limpios. No importa que la editorial venda dos mil libros, o cien mil libros. El autor siempre se llevará cincuenta y tres euros. ¿Firmará Lucía Etxebarría contratos así?

Esa misma tarde le respondí el mail a la editora: Hola Laura, el cuento que querés aparece en mi último libro, que se distribuye bajo una licencia Creative Commons Reconocimiento 3.0 Unported, que es la más generosa. Es decir, podés compartir, copiar, distribuir, ejecutar, hacer obras derivadas e incluso usos comerciales de cualquiera de los cuentos, siempre que digas quién es el autor. Te regalo el texto para que hagas con él lo que quieras, y que sirva este mail como comprobante. Y ya no respondí más nada. ¿Para qué seguir la cadena de mails?

No hay que luchar contra el mundo viejo, ni siquiera hay que debatir con él. Hay que dejarlo morir en paz, sin molestarlo. Gastaríamos energía en el lugar incorrecto. Hay que usar esa energía para hacer libros y revistas de otra manera; hay que volver a apasionarse con leer y escribir; hay que defender a muerte la cultura. Tenemos que hablar únicamente con nuestros lectores. Lucía, tenés un montón de lectores. Sos una escritora con suerte. El demonio no son tus lectores; ni los que compran tus novelas ni los que se descargan tus historias en la red. No hay demonios, en realidad. Lo que hay son dos mundos. Dos maneras diferentes de hacer las cosas. Está en vos, en nosotros, en cada autor, seguir firmando contratos absurdos con viejos dementes, o empezar a escribir una historia nueva y que la pueda leer todo el mundo.

(Adaptado de http://orsai.bitacoras.com/2011/12/para-ti-lucia.php, Argentina/España)

> **PREGUNTAS**

13. Según el autor, el caso de la escritora con su novela...

    a) llegó a oídos de la prensa de papel.
    b) provocó todo tipo de reacciones en los periódicos.
    c) produjo rechazo en el mundo editorial.

14. La reacción de Lucía demuestra que existen...

    a) dos mundos que se reparten un único mercado.
    b) dos formas de lograr sustanciosos dividendos.
    c) dos maneras de entender un mismo proceso.

15. Para el autor, el criterio básico de uno de esos mundos...

    a) se fundamenta en la explotación de los autores.
    b) consiste en la exclusión de alternativas.
    c) propugna la libertad como principio de acción cultural.

16. La anécdota que cuenta el autor le sirve para...

   a) rebatir los deseos de beneficios de la escritora.
   b) criticar un sistema injusto para los autores.
   c) ilustrar cómo el viejo mundo delimita sus relaciones contractuales.

17. La licencia que ampara el cuento del autor permite...

   a) distribuir hasta 100 000 copias de la obra.
   b) incluir el nombre del autor de la publicación.
   c) hacer casi cualquier cosas que se quiera con el texto.

18. El autor aprovecha el artículo para...

   a) promocionar la aparición de un mundo nuevo.
   b) animar a Lucía a seguir escribiendo.
   c) animar a la lucha contra el mundo viejo.

• • • • • 🕐 ¿Cuánto tiempo has necesitado para completar **esta tarea**? Anótalo aquí: _____ min.

Tarea 4

INSTRUCCIONES

*A continuación leerá una serie de resúmenes de comunicaciones de un congreso de arquitectura. Tiene seis textos (A-F) y ocho enunciados (19-26). Léalos y elija el texto que corresponde a cada enunciado. RECUERDE QUE HAY TEXTOS QUE DEBEN SER ELEGIDOS MÁS DE UNA VEZ. Marque las opciones elegidas en la **Hoja de respuestas**.*

A. ANTONIO S. RÍO VÁZQUEZ. *Transmisión de teoría y práctica proyectual a través de Internet.*

La presencia de arquitectos y estudios de arquitectura en la red global es cada día más extensa. Internet se ha convertido en una herramienta que, más allá de anunciar el trabajo profesional, permite un nuevo modo de expresión y comunicación de la teoría y práctica arquitectónicas. Los blogs, podcast, portales de imágenes y vídeos y otras herramientas de la web 2.0 son una importante fuente de información que permite conocer las ideas y proyectos y transmitirlas al resto del mundo, ya que constituyen una esfera global de pensamiento, crítica y debate arquitectónicos, tanto interna como externamente, para nuestro colectivo profesional.

B. VALENTINA CRISTINI Y JOSÉ R. RUIZ CHECA. *¿Sabrías construir bien un edificio? Experiencia práctica con una wiki en la ETSAV. UPV.*

En el panorama educativo tradicional, la formación del arquitecto se basaba en la adquisición de información y conocimiento. El nuevo enfoque de la enseñanza universitaria incorpora la asimilación de recursos y habilidades que dotan al futuro profesional de las herramientas para un aprendizaje continuo, permitiendo adaptarse al nuevo paisaje colectivo en el que la información crece de manera exponencial. El artículo siguiente se refiere a la realización de una práctica grupal desarrollada dentro de la asignatura de Materiales de Construcción de la ETSAV, cuyo objetivo fue la materialización de un proyecto arquitectónico fundamentado en el empleo de una wiki a través de la metodología de la WebQuest.

C. SILVIA FORLATI Y JORDI PORTAL LIAÑO. *Agrupación de jóvenes arquitectos de Cataluña y el proyecto internacional Wonderland.*

La globalización ha hecho surgir redes de contactos y proyectos multidisciplinares a nivel mundial. La arquitectura empezó a tener dos escalas, una local y otra global, que en el presente discurren unidas en la labor de cada vez más estudios. La Ajac surgió como punto de encuentro local para los jóvenes arquitectos de Cataluña para promover el trabajo que estos hacen, facilitándoles herramientas para su inicio en la profesión. A nivel global, la Ajac se adhiere al proyecto internacional Wonderland, una red de entidades que, unidas y coordinadas por la sede central, propician la apertura de fronteras proponiendo proyectos conjuntos y puntos de encuentro. Dos estrategias necesarias para fomentar el trabajo de los jóvenes arquitectos, dos puertas comunes que se abren para todos aquellos que lo deseen.

D. FRANCISCO J. CASAS COBO. *A la búsqueda de una nueva identidad como profesionales.*

Nuestra profesión está en crisis. El prestigio social y el reconocimiento económico han quedado atrás. Ahora somos un enorme grupo en plena expansión desbordado por los acontecimientos: la crisis global y la del mercado inmobiliario, la incertidumbre del proceso de Bolonia y la pérdida de identidad profesional, exigen una redefinición de nuestra posición en la sociedad. Debemos adaptarnos a lo que ella demanda redibujando nuestros límites como arquitectos y los de la arquitectura, para lo cual ya se están creando redes profesionales abiertas que facilitan un mayor conocimiento global. De esta manera, responderemos a los retos que se nos plantean y sustituiremos el esquema tradicional de un estudio jerárquico, con un arquitecto que lideraba un equipo de delineantes a su servicio.

E. JOSÉ M. GALÁN CONDE. *m1ml, mándame un mensaje luego.*

La presente comunicación describe la experiencia del proyecto m1ml de sin|studio arquitectura, consistente en la instalación de un dispositivo interactivo en el espacio público con una doble acción sobre el medio: alterando el espacio físico en el que se inserta y el de las redes de datos. El dispositivo se concibe como una naturaleza híbrida formada por arquitectura, tecnología, vida y actividad. Su objetivo es mostrar que las condiciones de los entornos que habitamos son plásticas, ante una situación en la que el dominio público tiende hacia la privatización y el control. Bajo estas premisas, desarrollamos un primer prototipo que fue instalado en la Plaza de la Alianza del Barrio de Santa Cruz de Sevilla, vinculado a la problemática de la tematización de los espacios turísticos.

F. IGNACIO BISBAL GRANDAL. *El falso autónomo.*

Desde hace años se producen en la arquitectura prácticas laborales ilegales. La profesión se ha adentrado en la precariedad y el subempleo, con el peligro de arruinar el prestigio social y la idea de calidad inherente a la misma. Estas prácticas de contratación fraudulentas consisten en contar con colaboradores en el estudio como "falsos autónomos", encubriendo una relación laboral, simulando que se trata de una relación mercantil empresario-cliente. El problema es difícil de acotar en cuanto a características y número de personas afectadas, debido a que la propia naturaleza ilegal de este tipo de contratación hace difícil su detección. El mayor reto que afronta hoy en día la profesión consiste en ofrecer a los arquitectos un trabajo acorde con su capacitación que les permita plantear un proyecto de vida prometedor con mínimas garantías profesionales y salariales.

(Adaptado de http://www.cscae.com/congresodearquitectos2009/index.php)

PREGUNTAS

19. El proyecto pertenece a una parte de la carrera de arquitectura.

A)   B)   C)   D)   E)   F)

20. Se describen unos datos que son difíciles de registrar.

A)   B)   C)   D)   E)   F)

21. La coyuntura de la que se habla se debe a múltiples factores.

A)   B)   C)   D)   E)   F)

22. Este colectivo pertenece a otro proyecto simultáneamente.

A)   B)   C)   D)   E)   F)

23. Esta ponencia analiza los riesgos de la imagen de la profesión de arquitecto.

A)   B)   C)   D)   E)   F)

24. Según el autor, la arquitectura se enriquece intelectualmente con su uso.

A)   B)   C)   D)   E)   F)

25. En este resumen se propone una sustitución del sistema establecido.

A)   B)   C)   D)   E)   F)

26. Se ha realizado una prueba de este proyecto.

A)   B)   C)   D)   E)   F)

• • • • • 🕐 ¿Cuánto tiempo has necesitado para completar **esta tarea**? Anótalo aquí: _____ min.

Tarea 5

INSTRUCCIONES

*Lea el texto y rellene los huecos (27-40) con la opción correcta (A, B o C). Marque las opciones elegidas en la **Hoja de respuestas**.*

EL ENTERRAMIENTO MEJOR PAGADO DEL MUNDO: EL SEÑOR DE SIPÁN

Costó descubrirlo, pero en 1987 al arqueólogo peruano Walter Alva fue llamado _____(27)_____ los dioses cuando excavó en el valle de Lambayeque y se topó _____(28)_____ la tumba del gran dominador de la cultura mochica, el señor de Sipán.

Dominaba todos los valles situados al noroeste de Perú. No caminaba. Usaba sandalias de plata, _____(29)_____ osteoporosis incipiente _____(30)_____ la falta de ejercicio y portaba veinte kilos de oro y otros materiales. Tenía taladrado el lóbulo de la oreja para colgar unas grandes orejeras y bajo la nariz se colocaba nariguras, también de metal, como signo de su alto _____(31)_____ y distinción. Vivió entre los siglos II y III d. C, y murió a los 45-50 años. Sus algo más de 160 centímetros de altura fueron sepultados bajo tierra en una especie de necrópolis a capas.

El hallazgo _____(32)_____ un antes y un después para la arqueología peruana, y también de parte del Nuevo Continente. El impacto fue _____(33)_____ que por primera vez se vio a un presidente nacional, Alan García, visitar unos yacimientos. En julio de 1987, Alva y su equipo excavan en un lugar donde unos primeros enterramientos habían sido saqueados. Bajo ellos apareció inmediatamente el Señor de Sipán, _____(34)_____ no costó demasiado otorgar el cargo de señor de la élite de la cultura moche por la cantidad de emblemas, atuendos, tocados, restos de orfebrería y ornamentaciones.

Se le enterró con su esposa _____(35)_____ los pies, sus concubinas alrededor, un bebé sacrificado y su vigilante con los pies _____(36)_____ para que no lo dejase solo en la otra vida, entre otros. 1137 piezas encontradas en la tumba superior acreditan que era un gobernador al que se le _____(37)_____ ofrendas, por lo que cada familia del reino de Sipán le colocó una vasija a su sepultura.

Alva no tuvo más empeño desde 1987 que _____(38)_____ levantar un gran museo que recopilase los tesoros hallados, además de sus restos mortales. Hoy, ese deseo es una realidad, se llama Museo de las Tumbas Reales del Señor de Sipán y es uno de los diez recintos culturales más importantes surgidos en el mundo. Se calcula que el museo _____(39)_____ hoy unos 15 millones de dólares en piezas de alto valor artístico y cultural, y genera más ingresos que gastos, _____(40)_____ la proyección internacional que ha adquirido, contabilizando 140000 visitantes al año. El arqueólogo descubridor resalta el valor indescriptible de su hallazgo, consciente de que el señor de Sipán y su iconografía son ya tan conocidos por nacionales y extranjeros que se elevan a categoría de icono.

(Adaptado de http://www.abc.es/20110624/internacional/abci-museo-sipan-ruta-quetzal-201106242040.html)

OPCIONES

27. a) por   b) de   c) para

28. a) con   b) a   c) en

29. a) sufría   b) presentaba   c) dolía

30. a) para   b) sobre   c) por

31. a) autoridad   b) rango   c) cargo

32. a) supuso   b) descubrió   c) tuvo

33. a) como   b) así   c) tal

34. a) de quien   b) cual   c) al que

35. a) en   b) a   c) con

36. a) amputados   b) envueltos   c) elevados

37. a) debieron   b) debían   c) deberían

38. a) lo con   b) el de   c) al

39. a) genera   b) adquiere   c) alberga

40. a) dada   b) mientras que   c) a pesar de

● ● ● ● ● 🕐 ¿Cuánto tiempo has necesitado para completar **esta tarea**? Anótalo aquí: _____ min.

CLAVES

 ¡Atención! Puedes encontrar las claves comentadas de este y de todos los modelos en el documento "Guía del profesor de **El Cronómetro, nivel C1**" que tienes a tu disposición en la *ELEteca* .

Tarea 1. 1. a; 2. c; 3. c; 4. c; 5. b; 6. a.

Tarea 2. 7. F; 8. B; 9. D; 10. G; 11. A; 12. E.

Tarea 3. 13. a; 14. c; 15. b; 16. b; 17. c; 18. b.

Tarea 4. 19. B; 20. F; 21. D; 22. C; 23. F; 24. A; 25. D; 26. E.

Tarea 5. 27. a; 28. a; 29. b; 30. c; 31. b; 32. a; 33. c; 34. c; 35. b; 36. a; 37. b; 38. b; 39. c; 40. a.

No olvides completar esta tabla.

PRUEBA 1 COMPRENSIÓN DE LECTURA

¿Qué habilidades tienes?	Tarea 1	Tarea 2	Tarea 3	Tarea 4	Tarea 5
Ya estoy familiarizado con el tipo de texto.					
Conozco bien el vocabulario general del tema.					
He deducido el significado de palabras nuevas.					
No me desorienta el tipo de tarea.					
He entendido bien la relación entre la pregunta (o fragmento) y el texto.					
No he perdido demasiado tiempo en esta tarea.					
(Otro)					
Respuestas correctas.					
Tiempo parcial utilizado.					
Tiempo total utilizado.					
Nivel de estrés (de 1 –mínimo– a 5 –máximo–).					

Aviso importante. Las actividades de este modelo las puedes encontrar en la *ELEteca*:

http:// www.edinumen.es/eleteca.

La prueba de **Comprensión auditiva** contiene **4 tareas**. Usted tiene que responder a **30 preguntas**. Duración: **50 minutos**. Marque sus opciones en la **Hoja de respuestas**.

38-44 **Pon las pistas n.° 38 a 44.** No pares la audición hasta el final de la prueba.

Tarea 1

INSTRUCCIONES

Usted va a escuchar una conferencia en la que se tomaron las siguientes anotaciones. Luego, deberá elegir para cada anotación (1-6) la palabra o fragmento de frase correspondiente entre las doce opciones que aparecen debajo (A-L). Escuchará la audición dos veces. Marque las opciones seleccionadas en la Hoja de respuestas.

Ahora dispone de un minuto para leer las anotaciones.

1. Se considera la etapa juvenil como momento de formación de los **1.** _____ del individuo como ciudadano.

2. El colectivo de jóvenes es un posible factor desestabilizador de un sistema social dada su **2.** _____ a las protestas.

3. El grado de participación política de la población se intensifica o disminuye en función de los **3.** _____ de edad analizados.

4. Algunas opiniones interpretan el desinterés político como reflejo de una **4.** _____ común a las democracias actuales.

5. Protagonistas de una transformación social y política, los jóvenes pueden introducir los **5.** _____ en los deficientes sistemas democráticos.

6. Los cambios sociales y culturales que se suponen detrás de las nuevas actitudes políticas podrían garantizar su **6.** _____ en el tiempo.

OPCIONES

A.	inclinación	G.	reglamentos
B.	cambios	H.	desviación
C.	deficiencia	I.	principios
D.	trechos	J.	trastornos
E.	transformación	K.	preferencia
F.	tramos	L.	pervivencia

INSTRUCCIONES

*Usted va a escuchar cuatro conversaciones. Escuchará cada conversación dos veces. Después debe contestar a las preguntas (7-14). Seleccione la opción correcta (A, B, C). Marque las opciones elegidas en la **Hoja de respuestas**.*

CONVERSACIÓN 1

7. Susana se muestra preocupada porque:

a) no se había planteado anteriormente la idea de vivir fuera.

b) no quiere separarse de su familia.

c) los niños han mostrado su rechazo.

8. El amigo de Susana:

a) sabe que el marido de ella se dedica a terminar su tesis.

b) sugiere que sus hijos se queden un año en España para estudiar francés.

c) basa sus consejos en su propia experiencia.

CONVERSACIÓN 2

9. La instalación de un termo solar para que lo usen 5 personas...

a) cuesta menos de 2000 euros.

b) obliga a realizar un control del sistema anualmente.

c) precisa de un sistema complementario de calentamiento.

10. La producción privada de energía eléctrica...

a) es rentable en grandes superficies.

b) es para consumo propio.

c) está financiada por el estado.

CONVERSACIÓN 3

11. Tras la conversación entre los dos amigos, sabes que Paco...

a) siente amenazada su relación.

b) acaba de enamorarse de alguien.

c) vive con su novia desde hace un año.

12. La amiga de Paco cree que...

a) la situación de la que habla su amigo es un tanto inverosímil.

b) entre Paco y Andrea hay un problema de falta de comunicación.

c) cree que Paco no tiene de qué preocuparse.

CONVERSACIÓN 4

13. Los clientes quieren comprar un piso...

a) porque quieren dejar de pagar una renta.

b) aunque tengan que buscar a una persona que responda económicamente por ellos.

c) siempre que no tengan que domiciliar las facturas.

14. El crédito hipotecario que les ofrecen...

a) cubre el total de la financiación de la casa.

b) supone una ventaja económica para la gente joven.

c) tiene unas condiciones buenas aunque innegociables.

Tarea 3

INSTRUCCIONES

Usted va a escuchar una entrevista. Después debe contestar a las preguntas (15-20). Seleccione la opción correcta (A, B, C). Escuchará la entrevista dos veces. Marque las opciones elegidas en la **Hoja de respuestas**

PREGUNTAS

15. La relación de Diego Urbina con el mundo espacial…

    a) es un deseo que le viene desde su infancia.
    b) le llevó a trasladarse a Italia para participar en proyectos.
    c) se consolidó con su vinculación al centro de astronautas europeos.

16. La misión Mars 500…

    a) fue iniciada por los rusos en 2007.
    b) reprodujo las condiciones de un viaje real a Marte.
    c) tuvo en cuenta la distancia más corta a Marte.

17. La participación de Diego en el proyecto, entre otras cosas…

    a) fue la respuesta a un compromiso que tenía con su universidad.
    b) se debió al deseo de hacer una aportación personal a la carrera espacial.
    c) fue incitada por sus familiares.

18. Los cosmonautas consiguieron superar la experiencia…

    a) a pesar de la comunicación con familiares y amigos.
    b) aunque sintieron momentos de duda.
    c) gracias a un constante tratamiento psicológico.

19. Durante el viaje…

    a) fueron sometidos a un experimento con la alimentación.
    b) los tripulantes no podían utilizar agua para su aseo personal.
    c) la comida era variada y rica en sal.

20. La exploración simulada de Marte…

    a) tuvo lugar a los dieciocho meses de iniciada la misión.
    b) lo vivieron todos con la misma intensidad.
    c) fue vivido como un momento muy tenso.

Modelo de examen n.º 4

INSTRUCCIONES

Usted va a escuchar diez breves diálogos. Escuchará cada diálogo dos veces. Después debe contestar a las preguntas (21-30). Seleccione la opción correcta (A, B, C). Marque las opciones elegidas en la **Hoja de respuestas***.*

PREGUNTAS

21. Por lo que dice la mujer, el resultado de la entrevista parece haber…

    a) decepcionado al hombre.
    b) asustado al hombre.
    c) ilusionado al hombre.

22. La mujer conoce…

    a) a un buen electricista de la empresa.
    b) a un amigo con contactos.
    c) a uno de los jefes.

23. El jefe ha demostrado tener…

    a) experiencia en casos parecidos.
    b) paciencia con los empleados.
    c) habilidad para manejar la situación.

24. Ante la decisión tomada por el chico, la mujer…

    a) le recuerda que tiene edad para tomar decisiones.
    b) le advierte de su error.
    c) le aconseja que se presente.

25. El chico dice que se siente…

    a) impaciente.
    b) confiado.
    c) angustiado.

26. Marta…

    a) considera el regalo apropiado.
    b) critica los gustos de Julián.
    c) piensa que no le gustará lo que le han comprado.

27. Sobre el proyecto que están valorando, el hombre piensa que…

    a) presenta un presupuesto elevado.
    b) no se ajusta a las expectativas.
    c) no es realista.

28. El chico pide un favor porque, según la mujer,…

    a) está un poco estresado.
    b) está bastante cansado.
    c) está algo ocupado.

29. Ante la decisión de la madre, el chico…

    a) se opone rotundamente.
    b) acepta de forma automática.
    c) intenta convencerla de lo contrario.

30. El chico, ante el comentario de la mujer,…

    a) no quiere dar importancia a lo sucedido.
    b) reconoce que ha habido una discusión.
    c) niega haber discutido.

CLAVES

Tarea 1. 1. I; **2.** A; **3.** F; **4.** C; **5.** B; **6.** L.

Tarea 2. 7. b; **8.** c; **9.** c; **10.** a; **11.** c; **12.** c; **13.** a; **14.** b.

Tarea 3. 15. c; **16.** c; **17.** b; **18.** b; **19.** a; **20.** a.

Tarea 4. 21. a; **22.** b; **23.** c; **24.** b; **25.** c; **26.** a; **27.** c; **28.** b; **29.** a; **30.** c.

Aviso importante. Las actividades de este modelo las puedes encontrar en **ELEteca**: http://www.edinumen.es/eleteca.

Expresión e Interacción escritas

La prueba de **Expresión e Interacción escritas** contiene **2 tareas**. Tiene una duración de **80 minutos**.

● ● ● ● ● 🕐 **Pon tu reloj.**

Tarea 1

INSTRUCCIONES

A continuación escuchará una conferencia en la que se habla sobre el tema "¿Cómo salir bien parados de la crisis?". La escuchará dos veces. Durante la audición podrá tomar notas. Después, redactará una argumentación en la que deberá recoger los puntos principales de la misma y expresar de forma justificada su punto de vista.

Número de palabras: **entre 220 y 250**.

💿 **Escucha dos veces la pista n.° 45.**
45

● ● ● ● ● 🕐 ¿Cuánto tiempo has necesitado para completar **esta tarea**? Anótalo aquí: _____ min.

Tarea 2

INSTRUCCIONES

*Elija solo **una** de las dos opciones que se le ofrecen a continuación.*
Número de palabras: **entre 180 y 220**.

OPCIÓN 1

El claustro de profesores le ha solicitado que, como responsable de bachillerato, escriba un informe sobre el centro y las actividades educativas que se han llevado a cabo este año. En el mismo, deberá comentar las instalaciones, los proyectos, la implicación tanto del alumnado como de las familias, la incorporación de nuevas tecnologías para el disfrute del alumnado y recomendar nuevas propuestas, resaltando las necesidades del alumnado, para el próximo año.

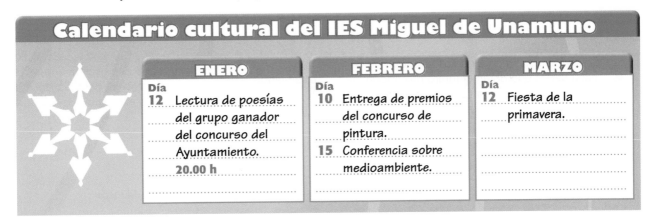

Calendario cultural del IES Miguel de Unamuno

ENERO
Día
12 Lectura de poesías del grupo ganador del concurso del Ayuntamiento. 20.00 h

FEBRERO
Día
10 Entrega de premios del concurso de pintura.
15 Conferencia sobre medioambiente.

MARZO
Día
12 Fiesta de la primavera.

ABRIL	MAYO	JUNIO
Día **18** Espectáculo de teatro.	**Día** **1** Entrega de premios del concurso de pintura. **15** Conferencia sobre medioambiente.	**Día** **8** Fútbol: Profesores contra padres.

JULIO	AGOSTO	SEPTIEMBRE
Día **21** Fútbol: Alumnos contra padres.	¡ESTAMOS DE VACACIONES!	TODO EL MES: Buzón de sugerencias.

OCTUBRE	NOVIEMBRE	DICIEMBRE
Día **15** Votación de las propuestas de nuestro buzón de sugerencias.	TODOS LOS VIERNES POR LA TARDE: Cursos de formación "Nuevas tecnologías".	**Día** **23** Fiesta de la solidaridad.

• • • • • 🕐 ¿Cuánto tiempo has necesitado para completar **esta tarea**? Anótalo aquí: _____ min.

OPCIÓN 2

Usted ha recibido una carta en la que le informan del inminente cierre de la librería de la que usted es cliente habitual. En la misma se le comunica que los propietarios del local quieren poner en su lugar un supermercado. A fin de evitar la desaparición de la última librería de su barrio, la dirección de la misma le ruega que escriba una carta de apoyo dirigida a la sección "Cartas al director" de un periódico. En su carta deberá expresar su desacuerdo y su contrariedad ante tal decisión, reflejar la importancia que la librería ha tenido y tiene para los habitantes del barrio y proponer posibles soluciones o acciones sociales para evitar el cierre.

• • • • • 🕐 ¿Cuánto tiempo has necesitado para completar **esta tarea**? Anótalo aquí: _____ min.

Aviso importante. Las actividades de este modelo las puedes encontrar en la *ELEteca*:
🔲 http:// www.edinumen.es/eleteca.

DELE C1

Prueba de Expresión e Interacción orales

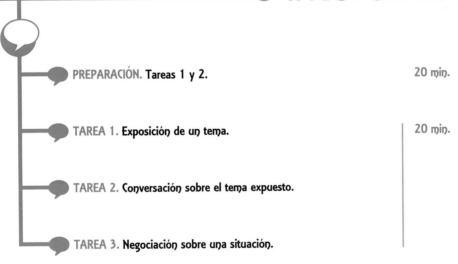

PREPARACIÓN. **Tareas 1 y 2.**   20 min.

TAREA 1. **Exposición de un tema.**   20 min.

TAREA 2. **Conversación sobre el tema expuesto.**

TAREA 3. **Negociación sobre una situación.**

Claves, comentarios, consejos y actividades sobre este modelo de examen.

Esta parte de El Cronómetro, *nivel C1* está dedicada en exclusiva a la **Prueba de Expresión e Interacción orales**. Tienes información sobre la prueba, tareas de examen, muestras de conversaciones y propuestas de ejercicios. Esta prueba se realiza a una hora diferente que el resto de pruebas, y a veces un día diferente, por eso la vas a preparar por separado. Además, a diferencia de las otras pruebas, los temas no cambian de una convocatoria a otra.

 ¡Atención! En esta sección te propondremos grabarte a ti mismo para luego oírte. Ten a mano un **micrófono**.

Prueba 4: Expresión e Interacción orales

● ● ● ● ● **Antes de empezar la prueba de** Expresión e Interacción orales.

Responde a estas preguntas con lo que sabes o piensas del examen.

1. ¿Cuántas tareas tiene esta prueba?

2. ¿Cuánto tiempo tengo para realizarlas?

Marca con una X.

		sí	no
3. ¿Tengo que hablar de usted?		☐	☐
4. ¿Tengo que hablar solo en algún momento?		☐	☐
5. ¿Necesito usar un vocabulario especial?		☐	☐
6. ¿Todas las instrucciones de todas las tareas son obligatorias?		☐	☐
7. Si no sé qué decir, ¿me quitan puntos?		☐	☐
8. ¿Puedo preparar textos completos y luego leerlos?		☐	☐
9. ¿Tengo que hablar con otro candidato?		☐	☐
10. ¿Tengo que tener acento de España?		☐	☐
11. (otro)		☐	☐

Comprueba tus respuestas. Algunas preguntas las podrás comprobar al final de la prueba.

 PRUEBA DE EXPRESIÓN E INTERACCIÓN ORALES

La prueba tiene 3 tareas. Se preparan primero las tareas 1 y 2, en una sala diferente a la de la entrevista. Una parte del material (tarea 1) la recibes en esa sala, otra parte (tarea 3) te la da el entrevistador. El candidato habla solo con el entrevistador. Hay una tercera persona, el evaluador, en la misma sala. No puedes preparar textos completos y luego leerlos, solo notas o esquemas.

20 min.	¿Qué se evalúa?	¿En qué consiste la tarea?	¿Cómo son los textos?	🕐
TAREA 1	Que sabes comprender la información fundamental y más relevante de textos escritos extensos y complejos, y sabes resumirlos y valorarlos de forma oral.	En mantener un monólogo sostenido breve, previamente preparado, a partir de un texto escrito.	Texto de ámbito académico, profesional o público. Indicaciones sobre el contenido o el tipo de monólogo que tiene que enunciar. **Unas 800 palabras.**	3-5 min.
TAREA 2	Que sabes intervenir en una conversación argumentando tu postura y respondiendo de manera fluida a preguntas, comentarios y argumentos contrarios y complejos.	En participar en un debate formal, sobre el monólogo de la tarea 1, a partir de las preguntas, comentarios e intervenciones del entrevistador.	No hay.	4-6 min.
TAREA 3	Que sabes intercambiar ideas, expresar y justificar opiniones o hacer valoraciones con el fin de negociar y llegar a un acuerdo.	En mantener una conversación con el entrevistador, con el fin de llegar a un acuerdo en tareas como la selección de una fotografía, candidatos para un trabajo, etc.	Lámina con: – una contextualización. – fotografías, anuncios, etc. – indicaciones y criterios que debe tenerse en cuenta para el acuerdo. Ámbito académico, profesional o público.	4-6 min.

Fuente: ◆▮◆ *Instituto Cervantes.*

¿Qué te ha sorprendido más de la descripción de esta prueba del examen? Anota aquí tu comentario.

....

....

Puedes ver el material informativo de esta prueba del DELE nivel C1 en la página web:

 http://www.diplomas.cervantes.es/informacion/niveles/nivel_c1.html

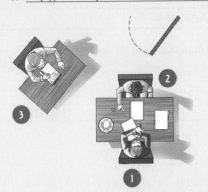

Las **instrucciones** y **tareas** que vas a recibir están inspiradas en las tareas descritas en ese documento.

Aquí tienes una representación de las personas que hay en la sala y de su posible distribución:

El entrevistador **(1)**.
El candidato **(2)**.
El evaluador **(3)**.

¡Atención! Observa que en la sala hay, durante toda tu entrevista, además de ti y del entrevistador, una persona más.

Escribe ahora tus propias preguntas sobre la entrevista.

◯ MIS PREGUNTAS	◯ MIS RESPUESTAS

CLAVES

● ● ● ● ● 🕐 **Antes de empezar la parte de** Expresión e Interacción orales.

1. 3 tareas; **2.** La preparación dura 20 minutos y la entrevista otros 20; **3.** Al inicio de la entrevista, te preguntan qué tratamiento prefieres. Tu elección no influye en la nota, elige lo que te sea más cómodo. Aunque la prueba es bastante formal y las tareas suponen un grado de precisión bastante alto, eso no significa que haya que hablar de usted. En general, la intención de todos los responsables del examen es que te sientas cómodo. Confía en ellos; **4.** Sí, toda la primera tarea supone que hables solo, el entrevistador debe limitarse a escuchar y ni siquiera podrá seguir tu exposición con palabras como "bien", "vale", "de acuerdo", sino apenas con gestos que te confirman que está escuchando. De hecho, puede que esté preparando ya las preguntas que te haga en la segunda tarea. En las otras dos tareas, el entrevistador te hará preguntas, en parte improvisadas, en parte preparadas; **5.** Sí, es fundamental que mantengas un estilo semejante a los textos que recibas. No debes usar un estilo más coloquial o más desenfadado aunque hables de tú. Y no solo debes usar el vocabulario, la gramática y la estructuración del discurso apropiados al tema, sino que se espera que amplíes en algún grado el léxico y las ideas presentadas en el texto de entrada; **6.** En especial en la tarea 1 sí hay que seguir rigurosamente las indicaciones. La tarea 2 se supone que es una conversación espontánea sobre el tema. La tarea 3 tiene parte de instrucciones de carácter necesario (por ejemplo, hay que tener en cuenta el contexto y los criterios de la negociación), y otras de carácter electivo (hay unas fotos que se pueden usar o no, según se indique); **7.** Es importante colaborar con el entrevistador, en especial en la tarea 2. Cuando este pregunta, no responder con la mínima información, sino aportar todo lo que a uno se le ocurra, sin incurrir en contradicciones o falta de sentido. El evaluador necesita información sobre tu manera de hablar para poder evaluar, y si no la aportas, no podrá darte los puntos que mereces. En este sentido, pues, dejar de hablar no quita puntos, pero tampoco permite otorgarte los que debes recibir. Por otro lado, si no se te ocurre nada o te bloqueas, siempre lo puedes decir, el entrevistador intentará ayudarte dentro de sus posibilidades; **8.** No, está claramente indicado en la prueba; **9.** No, solo con el entrevistador, tampoco con el evaluador; **10.** No, cualquier acento o variante del español es válida, pero tienes que ser coherente y no mezclar elementos de distintas variantes, como usar la "c" y al mismo tiempo usar unas veces la "c" y otras la "s" o unas veces el "tú" y otras veces el voseo. Tu forma de hablar debe corresponder a una sola variante del español.

¡Ya puedes empezar a preparar esta prueba!

Prueba 4: Expresión e Interacción orales

Dispones de **20 minutos** para preparar las tareas 1 y 2. A continuación tienes el material de la tarea 1.

● ● ● ● ● 🕐 **Pon el reloj.**

Tarea 1

INSTRUCCIONES

Usted debe hacer una presentación oral sobre el texto adjunto. Su exposición debe incluir los siguientes puntos:
- *tema central;*
- *ideas principales y secundarias;*
- *comentario sobre las ideas principales;*
- *intención del autor, si procede.*

*Durante la presentación dispone de **entre tres y cinco minutos**. Puede consultar sus notas, pero la presentación no puede limitarse a una lectura de las mismas.*

REFLEXIÓN EN TIEMPOS DE CRISIS

El hombre moderno rico en lo técnico, pobre en lo humano se congratula de que hayan desaparecido todas las certidumbres, de que se hayan derrumbado todos los cimientos de una cultura milenaria y se siente satisfecho de que se vuelva a reescribir la historia de la humanidad. Hemos querido liquidar el pasado, para quedarnos sin referencias ni seguridades, sin absolutos ni certezas. Es la cultura del pensamiento débil, en la que nada es permanente y todo fluye de forma constante. A partir de la segunda mitad del siglo XX irrumpe con fuerza el sentimiento de que no hay más verdad que nuestras interpretaciones de la misma. Todo lo que podamos pensar o decir, incluso todo lo que creemos saber, no es más que pura interpretación. Bajo este horizonte de incertidumbre, la crisis generalizada en todos los órdenes tenía que llegar de forma inevitable, como así ha resultado ser. Ante esta situación de ausencia de cualquier tipo de verdad divina o humana, nos hemos ido acostumbrando a vivir el día a día, bajo el imperio de la provisionalidad, hemos llegado incluso a asumir el riesgo de no saber cómo será el despertar del nuevo día.

Para cualquier espectador de hace no más de un siglo el panorama que se contempla en nuestra sociedad industrializada hubiera sido impensable; pero a mí personalmente lo que más me sorprende es que estos cambios tan radicales y profundos, que se han ido produciendo en los últimos años, no han sido motivo de ningún tipo de alarma generalizada, no ha habido reacción significativa ante mutaciones tan traumáticas, que han acabado por dejar a la sociedad a la intemperie. Los hombres y mujeres hemos seguido viviendo como si esta crisis cultural generalizada no se hubiera producido o como si no nos afectara.

Tiempos de crisis, son los nuestros y también de desorientación, en los que la gente parece mirar para otra parte, porque lo que verdaderamente nos preocupa en los últimos tiempos es el bienestar material. El vacío espiritual no nos importa demasiado, lo que nos asusta es que nuestro bienestar material quede comprometido. Ha bastado que aparecieran algunos nubarrones en el mundo de las finanzas para que la gente se echara a temblar. ¿Qué sucederá ahora que la crisis según parece se va a hacer presente también en el terreno económico? Aquí sí que comienza a haber alarma social, la gente no solo está preocupada por lo que se avecina, sino que está asustada. ¿Qué va a pasar ahora? A aquellas personas que decían que no les importaba que el barco se hundiera, mientras las plataformas del surf económico les permitiera mantenerse en pie a pesar del oleaje, puede que ahora el cambio de dirección de los vientos les haga cambiar también a ellos de opinión.

No es que yo me alegre de la crisis económica, no; lo que sí digo es que yo hubiera preferido que nos hubiéramos preocupado más por otras crisis más sustanciales que desgraciadamente han ido pasando desapercibidas. Por otra parte ante lo que parece irremediable, prefiero ser positivo y no negativo. Dispuesto estoy siempre a aplicar la filosofía de aquel dicho popular que nos advierte, de que no hay mal que por bien no venga. De todo, en la vida, se puede extraer alguna aplicación positiva. ¿Por qué no va a serlo ahora también, que comienzan a desplomarse los fundamentos económicos?

Pudiera ser que esta crisis económica nos sirva de purga de tanto exceso sibaritista, de tanto empacho de bienestar material, tal vez obligue a las sociedades opulentas a probar el sabor de la austeridad, después de tanto derroche injustificado. A lo mejor esta crisis nos abre los ojos y nos damos cuenta de que vincular nuestra suerte al bienestar material ni es tan constante ni tan definitivo como creíamos, por lo que en el futuro habrá que estar preparados por si vienen mal dadas. A lo mejor nos ayuda a todos a comprender que hemos de moderar nuestros afanes consumistas y que no es tan imprescindible cambiar el mobiliario del piso cada diez años y estrenar un nuevo modelo de coche cada cuatro. A lo mejor acabamos aprendiendo de que el dinero no lo es todo y nos damos cuenta de que no es más feliz el que más tiene, sino el que menos necesita.

Ojalá que esta crisis fuera motivo de reflexión y nos sirviera para pensar en los demás, sobre todo en los más necesitados, haciendo converger todos los intereses personales en el bien común y universal dentro de un marco económico, más equitativo y justo, del que nadie quedara excluido. La presente crisis debiera hacernos más solidarios con los que nada tienen, debiera servir para humanizarnos y quién sabe si tal vez pudiera ser un buen motivo para que reflexionemos de que las esperanzas puestas en el dios-dinero no debiera seguir siendo el último fundamento de nuestras vidas. La gente comienza a preguntarse por el futuro de la humanidad y a mí este tipo de preguntas me gustan, porque el hombre ha de ser previsor y no vivir eternamente inmerso en el *carpe diem*.

(Ángel Gutiérrez Sanz, en http://www.aspur.org/public_articulos6.php)

ENTREVISTA 1

⚠ ¡Atención! En esta parte del examen, las instrucciones las recibes directamente del personal del Centro de examen. En **El Cronómetro**, *nivel C1* vas a encontrar preguntas para la tarea 2 que se parecen a las que quizá te puedan hacer en el examen, con el fin de preparar esa parte. En ellas vamos a seguir el estilo informal (*tú*) –aunque, como sabes, puedes elegir el tratamiento que prefieras– y están formuladas en masculino. Las vas a **escuchar** del 💿 disco.

Te aconsejamos 🎤 **grabar** tus respuestas para poderlas 🔊 **oír** después y evaluar tú mismo tu actuación. Si es muy complicado escuchar y oír de una máquina al mismo tiempo, pide a un amigo o a tu profesor que lea las preguntas (las encuentras en el apéndice de transcripciones), y graba tus respuestas. Respecto a la tarea 3, necesitas la ayuda de un profesor o un compañero para desarrollar una negociación. En **El Cronómetro**, *nivel C1* encontrarás varios ejemplos de entrevistas con candidatos. Recuerda finalmente que al principio de la entrevista hay un **saludo**, y al final una **despedida**, que no están aquí.

Toma las notas que has preparado y sigue las instrucciones.

Tarea 1

INSTRUCCIONES

Haz una presentación de entre 3 y 5 minutos del tema que has preparado. Recuerda que no puedes leer literalmente tus notas, sino solo usarlas para organizar tu presentación.

🎤 **Graba** tu presentación.

Tarea 2

INSTRUCCIONES

Vas a escuchar una serie de preguntas por parte del entrevistador sobre el texto "Reflexión en tiempos de crisis". Escucha atentamente las preguntas y responde con cuidado.

 Pon la pista n.° 47. Usa el botón de *PAUSA* después de cada pregunta y responde. Vuelve a escuchar la pregunta si lo necesitas.

🎤 **Graba** tus respuestas.

Tarea 3

INSTRUCCIONES

Tienes un minuto para leer las instrucciones y mirar las fotos. Con la ayuda de un profesor de español o un compañero, desarrolla un diálogo en el que llegues a un acuerdo sobre la situación planteada.

Usted necesita trabajar para poder pagarse sus estudios, sin embargo, el trabajo debe dejarle tiempo para poder asistir a clase y estudiar. Para elegir el trabajo más adecuado debe tener en cuenta:

- **Sus necesidades específicas.**
- **Sus propias aptitudes para poder llevarlas a cabo.**

Ahora mire estas cuatro fotografías. Teniendo en cuenta los aspectos arriba mencionados, ¿qué trabajo considera que sería más adecuado? Utilice las fotografías para obtener ideas y discuta con el entrevistador cuál sería la mejor opción. Converse con el entrevistador abiertamente, argumentando sus opiniones, discrepando, pidiendo aclaraciones, etc.

🎤 **Graba** tus respuestas.

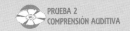 PRUEBA 1
COMPRENSIÓN DE LECTURA

PRUEBA 2
COMPRENSIÓN AUDITIVA

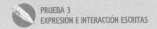 PRUEBA 3
EXPRESIÓN E INTERACCIÓN ESCRITAS

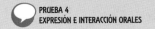 PRUEBA 4
EXPRESIÓN E INTERACCIÓN ORALES

Expresión e Interacción orales

ANÁLISIS DE LA ENTREVISTA 1

(!) **¡Atención!** 🔊 Para esta parte, necesitas escuchar las actuaciones que hayas grabado.

> **PREPARACIÓN 1**

¿Cómo has preparado las tareas 1 y 2? Analiza tu preparación con la ayuda de estas frases.

	Tarea 1	Tarea 2	
1. He entendido el tema central del texto así como las indicaciones.			ANÁLISIS DE LA PREPARACIÓN
2. He escrito frases completas.			
3. He hecho una lista de palabras clave procedentes del texto.			
4. He organizado las palabras en grupos.			
5. He añadido palabras propias a los grupos.			
6. He anotado tanto sustantivos como adjetivos y verbos.			
7. He marcado algunas palabras como más importantes.			
8. He anotado las ideas principales del texto.			
9. He hecho un esquema con las ideas importantes, usando círculos o flechas.			
10. He escrito posibles preguntas del entrevistador.			
11. He organizado las posibles preguntas en grupos.			
12. He escrito posibles respuestas.			
13. He anotado aspectos del tema que no están en el texto que también puedo comentar.			
14. He distribuido bien los 20 minutos de preparación.			

(!) **Comentarios y consejos.**

– Es muy importante entender el texto y distinguir claramente entre ideas principales y secundarias, es una de las indicaciones de la tarea 1. La comprensión del texto es parte de la evaluación de la prueba.

– Desarrolla durante la preparación tu propia opinión sobre el tema. No dejes a la improvisación de la entrevista este aspecto.

– Es importante que no cambies el sentido de lo que dice el autor. Debes demostrar que has entendido el texto.

– Puede resultarte muy útil organizar tus ideas mediante un esquema donde aparezcan claramente los dos tipos de ideas, así como datos concretos, ventajas y desventajas, investigaciones, etc. Te ayudará a no perder el hilo ni la perspectiva de lo que se está hablando.

– Ten en cuenta que en esta parte el entrevistador no va a interrumpirte porque se evalúa cómo te desenvuelves presentando el tema.

– Es conveniente que utilices el tiempo de preparación para pensar en posibles preguntas o respuestas que podrían hacerte después.

　PRUEBA 1
COMPRENSIÓN DE LECTURA

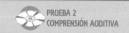　PRUEBA 2
COMPRENSIÓN AUDITIVA

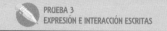　PRUEBA 3
EXPRESIÓN E INTERACCIÓN ESCRITAS

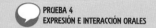　PRUEBA 4
EXPRESIÓN E INTERACCIÓN ORALES

– Si hay léxico que no conoces y que te será imposible recordar, céntrate en el léxico que sí conoces. Anota el que conoces por si lo utiliza el entrevistador, siempre le puedes plantear que no lo conoces, aunque el entrevistador no te explicará qué significa, podrás mantener la conversación.

– El tiempo de preparación es fundamental. Sácale la mayor rentabilidad posible. Recuerda que preparas dos tareas, la 1 y la 2.

> **ENTREVISTA 1**

¡Atención! Escucha tu presentación (tarea 1), tus respuestas (tarea 2) y tu diálogo (tarea 3) y responde a estas preguntas.

ANÁLISIS DE LA ENTREVISTA

	Tarea 1	Tarea 2	Tarea 3
1. He trasladado a mi actuación las ideas principales.			
2. He explicado las ideas con claridad y las he organizado bien.			
3. He dado mi opinión respecto al tema del texto.			
4. He usado suficiente vocabulario para mantener el nivel de mi actuación.			
5. He usado variedad de estructuras para expresar mis opiniones.			
6. He cometido algunos errores gramaticales, pero me he autocorregido.			
7. Me he sentido seguro realizando la tarea y la he llevado a fin con comodidad.			
8. He reaccionado adecuadamente a las preguntas.			
9. He expresado convincentemente mis opiniones y argumentos.			
10. He reaccionado adecuadamente a los contraargumentos del entrevistador.			
11. He mantenido una entonación y una pronunciación adecuadas a la situación.			
12. He tenido suficiente tiempo para realizar la tarea.			

Consejo. Aprovecha la tabla anterior durante toda tu preparación para acostumbrarte a evaluarte a ti mismo. La siguiente tabla te servirá para estar al tanto de tus progresos en la preparación. La tienes que completar siempre después de cada ensayo de entrevista.

¿Qué dificultades has tenido y dónde?	Tarea 1	Tarea 2	Tarea 3	
He perdido el hilo de mi argumentación.				
He caído en contradicciones.				
La cantidad de ideas me ha dificultado la tarea.				
No he tenido suficientes ideas para completar la tarea.				
No he sabido mantener la conversación.				
Me he bloqueado.				
No he sabido continuar sin la ayuda del entrevistador.				
No he entendido bien las preguntas o la intención del entrevistador.				
Impresión general (buena, regular, mala).				
Nivel de estrés (de 1 –mínimo– a 5 –máximo–).				

PRUEBA 4 EXPRESIÓN E INTERACCIÓN ORALES

❗ Comentarios.

– No pasa nada si te quedas en silencio porque no sabes por dónde seguir o porque te pones nervioso. Lo importante es que seas natural y sigas adelante. Puedes decir: "Perdone, es que los nervios juegan malas pasadas", "es que estoy un poco nervioso", "es que estoy poco acostumbrado a los exámenes orales", "¿por dónde iba?"...

– Si ves que quizás no resulta del todo clara tu opinión, puedes ejemplificar tus ideas para expresar ideas más complejas o explicarlo de otro modo para que quede más claro.

– Intenta utilizar diferentes expresiones de opinión: *pienso que /considero / creo que / en mi opinión / es importante*...

– Si no entiendes alguna pregunta, no dudes en pedir repetición o aclaración: "¿En qué sentido lo pregunta?". De esta manera el entrevistador te repetirá la pregunta añadiendo aclaración o información. No abuses de un solo tipo de reacciones, la variación de recursos es muy importante.

– Si necesitas tiempo para pensar, repite o reformula lo que el entrevistador ha dicho: "Si he comprendido bien lo que usted quiere saber es...".

– Es importante que te corrijas si te das cuenta de que has cometido un error, gramatical, léxico, de pronunciación o de significado. Es mejor autocorregirse que seguir como si no hubiera pasado nada.

Un consejo general:

¡No te vayas por las ramas, ve siempre al grano!

● ● ○ ○

PRUEBA 1
COMPRENSIÓN DE LECTURA

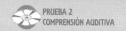

PRUEBA 2
COMPRENSIÓN AUDITIVA

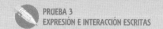

PRUEBA 3
EXPRESIÓN E INTERACCIÓN ESCRITAS

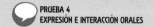

PRUEBA 4
EXPRESIÓN E INTERACCIÓN ORALES

 Actividades sobre la prueba de Expresión e Interacción orales

> **¡Atención!** En estas actividades vas a encontrar ejemplos de entrevistas de varias candidatas que han colaborado en la confección de **El Cronómetro**, *nivel C1*. Vas a evaluar su actuación. El objetivo es que aprendas a evaluar tu propia actuación, no que te conviertas en evaluador. Podrás usar esa habilidad tanto en la preparación de la prueba como durante la entrevista.

(**LA PREPARACIÓN**

Tarea 1

a. Aquí tienes las notas de una candidata que ha preparado una presentación del texto *"Del Ecologismo Radical al Eco-humanismo Virtuoso"*. Puedes leer el texto en la página 219.

<u>entradilla</u> → los problemas medioambientales
    – ¿qué se puede hacer?
    – ¿en qué estamos fallando?
 	
  → no: un ecologismo responsable virtuoso
   no se basa en radicalizarse en las típicas
   frases ecologistas … (…)
   • no radicalizarse
   • no es cosa de ricos
   • no embarcarse en una lucha
	<u>Sí:</u> sentimiento de responsabilidad "más allá de lo política-
	mente correcto"
	  → ecohumanismo virtuoso
	   no ecologismo prohibido radical habla / no preocu-
	   parse de radical consumo)
	  → deshumanizar: cartas, quejarse en voz alta
	  → ecohumanismo virtuoso: debe tender hacia la ayuda
	   directa / lo que se debe hacer / no culpa
	Hay que preocuparse más de no gastar una lata que
	de reciclarla.

b. A continuación tienes 8 ideas procedentes del texto que has presentado y que ya conoces. Indica cuáles son ideas principales (P) y cuáles ideas secundarias (S) en el texto.

● IDEAS DEL TEXTO	P/S	● IDEAS DEL TEXTO	P/S
1. En el siglo XX se ha acabado con las formas de pensamiento del pasado.		5. La gente ha pasado de preocuparse a estar asustada.	
2. Vivimos al día.		6. Algunos solo quieren *surfear* en el oleaje de la economía.	
3. Una persona del siglo XIX se escandalizaría de nuestra manera de vivir.		7. El autor prefiere ser positivo.	
4. La crisis general parece no habernos afectado.		8. No es importante cambiar los muebles cada pocos años.	

Expresión e Interacción orales

c. Una candidata ha anotado las siguientes ideas para ampliar la información del tema. ¿Cuáles crees que son apropiadas a la presentación y cuáles no? Marca las que valen con un ✓.

◯ IDEAS NUEVAS	¿Valen?	¿Porqué?
1. En mi casa no lo estamos pasando tan mal.		
2. Existen en nuestros días también formas de pensamiento fuerte.		
3. Yo no he cambiado los muebles de mi casa.		
4. Hay quien ve un exceso de preocupación por la economía en la opinión pública.		

Escribe brevemente por qué son o no son apropiadas esas ideas.

Tarea 2

a. Un candidato ha imaginado algunas ideas que podría usar el entrevistador para comentar el texto que has preparado antes. ¿Qué ideas te parecen posibles? Márcalas con un ✓.

◯ IDEAS DEL ENTREVISTADOR	¿Posibles?
1. Los museos y exposiciones, las bibliotecas o el cine, mantienen vivo el pasado.	
2. La crisis económica no es una consecuencia de la forma de pensamiento actual.	
3. Es lógico que los bancos quieran buscar beneficios.	
4. Qué horror que tantas personas estén perdiendo su casa por culpa de la crisis.	
5. Yo he tenido muchos problemas con mi hipoteca.	
6. Nunca la economía ha ocupado tanto espacio en nuestras conversaciones como ahora.	

b. Otra candidata ha preparado para el texto que conoces algunas preguntas que cree que va a hacer el entrevistador, con una posible respuesta. ¿Qué preguntas crees que pertenecen a este nivel del DELE y cuáles no?

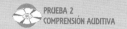
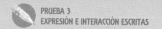
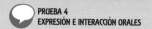
⬤ **PREGUNTAS DEL ENTREVISTADOR**

¿Del nivel C1?

1. ¿Cuál es tu opinión sobre la crisis económica actual?

2. ¿Crees que la gente realmente no piensa en el pasado?

3. ¿Has tenido problemas económicos con la crisis?

4. ¿Cuántas veces has cambiado el mobiliario de tu casa?

5. ¿Qué tipo de muebles te gustan más?

6. ¿Te consideras una persona austera, o más bien un sibarita?

(**LA ENTREVISTA**)

Tarea 1

a. Aquí tienes algunas frases de diversos textos que puedes encontrar más adelante para la preparación de esta prueba. Las palabras marcadas son palabras que un candidato ha usado en su presentación. No todas realmente son útiles. Localiza y anota en la columna derecha las que crees que valen.

⬤ **TEXTO**   ⬤ **FRAGMENTOS**

Palabras útiles

¿Es posible conciliar vida personal y laboral?

A. La incorporación de la mujer al trabajo y sus consecuencias, tales como la reducción de la tasa de natalidad, la alteración del modelo clásico de familia, entre otras, ha motivado un análisis entre la contraposición de la vida laboral y la vida familiar.

B. Si bien los poderes públicos han tenido un papel prioritario en la potenciación de la igualdad entre hombres y mujeres, impulsando políticas de fomento del empleo y promulgando leyes que establecen medidas de conciliación, en numerosas ocasiones, estas políticas han perdido su carácter universal convirtiéndose en políticas para la mujer, diluyéndose el efecto impulsor de la igualdad.

Del Ecologismo Radical al Eco-humanismo Virtuoso

C. La contaminación de la atmósfera, el calentamiento global, el efecto invernadero, el cambio climático, el agotamiento de energía y de materias primas no renovables, la lluvia ácida, las enfermedades respiratorias, la pérdida de biodiversidad... pero, ¿qué se puede hacer?

D. Un ecologismo responsable o virtuoso no se basa en radicalizarse en las típicas frases ecologistas o en aislarse del mundanal ruido. Eso puede ser un buen camino, y tal vez el mejor para ciertos casos, pero es incuestionable que hay vías mejores y más efectivas de embarcarse en una lucha constante contra las pautas que amenazan al hombre y a la Naturaleza de la que dependemos.

La vejez en positivo

E. En nuestra sociedad actual, existe la común creencia de que a partir de una determinada edad empieza «la vejez», y que ello, conlleva pérdida, declive y deterioro. Es cliché muy común que la gente mayor está deteriorada, es incapaz de aprender nuevas cosas, no pueden cuidarse a sí mismos, y son desagradables y regañonas.

....

....

....

....

F. Hay que ser conscientes de que el ser humano no «termina» su desarrollo cuando acaba su máxima maduración física, sino que el desarrollo dura mientras sigan produciéndose las transacciones entre el organismo biológico y el contexto sociocultural. El proceso de envejecimiento psicológico no ocurre de la misma forma que el envejecimiento biofísico.

....

....

....

....

b. Aquí tienes la actuación de dos candidatas. Una va a presentar el texto que tú has preparado y la otra un texto que no conoces aún (o puedes encontrar en la página 216). Lee la transcripción.

CANDIDATA 1: CRISTINA

▶ **ENTREVISTADORA:** Buenos días.

▶ **CANDIDATA:** Buenos días.

▶ **E:** ¿Quiere que le trate de usted o de tú?

▶ **C:** De usted. Gracias.

▶ **E:** Ha leído y preparado, ¿no? un esquema sobre el texto relacionado con la reflexión para tiempos de crisis, ahora deberá hacer una exposición oral sobre el tema. Es importante que incluya en esta exposición el tema central del texto, las ideas principales y secundarias del autor y algún comentario sobre las ideas principales. Si procede puede también hablar de la intención del autor. Más o menos durante cuatro - seis minutos.

▶ **C:** Vale.

▶ **E:** Bien, ¿podría un poco comentarme qué es lo que dice el autor en este texto?

▶ **C:** Sí. El autor nos habla del proceso de modernización de la sociedad y nos explica cómo su trasformación en una sociedad tecnológica haya generado una crisis cultural porque hombres y mujeres han olvidado la cultura milenaria y han negado una... han negado la espiritualidad y por eso, como consecuencia, todos los valores han sido, han rechazado todos los valores fundamentales y han preferido una filosofía, un estilo de vida basado solamente sul bienestar material. Eso es el terreno perfecto para el desarrollo de la cultura del carpe diem o sea del vivir día a día. A este respecto (*silencio largo*)... Perdona un momentito... por eso ha sido más fácil también olvidar la..., los sentimientos como la solidaridad y la atención

CANDIDATA 2: GOSIA

▶ **ENTREVISTADOR:** Hola, qué tal.

▶ **CANDIDATA:** Hola.

▶ **E:** ¿Cómo hablamos, de tú, de usted...?

▶ **C:** De tú, mejor de tú.

▶ **E:** ¿Cómo te llamas?

▶ **C:** Gosia.

▶ **E:** ¿Y eres de aquí, de Varsovia?

▶ **C:** Sí, nací aquí.

▶ **E:** ¿Hace mucho que aprendes español?

▶ **C:** Hombre, llevo como diez años.

▶ **E:** ¡Diez años! Qué barbaridad. ¿Y dónde has aprendido español?

▶ **C:** Empecé en el instituto, en la escuela secundaria, y luego fue en la carrera, hice la carrera de Lingüística aplicada.

▶ **E:** ¿Y el examen, cómo te lo has preparado?

▶ **C:** Bueno, básicamente leyendo mucha literatura y también mirando los exámenes de los años pasados, como no hay ningún libro para prepararse, hasta ahora...

▶ **E:** Este... te has preparado un texto, sabes más o menos las partes que tiene esta prueba. Tiene tres partes. Tienes que presentar el texto que has preparado, luego vamos a hacer una conversación sobre el tema y luego tenemos otra tarea con una situación en la que hay que negociar. ¿Sí? ¿Quieres contarme un poco...

▶ **C:** ¿De qué habla el texto?

▶ **E:** Sí.

▶ **C:** Bueno, pues el texto habla de la conciliación entre la vida laboral y familiar hoy en día. Como la mujer se incorporó al trabajo en el siglo XX pues ha habido varios cambios por ejemplo otro tipo de reparto de responsabilidades entre el hombre y la mujer. También la desigualdad de oportunidades en el caso de los dos sexos. Y hay muchos fac-

continúa →

 PRUEBA 1
COMPRENSIÓN DE LECTURA

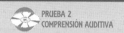 PRUEBA 2
COMPRENSIÓN AUDITIVA

 PRUEBA 3
EXPRESIÓN E INTERACCIÓN ESCRITAS

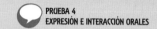 PRUEBA 4
EXPRESIÓN E INTERACCIÓN ORALES

a los demás. (*pausa breve*) Es sorprendente como esta grande mutación tan radicale y profunda no haya causado una reacción y una.... a esta crisi, en cambio, las gentes han sido asustadas de inmediato cuando se han dado cuenta de que la crisis era, empezaba una crisis económica y financiera, esto porque todos somos preocupados solo de lo que tenemo, de perder lo que tenemo, porque vivimos en un horizonte verdaderamente de incertitud y de... de falta de valores. El autor está convencido de que no todo..., no haya mal que no venga por bien, o sea que puede ser que esta condición ahora generalizada pueda invitar las personas a reflexionar sobre el tema de la necesidad de volver a una actitu diferente. Me explico, por ejemplo de considerar que no somos felices por lo que tenemos pero puede ser por lo que menos se necesitamos y además que el bien común es lo que conseguimos en un marco más equo y más justo donde nadie sea excluido y qué otro...(*silencio*).

tores y muchas cosas que han aparecido que resultan en una baja de productividad en la empresas, por ejemplo, donde trabajan las mujeres. Eh... Y, ¿cuál es la solución? Según el texto la solución perfecta es conciliar la vida laboral y personal y no solo por la incorporación de la mujer en el mundo laboral sino también por... por... los cambios que han llevado a los hombres eh... para cambiar sus eh... modelos de vida. Entonces el conflicto laboral y... bueno, el conflicto entre la vida laboral y familiar concierne no solo a las mujeres sino a los hombres por eso las medidas que se tienen que tomar tienen que afectar a los dos sexos. Sin embargo, la mujer sigue siendo el centro de la vida familiar, la que organiza la vida familiar, es la que mezcla el rol tradicional con el moderno y por eso tiene una doble carga encima. La conciliación debe ir dirigida a la mujer pero teniendo en cuenta el nuevo rol del hombre. Entonces... una cosa que puede provocar costes a las empresas, y esas empresas pueden intentar evitar esos costes adicionales, pero al fin y al cabo hay que recordar que esos costes van a llevar a una... productividad más alta porque van a... aumentar la satisfacción de ambos sexos en el mundo laboral. Entonces conciliando la vida laboral con la... personal, podemos... podemos... eh... conseguirla mediante varios factores, por ejemplo, adaptando los horarios, reduciendo la jornada o la cantidad de trabajo, siempre teniendo en cuenta la igualdad de los sexos. Y... eh... la conclusión de texto es la satisfacción de la vida personal de la mujer y del hombre nos lleva a... al aumento de la productividad de la empresa.

Evalúa sus actuaciones con la tabla siguiente.

● EVALUACIÓN DE LA ACTUACIÓN	Candidato 1	Candidato 2
1. Presenta el tema central del autor sin mezclarlo con su opinión personal.		
2. Distingue claramente entre ideas principales y secundarias.		
3. Se centra en lo que se le pregunta, no divaga.		
4. Habla fluidamente sin hacer muchas pausas para buscar palabras.		
5. Aunque se bloquea consigue seguir adelante.		
6. Organiza bien su exposición con palabras que relacionan las ideas.		
7. Tiene un léxico suficiente y variado para decir lo que quiere decir.		
8. Controla bien la gramática y se autocorrige cuando comete algún error.		

c. Aquí tienes otro ejemplo de la candidata de la que has leído las notas.

○ **CANDIDATA 3: CHRISTINA**

▶ **ENTREVISTADOR:** Hola.

▶ **CANDIDATA:** Hola.

▶ **E:** ¿Qué tal?

▶ **C:** Muy bien, gracias.

▶ **E:** Quieres que hablemos de tú, de usted.

▶ **C:** Mejor con tú.

▶ **E:** ¿Cómo te llamas?

▶ **C:** Christina.

▶ **E:** Y vives aquí, en Berlín.

▶ **C:** Sí.

▶ **E:** ¿Has hecho algún examen DELE antes?

▶ **C:** Sí, he hecho B1 y B2 también.

▶ **E:** Y ahora C1.

▶ **C:** Sí, a ver.

▶ **E:** ¿Y para qué quieres el título?

▶ **C:** Para mejorar mi español.

▶ **E:** No lo necesitas para tu trabajo...

▶ **C:** No, es más para mí.

▶ **E:** Sabes cuáles son las tareas del examen, te has preparado, sabes qué vamos a hacer.

▶ **C:** Sí. Tengo aquí un texto sobre ecologismo radical, "Del ecologismo radical al eco-humanismo virtuoso", vamos a hablar.

▶ **E:** Sí, vamos a hacer algunas preguntas. Y al final hay una tercera tarea con unas imágenes. Pues vamos a empezar ya.

▶ **C:** Muy bien. Este texto se trata de... trata de una visión de un ecologismo diferente del ecologismo que ahora tenemos. Habla un poco de los problemas de cada persona ahora sabe de... que tenemos en el mundo, que tenemos problemas, cómo vivir y qué se puede hacer para terminar con los problemas del clima, agotamiento de energía, de materias primas no renovables. Y tiene dos o tres eh... cómo se podría cambiar eh... caminos cómo se podría cambiar una visión... un ecologismo así que... dice que el ecologismo del futuro debe radi... radicalizarse o no debe basarse en radicalizarse en las típicas frases ecológicas como... compartir las personas en ricos o pobres o los que no se interesan y los que se interesan, pero debe cambiar el sentido del ecologismo para unir las personas o el hombre con su sentido del medioambiente. Y habla de un... una visión de un sentimiento de responsabilidad más allá... más allá de lo políticamente correcto. Usa la palabra o el título Ecohumanismo virtuoso. Y eh... por ejemplo dice que no se trata de reciclar latas pero al mismo tiempo no preocuparse de reducir el consumo pero que... los hombres deberían pensar de reducir el uso... No sé. Y el ecohumanismo virtuoso debe tender hacia la ayuda sincera que dice que el motor de cambiar no es un sentimiento de culpa pero un sentimiento de tener que ayudar a los otros, a todos. Y bueno, que el fin... (*silencio*)

¿Cómo ves su actuación? Anota aquí tu comentario.

....

....

Tarea 2

a. A continuación vas a escuchar una serie de preguntas relativas al texto "Reflexión para tiempos de crisis". Clasifica cada pregunta según los criterios de la siguiente tabla.

Pon la pista n.° 48 y escucha las preguntas. Usa el botón de ⏸ *PAUSA* y vuelve a escuchar la pregunta si lo necesitas. Esta vez están en estilo formal (*usted*).

PRUEBA 1
COMPRENSIÓN DE LECTURA

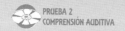
PRUEBA 2
COMPRENSIÓN AUDITIVA

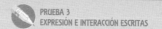
PRUEBA 3
EXPRESIÓN E INTERACCIÓN ESCRITAS

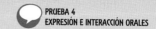
PRUEBA 4
EXPRESIÓN E INTERACCIÓN ORALES

○ **PREGUNTAS SOBRE...**   Pregunta n.°

A. ...ideas del texto que has comentado o que has dejado de comentar.

B. ...otras ideas relacionadas con el tema del texto pero que no están en el texto.

C. ...tu posible responsabilidad o posibles decisiones que podrías tomar en ese tema.

D. ...cómo es la situación en tu país, en tu ciudad, en tu familia.

48 Si quieres, vuelve a **escucharlas** e intenta responderlas a todas. No olvides 🎤 **grabar** las respuestas.

❗ Consejo. Puedes hacer el mismo análisis de las preguntas de la tarea 3 de las cuatro entrevistas que tienes al final de esta sección preparatoria de esta prueba, página 211.

b. Aquí tienes la actuación de dos candidatas, una va a hablar del texto que tú has preparado y la otra de uno que no conoces, pero has leído la presentación. Lee la transcripción.

○ **CANDIDATA 1: CRISTINA**

▶ **E:** ¿Podría por favor describirme cuál es el panorama actual de la sociedad industrializada?

▶ **C:** Yo creo que somos en la situación donde hemos comprendido que la sociedad del consumismo ha fallido y entonces tenemos que vivir, tenemos que acceptar de cambiar actitud a la vida, o sea, hemos comprendido que no todo está relacionado con el dio denaro y entonces tenemos que preguntarnos cuál es el futuro de la humanidad si... podemos decir también que esto puede implicar una visión positiva o sea que esta situación que ahora nos obliga a pararnos y cambiar nuestra mentalidad pueda representar una oportunidad de cambio generacional

▶ **E:** ¿Cómo están viviendo la crisis los jóvenes, ahora que habla de generaciones? ¿no?, ¿los jóvenes en su país?

▶ **C:** De manera un poco difícil porque ellos se ven negadas la oportunidad de vivir su propia vida y elegir trabajos que, por lo que han estudiados, por lo que han hecho muchos esfuerzos y tiene que aceptar las reformas políticas y culturales del país entendida como reforma de leyes y no tienen culpa por eso, son las personas que pagan por los errores de los adultos. Creo que los jóvenes en mi país tienen un... viven una condición de frustración total

▶ **E:** ...Y ¿cuáles son las leyes de las que usted habla que están promoviendo en su país para solucionar el problema?

▶ **C:** Recientemente, hace dos días, el parlamento publicó una series de novedades bajo la reforma del laboro y entre ellas y sobre todo han cambiado, han revolucionado los contratos y sobre todo las condiciones para los trabajadores de, por el... por la fin del contrato.

○ **CANDIDATA 3: CHRISTINA**

▶ **E:** ¿Cómo interpretas la frase que antes has citado que hay que ir más allá de lo políticamente correcto? ¿A qué se refiere en el texto?

▶ **C:** Se refiere a la gente que dice que... que solo... que no se puede hacer la persona... que una persona no puede cambiar algo, y solo... quiere por ejemplo solo quiere cambiar un poquito de su vida normal, y eh... como políticamente correcto ahora está por ejemplo como separar plástico de otro cómo se llama... *trash*, no sé ahora, pero hacer algo más, pero no cambiar las ideas.

▶ **E:** Pero, ¿qué ideas se podrían cambiar? Porque todos tenemos las mismas ideas sobre el ecologismo.

▶ **C:** No, eso tampoco, hay gente que piensa que son los ricos que pueden... que podrían cambiar por ejemplo el mar... el mercado o la industria agri... agricultura, que solo ellos pueden pagar el dinero para ecológicamente... políticamente correctos alimentos... Pero no es así. Es que también los efectos de las personas normales sí también podrían cambiar algo.

▶ **E:** ¿Tú crees que la conciencia ecológica tiene algo que ver con la clase social? ¿Qué hay clases sociales más concienciadas y clases menos concienciadas?

▶ **C:** No, hasta ahora parece un poco que... que la gente que... la clase social también está... terminando... perdona, determinando un poco la... la... el comportamiento. Pero los que tienen dinero pueden pagar en cambio de sentirse más cómodo, pero con eso no cambian nada.

▶ **E:** Y al revés, ¿no crees que estamos un poco saturados de este tema? ¿Qué siempre se habla de este tema y...?

▶ **C:** Sí.

▶ **E:** ¿...estamos bombardeados...?

▶ **C:** Sí, a veces sí, hay gente que no quieren ahora... que no quieren ahora hacer algo más...

continúa ➔

Entre otras las cosas más importante los trabajadores podrán ser, los contratos podrán ser terminados si la organización por la que trabajan no sea en condición de pagar, no sea en buenas condiciones económicas, tenga crisis, y esto representa un grande cambio en negativo.

▶ **E:** ¿Y usted que opina sobre esto?

▶ **C:** Yo creo que estamos en una situación tan difícil y es difícil también tomar decisiones ahora porque cualquiera sea la decisión tomada... hay alguien que no está de acuerdo con ella. Entonces pienso que, desafortunadamente, no hay muchas posibilidades para resolver la crisis.

▶ **E:** ¿Usted considera que la pérdida de la identidad de la que habla el autor y el vivir la vida sin pensar en las consecuencias ha sido quizá una estrategia política y económica?

▶ **C:** Creo que sí. Creo que sí. Yo siempre cuando he leído este artículo he pensado en una película que vi hace algunos años y que se llama... "Videocracy" la película se refiere sobre todo a la situación en mi país. Habla del dibujo de alguien para que la sociedad se transformara en una sociedad solo atenta a los valores superficiales de la vida, decir..., el ser..., aparecer y estar..., ser una persona de éxito, ser una persona famosa y todo eso. Creo que sí que esta condición del carpe diem, ayudada por la circulación de mensajes electrónicos como "ponte hoy el vestido que, porque mañana puede ser que tú no te despiertas" y "el vestido más bello, más lindo que tienes porque hoy es una certitud y mañana no" para citar una cosa verdaderamente estúpida pero creo que todo es un dibujo para que todos se convinzan que... es importante... es más importante... lo que vivimos hoy incluido lo que consumamos hoy.

▶ **E:** Es que no quieren ni oír hablar del tema.

▶ **C:** Exacto, sí. Pero aquí también dice que una ecología de futuro no debe como... separar la gente... separar la gente de... con sentimientos de culpa o con unos que no quieren oír nada más y los otros que se cambian y son más radicales pero que se... pudrían unir a todos sin sentimientos de culpa con un sentimiento solo de ayuda o de... no sé, cambiar algo sin... sin... (*silencio*)

▶ **E:** Entiendo. Y, ¿crees que las campañas relacionadas con el medioambiente son efectivas, o que deberían ser más extremas, más agresivas, más...?

▶ **C:** ¿Lo que yo pienso o lo que dice el texto?

▶ **E:** No, lo que tú crees.

▶ **C:** (*silencio breve*) No, yo creo que sería mejor eh... cambiar un poco el tono de las campañas en un sentido... sí... tener más un sentido de no gastas y de no sentir... tener más con...

▶ **E:** ...conciencia.

▶ **C:** Sí, conciencia, de lo que están actualmente gastando...

▶ **E:** Pero eso va en contra de la economía, porque si no hay consumo, la economía no funciona.

▶ **C:** No, pero consumar algo en general no es mal, no está mal, pero se debería cambiar las cosas que se consuman.

▶ **E:** ¿Y por qué crees que los partidos ecologistas no tienen mucho éxito en general en Europa? En España prácticamente no existen.

▶ **C:** Hasta ahora no existen pero sí está cambiando, creo que está cambiando mucho.

▶ **E:** Muy despacio, ¿no?

▶ **C:** Sí, un poco atrás, sí, pero como en Alemania ahora los verdes por ejemplo parecen mucho más establecidos pero por ejemplo otros que no tienen un programa para ecología, pero bueno, es que no sé creo que aquí sí están mucho más eh... desarrollado.

Evalúa sus actuaciones con la tabla siguiente.

	Candidata 1	Candidata 3
1. Presenta claramente su opinión sobre el tema.		
2. Relaciona bien sus ideas con las palabras adecuadas.		
3. Reacciona bien a las preguntas manteniendo el tono formal de la conversación.		
4. Consigue crear un diálogo natural, con pausas solo para pensar qué quiere decir.		
5. Integra en lo que dice lo que ha dicho el entrevistador.		
6. Tiene un léxico suficiente y variado para decir lo que quiere decir.		
7. Controla bien la gramática, los errores son los típicos de una conversación.		
8. Utiliza, si lo necesita, una forma de hablar más coloquial, por ejemplo con modismos.		

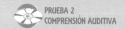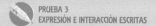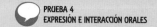
C. Aquí tienes otro ejemplo de la candidata de la que has leído las notas.

◯ CANDIDATA 2: GOSIA

▶ **E:** ¿Y cuál es tu opinión?, ¿crees que realmente es así?, ¿conciliando ambas vidas aumenta la productividad?

▶ **C:** Hombre, creo que si uno está de acuerdo con su vida privada puede rendir más en el trabajo. Tal vez combinar las dos cosas pues tal vez no.

▶ **E:** ¿Y no crees que quizá la presión del paro, de la situación económica, tiene más influencia que conciliar la vida personal con la laboral?

▶ **C:** Bueno, el paro tiene influencia en los dos sexos. La vida familiar hasta hace poco estaba concentrada en la mujer. Está cambiando nuestro modelo de vida y tenemos también que tener en cuenta la confluencia de los dos modelos, el laboral y el familiar.

▶ **E:** ¿Cómo crees que se puede implantar este modelo de conciliación en una sociedad como la de Polonia?

▶ **C:** Bueno, supongo que a través de la reducción de jornada y del teletrabajo, que es un modo de empleo muy flexible que permite a las mujeres embarazadas o que acaban de dar a luz trabajar desde casa.

▶ **E:** ¿Y eso es factible en Polonia?

▶ **C:** Me parece que sí, aunque es una cosa nueva y recién introducida, pero sí que funciona.

▶ **E:** ¿Conoces algún caso, alguna empresa...?

▶ **C:** No, conozco a varias personas que dejan a sus empleados trabajar desde casa en casos de emergencia. Y también es una cosa introducida en la ley.

▶ **E:** Y en tu caso, si por ejemplo estuvieras casada, y tu marido te pidiera trabajar tú en vez de él, ¿estarías dispuesta a... a... a renunciar a...?

▶ **C:** Hombre, si él se queda con los chicos en casa, ¿por qué no?

▶ **E:** ¿Cómo cambiaría eso en tu vida?

▶ **C:** No tengo niños, así que no puedo decir nada. Me parece que... bueno, me parece una situación perfecta que ambos estén en casa con el niño por lo menos unas horas al día, ¿sí? Pero también hay que trabajar para mantenerse.

▶ **E:** Bueno, pero estamos hablando de cuidar al niño, llevarlo al médico, llevarlo a la escuela, hacer todo lo que hacen las mujeres tradicionalmente pero que lo haga él, y tú trabajar.

▶ **C:** ¿Trabajar ocho horas cada día? No me parece... O sea, me parece que la situación perfecta sería si ninguno de los dos trabajase la jornada completa fuera de casa. Pero es difícil hoy en día...

▶ **E:** Claro.

▶ **C:** ...por el tema económico. Bueno, me parece que si él se queda con el niño trabajando en casa yo no tengo ningún problema en estar fuera y...

▶ **E:** Vamos a imaginar la situación contraria. Si tú tuvieras una empresa y te pidieran conciliar la vida familiar y la laboral de las mujeres, ¿cómo crees que podrías implantar este modelo? Y tú eres la jefa, claro.

▶ **C:** Bueno, yo creo que se pueden... añadir unos centros, digamos, donde hay una... que cuida a los niños, y las empleadas, o los empleados, van al trabajo con sus niños y los dejan ahí. Entonces por una pa... por un lado pueden tener a los niños muy cerca, pueden pasar por ejemplo el descanso con los niños, y por otro no se quedan hasta las tantas en el trabajo sino que salen para recoger a los niños. Esto sería una solución muy buena para todos.

▶ **E:** ¿Y los gastos de esta especie de guardería, quién los cubriría? ¿La empresa? O sea, tú, tú eres la empresa.

▶ **C:** Supongo que se pueden pedir subvenciones al estado o a la Unión Europea.

▶ **E:** ¿Y si no hay subvenciones para esto?

▶ **C:** Pero si no lo hago y pierdo un empleado bueno porque tiene que quedarse en casa, ¿qué?

▶ **E:** Por ejemplo, contratar a otro empleado que no tenga hijos.

▶ **C:** Sí, pero tienes que despedir a uno, ¿no? Si un empleado pide la baja por maternidad o por paternidad tengo que concedérsela. Y lo pago sin que esté en el trabajo.

▶ **E:** Parece una buena solución.

▶ **C:** Hay algunas que lo introducen, pero pocas empresas.

▶ **E:** Yo he oído de lo contrario, de una especie de guardería para hombres.

▶ **C:** ¿Y eso qué es?

▶ **E:** En Ikea. Que dejan a los hombres en la guardería y las madres con los hijos se van a comprar.

▶ **C:** (*risas*)

Evalúa su actuación con la misma tabla de antes. ¿Qué aspectos positivos y negativos ves en su conversación? Anota aquí tu comentario.

....

....

Tarea 3

a. ¿Qué elementos debe tener la negociación de esta parte? Anota esta tabla los que creas válidos.

○ CRITERIOS EN UNA NEGOCIACIÓN	¿Valen?
1. Tengo que mantener mi opinión diga lo que diga el entrevistador.	
2. Debo darle la razón en todo.	
3. Las fotos son solo una excusa para hablar.	
4. Debo escuchar sus argumentos para hacer referencia a ellos en mi argumentación.	
5. Si algún argumento del entrevistador me parece absurdo, debo callarme.	
6. Lo importante es ganar la negociación.	
7. Tengo que demostrar que sé más que el entrevistador.	
8. Lo importante es llegar a un acuerdo.	
9. Se evalúa mi habilidad para negociar, no si mis ideas son brillantes.	
(Otro)	
(Otro)	

Escribe ahora al menos dos elementos más que creas importantes.

b. Aquí tienes la actuación de dos candidatas que ya conoces, una va a presentar el texto que tú has preparado y la otra un texto que no conoces. También tienes las fotos de las que habla cada una. Lee la transcripción.

○ **CANDIDATA 2: GOSIA**

▶ E: Bueno, vamos a cambiar de tema. Te voy a dar una situación, la puedes mirar así rápidamente. Un minuto. Tienes que leer las instrucciones.

▶ C: Ah, sí, perdón.

(1 minuto para leer las instrucciones)

▶ E: Imagínate que yo te voy a ayudar con esta situación, y tú me tienes que convencer de que tu decisión o tu solución es la mejor.

▶ C: Bueno, supongo que esto es un piso, y esto es una aldea.

▶ E: Sí, es un pueblo.

▶ C: ¿Y la localización de las dos primeras? Bueno, yo creo que ele... elegiría una casa. Una casa familiar. Porque somos cuatro, una hija que tiene que tener su propia... su propio espacio. Mi madre va a vivir con nosotros, así que tiene que tener su propio espacio también. Y no queremos tropezar en el mismo... en la misma habitación todo el tiempo. Bueno, he ahorrado toda mi vida, así que...

○ **CANDIDATA 3: CHRISTINA**

▶ E: Dejamos el tema. Vamos a cambiar un poco de tema.

▶ C: Sí, bien.

▶ E: Te dejo aquí una lámina con una serie de fotos. Tienes unas instrucciones. Se trata de una campaña publicitaria para la gente mayor, y tienes que elegir una de las fotos para la campaña. Lees despacio las instrucciones y miras las fotos, y luego me tienes que decir qué foto te gusta más o es más apropiada.

(1 minuto para leer las instrucciones)

▶ C: Sí, bien, sé qué foto yo elegiría.

▶ E: Pues cuéntanos, cuál es la foto que elegiría.

▶ C: Sí, esta foto abajo, a la derecha, si es una campaña con póster, y no sé, folletos y todo eso, ¿no?

▶ E: ¿Por qué elegirías esta foto?

▶ C: Porque el criterio de que se debe ver muy bien la importancia del papel de abuelo. En esta foto me parece bien y

continúa ➔

 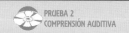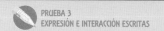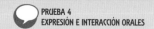
CANDIDATA 2: GOSIA

▶ **E:** Bueno, en las otras casas tampoco vas a tropezar, en la casa adosada también hay bastante sitio. Y las casas de pueblo normalmente son bastante grandes.

▶ **C:** Bueno, sí, pero aquí puedo... supongo que puedo tener mi propio jardín, mi espacio alrededor de la casa.

▶ **E:** Eso también. Hombre, en los pueblos...

▶ **C:** Hacer una barbacoa.

▶ **E:** ...en los pueblos la calle tampoco... la vida en los pueblos es muy tranquila... no hay mucho tráfico. Y las casas adosadas suelen tener un jardincito por detrás.

▶ **C:** Sí, pero si vives en una casa adosada tienes a tu vecino muy cerca. Como si vivieras en un piso. Y si tengo que comprar algo para mí, quiero que sea apartado de la demás gente.

▶ **E:** Así que para ti lo más importante es la niña, que tenga su habitación.

▶ **C:** No solo eso. Es muy importante, pero también que tenga su espacio fuera de casa para que se pueda... desarrollar mejor y para que no interrumpa ni moleste a nadie.

▶ **E:** ¿Y tu suegra, qué...?

▶ **C:** Bueno, la voy a colocar en la parte de arriba para que no pueda bajar.

▶ **E:** Pero hombre, con los problemas que tiene de artritis, ¿crees que podrá subir y bajar esas escaleras?

▶ **C:** Bueno, pues la voy a colocar abajo, en la habitación de los invitados, y también podrá...

▶ **E:** Lo que yo me estoy preguntando es si no es muy cara de mantenimiento esta casa. Entre el jardín, los tres pisos, debe de haber un sótano, un garaje para el coche...

▶ **C:** Bueno, pues yo elegiría una casa de dos plantas y un sótano, y bueno, un jardín pequeño, no demasiado grande...

▶ **E:** ¡El adosado!

▶ **C:** No, el adosado no porque hay vecinos.

▶ **E:** ¡Ah! Se puede insonorizar la pared. Es más barato que el chalé con jardín.

▶ **C:** No me convence. Que si voy a tener una casa adosada por qué no me quedo en el piso que tengo.

▶ **E:** Hombre, porque no tiene jardín.

▶ **C:** Bueno, pero también puedo salir al balcón, ¿no?

▶ **E:** Cuando estás dentro del piso adosado estás dentro de tu casa, quiero decir, que no...

▶ **C:** Ya, pero yo tengo que decidir por cada uno y cuando se hace mayor...

▶ **E:** ¿No crees que es mucha presión mantener una casa con jardín para ti y para tus hijos? Tu marido va a tener que trabajar más, va a tener más miedo de perder el trabajo... Es muy caro, ¿eh?, una casa de estas.

CANDIDATA 3: CHRISTINA

me parece muy placativo porque se ve un hombre mayor que puede ser mi abuelo al lado de un muro, un poco, pequeño, y muestra a su... no sé, su nieto, el mar y los barcos del mar, que no se puede ver para nosotros, pero sí, se puede ver un poco el papel de enseñar, de guardar a un niño. Primero pensaba que también el foto con los dos manos, una de bebé y una.. un mano de una persona mayor también es muy bien para una campaña pero no se ve nada de que es un abuelo, o el abuelo de este niño específicamente.

▶ **E:** ¿Qué eslogan tenía la campaña, te acuerdas?

▶ **C:** ¿Cómo?

▶ **E:** ¿Qué slogan tenía la campaña?

▶ **C:** ¿Qué slogan tenía?

▶ **E:** Sí, tiene un slogan concreto, ¿no?, esta campaña.

▶ **C:** (leyendo) Un abuelo, un tesoro, un amigo.

▶ **E:** Lo del amigo sí se ve en la foto que has seleccionado, pero ¿lo del tesoro? ¿Queda más o menos claro a qué se refiere?

▶ **C:** El tesoro... un tesoro para un niño puede ser alguien que le enseña, que le guarda y...

▶ **E:** Sí, pero un tesoro es también algo que guardamos para el futuro, como algo valioso, no sé si eso queda expresado en la foto. El valor, aunque es un valor moral o ético, no es un valor material.

▶ **C:** Sí, eso es verdad. Se puede decir que con tesoro también necesitaría otra persona que guarda el abuelo.

▶ **E:** Sí, sí, quiero decir si la foto refleja o representa ese valor, o esa idea...

▶ **C:** No tanto como la idea del amigo. Sí, eso es verdad, podrías pensar en otro... otro foto para el...

▶ **E:** Porque lo del amigo, ¿cómo se representa en la foto? ¿Qué elemento visual?

▶ **C:** Por ejemplo, los hombros del abuelo, del hombre mayor, está un poco girado o inclinado hacia el joven. Los dos con su cuerpo están un poco más cerca por arriba que por abajo, es una afección, se puede decir un poquito.

▶ **E:** Pero lo malo es que no vemos sus caras.

▶ **C:** No, no.

▶ **E:** ¿No te parece algo negativo? En la otra foto, ¿ves?, se ve al abuelo con el niño, se ve la mirada, el contacto visual...

▶ **C:** Sí, tienes razón pero también para el efecto de un póster y con... sí, la publicidad grande en las calles también necesitan un... un imagen muy fuerte con... no sé, ser inspirado, y sí, una cara entera hacia el espectador es muy fuerte pero aquí no hay.

▶ **E:** ¿Y la de la familia por qué no? Porque no la has nombrado en ningún momento.

continúa ➡

◯ CANDIDATA 2: GOSIA

▶ **C:** Sí, pero en caso de necesidad puedo siempre vender la casa.

▶ **E:** Hombre, pero comprarla para venderla... Por cierto, ¿sabes algo del entorno?, ¿hay alguna carretera cerca?, ¿fácil acceso?

▶ **C:** Hombre, yo voy a elegir una casa donde haya acceso, donde... que esté bien comunicada. Que no esté en el centro centro, pero que se pueda acceder fácilmente.

▶ **E:** A veces te compras una casa de estas, y te construyen una autopista a cien metros.

▶ **C:** Bueno, sí, pero eso nunca se sabe. Lo mismo te puede pasar en el pueblo.

▶ **E:** Hombre, en el pueblo menos, porque si hacen esta autopista es para no pasar por el pueblo.

▶ **C:** No, me compro el chalé.

▶ **E:** Bueno, pues hemos terminado. Muchas gracias por participar en el examen. Y hasta luego.

▶ **C:** Hasta luego.

◯ CANDIDATA 3: CHRISTINA

▶ **C:** No. Eso es para una... no sé, es muy... normal hacer ese tipo de foto y creo que en la vida española ahora las familias no tienen tantos niños y eso parece una familia ideal.

▶ **E:** ¿Cuántos niños hay? Tampoco hay tantos niños.

▶ **C:** Al menos dos, ¿no?

▶ **E:** Sí. Tampoco son tantos, ¿no?, dos niños.

▶ **C:** No, pero la familia española ahora tiene no más de...

▶ **E:** Menos de uno.

▶ **C:** Bueno, pero sí, para una campaña a mí parece demasiado... ideal para ser...

▶ **E:** Sí, tienes razón. Bueno, pues elegimos esa. Perfecto. Bueno, pues hasta aquí, muchas gracias por participar en el examen DELE.

▶ **C:** Bueno, gracias a ti.

▶ **E:** Hasta luego.

▶ **C:** Hasta luego.

Evalúa sus actuaciones con la tabla siguiente.

◯ EVALUACIÓN DE LA ACTUACIÓN

	Candidato 2	Candidato 3
1. Es capaz de llegar a un acuerdo.		
2. Expresa con claridad su postura, a favor o en contra de cada opción.		
3. Compara claramente los pros y los contras de las distintas opciones.		
4. Habla de forma natural, con pausas solo para pensar.		
5. Integra en lo que dice los argumentos del entrevistador.		
6. Tiene un léxico suficiente y variado para decir lo que quiere decir.		
7. Controla bien la gramática, los errores son los típicos de una negociación.		
8. Para reforzar su postura usa un lenguaje más coloquial que incluye modismos.		

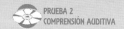 PRUEBA 1
COMPRENSIÓN DE LECTURA

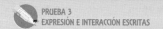 PRUEBA 2
COMPRENSIÓN AUDITIVA

PRUEBA 3
EXPRESIÓN E INTERACCIÓN ESCRITAS

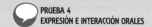 PRUEBA 4
EXPRESIÓN E INTERACCIÓN ORALES

C. Aquí tienes otro ejemplo de otra de las candidatas.

CANDIDATA 1: CRISTINA

▶ **E:** Ahora vamos a comenzar la última tarea que es la única que no se ha preparado previamente. Bien, aquí tiene un tema, lea tranquilamente las instrucciones y vea los dibujos que pueden ayudarle en la exposición luego haremos una conversación que lógicamente como será abierta yo podré interrumpirle, usted podrá interrumpirme, ser una conversación "normal".

▶ **C:** Ok... (*silencio*)... bueno...

▶ **E:** Es importante que quede claro eso, que puede mostrar desacuerdo, pedir aclaraciones, no es necesario que esté de acuerdo conmigo en todo lo que yo digo.

▶ **C:** Ok. Vale.

▶ **E:** Bien, usted forma parte de este comité, ¿no? ¿Cuál de las propuestas le parece la más interesante dada la empresa en la que trabaja y el tipo de personas que trabajan en esta empresa?

▶ **C:** Pero... ¿Son problemas que preocupan la mayoría de los empleados? ¿No la productividad de la organización?

▶ **E:** No, no. ¡Hombre! tendrá que tener en cuenta también un poco la productividad porque si no la empresa no la acepta.

▶ **C:** Sí, si claro. (*silencio*) En mi opinión yo creo que la mejor solución es el cambio de contracto para los empleados que son precarios, porque supongo que una mejor certitud ayude a trabajar mejor y sí además es importante el espacio, la guadería y otras iniciativas pero si tú no tienes la tranquilidad para trabajar cada día, los beneficios correlados no son tan importante.

▶ **E:** Sí, pero teniendo en cuenta que hay turnos en la empresa, el hecho de que por ejemplo cuando uno esté enfermo tenga que ir, ¿no?, no tanto por el contrato que tiene... sino porque hay poco personal, quizá podría ser un problema importante, ¿no?, que se podría resolver.

▶ **C:** Sí estoy de acuerdo pero lo siento contradirte pero insisto en el hecho que ante todos es importante resolver la precariedad de los trabajadores que... para ponerlos en condición de planificar su vida también, ¿no?, y su turno, y sus vacaciones porque no tiene sentido organizar turnos si los trabajadores no tienen derecho a asentarse porque es malado porque está enfermo o de vacaciones.

▶ **E:** Bueno, pero el tipo de contrato que tienen en realidad dentro de todos los que hay no es tampoco... es tampoco el más precario ¿no?, trabajan por turnos sí, no tienen derecho a algunas cosas pero quizá en el día a día lo que se observa mejor es que los espacios son pequeños que hay problemas... que uno está hablando por teléfono y el otro está demasiado cerca también... no sé... o por ejemplo el no poder compaginar, ¿no? a lo mejor necesitan guarderías para poder compaginar la vida profesional y personal...

▶ **C:** Sí, sí ,sí, imagino que es importante y también este de la gurdería es una tema que me preocupa molto, también, aquí en la organización por la que yo trabajo he insistido muchísimo, aunque yo no tenga hijos, para que mis compañeras tengan las posibilidades de tener una guardería aquí, pero sin embargo tengo que insistir en la solución de reformar los contratos de los empleados.

▶ **E:** No le saco de esa idea vamos.

▶ **C:** No.

▶ **E:** Muchas gracias , hemos terminado y buena suerte.

▶ **C:** Gracias.

Evalúa su actuación con la tabla anterior. ¿Qué aspectos positivos y negativos ves en su negociación? Anota aquí tu comentario.

....

....

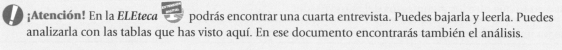

¡Atención! En la *ELEteca* podrás encontrar una cuarta entrevista. Puedes bajarla y leerla. Puedes analizarla con las tablas que has visto aquí. En ese documento encontrarás también el análisis.

CLAVES Y COMENTARIOS DE LAS ACTIVIDADES

> **LA PREPARACIÓN**

Tarea 1.

a. **Comentario.** Es una preparación muy caótica y desordenada. Le falta separar ideas principales de ideas secundarias, una de las indicaciones del examen. Tampoco ordena las ideas en más o menos importantes, aunque sí las organiza en dos bloques (*sí / no*). Otra cosa que no hace es anotar palabras claves. Y tampoco imagina preguntas para la segunda tarea. Solo ha preparado la presentación.

b. **Ideas principales**: 1, 2, 4, 5, 7. **Ideas secundarias**: 3, 6, 8.

c. **Ideas apropiadas**: la 2 y la 4. **Ideas no apropiadas**: la 1 y la 3. Lo importante es mantenerse en el tema y mantener el tono formal y el vocabulario específico. Las ideas 1 y 3 corresponden en todo caso a la tarea 2, y no mantienen el tono formal e impersonal que se necesita en la presentación.

Tarea 2.

a. **Posibles**: 1, 2, 6. **No posibles**: 3, 4, 5. En principio el entrevistador no valora el tema del texto, sino que pide la valoración del candidato. Por otro lado, no suele mostrar su experiencia, sino que en todo caso pide al candidato que cuente cómo es su experiencia en relación con el tema.

b. Del nivel: preguntas 1, 2, 3. De otro nivel (más bajo): preguntas 4, 5, 6. La entrevista debe mantenerse en un nivel parecido al del texto. Aunque puede haber preguntas referentes a tu experiencia personal, como la 3, no las hay sobre aspectos más cotidianos o de la experiencia inmediata, como la 4 o la 5, o sobre el carácter, como la 6, porque no es el tema del texto.

> **LA ENTREVISTA**

Tarea 1.

a. No puedes anotar todas las palabras del texto, debes seleccionar las más útiles. En esa selección influye tu conocimiento del tema y la memoria que puedas tener. En este sentido puede ser útil releer el texto varias veces durante la preparación. Esta es una propuesta de selección de 4 palabras clave, tu selección puede muy bien ser diferente, depende del enfoque que le des al tema. **A.** *incorporación / mujer / vida laboral / vida familiar.* **B.** *poderes públicos / leyes / conciliación / diluyéndose.* **C.** *contaminación / calentamiento / efecto invernadero, / cambio climático* (en este caso se podrían seleccionar todas, porque lo que cuenta es el inventario de problemas más que las ideas en si). **D.** *radicalizarse / vías mejores / pautas / amenazan* (en este caso es importante marcar también la manera como se organizan esas ideas, pues hay una relación de contraposición entre "radicalizarse" y "vías mejores"). **E.** *creencia / vejez / conlleva pérdida / regañonas* (la segunda frase es en realidad una extensión de la primera, la última palabra seleccionada puede ayudarte a recordar algunas de las ideas secundarias que desarrolla la idea principal expresada por las tres primeras palabras). **F.** *desarrollo / maduración / organismo biológico / contexto sociocultural* (la idea expresada en el párrafo es más compleja que esas palabras, presenta una contraposición entre maduración física y psicológica, y entre organismo biológico y contexto sociocultural, por eso, hay que marcar de alguna manera esas contraposiciones, o en vez de quedarse solo con las palabras del texto, poner palabras nuevas que reduzca ese tipo de relaciones).

PRUEBA 1
COMPRENSIÓN DE LECTURA

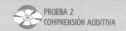
PRUEBA 2
COMPRENSIÓN AUDITIVA

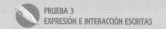
PRUEBA 3
EXPRESIÓN E INTERACCIÓN ESCRITAS

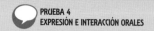
PRUEBA 4
EXPRESIÓN E INTERACCIÓN ORALES

b. **Candidata 1**: 1, 3, 5, 6. A esta candidata le falta organizar un poco mejor las ideas, separar las principales de las secundarias y hacer menos pausas. A veces pierde el hilo. También necesita un poco más de léxico del tema. Tiene que preparar un poco mejor la presentación. Comete algunos errores gramaticales que no se corrige.

Candidata 2: 1, 3, 4, 7, 8. A esta candidata le falta distinguir mejor entre ideas principales e ideas secundarias. Aunque lo que dice es claro y las ideas están bien organizadas, le falta relacionar mejor sus ideas con palabras como "en cambio", "a este respecto", "por esa causa", etc. Usa demasiado la palabra "entonces", podría sustituirlas por otras expresiones como "en conclusión", "en definitiva", "en consecuencia", etc.

c. **Comentario.** El principal problema de esta candidata es que su presentación es algo caótica. Las ideas no están claras, no están bien organizadas ni bien relacionadas. Eso le hace cometer pausas, indecisiones, le falta el léxico y pierde el hilo. Parece que tiene que prepararse mejor la presentación, y practicar más.

Tarea 2.

a. **Tipo A**: Preguntas 1, 3, 9, 10. **Tipo B**: Preguntas 5, 7, 8, 11, 13, 14. **Tipo C**: Pregunta 15. **Tipo D**: Preguntas 2, 4, 6, 12.

b. **Candidata 1**: 1, 3, 4. A esta candidata le faltan sobre todo elementos lingüísticos para relacionar sus ideas (*por un lado, por otro, aún así, sin embargo...*) y para integrar lo que dice el entrevistador (*en cuanto a, en relación con eso, por lo que dice...*). Comete abundantes errores de léxico (*certitud, convinzan*) y bastantes de gramática, y debería usar más formas de expresar opinión. Finalmente, no intercala fragmentos de lenguaje más coloquial para hacer su conversación más relajada.

Candidata 3: 3, 4, 5. Esta candidata, además de los problemas de gramática y léxico que tiene, sobre todo le falta expresar con mayor claridad las ideas y relacionarlas mejor. En cierta forma integra lo que dice el entrevistador, pero podría hacerlo más claramente. Las dos candidatas deben prepararse mejor, teniendo en cuenta cuáles son los puntos importantes de la tarea, en parte expresados en las instrucciones que reciben del entrevistador.

c. **Candidata 2**: Lo único que se puede comentar en este caso es que quizá le faltaría intercalar algún elemento más coloquial para hacer la conversación más relajada, usar algún modismo apropiado al tema. También podría referirse más claramente a las preguntas del entrevistador (*sobre eso puedo decir que, en respuesta a tu pregunta diría, en relación con lo de...*) y relacionar más claramente las ideas (*sin embargo, aún así, en comparación*, etc.). Por lo demás, su conversación es fluida, apenas comete errores, mantiene el léxico del tema, el discurrir de preguntas y respuestas es natural.

Tarea 3.

a. Los criterios que valen: 4, 8, 9. El criterio que resume esta tarea es: hay que ser natural, no hay que llevar preparado ningún modo de argumentación o actitud o estrategia concretas. Se evalúa tu habilidad para expresar opiniones y argumentar tu posición, pero también para escuchar los otros argumentos e integrarlos en lo que dices. Es importante, en este sentido, el punto 4. Pero el más importante es el 8. No es una guerra, y desde luego si crees que tienes razón, debes defenderla presentando y organizando argumentos.

b. **Candidata 2**: 2, 3, 4, 6, 7, 8. A esta candidata le falta integrar mejor los argumentos del entrevistador, y usar mayor grado de coloquialismo en la negociación, la situación se presta a no ser tan formal como en las tareas anteriores. Por otro lado, su postura es un poco radical, no llega a un acuerdo claro, y tampoco intenta convencer al entrevistador de su decisión. Le falta cierto grado de iniciativa, en este sentido.

Candidata 3: 1, 2, 3, 4. A esta candidata también le falta un lenguaje un poco más coloquial. Su postura es algo más flexible y está dispuesta a tomar en cuenta otras opciones, comparándolas. Le falta un poco hacer referencias a los argumentos del entrevistador. Su mayor problema es la gramática.

c. **Candidata 1**: Esta candidata tiene en parte una postura poco flexible. No se deja convencer por la entrevistadora, con lo que la negociación llega a un callejón sin salida. Sin embargo, es capaz de pedir aclaraciones, y tener así cierta iniciativa en la conversación. Su principal problema es el léxico y la gramática. Podría usar también un lenguaje un poco más coloquial.

En resumen...

¿Qué **dificultades** tiene cada tarea para ti? Anótalo con un ✓.

	Tarea 1	Tarea 2	Tarea 3
1. Es necesario preparar muy bien la tarea.			
2. Hay que manejar textos o fotos que pueden ser difíciles de entender o interpretar.			
3. Hay que mantener un tono formal, aunque también se puedan usar elementos coloquiales.			
4. Hay que usar un léxico específico del tema, pero al mismo tiempo saber variar.			
5. Es necesario tener en cuenta lo que dice el entrevistador y referirse a ello.			
6. No hay que cometer pausas que no sean las naturales.			
7. Es necesario organizar y relacionar bien las ideas.			
8. No se pueden cometer errores, solo los típicos de una conversación.			

¿Qué **habilidades** crees que tienes para aprobar esta prueba? Anótalo con un ✓.

	Tarea 1	Tarea 2	Tarea 3
1. Soy capaz de prepararme bien en 20 minutos.			
2. Distingo claramente el tema, las ideas principales, las secundarias...			
3. Organizo y relaciono bien las ideas.			
4. Sé integrar lo que dice el entrevistador, haciendo referencia a sus ideas y argumentos.			
5. Reacciono con naturalidad y fluidez a las preguntas o argumentos del entrevistador.			
6. Soy capaz de usar un lenguaje coloquial si es necesario y sé cuándo es adecuado hacerlo.			
7. Conozco el léxico de los temas del examen o soy capaz de hablar de ellos con el que tengo.			
8. Controlo la gramática y cometo errores solo durante la conversación.			

❗ **Consejo.** Al final de la preparación de la prueba de **Expresión e Interacción orales**, y después de haber hechos las tres entrevistas siguientes, vuelve a estas tablas y vuelve a completarlas. Si aún crees que no estás preparado, en la *ELEteca* 🔲 encontrarás más material para prepararte.

Tienes **20 minutos** para preparar las tareas 1 y 2. A continuación tienes el material de la tarea 1.

● ● ● ● ● 🕐 **Pon el reloj.**

Tarea 1 / Tarea 2

INSTRUCCIONES

Usted debe hacer una presentación oral sobre el texto adjunto. Su exposición debe incluir los siguientes puntos:

- *tema central;*
- *ideas principales y secundarias;*
- *comentario sobre las ideas principales;*
- *intención del autor, si procede.*

*Durante la presentación dispone de **entre tres y cinco minutos**. Puede consultar sus notas, pero la presentación no puede limitarse a una lectura de las mismas.*

¿ES POSIBLE CONCILIAR VIDA PERSONAL Y LABORAL?

M. Patricia Aragón Sánchez, Responsable de Proyectos de Concilia Vida Familiar y Laboral S.L.

La incorporación de la mujer al trabajo y sus consecuencias, tales como la reducción de la tasa de natalidad, la alteración del modelo clásico de familia, entre otras, ha motivado un análisis entre la contraposición de la vida laboral y la vida familiar. No solo las mujeres han cambiado sino también los hombres porque han asumido nuevas responsabilidades familiares y con ello un conflicto creciente entre el trabajo y la familia.

Dicho conflicto tiene consecuencias negativas en los trabajadores y en la empresa, aunque la empresa lo perciba como algo ajeno: insatisfacción laboral, disminución del rendimiento, elevación de las tasas de absentismo, plantillas desmotivadas, pérdida de personas cualificadas, baja la productividad, pero a pesar de todo ello, facilitar la conciliación se considera un coste que la empresa no está dispuesta a asumir.

Si bien los poderes públicos han tenido un papel prioritario en la potenciación de la igualdad entre hombres y mujeres, impulsando políticas de fomento del empleo y promulgando leyes que establecen medidas de conciliación, en numerosas ocasiones, estas políticas han perdido su carácter universal convirtiéndose en políticas para la mujer, diluyéndose el efecto impulsor de la igualdad.

Algunas empresas europeas están cambiando la tendencia y han empezado a aplicar medidas que favorecen una mejor conciliación entre trabajo y vida personal. El éxito de estos programas radica en su universalización, su aplicación tanto a trabajadoras como a trabajadores, ya que su finalidad es promover la igualdad de género. Si estas medidas se destinan solo a las mujeres, perpetuarán los problemas y las empresas seguirán percibiendo que contratar a una mujer es más costoso.

Cada vez son más las personas que evalúan positivamente, a la hora de buscar o cambiar de trabajo, el valor añadido que les puede ofrecer la empresa en lo referente a mejorar su calidad de vida. La valoración económica del empleo va cambiando hacia una percepción más subjetiva del puesto, demandando unas condiciones que tengan en cuenta la diversidad y unas medidas que ayuden a un mejor equilibrio de todos los aspectos de la vida. Estudios corroboran que una de las causas de abandono del empleo por parte de las mujeres es la dificultad de conciliar su vida personal y laboral y los mismos estudios apoyan la adopción de medidas de conciliación. Cabe solo preguntarse si realmente es tan difícil que las empresas ayuden a sus empleados a conciliar su vida personal y profesional mediante un horario flexible, unas jornadas reducidas o comprimidas, a través del teletrabajo, con escuelas infantiles o sensibilizando en valores.

Las empresas alegan que la conciliación no es un tema de políticas sino de personas. Las personas autoexigentes y con altas dosis de responsabilidad son las que hacen posible la conciliación, en cambio, los profesionales que piensan en la empresa como castigo, que miran el reloj cada hora y que solo están deseando cobrar a fin de mes sin pensar en la calidad de lo que hacen, es muy difícil que lleguen a conciliar.

Si las empresas intentaran encontrar soluciones en vez de ampararse en excusas retendrían el talento, ayudarían a los profesionales y a la organización a ser más productivos. El coste económico que tendría para la empresa sería asumible, ya que los beneficios lo superarían con creces. Los trabajadores que lograran alcanzar este equilibrio estarían más satisfechos y más dispuestos a comprometerse en favor de su empresa, al tiempo que sus niveles de productividad crecerían a medida que la empresa se mostrara sensible a sus expectativas y necesidades. Quizás sea una utopía.

Quizás la incorporación de la mujer al trabajo, el desigual reparto de responsabilidades entre hombres y mujeres en la esfera privada, la perpetuación de la división del trabajo en función del género y un déficit de servicios comunitarios de apoyo sean lo normal y la igualdad de oportunidades en el empleo, el equilibrio social, el entorno familiar, la productividad empresarial y la calidad de vida sea lo raro. Puede ser que la sensibilización y educación de la igualdad, el reparto de responsabilidades y la conciliación desde el entorno escolar para cambiar las actitudes y paradigmas de las nuevas generaciones nos ayude a soñar en un futuro mejor.

(**ENTREVISTA 2**)

● ● ● ● ● **Toma las notas que has preparado y sigue las instrucciones.**

Tarea 1

INSTRUCCIONES

Haz una presentación de entre 3 y 5 minutos del tema que has preparado. Recuerda que no puedes leer literalmente tus notas sino solo usarlas para organizar tu presentación.

 Graba tu presentación.

Tarea 2

INSTRUCCIONES

Vas a escuchar una serie de preguntas por parte del entrevistador sobre el texto "¿Es posible conciliar vida personal y profesional?". Escucha atentamente las preguntas y responde con cuidado.

Pon la pista n.° 49. Usa el botón de (❚❚) *PAUSA* después de cada pregunta y responde. Vuelve a escuchar la pregunta si lo necesitas.

 Graba tus respuestas.

Tienes un minuto para leer las instrucciones y mirar las fotos. Luego, con ayuda de un profesor o un compañero, desarrolla una negociación relativa a ese tema.

OPCION 2: ¿QUÉ HACER CON LA CASA?

INSTRUCCIONES

Usted ha recibido una casa en herencia de su tía. En esta casa usted pasó gran parte de su infancia por lo que tiene un gran valor afectivo pero usted necesita dinero. Por ello, está dudando si alquilarla, venderla, ir solo los fines de semana o trasladarse a vivir en ella.

Decida qué hacer con la casa teniendo en cuenta:

- Sus necesidades económicas y afectivas.
- La situación del mercado inmobiliario.
- Los riesgos que conlleva cada una de las opciones.
- Las dificultades de gestión que puede suponer cada una de ellas.

Ahora mire estas cuatro fotografías. Teniendo en cuenta los aspectos arriba mencionados, ¿qué opción considera que sería la más adecuada?

Utilice las fotografías para obtener ideas y discuta con el entrevistador cuál sería la mejor opción. Converse con el entrevistador abiertamente, argumentando sus opiniones, discrepando, pidiendo aclaraciones, etc.

La conversación durará **entre cuatro y seis minutos**.

🔊 ❗ **¡Atención!** Escucha tu entrevista y analízala con ayuda de las dos tablas de la página 215.

(**PREPARACIÓN 3**)

Dispones de **20 minutos** para preparar las tareas 1 y 2. A continuación tienes el material de la tarea 1.

● ● ● ● ● 🕐 **Pon el reloj.**

Tarea 1 / Tarea 2

Usted debe hacer una presentación oral sobre el texto adjunto. Su exposición debe incluir los siguientes puntos:

- *tema central;*
- *ideas principales y secundarias;*
- *comentario sobre las ideas principales;*
- *intención del autor, si procede.*

*Durante la presentación dispone de **entre tres y cinco minutos**. Puede consultar sus notas, pero la presentación no puede limitarse a una lectura de las mismas.*

DEL ECOLOGISMO RADICAL AL ECO-HUMANISMO VIRTUOSO

Es fácil que uno conozca los problemas sociales y medioambientales que supone vivir como vivimos hoy en día. La contaminación de la atmósfera, el calentamiento global, el efecto invernadero, el cambio climático, el agotamiento de energía y de materias primas no renovables, la lluvia ácida, las enfermedades respiratorias, la pérdida de biodiversidad... pero, ¿qué se puede hacer? ¿En qué nos estamos equivocando?

Encontrar respuestas es, en general, complicado pero lo que el movimiento ecologista no debería permitir es la perversión que supone centrarse en lo accesorio y olvidarse de lo esencial, debería ir a la raíz de los problemas sin pretender imponer una ideología y arrastrar a los que no la comparten, como si la verdad absoluta existiera y fuera patrimonio del que pretende imponerla. Lo correcto es, entonces, razonar primero e intentar convencer después, no imponer. Y si convencemos razonando, conseguiremos comportamientos más respetuosos y leyes ecológicas que sí pueden imponerse por la fuerza que otorga un estado de derecho.

Un ecologismo responsable o virtuoso no se basa en radicalizarse en las típicas frases ecologistas o en aislarse del mundanal ruido. Eso puede ser un buen camino, y tal vez el mejor para ciertos casos, pero es incuestionable que hay vías mejores y más efectivas de embarcarse en una lucha constante contra las pautas que amenazan al hombre y a la Naturaleza de la que dependemos. Y no puede separarse la defensa del hombre de la defensa de la Naturaleza.

Algunos piensan que el ecologismo es cosa de ricos, con argumentos tan pobres como que solo los ricos pueden comprar productos de agricultura ecológica. Afirmar eso es no darse cuenta que la agricultura industrial aporta productos más baratos, porque no paga nada por los desastres medioambientales que comete y cuyos efectos sufren más los más pobres entre los pobres, es decir, los pobres de los países pobres. Entre esos efectos encontramos contaminación por insecticidas y abonos químicos de tierras y aguas, intoxicación por tales productos, alteración de los ciclos del agua, nitrógeno o carbono, reducción de las abejas y otros insectos beneficiosos, pérdida de bosques para cultivos... Es preciso ir a una agricultura algo industrial pero respetuosa con nuestro pequeño planeta. Si eso es imposible, volvemos a las preguntas de antes: ¿cómo hemos llegado a esta situación?, ¿en qué estamos fallando?, porque lo obvio, lo evidente, es que en algo estamos fallando.

Es necesario reclamar un sentimiento de "responsabilidad" y de "respeto" que vayan más allá de lo "políticamente correcto" para llegar a un sentimiento que podríamos llamar como eco-humanismo virtuoso. No basta un humanismo de solo lamentaciones, ni un ecologismo pervertido que se preocupa de reciclar una lata y no se preocupa por reducir su consumo de bienes y energía, que se preocupa de la pérdida de bosques tropicales, mientras todos los años compra ropa y calzado, que se preocupa por esa cosa que es el efecto invernadero pero no exige a sus políticos un cambio en las políticas energéticas… Ya no basta con hacer algo, sino que es mejor no hacer nada más que "denunciar" los abusos que se cometen y la falta de respeto hacia lo valioso. Denunciar no es solo denunciar ante la policía, lo cual se puede hacer incluso anónimamente pero solo cuando se infrinjan las leyes. Se puede también denunciar escribiendo cartas a nuestros políticos, a empresarios o a medios de comunicación. Quejémonos con nuestros amigos y digamos alto y claro que no queremos más carreteras, ni elitistas campos de golf, ni más centrales térmicas o nucleares… Si la democracia funcionara, esto debería funcionar.

Un eco-humanismo virtuoso debe tender hacia la ayuda sincera. Ayudar a los demás y a la Naturaleza, pero ayudar sin amargarse, porque esa ayuda debe nacer de la claridad de conciencia que da el saberse necesario y de la tranquilidad y felicidad que nace del hacer lo que uno cree que debe hacer. Este sentimiento no admite el sentimiento de culpa como motor. El motor es la información, la conciencia, el conocimiento de la realidad actual y la indignación que provoca saber que la actuación es quizás ahora más urgente que nunca si miramos las cifras de aquellos que viven por debajo del umbral de la pobreza. La cuestión no es saber si somos o no culpables de parte de esa pobreza extrema. La cuestión es saber reconocer que podemos ser parte de la solución. Hay que vivir con los ojos abiertos y el corazón expectante, saber reconocer cuando podemos ayudar y cuando debemos denunciar. En muchos casos denunciar es la mejor ayuda, porque evita que haga falta ayudar más. O sea, hay que preocuparse más de no gastar una lata que de reciclarla, pero es mejor denunciar el consumo exagerado de latas. Y todo esto por la felicidad que reporta, ya que si no es así, es que algo está fallando y debemos revisar los engranajes del sistema para ser conscientes de nuestros propios y auténticos sentimientos: buscarlos, hallarlos, sustentarlos… Es un proceso sin fin que algunos llaman filosofar pero que es, quizás, sencillamente vivir.

http://www.lcc.uma.es/~ppgg/libros/ecoarticulos.html#Ecohumanismo

(**ENTREVISTA 3**)

● ● ● ● ● **Toma las notas que has preparado y sigue las instrucciones.**

Tarea 1

INSTRUCCIONES

Haz una presentación de entre 3 y 5 minutos del tema que has preparado. Recuerda que no puedes leer literalmente tus notas sino solo usarlas para organizar tu presentación.

 Graba tu presentación.

Tarea 2

INSTRUCCIONES

Vas a escuchar una serie de preguntas por parte del entrevistador sobre el texto "Del ecologismo radical al eco-humanismo virtuoso". Escucha atentamente las preguntas y responde con cuidado.

Pon la pista n.° 50. Usa el botón de **❙❙** *PAUSA* después de cada pregunta y responde. Vuelve a escuchar la pregunta si lo necesitas.

 Graba tus respuestas.

Parte 3

INSTRUCCIONES

Tienes un minuto para leer las instrucciones y mirar las fotos. Luego, con ayuda de un profesor o un compañero, desarrolla una negociación relativa a ese tema.

OPCION 1: CAMPAÑA PUBLICITARIA

INSTRUCCIONES

Usted forma parte del comité encargado de seleccionar la imagen que se utilizará para la campaña publicitaria "Un abuelo, un tesoro, un amigo".

Para decidir la fotografía más adecuada debe tener en cuenta los siguientes criterios:

- Que destaque la importancia del papel del abuelo.
- La sensibilidad y entrañabilidad.
- La belleza y originalidad.

Ahora mire estas cuatro fotografías. Teniendo en cuenta los aspectos arriba mencionados, ¿qué fotografía es la mejor para la campaña?

Utilice las fotografías para obtener ideas y discuta con el entrevistador cuál sería la mejor opción. Converse con el entrevistador abiertamente, argumentando sus opiniones, discrepando, pidiendo aclaraciones, etc. La conversación durará **entre cuatro y seis minutos**.

 ¡Atención! Escucha tu entrevista y analízala con ayuda de las dos tablas de la página 215.

Dispones de **20 minutos** para preparar las tareas 1 y 2. A continuación tienes el material de la tarea 1.

● ● ● ● ● 🕐 **Pon el reloj.**

Tarea 1 / Tarea 2

INSTRUCCIONES

Usted debe hacer una presentación oral sobre el texto adjunto. Su exposición debe incluir los siguientes puntos:

 – *tema central;*

 – *ideas principales y secundarias;*

 – *comentario sobre las ideas principales;*

 – *intención del autor, si procede.*

*Durante la presentación dispone de **entre tres y cinco minutos**. Puede consultar sus notas, pero la presentación no puede limitarse a una lectura de las mismas.*

LA VEJEZ EN POSITIVO

En nuestra sociedad actual, existe la común creencia de que a partir de una determinada edad empieza «la vejez», y que ello, conlleva pérdida, declive y deterioro. Es cliché muy común que la gente mayor está deteriorada, es incapaz de aprender nuevas cosas, no pueden cuidarse a sí mismos, y son desagradables y regañonas. Estos estereotipos pueden convertirse en profecías que tienden a su autocumplimiento o desencadenar actitudes negativas que, a veces, provocan desigualdades sanitarias o sociales. Sin embargo, los datos con los que contamos, por el contrario, nos indican que a todo lo largo de la vida existe una amplia capacidad de aprendizaje, y que existe una extraordinaria variabilidad en la vejez.

Hay que ser conscientes de que el ser humano no «termina» su desarrollo cuando acaba su máxima maduración física, sino que el desarrollo dura mientras sigan produciéndose las transacciones entre el organismo biológico y el contexto sociocultural. El proceso de envejecimiento psicológico no ocurre de la misma forma que el envejecimiento biofísico. Existen funciones psicológicas que declinan muy tempranamente, una vez llegadas a su máximo desarrollo, y existen otras que se mantienen e incluso se desarrollan a todo lo largo de la vida. Por ejemplo, la amplitud de vocabulario o los conocimientos, que no sufren ningún declive hasta edades muy avanzadas e incluso otras funciones socioafectivas (como el balance entre el afecto positivo y negativo) se articulan mucho mejor en la vejez.

Asimismo, los estudiosos ponen de relieve que las personas mayores, a pesar de requerir un mayor número de ensayos de aprendizaje y mayores tiempos de ejecución (en comparación con las más jóvenes), tienen una amplia capacidad de aprendizaje.

La inteligencia fluida empieza a declinar, a partir de los 30 años. Sin embargo, la inteligencia cultural o cristalizada, una vez alcanzada una cierta meseta, se mantiene constante o, incluso, puede ser incrementada hasta edades avanzadas de la vida. También, las personas mayores tienen una forma especial de resolver los problemas que se puede relacionar con un concepto como la sabiduría. La sabiduría se puede definir como un conjunto de conocimientos de experto en la pragmática de la vida y se postula que pudiera ser un atributo que se diera con mayor probabilidad en la vejez.

Existe la creencia generalizada de que las personas mayores por sus circunstancias vitales y sus posibles problemas físicos han de experimentar una afectividad displacentera. Sin embargo, esto no es así, las personas mayores no expresan una menor felicidad, bienestar o satisfacción con la vida cuando se las compara con las más jóvenes. Las investigaciones ponen de manifiesto, que no existe influencia de la edad en la expresión verbal de la experiencia de la felicidad. Los estudios corroboran que cuando se es mayor, se experimentan emociones con la misma intensidad y los mayores

sienten emociones positivas con igual frecuencia que los jóvenes. Existen pruebas sólidas de que la experiencia emocional negativa se da en mucha menor frecuencia a partir de los 60 años y que en la vejez existe una mayor complejidad y riqueza emocional, puesto que existe una mayor «madurez» afectiva.

Si todo ello está comprobado científicamente, ¿por qué llegada a una cierta edad una persona se debe jubilar aunque no quiera? Si sigue produciendo, si aporta su experiencia, su conocimiento, su madurez, ¿por qué no sirve para la sociedad?

Hay estudios en los que se ha comparado la productividad y compromiso de los empleados de diferentes edades y los adultos de más de 45 años no solo son los más experimentados, sino los más responsables, los de menor ausentismo y accidente, los más comprometidos con los resultados. Pero entonces cabe pensar mal y preguntarse, ¿qué hay detrás de estas prejubilaciones, jubilaciones forzadas, *mobbing* para hacer que uno se sienta desmotivado, apartado de la sociedad como si lo que dice no tuviera ningún sentido ni fundamento? No nos olvidemos que todos somos personas, independientemente de la edad que tengamos y simplemente deseamos ser útiles para la sociedad en la que vivimos.

(Beatriz Sarrión Soro, en http://medicablogs.diariomedico.com/reflepsiones/2010/02/16/la-vejez-en-positivo/)

ENTREVISTA 4

● ● ● ● ● **Toma las notas que has preparado y sigue las instrucciones.**

Tarea 1

INSTRUCCIONES

Haz una presentación de entre 3 y 5 minutos del tema que has preparado. Recuerda que no puedes leer literalmente tus notas sino solo usarlas para organizar tu presentación.

 Graba tu presentación.

Tarea 2

INSTRUCCIONES

Vas a escuchar una serie de preguntas por parte del entrevistador sobre el texto "La vejez en positivo". Escucha atentamente las preguntas y responde con cuidado.

 Pon la pista n.° 51 . Usa el botón de ▮▮ *PAUSA* después de cada pregunta y responde. Vuelve a escuchar la pregunta si lo necesitas.

 Graba tus respuestas.

INSTRUCCIONES

Tienes un minuto para leer las instrucciones y mirar las fotos. Luego, con ayuda de un profesor o un compañero, desarrolla una negociación relativa a ese tema.

OPCION 2: MEJORA DE LAS CONDICIONES LABORALES

INSTRUCCIONES

Usted forma parte de un comité que se encarga de mejorar la situación laboral de los empleados de su empresa. Le han pedido que tome algunas decisiones sobre cómo solventar algunos problemas que preocupan a la mayoría de los empleados pero deberá elegir solamente una.

Para tomar la decisión más adecuada deberá tener en cuenta los siguientes criterios:

- Se ofrece un servicio las 24 horas al día por lo que la plantilla trabaja por turnos.
- Se trata de una empresa con pocos empleados.
- La mayoría de los empleados tiene 30-40 años.

Ahora mire estas cuatro fotografías. Teniendo en cuenta los aspectos arriba mencionados, ¿qué opción considera la más adecuada?

Utilice las fotografías para obtener ideas y discuta con el entrevistador cuál sería la mejor opción. Converse con el entrevistador abiertamente, argumentando sus opiniones, discrepando, pidiendo aclaraciones, etc. La conversación durará **entre cuatro y seis minutos**.

🔊 ❗ **¡Atención!** Escucha tu entrevista y analízala con ayuda de las dos tablas de la página 215.

Resumen de la preparación

⚠ **¡Atención!** Este apartado puede ayudarte a tener una panorámica de tu preparación. Completa estas tablas con la información que has recopilado en las tablas de los modelos. En la Guía del profesor (*ELEteca* 🛡) puedes encontrar un resumen de las habilidades que se trabajan en el libro. Te recomendamos mirarla para completar esta tabla con tus habilidades.

📖	Fecha	Tarea	🕐	Respuestas correctas	Dificultades / Problemas
Modelo de examen n.º 1		1			
		2			
		3			
		4			
		5			
Modelo de examen n.º 2		1			
		2			
		3			
		4			
		5			
Modelo de examen n.º 3		1			
		2			
		3			
		4			
		5			
Modelo de examen n.º 4		1			
		2			
		3			
		4			
		5			

	Fecha	Tarea	🕐	Respuestas correctas	Dificultades / Problemas
Modelo de examen n.º 1		1			
		2			
		3			
		4			
Modelo de examen n.º 2		1			
		2			
		3			
		4			
Modelo de examen n.º 3		1			
		2			
		3			
		4			
Modelo de examen n.º 4		1			
		2			
		3			
		4			

	Fecha	Tarea	🕐	Respuestas correctas	Dificultades / Problemas
Modelo de examen n.º 1		1			
		2 – 1			
		2 – 2			
Modelo de examen n.º 2		1			
		2 – 1			
		2 – 2			
Modelo de examen n.º 3		1			
		2 – 1			
		2 – 2			
Modelo de examen n.º 4		1			
		2 – 1			
		2 – 2			

Preparación

El día del examen

Algunos consejos para el día del examen.

■ Para la **inscripción** para el examen tienes que ir a un **centro de examen**. Ahí puedes encontrar toda la información necesaria. También tienes la página del **Instituto Cervantes:**

　 http:// diplomas.cervantes.es/informacion/niveles/nivel_c1.html

■ Es importante **dormir bien** el día anterior y llegar **puntual** o incluso algunos minutos antes al centro de examen.

■ No olvides tu **documentación personal**: un documento de identificación con fotografía, así como la carta con la cita de las pruebas escritas y del examen oral.

■ No está permitido usar libros ni diccionarios. No necesitas llevar lápiz ni papel (te lo dan en la sala de examen). Solo tienes que llevar un **bolígrafo** para la prueba 3.

■ Completa bien los **datos personales** en las **Hojas de respuestas**, en especial el nombre, el apellido, y el número de inscripción, es muy importante.

■ Lee despacio y con atención **todas las instrucciones** del examen.

■ Mantén la calma y no olvides controlar el **tiempo** como lo has hecho durante la preparación.

■ Si tienes alguna **discapacidad** o minusvalía, es importante informar de ello en el momento de la **inscripción**.

■ Si tienes **preguntas**, es importante hacerlas directamente al centro del examen o a las personas relacionadas directamente con el Instituto Cervantes.

■ Si crees que algo no está bien en el examen (erratas o errores en el examen), puedes hacer una **reclamación**. Consulta en este caso en tu centro de examen.

■ **El resultado** del examen (*apto/no apto*) tarda de 3 a 4 meses en llegar al centro de examen, y **el certificado** un año aproximadamente, y lo recoges con un documento de identidad. Puedes consultar el resultado en Internet en: *www.diplomas.cervantes.es*, en un apartado que se llama "Consulta de calificaciones". Tienes que introducir el código de inscripción y tu fecha de nacimiento. Consulta con tu centro de examen.

Comentario final (en español o en tu idioma)

¿Cómo ha ido mi preparación del examen **DELE nivel C1**?

....

....

....

....

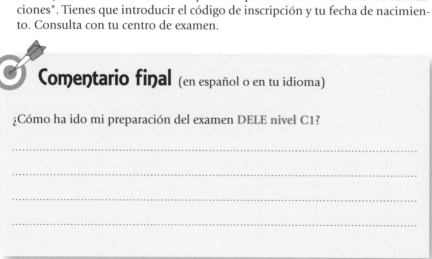

Aquí tienes la opinión de un estudiante sobre el examen.

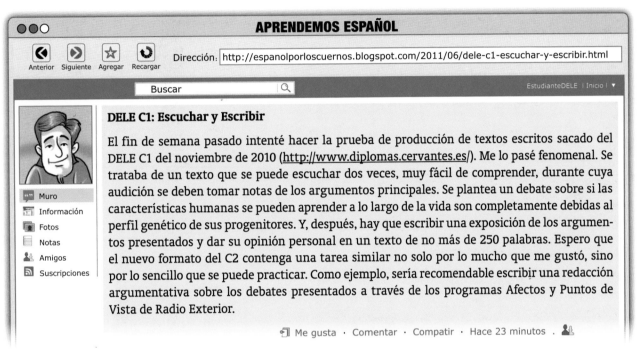

○○○   **APRENDEMOS ESPAÑOL**

◀   ▶   ☆   ↻   Dirección: http://espanolporloscuernos.blogspot.com/2011/06/dele-c1-escuchar-y-escribir.html
Anterior   Siguiente   Agregar   Recargar

Buscar   🔍   EstudianteDELE | Inicio | ▾

- Muro
- Información
- Fotos
- Notas
- Amigos
- Suscripciones

DELE C1: Escuchar y Escribir

El fin de semana pasado intenté hacer la prueba de producción de textos escritos sacado del DELE C1 del noviembre de 2010 (http://www.diplomas.cervantes.es/). Me lo pasé fenomenal. Se trataba de un texto que se puede escuchar dos veces, muy fácil de comprender, durante cuya audición se deben tomar notas de los argumentos principales. Se plantea un debate sobre si las características humanas se pueden aprender a lo largo de la vida son completamente debidas al perfil genético de sus progenitores. Y, después, hay que escribir una exposición de los argumentos presentados y dar su opinión personal en un texto de no más de 250 palabras. Espero que el nuevo formato del C2 contenga una tarea similar no solo por lo mucho que me gustó, sino por lo sencillo que se puede practicar. Como ejemplo, sería recomendable escribir una redacción argumentativa sobre los debates presentados a través de los programas Afectos y Puntos de Vista de Radio Exterior.

🖒 Me gusta · Comentar · Compatir · Hace 23 minutos · 👥

(Adaptado de http://espanolporloscuernos.blogspot.com/2011/06/dele-c1-escuchar-y-escribir.html)

🎯 Comentario final después del examen (en español o en tu idioma)

¿Cómo ha ido el examen DELE nivel C1?

....
....
....
....
....
....

DELE C1
Apéndices

Edi numen El Cronómetro, manual de preparación del DELE. Nivel C1

Apéndice 1

Frases hechas y expresiones idiomáticas o coloquiales

La lista completa de frases hechas y expresiones idiomáticas o coloquiales es muy larga. Existen diccionarios, algunos con traducción a distintas lenguas, y libros para estudiantes de español, especializados en fraseología. Las bibliotecas de los Institutos Cervantes suelen tener este tipo de diccionarios. Más abajo encontrarás algunos títulos. También puedes encontrar en Internet listados de expresiones coloquiales. Puedes poner en el buscador alguno de estos conceptos: *expresiones coloquiales, modismos, frases hechas, fraseología, frases idiomáticas*. La lista de este apéndice es una muestra que esperamos que pueda serte útil. Hemos incluido un ejemplo como en la tarea 4 de la prueba de **Comprensión auditiva**, pero recuerda que pueden aparecer en otras partes y que las puedes usar en la prueba de **Expresión e Interacción orales**.

Cómo usar esta lista

- Marca las que conoces y profundiza tu conocimiento de ellas añadiendo un ejemplo en forma de diálogo.
- Cuando encuentres alguna expresión en un texto o en una audición, márcala si está en la lista, o añádela si no aparece. Define el contexto en el que aparece y copia el diálogo o fragmento completo.

- Los **dibujos** que acompañan a algunas expresiones intentan representar la imagen visual que un hispanohablante podría hacerse al escuchar la expresión. Busca en Internet imágenes que correspondan a las expresiones que no llevan dibujo o intenta recrearlas (o incluso dibujarlas) tú mismo.
- Si tu propósito es aprender de memoria las que hay aquí, un buen sistema puede ser el de las tarjetas: anota la expresión por un lado y su explicación o un ejemplo por el otro.
- Puedes trabajar también las opciones haciendo una lista de sentimientos que aparecen en forma de adjetivos (*triste*), sustantivos (*tristeza*) o verbos (*ponerse triste*).
- Busca el significado de las expresiones que más te interesen en un diccionario monolingüe. En este sentido, te recomendamos que tengas a mano alguno de los siguientes diccionarios:

Diccionarios y libros de fraseología:

Diccionario de dichos y frases hechas. Alberto Buitrago Jiménez, Madrid: Espasa Calpe.

Gran diccionario de frases hechas, Editorial Larousse.

Diccionario del español actual, Manuel Seco et al., Madrid: Aguilar.

Diccionario Akal del español coloquial, Alicia Ramos y Ana M.ª Serradilla, Akal Ediciones.

Diccionario de locuciones verbales para la enseñanza del español, Madrid: Editorial Arco libros.

> *Lo dicho* (es de nivel A1-A2, pero incluye muchas de estas expresiones)
>
> *Español coloquial*
>
> *Ni da igual, ni da lo mismo*

En inglés:

Spanish language-Terms and phrases-Exercise books, Stanley.

Diccionario fraseológico, inglés-castellano, castellano-inglés: frases, expresiones, modismos, dichos, locuciones, idiotismos, refranes, etc., Delfín Carbonell, Barcelona: Ediciones del Serbal, D.L.

En polaco:

Idiomów hiszpaskich, Abel Murcia y Kamila Zagórowska, Warszawa: Editorial Langenscheidt.

En italiano:

Dizionario fraseologico completo: italiano-spagnolo e spagnolo-italiano, Sebastián Carbonell, Milano: Ulrico Hoepli, cop.

En ruso:

Ispansko-russki frazeologuicheski slovar: frazeologuicheskij edinits, Érnestina Iosifovna Levintova, Moscú: Russki Iazyk.

En alemán:

Diccionario de refranes, frases hechas: español-alemán, alemán español, Elena Méndez-Leite Serrano, Madrid: Editorial De Cabo a Rabo.

Spanische Redensarten, Werner Beinhauer, Berlin/München/Wien/Zurcích: Editorial Langenscheidt.

En francés:

Dictionnaire d'usage d'espagnol contemporain (français-espagnol), Editorial Ellipses.

Lexiques français-espangol des clichés de presse et expressions au quotidien, Michel Bénaben, Ellipses marketing.

En árabe:

Refranes egipcios de la vida familiar comentados y comparados con refranes españoles, Rosa María Ruiz Moreno, Granada.

En varios idiomas:

Refranes españoles con su correspondencia catalana, gallega, vasca, francesa e inglesa, Julia Sevilla Muñoz, Madrid: Ediciones Internacionales Universitarias.

Proverbios españoles: traducidos al inglés, al francés, al alemán y al italiano, María-Leonisa Casado Conde, Madrid: SGEL.

Estos son los siete grupos de modismos que se han definido en **El Cronómetro**, *nivel C1:*

1. Lo que les pasa a las cosas o a las ideas
2. Cosas que pasan
3. Cómo es o está la gente
4. Cosas que le pasa a la gente
5. Cosas que hace o piensa la gente
6. Formas de hablar y cosas que se dicen
7. Formas de hacer las cosas

Hemos ordenado las expresiones en grupos para que te sea más fácil trabajarlas. Las agrupaciones se definen a partir del significado. Hay algunas que podrían estar en más de un grupo. Por ejemplo, *un pozo sin fondo* lo puede ser una persona en el sentido de insaciable, o un negocio por las muchas inversiones que exige.

> **SOBRE LO QUE LES PASA A LAS COSAS, A LAS SITUACIONES O A LAS IDEAS**

1. ► Pasa, pasa, ¿qué te parece mi piso nuevo?

   ► Desde luego, tienes la casa **patas arriba**, se ve que vives solo, ¿eh?

   La persona que responde piensa que la casa está...

   ☐ a) desordenada.
   ☐ b) como nueva.
   ☐ c) llena de animales.

2. ► ¿Qué te pasa?

   ► Es que no puedo ponerle el tapón a la botella. **Está pasado de rosca**.

   El problema con el tapón es que...

   ☐ a) ha desaparecido.   ☐ b) no es bueno ponerlo.   ☐ c) está defectuoso.

3. ► ...y estamos pensando comprar una casa.

► Qué suerte tienes con tu nuevo matrimonio, si es que te va **de película**.

La persona que responde cree que al otro la vida le va...

☐ a) como esperabas.　　　☐ b) según un guión.　　　☐ c) estupendamente.

4. ► ¿Y cómo te van las cosas ahora que vives solo?

► Mira, he conseguido el trabajo, tengo novia, un piso, todo me va **sobre ruedas**.

Todo le va...

☐ a) muy bien.　　　☐ b) mecánicamente.　　　☐ c) con muchos accidentes.

5. ► Oye, ¿cómo te va el proyecto ese en el que estabas metido?

► Pues si te digo la verdad, ¡**como la seda**!

El proyecto va...

☐ a) retrasado.　　　☐ b) sin problemas.　　　☐ c) lento.

6. ► ¿Qué hago con las copas que están en esta caja?

► ¡Mucho cuidado porque he pagado **un ojo de la cara** por ellas!

La persona que responde quiere decir que las copas le costaron...

☐ a) mucho dinero.
☐ b) un precio ridículo.
☐ c) más de lo que valen.

7. ► Raúl, ¿sabes si Carmen ha decidido ya lo de la reunión de mañana? Ya sabes lo importante que es.

► Pues mira, yo creo que todo **está** aún **en el aire**, no sé si podremos llegar a un acuerdo.

Raúl opina que el asunto está aún...

☐ a) sin pensar.　　　☐ b) sin discutir.　　　☐ c) sin decidir.

8. ► Laura, vámonos ya, Juan no va a venir.

► Pues me extraña de Juan, que se **conoce** la ciudad **como la palma de la mano**.

Laura cree que Juan conoce la ciudad...

☐ a) a la perfección.
☐ b) de memoria.
☐ c) desde siempre.

9. ► Mira, podemos entrar ahí a tomar una copa, ¿te parece?

► Pero si está **de bote en bote**, ¿por qué no nos vamos a otro sitio?

La segunda persona cree que el local...

☐ a) tiene poca luz.　　　☐ b) es demasiado pequeño.　　　☐ c) está muy lleno.

10. ► Como es Navidad, las tiendas **están hasta los topes**, aquí no se puede comprar a gusto.

► Tienes razón, todos los años es lo mismo.

Los dos coinciden en que las tiendas están...

☐ a) llenas de gente.　　　☐ b) sin existencias.　　　☐ c) como de costumbre.

11. ▶ A estas horas de la tarde la calle **es un hervidero**, por eso no me gusta salir.

▶ No te creas, en agosto es mucho peor.

Los dos hablan sobre que en la calle...

☐ a) hace mucho calor. ☐ b) hay mucha gente. ☐ c) hay mucho ruido.

12. ▶ Carlos, estoy muy preocupada con la reunión del jueves, sabes que nos jugamos mucho.

▶ No te preocupes tanto por los preparativos que todo va a salir **a pedir de boca**.

Carlos le tranquiliza diciendo que la reunión saldrá...

☐ a) espontáneamente. ☐ b) como lo han pedido. ☐ c) según lo previsto.

13. ▶ Con el trabajo que nos ha costado, y lo hemos hecho **en balde**. Parecemos tontos.

▶ No seas tan negativa, Merche, que algo bueno hemos sacado.

Merche opina que el trabajo lo han hecho...

☐ a) demasiado rápidamente. ☐ b) inútilmente. ☐ c) sin pensarlo suficientemente.

14. ▶ Hay algunas objeciones a las ideas presentadas por esta empresa.

▶ Para mí que un proyecto como ese en esta ciudad **no tiene ni pies ni cabeza**.

La persona que contesta piensa que el proyecto:

☐ a) no tiene sentido. ☐ b) es demasiado caro. ☐ c) no va a gustar a nadie.

15. ▶ ...y en este punto podemos incluir la propuesta de José, ¿qué te parece?

▶ Eso, perdona, pero **es harina de otro costal**, no mezclemos.

La persona que responde opina que la idea de José...

☐ a) en realidad no es de José. ☐ b) necesita otro tratamiento. ☐ c) no tiene relación con el asunto.

16. ▶ ¿Qué es eso que hay en mi mesa?

▶ El trabajo que nos ha dejado el jefe. No me dirás que no **está chupado**.

El trabajo que tienen que hacer es...

☐ a) muy fácil. ☐ b) muy interesante. ☐ c) muy raro.

17. ▶ Estoy pensando enviar una propuesta al proyecto este de...

▶ ¡Pues ten cuidado porque puede ser **un arma de doble filo**!

La persona que responde le previene de que el proyecto podría...

☐ a) ser un engaño. ☐ b) estar manipulado. ☐ c) tener consecuencias negativas.

SOBRE LAS COSAS QUE PASAN

18. ▶ No vamos a poder salir por ahora porque afuera **están cayendo chuzos de punta**.

▶ Pues entonces vamos a llegar tarde, me temo.

La razón por la que van a llegar tarde es que...

☐ a) está lloviendo mucho. ☐ b) sopla mucho viento. ☐ c) hay mucho tráfico.

19. ▶ ¿Ya podemos salir? Se está haciendo muy tarde.

▶ Es que ahora se ha puesto a **llover a mares**, será mejor esperar un rato.

Le informa de que está lloviendo:

☐ a) como siempre. ☐ b) muchísimo. ☐ c) cada vez más.

20. ▶ Ya hemos tenido muchas veces este problema con Julián y la misma discusión.

▶ Si es que aquí **llueve sobre mojado**.

En el tema de Julián parece que...

☐ a) no hay solución. ☐ b) la situación se repite. ☐ c) todo va a terminar mal.

21. ▶ Oye, Ana, ¿y cómo te fue la entrevista del otro día?

▶ Pues si te digo la verdad, pasé **un mal trago**.

Durante la entrevista, Ana...

☐ a) casi se ahoga. ☐ b) se sintió muy incómoda. ☐ c) se equivocó.

22. ▶ Desde que mi hermano y Carmen se han separado nuestra relación está un poco **tirante**.

▶ Sí, suele pasar después de los divorcios conflictivos como el de tu hermano.

Están de acuerdo en que la relación ahora es más...

☐ a) tensa. ☐ b) fría. ☐ c) preocupante.

23. ▶ ¿Y qué cree que va a pasar en el partido del domingo?

▶ Pues mire, que son **tres monos** y que no van a poder con nosotros.

Opina que los integrantes del equipo contrario son...

☐ a) cobardes e indisciplinados. ☐ b) tontos y sin experiencia. ☐ c) pocos y mal preparados.

24. ▶ ¡Qué rabia, ayer no pude ir a la fiesta! ¿Cómo fue?

▶ Pues éramos **cuatro gatos** y resultó un aburrimiento.

Los asistentes a la fiesta:

☐ a) estaban cohibidos.
☐ b) no se conocían.
☐ c) eran pocos.

SOBRE CÓMO ES O ESTÁ LA GENTE

25. ▶ Pues mire, a su coche hay que cambiarle tres piezas.

▶ No sé qué hacer con este coche. Es **un pozo sin fondo**.

El cliente piensa que el coche...

☐ a) es muy viejo. ☐ b) gasta mucho dinero. ☐ c) genera muchos gastos.

26. Si es que eres **de lo que no hay**: ¡ya te has vuelto a olvidar las llaves dentro de casa!

El joven es...

☐ a) muy despistado. ☐ b) muy raro. ☐ c) olvidadizo.

27. Me han dicho que confíe en él, que es **de buena pasta**.

Esa persona es...

☐ a) honrada.　　☐ b) uno de los nuestros.　　☐ c) normal.

28. ▶ Lo malo de Antonio, es lo insoportable que se pone cuando **se las da de** listo.

▶ Pues yo no lo he visto nunca así, la verdad. A mí me cae muy bien.

La primera persona piensa que Antonio...

☐ a) se hace el ingenioso.　　☐ b) se cree que sabe más.　　☐ c) habla sin escuchar a los demás.

29. ▶ ¿Sabes que Luisa y Philippe han decidido casarse?

▶ Pero si se llevan **como el perro y el gato**.

La persona que responde define la relación entre Luisa y Philippe como:

☐ a) muy mala.
☐ b) indiferente.
☐ c) destructiva.

30. ▶ No sé cómo lo hace para detectar tan rápidamente los problemas...

▶ Es que es **un lince** en lo suyo, ya lo sabes.

Como profesional demuestra ser:

☐ a) muy dinámico.　　☐ b) muy perspicaz.　　☐ c) un perfeccionista.

31. ▶ Si tiene apagado el móvil, ¿por qué no la llamas a casa?

▶ Llevo una hora intentándolo, pero como está **como una tapia**...

La persona que responde piensa que Beatriz...

☐ a) está sorda.　　☐ b) es tonta.　　☐ c) es insensible.

32. ▶ Esos dos, desde que se conocieron, están siempre juntos.

▶ Claro, es que **son tal para cual**.

Piensan que los dos de los que hablan...

☐ a) se compenetran muy bien.　　☐ b) son idénticos.　　☐ c) se caen muy bien.

33. ▶ Hace ya años que se fue Laura y yo la sigo echando de menos.

▶ Lo entiendo, es que erais **uña y carne**.

La primera persona y Laura eran...

☐ a) muy activos.　　☐ b) de carácter muy parecido.　　☐ c) inseparables.

34. ▶ No, chica, no voy a ir a la fiesta, es que **no estoy muy católica** que digamos.

▶ Bueno, pues otra vez será.

La chica no va a la fiesta porque...

☐ a) no se siente preparada.　　☐ b) está muy nerviosa.　　☐ c) no se siente bien.

35. ▶ ¿Conoces ya a nuestro nuevo compañero de oficina?

▶ Pues no, pero me da que es una de esas personas que cuando se pone a **dar la nota**, no sabes dónde meterte.

La persona interrogada opina que al nuevo le gusta...

☐ a) cantar en el trabajo.　　☐ b) discutir con los demás.　　☐ c) llamar la atención.

36. ▶ Entonces, ¿me dejas el coche esta noche?

▶ Te lo he explicado ya catorce veces: no puede ser. Pero, tú, **erre que erre**.

La persona que necesita el coche:

☐ a) insiste.   ☐ b) se equivoca.   ☐ c) no le cree.

37. ▶ Oye, ¿qué le pasa a Eduardo?

▶ Desde hace unos días, está **en las nubes**, no sé qué le habrá pasado.

Eduardo está...

☐ a) muy descentrado.

☐ b) muy desorganizado.

☐ c) muy desmotivado.

38. ▶ ¿Y qué tal las clases?

▶ Me gustan todos los profesores que me han tocado, menos el de gimnasia, que **es un hueso**.

El profesor de gimnasia es...

☐ a) muy aburrido.   ☐ b) muy exigente.   ☐ c) muy delgado.

39. ▶ Julián, con esa corbata **estás hecho un adefesio**, será mejor que te la cambies.

▶ ¡Pero Laura, si me la regalaste tú!

Laura cree que con la corbata Julián...

☐ a) está ridículo.   ☐ b) se le ve triste.   ☐ c) parece otra persona.

40. ▶ Cuando llegué a casa y miré el cuadro con una lupa, me di cuenta de que **había hecho el primo**.

▶ ¿Y vas a reclamar o te vas a quedar con el cuadro?

El comprador del cuadro cree que...

☐ a) se ha confundido.   ☐ b) le han estafado.   ☐ c) ya tenía uno parecido.

41. ▶ Al final solo falta Lucas por convencer. ¿Qué crees que hará?

▶ No creo que se oponga a todos nosotros, es una de esas personas que **se dejan llevar por la corriente**.

Lucas...

☐ a) siempre sonríe.   ☐ b) jamás dice lo que piensa.   ☐ c) nunca se enfrenta a nada.

42. ▶ Como mi vecina tiene un **corazón de oro**, cada vez que lo necesito, ella me ayuda.

▶ ¡Qué suerte tener a alguien así cerca!

La vecina es...

☐ a) muy buena consejera.   ☐ b) muy desinteresada.   ☐ c) muy rica.

43. ▶ Lo de Alfredo es chocante, **no tiene un pelo de tonto** y siempre anda metido en problemas.

▶ Pues ya te valdría aprender algo de él, la verdad.

Opinan que Alfredo...

☐ a) es muy desconfiado.   ☐ b) es muy precavido.   ☐ c) es muy listo.

44. ► Estás **como una cabra**, no sé ni cómo te aguanto.

► Pues antes bien que te gustaba mi forma de ser.

Opina que el chico está últimamente un poco...

☐ a) loco.

☐ b) agresivo.

☐ c) antipático.

45. ► Estoy pensando invitar esta noche a Carmen a cenar, ¿qué te parece?

► A Carmen lo que le gusta son los hombres **de pelo en pecho**, ¿no lo sabías?

A Carmen le gustan los hombres...

☐ a) muy masculinos.　　☐ b) muy valientes.　　☐ c) muy velludos.

46. ► Fernanda, tienes que conocer a mi nuevo compañero de piso: **está como un tren.**

► ¿De verdad? Porque, Sara, ya me has dicho lo mismo de otros y la verdad...

Sara cree que el nuevo compañero de piso...

☐ a) es muy inteligente.　　☐ b) es muy atractivo.　　☐ c) está loco.

47. ► ...y con el dinero que voy a ganar con el premio voy a...

► Deja de **hacer castillos en el aire**, y céntrate un poco, que ya eres mayorcito para esas cosas.

Le reprocha que...

☐ a) sea tan poco creativo.　　☐ b) imagine utopías.　　☐ c) actúe como un niño.

48. ► Pues yo creo que mi hermano vale mucho.

► Pero en esta empresa **es un cero a la izquierda**, desengáñate.

En la empresa el hermano...

☐ a) no es valorado.　　☐ b) es un obstáculo.　　☐ c) no es relevante.

49. ► ¿Has visto cómo se ha puesto Concha?

► Sí, coincidimos en la fiesta y **está como una vaca**, no me lo podía creer.

Describe a Concha como...

☐ a) tranquila.　　☐ b) atontada.　　☐ c) gorda.

50. ► Con la de novias que has tenido, y lo exigente que tú eres, pues con Laura **se te cae la baba**.

► Ya lo sé, y no sé qué voy a hacer, la verdad.

Le dice que en su relación con Laura...

☐ a) está dominado.

☐ b) necesita más paciencia.

☐ c) es demasiado indulgente.

51. ► No sé qué tienes en contra de ella, es una buena chica.

► Pues es esa manera que tiene de **mirar por encima del hombro** a los demás. Es tan desagradable...

La persona critica a la chica por creerse...

☐ a) muy lista.　　☐ b) superior.　　☐ c) más experimentada.

52. ► Mira, no te enfades por lo que te voy a decir, pero **a mí me da** que Juan nos está engañando.

  ► ¿Estás segura? Porque es muy grave lo que me estás diciendo.

El comportamiento sospechoso de Juan es más que nada...

☐ a) una impresión.   ☐ b) una opinión asentada.   ☐ c) un rumor.

53. ► Tengo que hablar con Javier, hay que cambiar algunas cosas del proyecto.

  ► Ya sabes cómo es, nunca da **su brazo a torcer**, así que prepárate para la batalla.

Parece que es muy posible que Javier...

☐ a) esté de acuerdo.   ☐ b) ceda pero con dificultades.   ☐ c) se muestre inflexible.

54. ► No sé de qué manera Arantxa consigue siempre **salirse con la suya**.

  ► Pues mira, muy fácil, manipulando a todo el mundo.

Están de acuerdo en que Arantxa siempre consigue...

☐ a) lo que quiere.   ☐ b) escabullirse.   ☐ c) adelantarse a los demás.

55. ► He hablado con el abogado y me ha dicho que en el asunto de las comisiones está pez.

  ► Pues buen abogado te has buscado, chica.

Dicen del abogado que de este asunto...

☐ a) lo sabe todo.

☐ b) está al corriente.

☐ c) no sabe nada.

56. ► Luis, eres **culo de mal asiento** y así no se puede llegar a ninguna parte.

  ► No estoy de acuerdo, tienes una imagen de mí que no corresponde a la realidad.

Discuten sobre si Luis es o no es...

☐ a) inquieto.   ☐ b) esquivo.   ☐ c) irresponsble.

57. ► No me gusta que hagas las cosas siempre **a regañadientes**. ¿No podrías cambiar de actitud?

  ► Pero es que a veces me pides unas cosas...

Le critica en su forma de ser que reaccione...

☐ a) callado.   ☐ b) protestando.   ☐ c) con agresividad.

58. ► ¿Qué van a hacer tus hijas este fin de semana?

  ► Se van de excursión con unas vecinitas que **hacen muy buenas migas** con mis hijas.

La hijas y las vecinas...

☐ a) tienen la misma edad.   ☐ b) se llevan bien.   ☐ c) tienen las mismas costumbres.

SOBRE LAS COSAS QUE LE PASA A LA GENTE

59. ► Cuando llegué a casa y lo vi con aquel regalo enorme, **me quedé de piedra**.

  ► ¿Y os habéis reconciliado, entonces?

La reacción ante el regalo fue de...

☐ a) alegría.   ☐ b) alivio.   ☐ c) sorpresa.

60. ▶ ¿Qué te pasa ahora?

  ▶ Es que me acaban de decir que mañana llegan mis suegros, **me ha caído como una bomba**.

  La noticia...

  ☐ a) le ha entusiasmado.   ☐ b) le ha decepcionado.   ☐ c) le ha disgustado.

61. ▶ Ayer vi a Federico por la calle y está cambiadísimo.

  ▶ Sí, es que le han despedido del trabajo, y desde entonces el pobre está **a pan y agua**.

  Federico ha cambiado porque...

  ☐ a) vive con sobriedad.   ☐ b) apenas tiene para comer.   ☐ c) come fuera de casa.

62. ▶ ¡Que **estás en el limbo**! A ver si espabilas.

  ▶ Lo siento, ¿qué decías?

  Le reprocha que está...

  ☐ a) distraído.   ☐ b) dormido.   ☐ c) equivocado.

63. ▶ Andrés, desde que le dijeron que lo mismo no le renuevan el contrato **está a medio gas**.

  ▶ Pues no me extraña, que no está el horno para bollos.

  Desde la noticia, Andrés...

  ☐ a) trabaja más.   ☐ b) trabaja menos.   ☐ c) trabaja mejor.

64. ▶ A Fernando es mejor que no le comentes hoy lo del sueldo, que **está que muerde**.

  ▶ Pues llevo ya dos semanas detrás de él, a ver ahora cuándo se lo comento.

  No es buen momento para el asunto porque Fernando está...

  ☐ a) comiendo.   ☐ b) furioso.   ☐ c) con dolor de muelas.

65. ▶ A mí me gustaría ser famoso, aunque fuera por unas horas...

  ▶ Sí, con los *paparazzi* todo el día detrás estarías **hasta la coronilla** en poco tiempo.

  La persona que contesta ve a los famosos...

  ☐ a) confusos.   ☐ b) hartos.   ☐ c) contentos.

66. ▶ Anda, cuéntame qué pasó, no me dejes **en ascuas**.

  ▶ ¿Para qué?, ¿para que luego vayas a contárselo a todo el mundo?

  La primera persona le reprocha que le deje...

  ☐ a) con la curiosidad.   ☐ b) esperando.   ☐ c) preocupada.

67. ▶ Quería impresionarla y le llevé unas flores, pero **me salió el tiro por la culata**.

  ▶ Sí, eso de ser alérgica no ayuda mucho en estos casos.

  El problema fue que...

  ☐ a) se puso enferma.

  ☐ b) no le gustan las flores.

  ☐ c) el plan le salió al revés.

68. ► Se ha levantado de repente una tormenta que nos ha calado **hasta los huesos**.

► Es que en esta temporada no te puedes fiar.

Como resultado de la tormenta...

☐ a) se han mojado mucho.　　☐ b) se han mojado ligeramente.　　☐ c) se han enfriado.

69. ► ¿No quieres venir?, ¿es que no te gusta nuestra compañía?

► No es que no quiera ir a comer con vosotros, es que **estoy sin blanca**.

El problema es que...

☐ a) está muy cansado.　　☐ b) está a régimen.　　☐ c) no tiene dinero.

70. ► ¿Le has comentado ya a Víctor que no vas a poder ayudarle?

► Sí, y **se ha puesto negro**.

Como reacción al comentario, Víctor...

☐ a) se ha enfadado.　　☐ b) se ha decepcionado.　　☐ c) se ha entristecido.

71. ► Andrés estaba enfadado y al llevarle la contraria se puso **como un energúmeno**.

► Con alguien así no sé cómo puedes mantener esa relación, la verdad.

Lo que hizo Andrés fue...

☐ a) callarse.　　☐ b) ponerse más furioso.　　☐ c) irse.

72. ► ¿Sabes que conocí a tu sobrina en casa de Manuela? Me pareció muy maja.

► Es una adolescente muy tímida, y por menos de nada **se pone colorada**.

La chica de la que hablan...

☐ a) se echa a temblar.　　☐ b) deja de hablar.　　☐ c) se avergüenza.

73. ► Me han comentado que lo pasaste fatal en aquella casa, tú sola y con las historias que cuentan...

► Mira, no sigas que **se me está poniendo la carne de gallina**.

Al recordar la experiencia la persona...

☐ a) siente miedo.　　☐ b) se entristece.　　☐ c) se emociona.

74. ► Oye, ¿qué te pasa? No tienes buena cara.

► Es que he visto una escena tan violenta en la calle que se me han puesto **los pelos de punta**.

La escena que ha presenciado...

☐ a) le ha horrorizado　　☐ b) le ha preocupado　　☐ c) le ha indignado

75. ► Últimamente veo a José **de capa caída**, ¿qué le pasará?

► ¿Y por qué no se lo preguntas para salir de dudas?

José últimamente está...

☐ a) desanimado.　　☐ b) irascible.　　☐ c) susceptible.

76. ▶ He visto a Alfonso y no parecía muy contento.

　　▶ No le pasa nada grave, sólo que su novia **le ha vuelto a dar calabazas**.

　El problema es que la novia...

　　☐ a) le ha rechazado.

　　☐ b) se ha puesto a régimen.

　　☐ c) le engaña con otro.

77. ▶ Si no encontramos una salida a este problema, y pronto, nos vamos a ver **con el agua al cuello**.

　　▶ Tienes razón, hablaré con el jefe para que tome cartas en el asunto.

　De no tomar medidas, pueden verse...

　　☐ a) en peor situación.　　　☐ b) acorralados.　　　☐ c) ante una situación desesperada.

78. ▶ Estábamos sorteando los escollos de la negociación hasta que Pedro **perdió los estribos**.

　　▶ Ya me imagino. Lo peor es que no es la primera vez que pasa.

　Lo que pasó fue que Pedro...

　　☐ a) se echó a reír.　　　☐ b) perdió el control.　　　☐ c) se impacientó.

79. ▶ Mientras no me digan qué pasa con su salud, voy a estar **en vilo**.

　　▶ ¿Y no hay alguna manera de que te lo digan?

　Ante la falta de información, la persona va a estar...

　　☐ a) pendiente.　　　☐ b) llamando por teléfono.　　　☐ c) en el hospital.

80. ▶ Tenemos que buscar gente que quiera denunciar la situación. ¿Se lo has comentado a Aurelio?

　　▶ Como está pasando **una mala racha**, va a ser mejor no hablarle del tema, ¿no crees?

　Aurelio tiene...

　　☐ a) un periodo malo　　　☐ b) un problema　　　☐ c) una depresión

81. ▶ ¿Qué tal la película? Yo no fui porque tenía trabajo.

　　▶ Pues me he aburrido **como una ostra**.

　La persona que vio la película...

　　☐ a) se aburrió un poco.

　　☐ b) le pasó lo de otras veces.

　　☐ c) se aburrió muchísimo.

82. ▶ En la fiesta del otro día **me lo pasé bomba**.

　　▶ No me extraña. Las fiestas de Maite son siempre así.

　En la fiesta la persona que cuenta...

　　☐ a) se divirtió mucho.　　　☐ b) se aburrió.　　　☐ c) se emborrachó.

83. ► Tú eres una de esas personas que **hace de su capa un sayo**, ya veo, no me sorprendes.

► Creo que estás equivocada, y algún día te lo demostraré.

La persona de la que hablan siempre...

☐ a) busca su interés. ☐ b) hace lo que le da la gana. ☐ c) engaña a todo el mundo.

84. ► Después de lo que insistió en que fuéramos juntos, al final me ha dejado **en la estacada**, ya ves.

► Yo no le daría una segunda oportunidad.

La persona de la que hablan...

☐ a) no les ha convencido. ☐ b) ha dicho que no. ☐ c) le ha abandonado.

85. ► Mamá, ¿me traes un vaso de agua?

► Oye, ¿te pasa algo? Que estás todo el día ahí sentado **sin pegar ni golpe**...

La madre ve que su hijo está...

☐ a) sin hacer nada.
☐ b) pensativo.
☐ c) indeciso.

86. ► Miguel, ven aquí a contarme qué ha pasado, no intentes **escurrir el bulto**.

► No quiero, que luego ya sé lo que pasa.

Le reprocha que Miguel intente...

☐ a) mentir. ☐ b) irse. ☐ c) evitar la situación.

87. ► Han contratado a un empleado que **no da un palo al agua**, se llama Abelardo y...

► Calla, no sigas, que creo que tiene enchufe.

Se queja de que Abelardo...

☐ a) no colabora lo suficiente. ☐ b) no trabaja. ☐ c) no deja a nadie tranquilo.

88. ► No me siento bien últimamente. Me gustaría poder **cambiar de aires**, pero va a ser difícil.

► Pues, ¿por qué no pides un traslado a otra oficina?

La persona está planeando...

☐ a) hacer un viaje. ☐ b) dejar el trabajo. ☐ c) irse a otro lugar de trabajo.

89. ► No sé lo que me pasa. No sé si es que estoy nervioso o qué, pero me paso **las noches en vela**.

► ¿Y lo has consultado con algún especialista?

☐ a) sin dormir
☐ b) trabajando
☐ c) con pesadillas

90. ► Mira, **me trae sin cuidado** lo que le haya pasado a Sonia últimamente.

► Vaya, José, no sabía que la situación estuviera de esa manera.

La actitud de José hacia Sonia es de...

☐ a) falta de respeto. ☐ b) desinterés. ☐ c) preocupación.

91. ► Estoy rendido, es que esta noche **no he pegado ojo**.

► Pues ten cuidado que luego pasa lo que pasa.

El problema de la persona es que...

☐ a) no ha dormido.   ☐ b) he tenido una pelea.   c) se ha hecho daño en un ojo.

92. ► ¿Y esas ojeras?

► Es que me he pasado la noche **en blanco**.

Ha pasado la noche...

☐ a) sin dormir.   ☐ b) leyendo.   ☐ c) trabajando.

93. ► Rosa, te agradezco tu oferta, pero no sé qué hacer...

► Mira, **lo consultas con la almohada** y mañana me dices algo, ¿vale?

Le aconseja que...

☐ a) lo hable con alguien.   ☐ b) lo olvide de momento.   ☐ c) lo piense con más calma.

94. ► Yo en cuanto me entra sueño, me quedo **como un tronco**.

► A mí me suele pasar lo mismo, y no me entero de nada.

Su forma de dormir es muy...

☐ a) irregular.
☐ b) nerviosa.
☐ c) profunda.

95. ► Voy a comentarle a Federico lo del presupuesto, ¿te parece bien?

► Ese es de los que **no se casan con nadie**.

La persona que reacciona opina que Federico...

☐ a) no da respuestas claras.   ☐ b) no se compromete   ☐ c) no se entera de nada.

96. ► Fíjate, no nos lo esperábamos: llegamos muy temprano y nos quedamos **a la cola**.

► ¿Pero al final os gustó o nos os gustó la obra?

Parece que llegaron...

☐ a) los últimos.   ☐ b) los primeros.   ☐ c) lo únicos.

97. ► A Matías l**e ha dado por** viajar, y es que no para.

► Sí, y creo que es algo positivo para él, ¿no?

La costumbre de viajar de Matías ha sido...

☐ a) repentina y espontánea.   ☐ b) meditada y evaluada.   ☐ c) bien asesorada.

98. ► No entiendo nada: primero me pide que hagamos el trabajo juntos, y luego **me deja colgado**.

► Tienes que hablarlo con él, seguro que hay una explicación.

La persona de la que hablan...

☐ a) se aprovecha del otro.
☐ b) ha abandonado el proyecto.
☐ c) no le deja hacer nada.

99. ▶ ¡Vaya reacción que tuvo ayer en la reunión el vecino...!

▶ Sí, estuvo calladito todo el rato, hasta que habló, y entonces dejó a todos **con la boca abierta**.

Tras la intervención todos se quedaron...

☐ a) irritados.   ☐ b) disgustados.   ☐ c) asombrados.

100. ▶ Este verano me voy a dedicar **en cuerpo y alma** a una idea que me traigo entre manos.

▶ Ya era hora, que me lo vienes diciendo al menos desde hace tres años.

Se va a dedicar a la idea...

☐ a) completamente.   ☐ b) pase lo que pase.   ☐ c) con unos amigos.

101. ▶ Dirán que soy un obstinado, pero lo pienso hacer, **contra viento y marea**.

▶ Piénsalo dos veces, que esa manera de decidir no siempre es la mejor.

Le critica una forma de actuar...

☐ a) a pesar de los obstáculos.   ☐ b) sin preocuparme el fracaso.   ☐ c) alocadamente.

102. ▶ Mira, Julio, si sigues actuando **a contracorriente** vas a acabar mal, date cuenta.

▶ No me vengas ahora con esas, anda.

La persona le critica a Julio que...

☐ a) no tenga escrúpulos.   ☐ b) que ande molestando.   ☐ c) actúe al contrario de los demás.

103. ▶ Muchos casados en cuanto tienen dos días solos aprovechan para **echar una cana al aire**.

▶ ¡Es una vergüenza!

Critican un comportamiento de los hombres...

☐ a) impropio en el trabajo.   ☐ b) desleal con la pareja.   ☐ c) injusto con los amigos.

104. ▶ A Jorge cuando le hablas parece que está **en Babia**.

▶ Sí, a veces no merece la pena decirle nada.

El problema de Jorge es que a veces está muy...

☐ a) distraído.   ☐ b) agresivo.   ☐ c) irracional.

105. ▶ Julia, desde que se ha enamorado, se pasa el día **en la inopia**.

▶ Les pasa a todos los de su edad.

Julia pasa mucho tiempo...

☐ a) paseando en solitario.   ☐ b) en su casa encerrado.   ☐ c) despistada.

106. ▶ ¿Por qué actúas ahora así con Pablo?, ¿qué te ha hecho?

▶ Es que le gusta tanto **tomar el pelo** a la gente, ya no le tengo confianza.

Pablo se dedica a...

☐ a) mentir a la gente.
☐ b) abusar de los amigos.
☐ c) burlarse de los demás.

107. ► Después de tres años de tranquilidad, nuestro hijo ha vuelto **a las andadas**.

► Un día de estos va a acabar mal. Tenemos que hacer algo al respecto.

Están preocupados con el hijo por...

☐ a) sus malas compañías.　　☐ b) su comportamiento.　　☐ c) su forma de vestir.

108. ► Como Luis no soporta que le **den de lado**, prefiere no plantear sus puntos de vista.

► En todo caso tendrá que presentar el proyecto ante el director.

A Luis no le gusta que...

☐ a) le contradigan.　　☐ b) ignoren sus ideas.　　☐ c) le critiquen.

109. ► El otro día, en el supermercado, vi a Emiliano y le saludé, y él, ¿qué hizo?, **pasó de largo**.

► ¡Típico en él!

Lo que hizo Emiliano fue...

☐ a) contestar al saludo.　　☐ b) hacerse el desentendido.　　☐ c) empezar a correr.

110. ► Yo no sé cómo lo hace tu hermana, es que vive **del aire**, la verdad.

► Pues siempre ha sido así, aunque todos se lo hemos dicho cientos de veces.

La hermana vive...

☐ a) con lo mínimo.　　☐ b) de los demás.　　☐ c) sin trabajar.

111. ► No habíamos cumplido el encargo, pero papá **hizo la vista gorda** y no nos castigó.

► ¡Qué suerte! A mí el otro día me echó una bronca que para qué.

Lo que hizo el padre fue...

☐ a) evitar discusiones.　　☐ b) simular no percatarse.　　☐ c) no darse cuenta.

112. ► Ha recibido muchas críticas, creo que **ha metido la pata** hasta el fondo.

► Sí, no se puede decir que haya hecho el mejor papel en la reunión, la verdad.

Le critican que...

☐ a) no haya hablado.　　☐ b) se haya equivocado.　　☐ c) haya faltado a la reunión.

113. ► Estas navidades **me he puesto morada**.

► Pues ya sabes lo que te toca a partir de ahora.

En las navidades la persona...

☐ a) ha comido mucho.　　☐ b) ha comido poco.　　☐ c) ha hecho régimen.

114. ► Para la cena de esta noche te recomiendo ir **de punta en blanco**.

► ¿Crees que es para tanto?

Le recomienda que en la cena...

☐ a) no hable demasiado.　　☐ b) ande con mucho cuidado.　　☐ c) vaya muy elegante.

115. ► En una situación tan delicada, más te vale que vayas **con pies de plomo** y desconfíes de todo.

► Sí, creo que tienes razón.

Le recomienda...

☐ a) no hablar demasiado.
☐ b) informarse bien.
☐ c) obrar con prudencia.

116. ► Este fin de semana, como no va a haber autobuses, los taxis van a **hacer el agosto**.

► Pues nosotros no vamos a salir, así que nada.

Por lo que dice la persona, este fin de semana los taxis van a...

☐ a) ganar mucho dinero.   ☐ b) pasar mucho calor.   ☐ c) trabajar mucho.

117. ► Manuel dice que en Alemania todo el mundo es rico, pero yo no creo que allí **se aten los perros con longaniza**.

► Hombre, mejor que aquí sí que están.

La persona pone en duda que en Alemania...

☐ a) sea todo tan fácil.   ☐ b) sea todo tan bonito.   ☐ c) haya tanta abundancia.

118. ► Le preparé una sorpresa estupenda, hasta que vino su hermano, y **lo echó todo a perder**.

► Sí, hay que tener mucho cuidado con él.

El hermano...

☐ a) lo mezcló todo.   ☐ b) lo estropeó todo.   ☐ c) lo cambió todo.

119. ► Piotr nació en Cracovia, pero **ha echado raíces** en Sevilla y ya no quiere volver.

► Pues es una pena porque yo tenía muy buena relación con él.

La persona de la que hablan en Sevilla...

☐ a) se ha establecido.   ☐ b) se ha casado.   ☐ c) se ha empadronado.

120. ► A ti te gusta mucho **empinar el codo**, me parece a mí. Pues sigue así, que ya verás.

► ¡No es cierto!

Le critica que...

☐ a) hable mucho.
☐ b) trabaje poco.
☐ c) beba demasiado.

121. ► Yo en la boda de tu hermano pienso **pegarme un atracón**.

► Pues ten cuidado no te vaya a pasar lo del año pasado en Navidad, ¿vale?

La persona que responde le previene sobre su intención de...

☐ a) bailar mucho.   ☐ b) comer mucho.   ☐ c) beber mucho.

122. ► ¿Qué si conozco a Víctor? ¡Pues claro! Lo que pasa es que no me gusta **las pintas que lleva**.

► No deberías criticarle de esa manera.

Lo que critica de Víctor es...

☐ a) su manera de vivir.   ☐ b) sus amistades.   ☐ c) su forma de vestir.

123. ► **Me saca de quicio** que quieras siempre llevarme la contraria en todo lo que digo.

   ► ¡Pero si no es verdad!

La actitud de la persona que responde a la primera persona...

☐ a) le molesta mucho.   ☐ b) le impresiona   ☐ c) le preocupa.

124. ► ¿Has sabido algo de Alberto?

   ► Pues desde que conoció a Carlos, **se codea con** gente muy importante y ya no se le ve el pelo.

Lo que pasa con Alberto es que ahora...

☐ a) se cree importante.   ☐ b) se relaciona con gente importante.   ☐ c) es muy importante.

125. ► Benjamín se compró un móvil nuevo con tan mala suerte que **se lo cargó** a los dos días.

   ► ¿Y sabes que no es la primera vez que le pasa?

Comentan que Benjamín es muy...

☐ a) mal comprador.   ☐ b) torpe.   ☐ c) despistado.

126. ► Pues chica, no sé qué hacer, ¿crees que será buena idea?

   ► Mira, **no le des más vueltas** y apúntate al viaje, que nos lo vamos a pasar muy bien.

La chica que responde le aconseja que...

☐ a) no lo piense más.   ☐ b) no pierda más el tiempo.   ☐ c) no insista.

127. ► ¿Y qué tal con tu hijo? Con lo pequeño que es debe de darte muchos problemas.

   ► ¡Qué va! Si duerme **como un lirón**.

Se congratula de que el niño duerma...

☐ a) toda la noche.   ☐ b) mucho.   ☐ c) profundamente.

128. ► Mi marido trabaja **como un burro**, y para nada. Así no saldremos nunca de pobres.

   ► ¿Y no crees que tú podrías echarle una mano?

Se queja de que el marido trabaje...

☐ a) torpemente.   ☐ b) mucho.   ☐ c) sin ganas.

129. ► Pedro, ¿quedamos mañana para preparar el proyecto de enero?

   ► No, Andrés, yo **paso de** todo. Bastantes cosas tengo ya en qué pensar.

Pedro, respecto al proyecto. ..

☐ a) se desentiende   ☐ b) me comprometo   ☐ c) me olvido

130. ► A Ester últimamente la veo rara, estás hablando con ella y de pronto **se le va el santo al cielo**.

   ► Yo creo que es por ese novio nuevo que tiene ahora.

El problema de Ester es que últimamente...

☐ a) se equivoca.

☐ b) se ha vuelto muy religiosa.

☐ c) se distrae.

131. ▶ Anda, Claudia, anda, déjame esa falda tan bonita que tú tienes...

   ▶ ¡No **me hagas caritas**! Si crees que así vas a convencerme...

   Le reprocha que...

   ☐ a) ponga gestos de lástima.　　☐ b) le eche piropos.　　☐ c) se ponga pesada.

132. ▶ No me **hagas la pelota** que ya te he dicho que no.

   ▶ ¿Pero por qué no? Con lo generoso que tú eres, que siempre andas ayudando a todo el mundo.

   La persona que contesta intenta...

   ☐ a) halagarle.　　☐ b) sobornarle.　　☐ c) mentirle.

133. ▶ Voy a hacer este proyecto con Juana, a ver qué tal sale.

   ▶ ¡Uy, Juana! En cuanto te descuides ya verás como te da **la puñalada trapera**.

   Dice de Juana que es muy posible que...

   ☐ a) le humille.　　☐ b) le traicione.　　☐ c) le ponga en ridículo.

134. ▶ Le gastamos una broma y **se mosquea**. ¡A mí no me parece que sea para tanto la cosa!

   ▶ ¡Hombre, es que creo que esta vez os habéis pasado!

   La reacción de la persona de la que hablan ha sido...

   ☐ a) reírse de ellos.　　☐ b) denunciarlos.　　☐ c) enfadarse.

135. ▶ Tú siempre estás **sacando los trapos sucios**, eres despreciable.

   ▶ Pues a ti, más te valdría guardarlos mejor.

   Le critica que siempre ande...

   ☐ a) insultando.　　☐ b) tramando traiciones.　　☐ c) criticando defectos escondidos.

136. ▶ Todas esas promesas del jefe no son más que **agua de borrajas**.

   ▶ De todas formas creo que debemos insistir.

   Se queja de que el jefe hace promesas que...

   ☐ a) son insuficientes.　　☐ b) no va a cumplir.　　☐ c) son incomprensibles.

137. ▶ ¿Sabes algo de María? Hace tiempo que no la veo por la facultad y tengo que hablar con ella.

   ▶ Pues anda, como siempre, **de la ceca a la meca**.

   Explica que María está ilocalizable porque...

   ☐ a) no quiere ver a nadie.　　☐ b) está de viaje.　　☐ c) está muy ocupada.

138. ▶ Mira, esta es una foto mía **en pelotas** de cuando yo era joven y más dinámico que ahora.

   ▶ A ver, a ver.

   En la foto, el chico está...

   ☐ a) desnudo.　　☐ b) con ropa deportiva.　　☐ c) en los toros.

139. ▶ Ya sé que tu proyecto es fantástico, a todos nos gusta, pero no puedes **pedir peras al olmo**.

▶ Pero, ¿por qué no? A ver, si os lo he explicado con todo lujo de detalles.

olmo

Le critica que en el proyecto...

- ☐ a) haga más los cálculos.
- ☐ b) espere indefinidamente.
- ☐ c) sea poco realista.

140. ▶ ¡Qué banquete! **Nos hemos puesto las botas**. ¡Que se repita por muchos años!

▶ Eso, eso, que se repita, que no falten más fiestas como esta.

Le has gustado la fiesta porque...

- ☐ a) se han divertido mucho.
- ☐ b) ha durado hasta tarde.
- ☐ c) han comido mucho.

141. ▶ Me ha propuesto un negocio muy interesante, pero me da que **aquí hay gato encerrado**.

▶ Yo de ti lo consultaría con un especialista, a ver si es como piensas.

Teme que en el negocio...

- ☐ a) quieran aprovecharse de él.
- ☐ b) quieran engañarle.
- ☐ c) preparen una trampa.

142. ▶ Vamos a tener que **dar un rodeo** si no queremos llegar tarde.

▶ Sí, a estas horas la ciudad está colapsada.

Para llegar a tiempo van a tener que...

- ☐ a) ir por otro lado.
- ☐ b) ir más deprisa.
- ☐ c) ir en otro medio de transporte.

143. ▶ Desde que le dieron aquel premio parece que **se haya dormido en los laureles**.

▶ No te creas, es solo una apariencia.

La persona que inicia la conversación critica que la persona de la que hablan...

- ☐ a) no proponga nada nuevo.
- ☐ b) le haya dado pánico.
- ☐ c) esté desmotivado.

144. ▶ Lo malo de Andrés no es que sea subjetivo, es que siempre **barre para casa**.

▶ ¿Y no crees que es algo que hacemos todos de alguna manera?

La persona que habla primero critica de Andrés que...

- ☐ a) sea egoísta.
- ☐ b) solo defienda sus intereses.
- ☐ c) quiera sacar provecho.

145. ▶ ¿Y cómo te va con la empresa nueva?

▶ Pues durante estos primeros meses no me queda otra que **dar palos de ciego**.

Explica que en la empresa nueva tiene que...

- ☐ a) ser agresivo.
- ☐ b) ir con mucho cuidado.
- ☐ c) hacer muchos ensayos.

146. ▶ Mira, sabes lo que te digo, que lo hacemos a tu manera y **damos por zanjada** la cuestión.

▶ Bueno, bueno, no me vengas ahora con esas, que ya nos conocemos.

Acepta su manera de hacer las cosas con el objetivo de...

☐ a) olvidar el asunto. ☐ b) cambiar de tema. ☐ c) terminar la discusión.

⬚ SOBRE LA FORMA DE HABLAR Y LAS COSAS QUE SE DICEN

147. ▶ Le preguntaron por qué lo había hecho y, en vez de responder, **se salió por la tangente**.

▶ Muy propio de él, la verdad.

La forma de responder fue...

☐ a) desviar la conversación. ☐ b) pedir disculpas. ☐ c) marcharse.

148. ▶ Anda, deja ya de **dar la tabarra** a todo el mundo y vámonos a otro sitio.

▶ Pero si a esta hora ya no hay donde ir, hombre.

Le critique que esté...

☐ a) gastando bromas. ☐ b) molestando. ☐ c) burlándose de los demás.

149. ▶ Pues como estuvo **dando la vara** con que fuéramos a Roma, al final fuimos a Roma.

▶ ¿Y os lo pasasteis bien al menos?

Para conseguir su objetivo, la persona de la que hablan...

☐ a) protestó mucho. ☐ b) prometió portarse bien. ☐ c) insistió mucho en la idea.

150. ▶ **Pasa por alto** ese punto y vamos al siguiente.

▶ Vale, entonces vamos a hablar de las cuentas.

La persona que habla primero propone respecto al punto en cuestión...

☐ a) no tratarlo.
☐ b) ahondar en ello.
☐ c) resumirlo.

151. ▶ No entendemos porque aquí nadie **llama a las cosas por su nombre**.

▶ Y el primero, tú mismo.

La causa del desacuerdo es que nadie...

☐ a) habla bien. ☐ b) habla sin enfadarse. ☐ c) se atreve a decir lo que piensa.

152. ▶ Se pasa el día **poniendo verde** a todo el mundo y aún espera que le tomen en serio.

▶ Es algo en lo que debería cambiar, ¿no crees?

Coinciden en que la persona de la que hablan pasa mucho tiempo...

☐ a) burlándose de los demás. ☐ b) criticando a los demás. ☐ c) incordiando a todo el mundo.

153. ▶ ¿Qué te parece lo que ha dicho el jefe sobre nuestro departamento?

▶ Pues yo no **pondría la mano en el fuego** por tales declaraciones.

La persona que responde respecto a las declaraciones no las...

☐ a) repetiría. ☐ b) defendería. ☐ c) se enorgullecería de ellas.

154. ▶ Es muy discreto, pero cuando se pone a hablar del trabajo, se ve que **no tiene pelos en la lengua**.

▶ Y cuando habla de muchas otras cosas tampoco, es que no lo conoces bien.

La persona de la que hablan, respecto a su forma de hablar, suele...

- ☐ a) perder la calma.
- ☐ b) decir lo que piensa.
- ☐ c) exagerar.

155. ▶ Oye, ¿qué pasó ayer en la reunión que estáis todos con esa cara?

▶ Pues que el jefe se puso a hablar y **no dejó títere con cabeza**.

Parece que en la reunión el jefe...

- ☐ a) no escuchó a nadie.
- ☐ b) dijo muchas mentiras.
- ☐ c) criticó a todos.

156. ▶ Y como no conseguía convencer a nadie, decidió irse **con la música a otra parte**.

▶ Si es que con esa actitud no va a llegar a ningún sitio.

Le critican que fuera...

- ☐ a) a hablar con otra gente.
- ☐ b) a tocar a otro sitio.
- ☐ c) a intentarlo de nuevo.

157. ▶ Me han dicho que vas a asistir a la reunión del consejo.

▶ Sí, me han dejado asistir de oyente, pero no puedo **meter baza** en ningún momento.

Parece que la condición para asistir es que...

- ☐ a) intervenga poco.
- ☐ b) no interrumpa.
- ☐ c) no critique a nadie.

158. ▶ Ya te dije que lo sentía muchísimo, así que, por favor no me lo **eches** más **en cara**.

▶ Pero es que tienes que entender que esto no se puede quedar así.

La persona que habla primero le pide que...

- ☐ a) no se ría de él.
- ☐ b) no se lo reproche.
- ☐ c) se queje más.

159. ▶ ¿Sabes por qué mamá está tan enfadada?

▶ Pero si ya sabes cómo es, lo que le gusta es que la obedezcan **sin rechistar**.

A la madre le gusta que se le obedezca...

- ☐ a) sin protestar.
- ☐ b) de inmediato.
- ☐ c) sin pensarlo dos veces.

160. ▶ Hablábamos de la boda de mi prima y **sin venir a cuento** nos explicó su viaje de este verano.

▶ ¿Y es algo que Jaime haga muy frecuentemente? Porque me extraña en él.

A la persona que reacciona le sorprende que Jaime hablara de su tema...

- ☐ a) sin dudarlo.
- ☐ b) sin darse cuenta.
- ☐ c) sin que tuviera relación.

161. ▶ ¡Ya está bien, hombre! No vuelvas a salirme **por peteneras** o me marcho y no hablamos más.

▶ Eh, tranquila, tranquila, no te pongas así, ¿vale?

A la chica le molesta que la otra persona...

- ☐ a) desvíe el tema.
- ☐ b) insista en el tema.
- ☐ c) le presente una nueva excusa.

162. ▶ A Pilar se le da bien lo de las relaciones públicas porque lo suyo es **hablar por los codos**.

    ▶ ¡Y que lo digas!

    Pilar...

    ☐ a) hace muchos gestos.   ☐ b) irradia empatía.   ☐ c) habla mucho.

163. ▶ A mi madre nunca le ha gustado que le **lleven la contraria**, así que ten cuidado con lo que dices.

    ▶ Lo tendré en cuenta, gracias por el consejo.

    Le aconseja que...

    ☐ a) no la contradiga.   ☐ b) le hable con respecto.   ☐ c) no le mienta.

164. ▶ Me estoy leyendo esta biografía de Cela y en ella **lo ponen a parir**.

    ▶ Hay editoriales que solo piensan en ganar dinero, la verdad.

    En el libro parece que a Cela...

    ☐ a) lo alaban mucho.   ☐ b) lo critican mucho.   ☐ c) revelan sus secretos.

165. ▶ Eh, conmigo mejor **ve al grano**: ¿qué es lo que quieres?

    ▶ ¡Pero si te lo acabo de decir! ¿Es que no me escuchas o qué?

    ☐ a) date prisa.

    ☐ b) dime lo importante.

    ☐ c) termina.

166. ▶ Me lo ha explicado **de cabo a rabo**, y aún así no lo he entendido.

    ▶ Igual es que está más allá de tus capacidades mentales, oye.

    Ha sido una explicación...

    ☐ a) muy detallada.   ☐ b) muy compleja.   ☐ c) muy completa.

167. ▶ ¿Por qué estás con esa cara?, ¿qué te ha pasado?

    ▶ Es que mi novio tiene una tendencia a **irse por las ramas** que desespera al más paciente.

    El problema del novio es que...

    ☐ a) hace cosas inesperadas.   ☐ b) habla sin centrarse.   ☐ c) llega tarde siempre.

168. ▶ Oye, siento **haber metido la pata** con lo de tu hermana, no creía que fuera tan importante.

    ▶ Tranquila, sé que no ha sido con mala intención.

    La chica en el tema de la hermana...

    ☐ a) ha hecho algo inconveniente.   ☐ b) ha exagerado.   ☐ c) se ha callado.

    ┌───┐
    │ **SOBRE LA MANERA DE HACER LAS COSAS** │
    └───┘

169. ▶ Veo que no has cambiado, que sigues fumando **como un carretero**.

    ▶ ¿Y por qué tendría que cambiar, si puede saberse?

    Parece que fuma...

    ☐ a) mucho.   ☐ b) a todas horas.   ☐ c) en pipa.

170. ▶ La solución al problema **está en tus manos**. Así que, ¡buena suerte!

▶ Oye, pues tu consejo no es que me ayude, mucho, la verdad.

La solución al problema...

☐ a) está clara.
☐ b) está decidida.
☐ c) depende de la persona.

171. ▶ No aceptaré su propuesta **ni a tiros**, ¿me oyes?, ¡**ni a tiros**!

▶ ¿Pero no te lo querrías pensar un poco más?

Su negativa es...

☐ a) definitiva. ☐ b) parcial. ☐ c) temporal.

172. ▶ Decidieron abrir filiales de su empresa en nuevos países para **probar fortuna**.

▶ Sí, no parece que les haya ido muy bien, ¿no?

El objetivo de abrir nuevas empresas era...

☐ a) enriquecerse rápidamente. ☐ b) explorar posibilidades. ☐ c) conseguir financiación.

173. ▶ Me he leído este libro de filosofía **en un abrir y cerrar de ojos**.

▶ Entonces, ¿me lo recomiendas?

Ha leído el libro...

☐ a) rápidamente.
☐ b) sin problemas.
☐ c) sin ayuda.

174. ▶ Cuando montó su propia empresa **se jugó el todo por el todo**.

▶ Y ahora, ya ves dónde está.

Se refiere a que cuando montó la empresa...

☐ a) gastó mucho dinero. ☐ b) se arriesgó mucho. ☐ c) se arruinó casi de inmediato.

175. ▶ Hemos terminado **en un santiamén** el informe que nos ha pedido el jefe.

▶ Menos mal. Ahora ya podemos irnos a casa tranquilos.

Lo han hecho...

☐ a) con poco esfuerzo. ☐ b) perfectamente. ☐ c) con gran rapidez.

176. ▶ Con este programa, la emisora cumple **con creces** las expectativas de la audiencia.

▶ Es más, supone un ejemplo para otros programas de la misma emisora.

El programa cumple las expectativas...

☐ a) suficientemente. ☐ b) satisfactoriamente. ☐ c) más que satisfactoriamente.

177. ▶ Tengo a la familia en Sevilla, así que no los veo más que **de pascuas a ramos**.

▶ A mí me pasa tres cuartos de lo mismo, aunque en mi caso no lo lamento tanto.

Coinciden en que ven a su familia...

☐ a) con poca frecuencia. ☐ b) solo los días de fiesta. ☐ c) con demasiada frecuencia.

178. ► Me han dicho que no pudisteis fotografiar al cantante.

   ► No, estuvimos esperándolo a la salida para saludarle pero **se fue pitando**.

El cantante, cuando salió, se fue...

☐ a) rodeado de sus admiradores.

☐ b) corriendo.

☐ c) de incógnito.

179. ► ¿Y cómo va tu relación con Carmen?

   ► Bueno, no muy bien, con su nuevo trabajo nos vemos **de higos a brevas**.

El problema es que los novios se encuentran...

☐ a) periódicamente.   ☐ b) regularmente.   ☐ c) muy de vez en cuando.

180. ► Disculpe una pregunta, ¿usted va mucho al teatro?

   ► Pues me gusta mucho, pero con los horarios de mi trabajo, voy muy **de tarde en tarde**.

El aficionado al teatro ve representaciones...

☐ a) muy pocas veces.   ☐ b) solo por las tardes.   ☐ c) cuando se lo aconsejan.

181. ► Escribimos todo el informe **de un tirón**, y sin embargo nos quedó bastante bien.

   ► Sí, eso es porque ya vamos aprendiendo a trabajar en equipo.

Han podido hacer el informe...

☐ a) sin pararse.   ☐ b) con poco esfuerzo.   ☐ c) sin apenas corregirlo.

182. ► Mira lo que he escrito, ¿qué te parece?

   ► Oye, si piensas enviarle esa carta al director, más te vale que antes **te cubras las espaldas**.

El consejo que le da consiste en que...

☐ a) busque protección.   ☐ b) se asesore bien.   ☐ c) no lo haga solo.

183. ► Lo que más me molesta de Pedro es que todas las mañanas, lo primero que hace antes del desayuno, es abrir todas las ventanas **de par en par**.

   ► Bueno, esa costumbre de tu marido tampoco es algo tan criticable.

A la mujer no le gusta que su marido abra las ventanas...

☐ a) demasiado temprano.   ☐ b) completamente.   ☐ c) de dos en dos.

184. ► Si sigues **al pie de la letra** estas indicaciones, no va a haber ningún problema.

   ► ¿Estás seguro? Porque ya otra vez me diste un consejo semejante y no me fue muy bien.

El consejo consiste en que...

☐ a) tenga buen criterio.

☐ b) sea flexible.

☐ c) haga lo que dicen las indicaciones.

185. ▶ Si no quieres volver a tener esos problemas, sigue estas recomendaciones **punto por punto**.

   ▶ Gracias, tendré en cuenta lo que me dices, a ver si lo consigo.

   Le recomienda que siga las recomendaciones...

   ☐ a) con agilidad.   ☐ b) con constancia.   ☐ c) en orden y sin dejar ninguna.

186. ▶ Si vas de camping, es mejor que te lleves un chubasquero, **por si las moscas**.

   ▶ Hombre, con ese consejo en realidad casi no me voy de camping, ¿no crees?

   Le recomienda que lleve el chubasquero...

   ☐ a) porque va a llover.   ☐ b) por prevención.   ☐ c) contra las picaduras.

187. ▶ ¿Qué te parece el nuevo proyecto que han presentado hoy?

   ▶ Pues que para sacarlo adelante vamos a tener que **emplearnos a fondo**.

   La perspectiva del nuevo proyecto es que va a tener que...

   ☐ a) modificarlo todo.   ☐ b) trabajar al máximo.   ☐ c) contratar más personal.

188. ▶ El taxista se perdió, y eso que decía que se sabía el mapa **al dedillo**.

   ▶ Ya, otra excusa para decir que llegaste tarde, ¿no es eso?

   Parece que el taxista decía conocer el mapa...

   ☐ a) de memoria.   ☐ b) calle por calle.   ☐ c) mejor que nadie.

189. ▶ Esto no te lo voy a **tener muy en cuenta**, pero que sea la última vez, ¿vale?

   ▶ Venga, pero si no ha sido para tanto.

   Le amenaza con que la próxima vez su error lo va a...

   ☐ a) criticar más duramente.   ☐ b) considerar de otra manera.   ☐ c) guardar en su memoria.

190. ▶ Estoy leyendo el libro que me recomendaste, y la verdad es que me está gustando.

   ▶ ¿Hablas del último libro de Javier Marías? Pues mi hermano se lo leyó **de una sentada**.

   Parece que el hermano leyó el libro...

   ☐ a) sin pausa.   ☐ b) sentado.   ☐ c) por partes.

191. ▶ No te lo pido a ti porque sé que siempre haces las cosas **al tuntún**.

   ▶ Bueno, haz lo que quieras, pero luego no me vengas con lloros.

   Le critica que haga las cosas...

   ☐ a) muy tarde.   ☐ b) sin criterio.   ☐ c) sin terminar.

192. ▶ Ten cuidado que tienes que subir **a tientas** a la buhardilla, no te vayas a caer.

   ▶ ¿Y eso? Yo creía que ya lo habíais arreglado.

   El problema de la buhardilla es que...

   ☐ a) la escalera está rota.   ☐ b) no hay luz.   ☐ c) la puerta se abre mal.

193. ▶ Me han explicado las condiciones del contrato **con pelos y señales**, y creo que nos interesa.

   ▶ ¿En serio? Pues yo no lo ve tan claro, la verdad.

   A la persona que habla le gusta el contrato porque se lo han explicado...

   ☐ a) con todo detalle.   ☐ b) rápidamente.   ☐ c) varias personas.

194. ▶ No me gusta que actúes **a tontas y a locas**, me da mucha inseguridad.

▶ Bueno, intentaré cambiar, pero tú no me lo critiques más, ¿vale?

Le critica que actúe...

☐ a) como los tontos.   ☐ b) sin pensarlo bien.   ☐ c) como todo el mundo.

195. ▶ Y al final nos pusimos a hablar del trabajo.

▶ Desde luego, siempre termináis hablando de eso **sin ton ni son**.

Le comenta que habla del tema del trabajo...

☐ a) sin ganas.   ☐ b) sin interés.   ☐ c) sin motivo.

196. ▶ Sabes **de sobra** que no me gusta que andes por ahí poniendo verde a mi novio.

▶ ¿Y no crees que tengo motivos como dices tú de sobra para hacerlo?

Le recrimina que haga algo a pesar de que conoce su opinión...

☐ a) suficientemente.   ☐ b) más que otros.   ☐ c) más que suficientemente.

197. ▶ Oye, ¿qué vas a hacer con el problema de los ruidos del bar que hay en tu edificio?

▶ He decidido presentar una reclamación, pero no sé si no es **tirar piedras a mi propio tejado**.

Teme que hacer la reclamación sea...

☐ a) arriesgarse mucho.   ☐ b) exagerar.   ☐ c) atacarse a sí mismo.

198. ▶ Hijo, será mejor que vayas espabilando porque en el futuro no habrá nadie que **te saque las castañas del fuego**.

▶ ¿Sabes cuántas veces me has dicho eso mismo?

La madre le aconseja que aprenda a...

☐ a) organizarse mejor.   ☐ b) responsabilizarse.   ☐ c) tomar decisiones.

199. ▶ Aurelia, ¿tú crees que realmente la propuesta del jefe es buena?

▶ Mira, chico, no le **busques los tres pies al gato** y acéptala.

Por lo que dice Aurelia, parece que el otro...

☐ a) desconfía.   ☐ b) necesita más información.   ☐ c) no tiene experiencia.

200. ▶ Mira, no sabía qué hacer con lo del coche, pero parece que **he dado en el clavo** con el que he comprado.

▶ Me alegro por ti, porque en estas cosas si te equivocas, luego lo lamentas toda la vida.

La persona está contenta porque en el tema del coche...

☐ a) ha tenido suerte.   ☐ b) ha acertado en su selección.   ☐ c) le ha salido barato.

201. ▶ Fui a comprar un ordenador que estaba de oferta, pero me han dado **gato por liebre**.

▶ ¿Y qué vas a hacer ahora con él?

El problema con lo del ordenador es que...

☐ a) no sabe usarlo.
☐ b) le han estafado.
☐ c) no es el que necesita.

MENÚ
hoy
conejo

BREVE LISTA DE MÁS MODISMOS SIN OPCIONES

a secas
quedarse con alguien
con pelos y señales
a flor de piel
dar la talla
armarse la de san Quintín
a bocajarro
dar por descontado
con pelos y señales
a la chita callando
tirar de la manta
soltar el rollo
dormir a pierna suelta
de golpe y porrazo
echar por tierra
echar a suertes
matarlas callando
darse el tute
de gorra
por el rabillo del ojo

enseñar los dientes
hacer la corte
dar la callada por respuesta
echar un rapapolvo
estar para el arrastre
pagar los vidrios rotos
cambiar de chaqueta
perder los papeles
pasarse de la raya
ser un cara dura
a ojo de buen cubero
llegarle a la suela del zapato
llevarse muchos palos
quedarse con alguien
codearse con
ser como anillo al dedo
tener mucha cara
echarle el ojo
dar rienda suelta
como alma que lleva el diablo

echar a alguien con cajas destempladas
acabar como el rosario de la aurora
pagar con la misma moneda
matar la gallina de los huevos de oro
hacérsele a uno la boca agua
traer por la calle de la amargura
meterse en camisa de once varas
a las primeras de cambio
como Pedro por su casa
echar las campanas al vuelo
matar dos pájaros de un tiro
darle a alguien la vena
guardar la compostura
estar en la brecha
venir al pelo
leer algo de pe a pa
estar al pie del cañón
coger algo al vuelo
no llegar la sangre al río
a la buena de Dios

CLAVES

1 a	22 a	43 c	64 b	85 a	106 c	127 c	148 b	169 a	190 a
2 c	23 c	44 a	65 b	86 c	107 b	128 b	149 c	170 c	191 b
3 c	24 c	45 a	66 a	87 b	108 b	129 a	150 a	171 a	192 b
4 a	25 c	46 b	67 c	88 c	109 b	130 c	151 c	172 b	193 a
5 b	26 b	47 b	68 a	89 a	110 a	131 a	152 b	173 a	194 b
6 a	27 a	48 c	69 c	90 b	111 b	132 a	153 b	174 b	195 c
7 c	28 b	49 c	70 a	91 a	112 b	133 b	154 b	175 c	196 c
8 a	29 a	50 a	71 b	92 a	113 a	134 c	155 c	176 c	197 c
9 c	30 b	51 b	72 c	93 c	114 c	135 c	156 a	177 a	198 b
10 a	31 a	52 a	73 a	94 c	115 c	136 b	157 b	178 b	199 a
11 b	32 a	53 c	74 a	95 b	116 a	137 c	158 b	179 c	200 b
12 c	33 c	54 a	75 a	96 c	117 c	138 a	159 a	180 a	201 b
13 b	34 c	55 c	76 a	97 a	118 b	139 c	160 c	181 a	
14 a	35 c	56 a	77 c	98 b	119 a	140 c	161 a	182 a	
15 c	36 a	57 b	78 b	99 c	120 c	141 c	162 c	183 b	
16 a	37 a	58 b	79 a	100 a	121 b	142 a	163 a	184 c	
17 c	38 b	59 c	80 a	101 a	122 c	143 a	164 b	185 c	
18 a	39 a	60 c	81 c	102 c	123 a	144 b	165 b	186 b	
19 b	40 b	61 b	82 a	103 b	124 b	145 c	166 c	187 b	
20 b	41 c	62 a	83 b	104 a	125 b	146 c	167 b	188 c	
21 b	42 b	63 b	84 c	105 c	126 a	147 a	168 a	189 a	

Apéndice 2

Selección de los contenidos gramaticales más importantes del nivel C1 establecidos por el Instituto Cervantes en el *Plan curricular*

Fuente: ⊷ *Plan curricular del Instituto Cervantes (2002)*

¡Atención! Esta es una selección de los contenidos de este nivel, pero hay que tener en cuenta también los del nivel B2. Fíjate especialmente en los ejemplos de los contenidos para entender de qué se trata. Se han respetado los ejemplos originales. Solicita la ayuda de tu profesor para trabajar con esta lista.

¡Atención! = Contenido especialmente importante (seleccionado por *El Cronómetro*).
* = Ejemplos incorrectos.

1. El sustantivo

- Cambio de género expresa cambio de significado *individual/colectivo*: *el leño/la leña, el fruto/la fruta; grande/pequeño: el huerto/la huerta, el cuchillo/la cuchilla, el jarro/la jarra.*

- Cambio de género expresa significado totalmente diferente: *el frente/la frente, el orden/la orden, el coma/la coma.*

- Plural de los extranjerismos. Hispanización: *carnet/carné, carnés; meeting/mitin, mítines; club/clubes, standard/estándar, estándares.*

- Apellidos de familias, dinastías o estirpes antiguas o históricas en plural: *los Escipiones, los Borbones.*

- Duales léxicos: *las tenazas, los alicates, los tirantes, las tijeras, los pantalones.*

2. El adjetivo

- Concordancia de número con adjetivos de color: *verde botella, gris perla, azul turquesa. Dos trajes azul marino/*dos trajes azules marinos.*

- Adjetivos que admiten dos usos: *una empresa familiar* (= de la familia), *una cara familiar* (= conocida).

- Adjetivo relativo posesivo *cuyo*. Concordancia con lo poseído, no con el antecedente: *la chica cuyos padres viven al lado nuestro/ *la chica cuya vive al lado nuestro.*

- Anteposición del adjetivo: con valor de cuantificador: *raro, escaso... en raros casos* (= en pocos casos).

- **Superlativo** absoluto irregular de adjetivos terminados en *–ble*: *amabilísimo.* Superlativo absoluto o elativo irregular culto: *óptimo, pésimo, mínimo.*

- Adverbialización: *conduce rápido = conduce rápidamente, habla claro = habla claramente.* Tendencia más acusada en Hispanoamérica: *Viste lindo. Anda ligero. Escribe muy bonito. Crece fácil. Sírvete fuerte.*

3. El artículo

- Valor enfático con proposición relativa: *la cara que puso.*

- Valor enfático con el neutro *lo*: *lo mal que cantó.*

- El neutro *lo* con adverbios con complementos: *Ven lo antes que puedas.*

- Presencia obligada del artículo ante infinitivos sustantivados: *el ser de otro país/ser de otro país/*florecer de las plantas.*

- Presencia obligada ante oración de relativo: *Me preocupa el que no me lo haya dicho todavía. El que sea listo lo conseguirá.*
- Presencia del artículo con cuantificadores *poco, mucho*: **Va con los pocos amigos. / Va con los pocos amigos que tiene.*
- Casos especiales de compatibilidad con **hay**: *En esta clase hay el lío de siempre.*
- Compatibilidad con el nombre propio: *Un Buñuel solo puede aparecer una vez. Escuchamos a un Carreras pletórico. Tiene un Picasso en su casa. Vino un tal José Durán* (con *tal*).
- Construcciones "*un* N *de* SN" sin artículo, con valor enfático: *un encanto de persona.*
- Ausencia con verbos como *nombrar, declarar*: *La nombraron embajadora. La declararon zona catastrófica.*
- Precedidos de la preposición **en** para expresar medio o modo: *ir en tren* (medio)/*ir en el tren* (localización). *Jugar en campo contrario* (modo)/*jugar en el campo contrario* (localización).
- Precedidos de las preposiciones **con** y **a**: *cortar el pelo a navaja, escribir a mano, escribir con bolígrafo.*

4. Los demostrativos

- Criterio de proximidad: *Vi lagos y montañas. Estas eran majestuosas y aquellos apacibles.*
- **Eso** + oración subordinada: *Eso que dices es una tontería.*
- Valor de condescendencia en oraciones suspendidas: *este chico...*
- Posición postnominal en exclamaciones con **qué** + sustantivo: *¡Qué hombre este! ¡Qué tiempos aquellos!*

5. Los posesivos

- Valor equivalente a **bastante**: *Esto tiene su dificultad.*
- Precedidos de artículo neutro **lo** con referente desconocido: *Esto es lo tuyo*; con significado de esfuerzo o sufrimiento: *Pasé lo mío.*
- Expresiones fijas de contacto con el interlocutor: *hija mía, cariño mío.*

6. Los cuantificadores

- **Todo** con valor generalizador inespecífico: *Todo hombre necesita una mujer.* **Todo** precedido de la preposición **de**, con significado de variedad: *Sabe de todo.*
- Relativo cuantificador **cuanto**: *Di cuantas mentiras quieras. Come cuanto quieras.* Precedido de **todo**: *todo cuanto diga/*todo cuanto me habrá gustado.*
- **Cada uno**. Concordancia en género, no en número, con el antecedente: *Cada una nos fuimos por nuestro lado.* Valor impersonal: *Cada uno tiene su criterio.*
- **Cualquiera**. Invariable. Nunca delante de sustantivo. Con sustantivo indefinido: *un libro cualquiera/*el libro cualquiera.* Con indefinido **uno/a**: *uno cualquiera de esos.*
- Comparativos. En comparativas de cantidad con término proposición de relativo introducido por **de lo que**/**que lo que**: *Sabe más de lo que esperaba.*
- **Ni siquiera**: *No vino ni siquiera él./Ni siquiera él vino.*
- **Al menos**: *Al menos tú me apoyaste.*
- Con totalidad, **resto**: *El resto de los asistentes.*
- Concordancia *ad sensum* con artículo indeterminado: *Un grupo de políticos votaron a favor./*El grupo de políticos votaron a favor.*

7. El pronombre

- (!) ■ Presencia del pronombre con infinitivo o gerundio: *Al llegar él, todos se callaron.*

- ■ Referente no humano: *Deja la alarma, se enciende ella sola.*

- ■ Alternancia de posición con **algunos** y **haber** en cláusula de relativo: *Los hay que piensan lo contrario./Hay algunos que piensan lo contrario.*

- (!) ■ Con verbos de percepción física (*ver, oír...*) si el pronombre es complemento de los dos verbos: *Lo he visto hacer./ He visto hacerlo; Lo he visto robar./*He visto robarlo.*

- (!) ■ Expresiones fijas con pronombres átonos: *arreglárselas, fastidiarla, tomarla con.*

- ■ Pronombres átonos de OI en oraciones impersonales con *ser, resultar* + adjetivo: *Me fue imposible llamar.*

- ■ Presentación del plural del OI en el Caribe, México, Colombia, Panamá, costa del Perú, Ecuador, Argentina: *Se los di (el libro a ellos). Se las dije (la verdad a ellas).*

- ■ Alternancia cuando el OI es muy general (referido a *todo el mundo, cualquiera...*): *Eso (le) sienta mal a cualquiera.*

- (!) ■ Forma *se* en impersonales y pasivas reflejas: *Se saludó a los conferenciantes.*

- (!) ■ Dativo de interés: *Felipe se comió un pollo él solo./*Felipe se comió pollo él solo.*

- ■ Voz media: *Se me abre la boca.*

- ■ El pronombre *sí*: *Lo pensó para sí.* Tendencia a sustituirlo por formas equivalentes de sujeto: *Habla para sí./Habla para él.* Refuerzo del pronombre de 3.ª persona mediante **mismo/a/os/as**: *Lo pensó para sí misma.*

- (!) ■ **Lo que** invariable, con o sin preposición, en relativas comparativas como segundo término de la comparación: *Es más de lo que esperaba.*

- ■ En predicativas con el verbo **haber**: *Hay decisiones con las que no estoy de acuerdo/*Hay decisiones.*

- (!) ■ Pronombres indefinidos y demostrativos como antecedente: *Aquellos en los que más confío.*

- (!) ■ Incompatibilidad con antecedentes oracionales, excepto cuando están reproducidos por **lo que**: *El lugar estaba lejos, el que era un problema./El lugar estaba lejos, lo que era un problema.*

- ■ Equivalencia de **quien/quienes** con **el/la/los/las que** con referente humano. Registro más culto: *Los estudiantes, quienes/que habían hecho una huelga, no aceptaron.* En relativas libres: *Quien habla así no tiene razón.*

- (!) ■ **El cual, la cual, los cuales, las cuales, lo cual** con o sin preposición. Registro culto: *Nos acompañaba un peregrino, con el que/con el cual hicimos amistad.* Restricciones: en relativas explicativas: *la chica la cual me encontré.*

- ■ Interrogativos en estructuras partitivas con **quién/es, cuál/es, cuánto/a/os/as**, separación de interrogativo y estructura partitiva: *¿Quién es médico de los presentes? ¿Cuál prefieres de todas estas posibilidades?/*¿Cuáles prefieres canciones de Serrat?*

- ■ Interrogativos en posición final con interrogativo inicial: *¿Para qué y quién te ha dado eso?/¿Quién te ha dado eso y para qué?*

- ■ **Cuánto/cuánta/cuántos/cuántas** con adjetivo valorativo o evaluativo flexionado: *¡Cuántos inocentes le habrán creído!*

- ■ **Dónde** con o sin preposición: *¡Dónde nos hemos metido!/¡Por dónde nos llevó!*

8. El adverbio y las locuciones adverbiales

- ■ De lugar: *acá, allá* para Hispanoamérica.

- ■ De acción: *angustiosamente, repulsivamente.*

- ■ Con verbos de proceso y de estado: *Comprendí rápidamente todo. Tenía orgullosamente este trofeo.*

- Posición media e inicial en oraciones activas: *Él, severamente, le dirigió la mirada./Severamente, él le dirigió la mirada.*

⚠ - Expresión simultánea de nociones circunstanciales (causa, instrumento, medio). Correspondencia con sintagmas preposicionales: *instintivamente/por instinto, telefónicamente/por teléfono.*

- Expresión simultánea de una idea de comparación: *Me saludó militarmente/como un militar.*

- De punto de vista. Posición inicial: *técnicamente, geográficamente, políticamente.*

- De necesidad y obligación: *irremediablemente,* locución *por fuerza.*

- De conocimiento y percepción: *visiblemente, notoriamente, manifiestamente.*

- Juicio subjetivo: *correctamente, erróneamente, exageradamente.*

- Restrictivos del valor de verdad: *supuestamente, aparentemente/*muy supuestamente.*

- Orientados hacia el emisor o el receptor: *francamente, sinceramente, honestamente.*

- Con sentido consecutivo: *consecuentemente, por consiguiente.*

- Adversativos restrictivos: *solo que, únicamente que. Tenía buena intención, solo que no me expresé bien.*

- Matiz concesivo: *contrariamente a lo que piensas.*

⚠ - ***También*** y ***tampoco*** en comparaciones de equiparación: *Si tú sabes mucho, él tampoco se queda atrás.*

- Introductores de un tema nuevo: *ahora, ahora bien.*

- Excluyentes: *sencillamente, simplemente.*

⚠ - Relativo ***cuanto*** con indicativo y subjuntivo: *Di cuanto quieras. Come cuanto te apetezca.*

9. El verbo

- Presente histórico: *Colón llega a América en 1492.*

- Imperfecto de excusa: *¡Y yo qué sabía!* Con valor de sorpresa: *Anda, estabas aquí. Pero, ¿no estabas en París?* Con valor de censura: *¿Tú no tenías que hacer los deberes?*

⚠ - Estilo indirecto implícito, con marcador de presente o futuro: *María se casaba mañana.*

- Futuro imperfecto. Valor de objeción o rechazo: *Será muy listo pero... A ti te dará igual, pero a mí no.*

- Futuro de mandato: *Harás lo que te diga.*

- Condicional simple. Valor de objeción o rechazo en el pasado: *Sería muy listo pero... A ti te daría igual, pero a mí no.*

- Hispanoamérica, zonas septentrionales y meridionales de España: tendencia al uso del pretérito indefinido en lugar del pretérito perfecto: *Hoy llegué tarde. Este año no pude ir. Te llamaron por teléfono hace diez minutos.*

- Futuro perfecto. Valor de objeción o contraste en el pasado: *Habrá estudiado mucho pero....*

- Futuro perfecto como sustitutivo de *espero que, no creo que, confío en que*: *¿No me habré olvidado de algo/nada?*

- Condicional compuesto. Valor de objeción o contraste en el pasado: *Habría estudiado mucho pero....*

- Presente de subjuntivo con expresiones desiderativas y matiz despectivo: *Así te lleves un buen susto.*

- Fórmula ***que*** + presente de subjuntivo, sin previo uso de un imperativo: *¡Que te calles de una vez, hombre!*

- Presente de subjuntivo con verbos de percepción negados: *No veo que tengas motivos* (verbos de percepción como verbos de opinión). *No ve que hay/haya un letrero ahí* (verbos de percepción pura).

- Presente de subjuntivo con verbos de lengua negados: *No niega que es él* (afirmación de lo dicho)./*No niega que sea él* (matiz de duda o distanciamiento).

- Negación en subordinadas causales: *No se marcha porque está cansado* (se niega la frase principal y no la causa)./ *No se marcha porque esté cansado* (se niega la causa).
- Pretérito imperfecto de subjuntivo con expresiones de deseo despectivas: *Así tuviera que volver a hacerlo.*
- Pretérito imperfecto de subjuntivo en oraciones exclamativas con **quién**: *Quién tuviera tus años.*
- Imperativo. Matiz irónico: *¡Mira qué bien!, ¡Vaya, vaya!, ¡Mira tú!*
- Imperativos lexicalizados: *Mira que eres egoísta.*
- Infinitivo independiente: *¡Descansar/haber descansado tres meses! ¡Qué suerte!* (exclamativo) *¿Decirle yo lo que pienso? Ni loco* (interrogativo).
- Infinitivo en subordinadas sustantivas: *su deseo de marcharse/deseoso de verte.*
- Valor nominal del infinitivo: *los deberes conyugales, el cantar de los pájaros, el cantar bien es una ventaja.*
- Gerundio independiente: *¡Siempre protestando por todo! ¡Qué de gente comprando en las rebajas!* (exclamativo) *¿Yo pidiéndole perdón? Ni loco* (interrogativo) *¡Andando, que es gerundio!* (mandato).
- Adjuntos externos: *Llegando yo, apareció él* (temporal). *Estudiando más lograrás aprobar* (condicional).
- Participio en pasivas de resultado: *Este pueblo está maldito.*
- Participio independiente: *¡Encerrada en estas cuatro paredes!* (exclamativo) *¿Confundido? No, estoy segurísimo* (exclamativo).
- Construcciones absolutas sin conectores: *Terminada la investigación, se cerró el caso.*

10. El sintagma nominal

- Interpretación catafórica en oraciones atributivas: *La de los padres es una gran responsabilidad./*El de María tiene mucha amistad con el hijo de Luisa.*
- Doble interpretación complemento objetivo/complemento subjetivo, no restrictivo: *el asesino de Juan* (=hay un asesino que mató a Juan)/*el asesino de Juan* (=Juan es un asesino).
- Completiva/sustantiva introducida por proposición en infinitivo o con verbo conjugado: *El temor a perderte./El temor de que te vayas.*
- Concordancia de sustantivos coordinados con el adjetivo: *actitud y formas inaceptables.*

11. El sintagma adjetival

- Oracionales interrogativas introducidos por preposición: *interesado en cómo es tu trabajo.*
- Concordancia del adjetivo en sintagmas superlativos neutros introducidos por **de**: *una película de lo más divertido* [concordancia con el artículo)/*una película de lo más divertida* (concordancia con el sustantivo).
- Hispanoamérica, construcción **lo más** + adjetivo o adverbio: *Estoy lo más bien* (= muy bien)./*Una casa lo más linda* (= muy linda).
- Expresiones del tipo **la mar de**, **la tira de**...: *Había la mar de gente en la fiesta de Luis.*

12. El sintagma verbal

- Verbos intransitivos que se comportan como transitivos: *Corrió una maratón.*
- Pasiva de resultado. Restricciones: **Las puertas estarán abiertas por el portero a las 10./*El libro fue tenido por mí./ Este pueblo está maldito./Este pueblo ha sido maldecido.*
- Uso del adjetivo por el participio en la pasiva de resultado: *Ha sido limpiado./Está limpio.*

- Perífrasis verbales de infinitivo: *llegar a, acabar por, no alcanzar a, echar a, echarse a, romper a, venir a...* + infinitivo. De gerundio: *ir, venir, andar, terminar...* + gerundio. De participio: *tener, llevar, dejar...* + participio.

- **Ser** + adjetivo valorativo y comportamiento: *Ha sido muy amable al invitarme./*Has estado muy amable al invitarme.*

- **Estar** sin adjetivo con **para**: *Está para salir* (a punto de); con **por**: *Están por salir* (acción sin realizar). *Estoy por tu moción* (a favor de). *Estoy por darte una torta* (intención).

- Expresiones equivalentes a un estado con **estar que**: *Está que arde.*

- **Estar** + adjetivo, usos coloquiales: *Está interesante.*

- Dativo de interés: la forma pronominal exige un OD delimitado; la no pronominal admite, pero no exige, un OD delimitado: *Me comí un pollo./*Me comí pollo. Comí un pollo./Comí pollo.*

- Alternancia libre entre OD y complemento regido con **de**: *Cuida a Ana./Cuida de Ana.*

- Verbos pronominales que rigen preposición: *acordarse de/recordar, atreverse a/osar, burlarse de/burlar.*

13. La oración simple

- Concordancia *ad sensum*: *La mayoría de los españoles creen que la situación ha mejorado. La mitad votaron en contra. El veinte por ciento se abstuvieron. Un montón de botellas se rompieron. Una docena de personas salieron de la sala./*La gente piensan que...*La familia se compraron una casa.*

- Cambios en el orden natural de los constituyentes: *Llega mañana Pedro.*

- Inversión obligatoria del sujeto en los diálogos: *María, dijo Luis, no sabe nada./*María, Luis dijo, no sabe nada.*

- Interrogativas precedidas de tópico: *A María, ¿la has visto últimamente?*

14. Oraciones compuestas por coordinación

- Asíndeton y polisíndeton: *Llamé, insistí, volví a llamar./Llamé e insistí y volví a llamar.*

- Con **ahora... ahora**: *Ahora está triste, ahora está contenta.*

15. Oraciones compuestas por subordinación

- Con algunos verbos de entendimiento y de lengua: alternancia entre infinitivo y verbo conjugado: *Creí morirme./Creí que me moría.*

- Con verbos de petición transitivos, de dos interpretaciones: *Pidió salir./Pidió que saliera.*

- Con nombres seguidos de la preposición **de**: *el deseo de volver/la idea de habernos reunido.*

- Con adjetivo + preposición: *difícil de resolver, decidido a contarlo.*

- Con verbos de régimen preposicional (*acabar con, atentar contra...*) y subjuntivo: *Que dijeras eso acabó con su resistencia. Que te desentiendas del asunto atenta contra nuestros intereses.*

- Con verbos como *implicar, evidenciar, destacar, probar, reflejar...*, que admiten dos argumentos: *Que no hayas aprobado esa asignatura implica que no podrás pasar de curso.*

- Relativas libres con antecedente elíptico, con **quien**, **donde**, **como**: *Quien habla así no tiene razón.*

- La concordancia de persona, alternancia de los pronombres *yo, tú* con la 3.ª persona: *Yo, el que te apoyé/te apoyó en todo. Vosotros, los que os portasteis tan bien./*Vosotros, los que se portaron tan bien./Yo soy el que lo mando/manda.*

- Relativas yuxtapuestas: *Faltó Ana. A la cual, por cierto, la han expedientado por eso./*Ana no estuvo en la reunión. A la cual* (antecedente: Ana), *por cierto, han expedientado por eso.*

- Relativas superpuestas: *la fiesta en la que nos conocimos que organizaron los estudiantes.*

- Relativas discontinuas: *Este es el informe que creo que nos pidió.*

- Coordinación de relativas sin pronombre relativo: *Esa es la calle donde estudio yo y vive mi hermana.*

- Introducidas por **antes de**: *Se fue antes de gritar a alguien.* Introducidas por **antes (de) que**: *Antes de que (él) pueda decir nada, (yo) presentaré mi dimisión* (no factual). *Antes de que me saque el carné de conducir me saldrán canas* (contracfactual).

- Introducidas por **antes que**: *Antes que acudir a ti me muero de hambre.*

- Introducidas por **después (de) que**: *Después de que terminemos este proyecto presentaré mi dimisión.*

- Introducidas por **al** + infinitivo: *Al no saber nada, no pudo responder.*

- Introducidas por **cuando**: *cuando la guerra/*Iré cuando la próxima reunión.*

- Contraste **cuando/mientras**: *Estoy descansando mientras él cocina/*Estoy descansando cuando él cocina. Cuando el accidente, no me enteré de nada/*Mientras el accidente, no me enteré de nada.*

- Introducidas por **mientras** con subjuntivo: *Me quedaré, mientras haya dinero suficiente.*

- Introducidas por **a medida que**, **conforme**, **según**, en indicativo y en subjuntivo: *A medida que vas/vayas leyendo te vas/irás dando cuenta.*

- Introducidas por **donde**, con verbos de movimiento y preposición **para**: *En el cruce, tienes que ir para donde te indique la señal.*

- Introducidas por **como si** + subjuntivo: *Hace como si no tuviera idea.*

- Introducidas por **porque** con palabras con valor enfático como **solo**: *Te perdono solo porque eres sincero.*

- **A causa de que**: *A causa de que él se ha negado, tengo que hacerlo yo./Tengo que hacerlo yo, a causa de que él se ha negado.*

- **Gracias a que**: *Gracias a que conduce muy bien, el coche no volcó./El coche no volcó gracias a que conduce muy bien.*

- **Por culpa de que**: *Por culpa de que no deja el tabaco tose sin parar./Tose sin parar por culpa de que no deja el tabaco.*

- Introducidas por **(como) para**: *Es demasiado listo (como) para no darse cuenta.*

- **Para** + infinitivo: *Yo, para no variar, me abstengo./El resultado, para ser sinceros, no ha sido bueno./Para que te enteres, estoy harta.*

- **Para que** + subjuntivo: *Es obligatorio, para que te dejen pasar, llevar DNI./Díselo, para que, en cuanto lo sepa, informe al jefe.*

- **Con** + SN: *con ánimo de, con miras a.*

- Locuciones conjuntivas finales: **con el fin de (que)**, **con la finalidad de (que)**… *Se lo dije con el fin de que reflexionara.*

- Expresiones que funcionan como locuciones finales, **con idea de (que)**, **con el propósito de (que)**…: *Lo hice con idea de que él lo viese.*

- Expresiones lexicalizadas: *para dar y tomar; para todos los gustos.*

- Interrogativas retóricas: *¿Para qué me molesto si no me hace nunca caso?*

- Presente de indicativo en condicionales en sustitución del imperfecto y del pluscuamperfecto de subjuntivo: *Si por casualidad mañana estuviera/estoy bien, te aviso. Si hubieras llegado/llegas un minuto antes, habrías visto toda la escena.*

- Condicionales hipotéticas irreales: *Si no te hubiera presentado a Celia, ahora no estarías casado.*

- Nexos de condición negativa: **menos si, a menos que, excepto que.**

- 🛈 ■ Nexos de condición remota: *(en) caso de, (en) (el) caso de que.*
- ■ Gerundio como condicional: *Comiendo más despacio engordarás menos.*
- 🛈 ■ *Como*, condición de realización no deseada: *Como me dé plantón, se va a enterar* (amenaza). *Como me echen del trabajo, no sé qué voy a hacer* (sin amenaza).
- ■ Introducidas por *pues, así pues, de ahí (que)*: *Los representantes no se pusieron de acuerdo; así pues, habrá que realizar otra asamblea. El culpable no estaba entre nosotros; de ahí, que nadie confesara.*
- ■ Introducidas por adverbios como *consecuentemente, consiguientemente...*: *Todo estaba destruido; consecuentemente, tuvimos que irnos de allí.*
- ■ Subordinadas de intensidad, *con tal... que, cada... que*: *Tiene tal genio que no hay quien le aguante. Tiene cada salida...*
- ■ De intensidad, introducidas por *de un... que, si... que*: *Es de un patoso...Si será egoísta que...*
- 🛈 ■ Cuantificador + *como para*: *Soy lo bastante listo como para entenderlo. Sabe tanto como para escribir un libro. Sabe tanto como para que sea el elegido. Sabe tanto como para que el jefe lo elija a él. No es tan tonto como para no entenderlo.*
- ■ Consecutivas exclamativas: *¡Cómo se pondría que le dio un ataque de nervios!*
- ■ Introducidas por *luego*: *Estaban las luces encendidas, luego había alguien en casa.*
- ■ Con *tal/tales...que*: *Es tal su pena que se niega a comer.*
- ■ Con *pues, así pues*: *Ven, pues, a verme./Ven a verme, pues.*
- ■ Con *de ahí*: *De ahí su negación./De ahí procede su negación.*
- ■ Con *de ahí que*: *De ahí que se niegue. De ahí, de su antigua enemistad, que pelearan entonces.*
- ■ Comparativas de igualdad o equivalencia introducidas por *tan... como* (invariable): *Es tan guapo como tonto. Es tan alto como el que más.* Introducidas por *tanto/a/os/as... como*. *He comprado tantos libros como he podido.* Introducidas por *tanto... como*: *Come tanto como duerme.*
- ■ De superioridad introducidas por *más... que* (invariable): *Es más listo que los que vinieron ayer.*
- ■ De inferioridad introducidas por *menos... que* (invariable): *Soy menos egoísta que los que te han dicho eso.*
- ■ De modo o cualidad introducidas por *a lo (a la manera de, como)*: *Baila a lo Elvis Presley.*
- 🛈 ■ Introducidas por *(no) más... de, menos... de*: *Cuesta más/menos de lo que esperaba.*
- ■ Introducidas por *como si, igual que si*: *Actúa igual que si tuviera tres años.*
- 🛈 ■ Estructuras concesivas reduplicadas: *Digan lo que digan, pienso hacer ese viaje.*
- ■ Introducidas por *con lo que* + indicativo: *Con lo que nieva, ¿piensas salir?*
- ■ Con *aun si, aun cuando, incluso cuando*: *Me rechazaron aun cuando tenía el mejor expediente.*
- ■ Intensivos *(con) el / la, la de*: *Con el frío que hace y va en camiseta. Con la de camisas que tienes y te pones una sucia.* Con *con lo que*: *Con lo que le rogué y no conseguí nada.*
- 🛈 ■ Con *si bien*. Registro formal: *Si bien reconocía lo ocurrido, no asumió responsabilidades.*
- ■ Con *incluso si / ni siquiera*: *Ni siquiera si se pusiera de rodillas le perdonaría.*

Apéndice 3

Fuentes de los textos utilizados en este manual

Modelo 1

PRUEBA 1. COMPRENSIÓN DE LECTURA

Tarea 3: *El País Negocios* (España). Pág. 15.
Tarea 4: *La aventura de la Historia*, España. Pág. 17.
Tarea 5: Eduardo Punset, en *Muy interesante*, España. Pág. 18.

PRUEBA 2. COMPRENSIÓN AUDITIVA

Tarea 1: Margarita Vidal Lucena en http://www.waece.com. Pág. Pág. 34.
Tarea 3: http://www.rtve.es/alacarta/audios/entrevista-en-r5/. Pág. 35.

PRUEBA 3. EXPRESIÓN E INTERACCIÓN ESCRITAS

Tarea 1: Ferrán Ramón-Cortés en http://elpais.com/diario/2011/09/11/eps/1315722413_850215.html. Pág. 46.

Modelo 2

PRUEBA 1. COMPRENSIÓN DE LECTURA

Tarea 2: http://www.movimientoslow.com/es/filosofia.html. Pág. 61.
Tarea 3: http://www.dialogica.com.ar/digicom/2006/05/17/de_que_hablamos_cuando_hablamo/, Argentina. Pág. 63.
Tarea 4: http://www.educacion.gob.es/redele/Biblioteca-Virtual/2011/memoriaMaster/1-Trimestre/arrayas.html España. Pág. 65.
Tarea 5: http://www.bbc.co.uk/mundo/noticias/2011/04/110415_lenguaje_origen_africa_men.shtml. Pág. 66.
Actividades. Tarea 2: Mario Benedetti, *La tregua*. Pág. 72.
Octavio Paz, México, *Arenas movedizas*, 1949. Pág. 74.
Octavio Paz, México, *Trabajos del poeta*, 1949. Pág. 74.

PRUEBA 2. COMPRENSIÓN AUDITIVA

Tarea 1: Mario Salas Coterón en http://www.monografias.com. Pág. 85.
Tarea 4: Entrevista con Fernando Beltrán en http://www.rtve.es/alacarta/audios/entrevista-en-r5. Pág. 87.

PRUEBA 3. EXPRESIÓN E INTERACCIÓN ESCRITAS

Tarea 1: Elsa Punset en http://elpais.com/diario/2008/05/01/cultura/1209592803_850215.html. Pág. 104.

Modelo 3

PRUEBA 1. COMPRENSIÓN DE LECTURA

Tarea 2: Eduardo Punset en http://www.eduardpunset.es/13333/general/salud-no-solo-significa-curar-enfermedades. Pág. 120.
Tarea 3: "JÓVENES Y PUBLICIDAD. Valores en la comunicación publicitaria para jóvenes". En http://www.injuve.es/contenidos.item.action?id=2028873030 España. Pág. 123.

Tarea 4: http://www.rtve.es/rne/rc/programa/index.php. Pág. 125.

Tarea 5: http://www.cambio.com.co/archivo/documento/CMS-7746468. Pág. 126.

Actividades. Tarea 3: http://elpais.com/diario/2012/02/04/opinion/1328310012_850215.html, España. Pág. 133.

Actividades. Tarea 4: http://www.rtve.es/rne/rc/programa/index.php. Pág. 136.

PRUEBA 2. COMPRENSIÓN AUDITIVA

Tarea 1: *Breve introducción a la psicología* en http://www.salonhogar.net/Psicologia. Pág. 144.

Tarea 3: http://www.ccgediciones.com/Entrevistas/eldragonlector.htmyhttp://www.youtube.com/watch?v=Xm_ljFC6tE0. Pág. 146.

PRUEBA 3. EXPRESIÓN E INTERACCIÓN ESCRITAS

Tarea 1: Ferrán Ruiz Tarragó en http://www.xtec.cat/~fruiz/everis2006/premio_ensayo_2006_fundacion_eve-ris_resumen.pdf. Pág. 162.

Modelo 4

PRUEBA 1. COMPRENSIÓN DE LECTURA

Tarea1: http://www.prospectos.net/enantyum_25_mg_comprimidos. Pág. 175.

Tarea 2: http://revista.consumer.es/web/es/20091201/practico/consejo_del_mes/75301.php. Pág. 177.

Tarea 3: http://orsai.bitacoras.com/2011/12/para-ti-lucia.php, Argentina / España. Pág. 179.

Tarea 4: http://www.cscae.com/congresodearquitectos2009/index.php. Pág. 181.

Tarea 5: http://www.abc.es/20110624/internacional/abci-museo-sipan-ruta-quetzal-201106242040.html. Pág. 183.

PRUEBA 2. COMPRENSIÓN AUDITIVA

Tarea 1: Morán M.L., *"La participación política de los jóvenes". Temas para el debate.* Julio 2007. Pág. 185.

Tarea 3: Entrevista con Diego Urbina en http://www.rtve.es/alacarta/audios/entrevista-en-r5/. Pág. 187.

PRUEBA 3. EXPRESIÓN E INTERACCIÓN ESCRITAS

Tarea 1: Antón Costas en http://obrasocial.lacaixa.es/StaticFiles/StaticFiles/5aacf9f5e8d68210VgnVCM2000001 28cf10aRCRD/es/como_salir_bien_parados_de_la_crisis_es.pdf. Pág. 189.

PRUEBA 4. EXPRESIÓN E INTERACCIÓN ORALES.

Tarea 1, texto tema 1. Ángel Gutiérrez Sanz en http://www.aspur.org/public_articulos6.php. Pág. 195.

Tarea 1, texto tema 2. M. Patricia Aragón Sánchez en http://www.microsoft.com/business/es-es/Content/Pagi-nas/article.aspx?cbcid=268. Pág. 196.

Tarea 1, texto tema 3: http://www.lcc.uma.es/~ppgg/libros/ecoarticulos.html#Ecohumanismo. Pág. 217.

Tarea 1, texto tema 4: Beatriz Sarrión Soro, en http://medicablogs.diariomedico.com/reflepsiones/2010/02/16/la-vejez-en-positivo. Pág. 217.

Tarea 1, texto tema 5: http://elcaminodelpringao.wordpress.com/la-estetica/ (en la ELEteca).

Apéndice 4

Edi numen **Diploma de Español**
Hoja de respuestas

Nivel C1

APELLIDO(S)

NOMBRE

PAÍS

CIUDAD

Prueba 1: Comprensión de lectura

TAREA 1
P.1. Ⓐ Ⓑ Ⓒ
P.2. Ⓐ Ⓑ Ⓒ
P.3. Ⓐ Ⓑ Ⓒ
P.4. Ⓐ Ⓑ Ⓒ
P.5. Ⓐ Ⓑ Ⓒ
P.6. Ⓐ Ⓑ Ⓒ

TAREA 2
P.7. Ⓐ Ⓑ Ⓒ Ⓓ Ⓔ Ⓕ Ⓖ Ⓓ Ⓔ Ⓕ Ⓖ
P.8. Ⓐ Ⓑ Ⓒ Ⓓ Ⓔ Ⓕ Ⓖ Ⓓ Ⓔ Ⓕ Ⓖ
P.9. Ⓐ Ⓑ Ⓒ Ⓓ Ⓔ Ⓕ Ⓖ Ⓓ Ⓔ Ⓕ Ⓖ
P.10. Ⓐ Ⓑ Ⓒ Ⓓ Ⓔ Ⓕ Ⓖ Ⓓ Ⓔ Ⓕ Ⓖ
P.11. Ⓐ Ⓑ Ⓒ Ⓓ Ⓔ Ⓕ Ⓖ Ⓓ Ⓔ Ⓕ Ⓖ
P.12. Ⓐ Ⓑ Ⓒ Ⓓ Ⓔ Ⓕ Ⓖ Ⓓ Ⓔ Ⓕ Ⓖ

TAREA 3
P.13. Ⓐ Ⓑ Ⓒ
P.14. Ⓐ Ⓑ Ⓒ
P.15. Ⓐ Ⓑ Ⓒ
P.16. Ⓐ Ⓑ Ⓒ
P.17. Ⓐ Ⓑ Ⓒ
P.18. Ⓐ Ⓑ Ⓒ

TAREA 4
P.19. Ⓐ Ⓑ Ⓒ Ⓓ Ⓔ Ⓕ Ⓖ Ⓓ Ⓔ Ⓕ
P.20. Ⓐ Ⓑ Ⓒ Ⓓ Ⓔ Ⓕ Ⓖ Ⓓ Ⓔ Ⓕ
P.21. Ⓐ Ⓑ Ⓒ Ⓓ Ⓔ Ⓕ Ⓖ Ⓓ Ⓔ Ⓕ
P.22. Ⓐ Ⓑ Ⓒ Ⓓ Ⓔ Ⓕ Ⓖ Ⓓ Ⓔ Ⓕ
P.23. Ⓐ Ⓑ Ⓒ Ⓓ Ⓔ Ⓕ Ⓖ Ⓓ Ⓔ Ⓕ
P.24. Ⓐ Ⓑ Ⓒ Ⓓ Ⓔ Ⓕ Ⓖ Ⓓ Ⓔ Ⓕ
P.25. Ⓐ Ⓑ Ⓒ Ⓓ Ⓔ Ⓕ Ⓖ Ⓓ Ⓔ Ⓕ
P.26. Ⓐ Ⓑ Ⓒ Ⓓ Ⓔ Ⓕ Ⓖ Ⓓ Ⓔ Ⓕ

TAREA 5
P.27. Ⓐ Ⓑ Ⓒ
P.28. Ⓐ Ⓑ Ⓒ
P.29. Ⓐ Ⓑ Ⓒ
P.30. Ⓐ Ⓑ Ⓒ
P.31. Ⓐ Ⓑ Ⓒ
P.32. Ⓐ Ⓑ Ⓒ
P.33. Ⓐ Ⓑ Ⓒ

P.34. Ⓐ Ⓑ Ⓒ
P.35. Ⓐ Ⓑ Ⓒ
P.36. Ⓐ Ⓑ Ⓒ
P.37. Ⓐ Ⓑ Ⓒ
P.38. Ⓐ Ⓑ Ⓒ
P.39. Ⓐ Ⓑ Ⓒ
P.40. Ⓐ Ⓑ Ⓒ

Prueba 2: Comprensión auditiva

TAREA 1
P.1. Ⓐ Ⓑ Ⓒ Ⓓ Ⓔ Ⓕ Ⓖ Ⓗ Ⓘ Ⓙ Ⓚ Ⓛ
P.2. Ⓐ Ⓑ Ⓒ Ⓓ Ⓔ Ⓕ Ⓖ Ⓗ Ⓘ Ⓙ Ⓚ Ⓛ
P.3. Ⓐ Ⓑ Ⓒ Ⓓ Ⓔ Ⓕ Ⓖ Ⓗ Ⓘ Ⓙ Ⓚ Ⓛ
P.4. Ⓐ Ⓑ Ⓒ Ⓓ Ⓔ Ⓕ Ⓖ Ⓗ Ⓘ Ⓙ Ⓚ Ⓛ
P.5. Ⓐ Ⓑ Ⓒ Ⓓ Ⓔ Ⓕ Ⓖ Ⓗ Ⓘ Ⓙ Ⓚ Ⓛ
P.6. Ⓐ Ⓑ Ⓒ Ⓓ Ⓔ Ⓕ Ⓖ Ⓗ Ⓘ Ⓙ Ⓚ Ⓛ

TAREA 2
P.7. Ⓐ Ⓑ Ⓒ
P.8. Ⓐ Ⓑ Ⓒ
P.9. Ⓐ Ⓑ Ⓒ
P.10. Ⓐ Ⓑ Ⓒ
P.11. Ⓐ Ⓑ Ⓒ
P.12. Ⓐ Ⓑ Ⓒ
P.13. Ⓐ Ⓑ Ⓒ
P.14. Ⓐ Ⓑ Ⓒ

TAREA 3
P.15. Ⓐ Ⓑ Ⓒ
P.16. Ⓐ Ⓑ Ⓒ
P.17. Ⓐ Ⓑ Ⓒ
P.18. Ⓐ Ⓑ Ⓒ
P.19. Ⓐ Ⓑ Ⓒ
P.20. Ⓐ Ⓑ Ⓒ

TAREA 4
P.21. Ⓐ Ⓑ Ⓒ
P.22. Ⓐ Ⓑ Ⓒ
P.23. Ⓐ Ⓑ Ⓒ
P.24. Ⓐ Ⓑ Ⓒ
P.25. Ⓐ Ⓑ Ⓒ
P.26. Ⓐ Ⓑ Ⓒ
P.27. Ⓐ Ⓑ Ⓒ
P.28. Ⓐ Ⓑ Ⓒ
P.29. Ⓐ Ⓑ Ⓒ
P.30. Ⓐ Ⓑ Ⓒ

Diploma de Español

Hoja de respuestas

Nivel C1

APELLIDO(S)

NOMBRE

PAÍS

CIUDAD

Prueba 3: Expresión e Interacción escritas

....
....
....
....
....
....
....
....
....
....
....
....
....
....
....
....
....